全国高等教育自学考试指定教材
学前教育专业(独立本科段)

比较学前教育

Bijiao Xueqian Jiaoyu

(含:学前比较教育自学考试大纲)

(2015 年版)

全国高等教育自学考试指导委员会　组编
姚　伟　编著

高等教育出版社·北京

扫描微信二维码
关注自考教材服务

图书在版编目(CIP)数据

比较学前教育／姚伟编著；全国高等教育自学考试指导委员会组编. --北京：高等教育出版社,2015.2(2020.3重印)
ISBN 978-7-04-042105-7

Ⅰ.①比… Ⅱ.①姚…②全… Ⅲ.①学前教育-比较教育学-高等教育-自学考试-教材 Ⅳ.①G610

中国版本图书馆CIP数据核字(2015)第028632号

策划编辑 雷旭波　　责任编辑 雷旭波　　版式设计 范晓红　　插图绘制 尹文军
责任校对 陈旭颖　　责任印制 尤 静

出　　版	高等教育出版社	咨询电话	400-810-0598
社　　址	北京市西城区德外大街4号	网　　址	http://www.hep.edu.cn
邮政编码	100120		http://www.hep.com.cn
印　　刷	北京市大天乐投资管理有限公司		
开　　本	787mm×1092mm 1/16	版　　次	2015年3月第1版
印　　张	18.5	印　　次	2020年3月第9次印刷
字　　数	440千字	定　　价	34.00元

组编前言

21世纪是一个变幻莫测的世纪，是一个催人奋进的时代。科学技术飞速发展，知识更替日新月异。希望、困惑、机遇、挑战，随时都有可能出现在每一个社会成员的生活之中。抓住机遇，寻求发展，迎接挑战，适应变化的制胜法宝就是学习——依靠自己学习、终身学习。

作为我国高等教育组成部分的自学考试，其职责就是在高等教育这个水平上倡导自学、鼓励自学、帮助自学、推动自学，为每一个自学者铺就成才之路。组织编写供读者学习的教材就是履行这个职责的重要环节。毫无疑问，这种教材应当适合自学，应当有利于学习者了解、掌握新知识和新信息，有利于学习者增强创新意识、培养实践能力、形成自学能力，也有利于学习者学以致用、解决实际工作中所遇到的问题。具有如此特点的书，我们虽然沿用了“教材”这个概念，但它与那种仅供教师讲、学生听，教师不讲、学生不懂，以“教”为中心的教科书相比，在内容安排、编写体例、行文风格等方面已经大不相同了。希望读者对此有所了解，以便从一开始就树立起依靠自己学习的坚定信念，不断探索适合自己的学习方法，充分利用已有的知识基础和实际工作经验，最大限度地发挥自己的潜能，达到学习的目标。

欢迎读者提出意见和建议。

祝每一位读者自学成功。

全国高等教育自学考试指导委员会

2012年10月

目 录

学前比较教育自学考试大纲

出版前言 …… 2
Ⅰ. 课程性质与课程目标 …… 3
Ⅱ. 考核目标 …… 5
Ⅲ. 课程内容与考核要求 …… 6
第一章 绪论 …… 6
第二章 美国学前教育 …… 7
第三章 日本学前教育 …… 8
第四章 俄罗斯学前教育 …… 10
第五章 英国学前教育 …… 11
第六章 其他国家学前教育 …… 12
第七章 学前教育机构及其管理比较 …… 15
第八章 学前教育课程比较 …… 16
第九章 学前教师教育比较 …… 17
第十章 世界学前教育发展的基本经验及趋势 …… 18
Ⅳ. 关于大纲的说明与考核实施要求 …… 21
附录 题型举例 …… 24
后记 …… 25

比较学前教育

编者的话 …… 28
第一章 绪论 …… 29
第一节 比较学前教育的概念和研究对象 …… 29
第二节 比较学前教育的目的与意义 …… 34
第三节 比较学前教育的研究类型与方法 …… 36
第二章 美国学前教育 …… 43
第一节 美国学前教育的发展历史 …… 44
第二节 美国学前教育的现状 …… 52
第三节 美国学前教育存在的问题及发展趋势 …… 67
第三章 日本学前教育 …… 73
第一节 日本学前教育沿革 …… 73
第二节 日本学前教育现状 …… 82
第三节 日本学前教育存在的问题与发展趋势 …… 91
第四章 俄罗斯学前教育 …… 96
第一节 俄罗斯学前教育的沿革 …… 97
第二节 俄罗斯学前教育现状 …… 108
第三节 俄罗斯学前教育存在的问题及发展趋势 …… 119
第五章 英国学前教育 …… 125
第一节 英国学前教育沿革 …… 125
第二节 英国学前教育现状 …… 133
第三节 英国学前教育存在的问题及发展趋势 …… 145
第六章 其他国家学前教育 …… 150
第一节 韩国学前教育 …… 150
第二节 法国学前教育 …… 156
第三节 德国学前教育 …… 166
第四节 南非学前教育 …… 176

第五节 新西兰学前教育 ……………… 181
第六节 澳大利亚学前教育 …………… 187
第七章 学前教育机构及其管理比较 ……………………………… 200
第一节 学前教育机构比较 …………… 200
第二节 学前教育机构管理比较 ……… 206
第八章 学前教育课程比较 ………… 212
第一节 学前教育课程比较 …………… 212
第二节 当代西方著名的学前教育课程模式 ……………………… 226
第九章 学前教师教育比较 ………… 259
第一节 学前教师职前培养制度比较 … 259
第二节 学前教师任用制度比较 ……… 263
第三节 学前教师职后培训制度比较 … 267
第十章 世界学前教育发展的基本经验及趋势 …………………… 271
第一节 世界学前教育发展的基本经验 ……………………………… 271
第二节 世界学前教育面临的主要问题 ……………………………… 275
第三节 世界学前教育发展趋势 ……… 276
主要参考文献 ……………………………… 283
后记 ………………………………………… 290

全国高等教育自学考试
学前教育专业(独立本科段)

学前比较教育自学考试大纲

全国高等教育自学考试指导委员会　制定

出版前言

为了适应社会主义现代化建设事业的需要，鼓励自学成才，我国在20世纪80年代初建立了高等教育自学考试制度。高等教育自学考试是个人自学、社会助学和国家考试相结合的一种高等教育形式。应考者通过规定的专业课程考试并经思想品德鉴定达到毕业要求的，可获得毕业证书；国家承认学历并按照规定享有与普通高等学校毕业生同等的有关待遇。经过30多年的发展，高等教育自学考试为国家培养造就了大批专门人才。

课程自学考试大纲是国家规范自学者学习范围、要求和考试标准的文件。它是按照专业考试计划的要求，具体指导个人自学、社会助学、国家考试、编写教材及自学辅导书的依据。

随着经济与社会的快速发展，新的法律、法规不断出台，科技成果不断涌现，原大纲中有些内容已经过时，知识陈旧。为更新教育观念，深化教学内容方式、考试制度、质量评价制度改革，更好地提高自学考试人才培养的质量，全国考委各专业委员会按照专业考试计划的要求，对原课程自学考试大纲组织了修订或重编。

修订后的大纲，在层次上，专科参照一般普通高校专科或高职院校的水平，本科参照一般普通高校本科的水平；在内容上，力图反映学科的发展变化，增补了自然科学和社会科学近年来研究的成果，对明显陈旧的内容进行了删减。

全国考委教育类专业委员会组织编写了《学前比较教育自学考试大纲》，经教育部批准，现颁发施行。各地教育部门、考试机构应认真贯彻执行。

全国高等教育自学考试指导委员会
2015年1月

I 课程性质与课程目标

一、课程性质和特点

“学前比较教育”是高等教育自学考试学前教育专业(独立本科段)的一门必考课程,是帮助考生了解世界学前教育发展情况和主要国家学前教育发展特点与主要经验,探索影响各国学前教育发展的重要因素及发展规律,并掌握世界学前教育发展趋势的一门专业课程。

“学前比较教育”包括四个部分。第一部分(第一章)为绪论篇,主要目的在于帮助考生认识有关学前比较教育的基本概念和重要意义,掌握研究学前比较教育的主要方法,并能将这些基本方法贯穿运用于日后的学习和实际研究过程之中。第二部分(第二章至第六章)为国别篇,分别介绍世界上有代表性国家的学前教育,主要目的在于帮助考生比较详细地了解这些国家学前教育发展的现状、主要特点及其基本经验。第三部分(第七章至第九章)为比较篇,分别从学前教育机构及其管理、学前教育课程和学前教师教育等方面,对世界学前教育发展进行了横向比较研究,主要目的在于帮助考生运用比较的方法,对世界学前教育的发展规律有更深入的认识,同时掌握世界学前教育理论研究与实践改革的新成果、新发展。第四部分(第十章)为总结篇,主要目的在于帮助考生掌握世界学前教育发展的基本历史经验和世界学前教育面临的主要问题及发展趋势,从宏观上把握世界学前教育发展的动向。

“学前比较教育”所涉及的国别较多,知识面也很广。本学科的内容主要围绕各国学前教育的现状及发展趋势来展开,还有世界各国在学前教育机构与管理、学前教育课程和学前教师教育方面的比较,要求考生不仅要从宏观上掌握世界学前教育发展的概貌及一般趋势,还要从微观上比较分析各国学前教育发展的特点和经验教训,从中分析和借鉴对促进我国学前教育发展有益的理论知识与实践知识。

二、课程目标

1. 了解世界学前教育发展的基本情况。

2. 运用比较的方法,对学前教育机构及其管理、学前教育课程、学前教师教育等进行比较分析。

3. 把握世界学前教育发展的基本经验和发展趋势。

4. 运用世界学前教育发展的理论知识与实践知识,对我国学前教育发展提出改革与借鉴建议。

三、与相关课程的联系与区别

本课程是综合性很强的一门课程，要求考生具有相关的学前教育基础知识与分析能力。本课程与学前教育学有密切关系，两者都在探讨学前教育发展的一般规律和学前教育的一般原理；本课程与学前教育课程论也有密切关系，世界上有影响的学前教育课程模式是学前教育课程理论与实践的重要组成部分。所以，学习本课程应先修过学前教育学、学前教育课程论等课程。

四、课程的重点和难点

本课程的重点在于要求考生了解世界学前教育发展的基本情况，掌握世界学前教育发展的新发展和新成果。本课程的难点在于要求考生运用比较分析的方法掌握世界学前教育机构及其管理、学前教育课程、学前教师教育等方面的发展特点与趋势，把握世界学前教育发展的基本经验和发展趋势。

II 考核目标

本大纲在考核目标中，按照识记、领会、简单应用和综合应用四个层次规定其应达到的能力层次要求。四个能力层次是递进关系，各能力层次的含义是：

识记：要求考生能记住本课程中的重要历史事件、法案或模式等概念，能做出正确的表述、选择和判断。例如，第五章英国学前教育中，对《普洛登报告》、幼儿凭证计划、“确保开端”计划等概念要求考生识记。

领会：要求在识记的基础上，能全面理解本课程中的基本概念及其内在联系。例如，第二章美国学前教育中，进步主义幼儿教育运动的特点、开端计划的作用等内容要求考生领会。

简单应用：要求在领会的基础上，能运用本课程中的某些基本概念、原理和方法，正确地认识、分析和解决有关教育理论与实际问题。例如，论述日本历次幼儿园教育振兴计划的主要内容和意义。

综合应用：要求能够结合我国学前教育的现实做出相应的论述、借鉴，或是对某个事件、法案、模式等进行论述和评价。例如，举例论述世界学前教育发展趋势及其对我国学前教育改革的启示。

III 课程内容与考核要求

第一章 绪 论

一、学习目的与要求

了解比较教育的发展历程,识记比较学前教育的概念,了解比较学前教育的研究类型与方法,掌握比较学前教育的研究对象,理解比较学前教育的目的与意义。

二、课程内容

(一)比较学前教育的概念和研究对象

1. 比较学前教育的概念

比较学前教育是对当代世界各国、各地区的学前教育进行跨文化比较研究,揭示影响学前教育发展的主要因素及其相互之间的关系,探索学前教育发展的规律及其发展趋势,以促进学前教育的国际交流与合作,改进本国、本地区学前教育的一门科学。

2. 比较学前教育的研究对象

(二)比较学前教育的目的与意义

1. 比较学前教育的目的

借鉴国际学前教育经验,探讨学前教育发展规律,促进本国学前教育的发展。

2. 比较学前教育的意义

扩大学习者的眼界和视野,加深对学前教育的认识;推动本国学前教育的变革与发展;帮助世界各国、各地区制定学前教育政策;促进国际学前教育的交流与合作。

(三)比较学前教育的研究类型与方法

1. 比较学前教育的研究类型

横向比较研究、纵向比较研究和综合比较研究;平行比较研究和影响比较研究;专题比较研究和总体比较研究;定性比较研究和定量比较研究;宏观比较研究和微观比较研究;区域比较研究和问题比较研究。

2. 比较学前教育的研究方法

调查法、文献法、比较法、分析法。

三、考核内容

（一）比较学前教育的概念和研究对象

识记：① 比较学前教育；② 朱利安。

领会：比较学前教育的研究对象。

（二）比较学前教育的目的与意义

领会：① 比较学前教育的目的；② 比较学前教育的意义。

综合应用：结合当前我国幼儿教育改革与发展的实际，分析比较学前教育的意义。

（三）比较学前教育的研究类型与方法

识记：① 综合比较研究；② 影响比较研究；③ 专题比较研究；④ 区域比较研究。

领会：① 比较学前教育的研究类型；② 比较学前教育的研究方法。

简单应用：查阅有关比较学前教育的相关文献，分析其运用的研究方法。

第二章　美国学前教育

一、学习目的与要求

了解美国学前教育的历史发展过程，掌握20世纪美国学前教育发展中的主要历史事件及其改革措施，把握当代美国学前教育的现状及其发展过程中存在的问题和发展趋势。

二、课程内容

（一）美国学前教育的发展历史

1. 19世纪美国学前教育的发展

幼儿学校的传入与发展，幼儿园的传入与发展，公立幼儿园运动的开展。

2. 20世纪上半叶美国学前教育的发展

进步主义幼儿教育运动，蒙台梭利教育法的快速兴盛和衰落，保育学校运动，儿童看护运动。

3. 20世纪下半叶美国学前教育的发展

"开端计划"的内容、实施及作用，幼儿智力开发运动，蒙台梭利教育法的复苏，《发展适宜性实践》《早期学习标准》和"0—5岁教育计划"。

（二）美国学前教育的现状

1. 学前教育机构的类型

保育学校、幼儿园、日托中心。

2. 学前教育课程

学前教育课程的目标、内容及实施，学前教育课程的模式，美国的幼儿教师教育。

（三）美国学前教育存在的问题及发展趋势

1. 美国学前教育存在的问题

课程过于强调学业技能学习，教师资历和待遇差异显著，早期学习标准与"发展适宜性"教育的冲突。

2. 美国学前教育的发展趋势

政府加大投入，满足不同教育需求；立足于儿童的全面发展，增强课程的综合性；早期学习标准与“发展适宜性”教育的有效融合；提升教师资质，提高教师的地位和待遇。

三、考核知识点与考核要求

（一）美国学前教育的发展历史

识记：① 开端计划；② 幼儿智力开发运动；③《芝麻街》；④《发展适宜性实践》；⑤ 0—5 岁教育计划；⑥《早期学习标准》。

领会：① 进步主义幼儿教育运动的特点；② “开端计划”的作用；③ “0—5 岁教育计划”的内容；④ 开展公立幼儿园运动的意义。

综合应用：“开端计划”的主要内容与作用，分析启示意义。

（二）美国学前教育的现状与特点

识记：① 保育学校；② 高瞻课程；③ 光谱方案；④ 直接教学模式。

领会：① 学前教育课程的实施途径；② 直接教学模式运用于实践教学时所具有的特征；③ 光谱方案的目标；④ 美国幼儿教师专业标准。

简单应用：① 银行街早期儿童教育方案中教师的作用；② 高瞻课程中一日生活的主要环节；③ “发展适宜性”的内涵；④ 美国幼儿教师在职进修的机构、课程及形式。

综合应用：结合美国《发展适宜性实践》中关于教师的作用的观点，分析对我国幼儿园课程改革的启示作用。

（三）美国学前教育存在的问题及发展趋势

简单应用：分析美国学前教育存在的问题及发展趋势。

第三章　日本学前教育

一、学习目的与要求

了解日本学前教育的发展沿革，掌握日本学前教育机构类型、学前教育课程及师资培养的特点，理解日本学前教育存在的问题及未来发展趋势。

二、课程内容

（一）日本学前教育沿革

1. 初创和起步阶段（明治初期—20 世纪 40 年代初）

创立学前教育机构，颁布《幼儿园保育及设备规程》和《幼儿园令》。

2. 战后恢复阶段（20 世纪 40 年代末—80 年代）

颁布《教育基本法》和《学校教育法》，制定与修订《保育大纲》，实施幼儿园教育振兴计划，颁布《儿童福利法》，制定《保育所保育指南》。

3. 快速发展阶段（20 世纪 90 年代至今）

两次修订《幼儿园教育大纲》，制定“天使计划”，修改《教育基本法》，继续实施幼儿园教育振兴计划。

（二）日本学前教育现状

1. 日本学前教育机构类型

日本学前教育机构主要有两种类型：一类是依据文部科学省颁布的《学校教育法》而设立的幼儿园；另一类是依据厚生劳动省颁布的《儿童福利法》而设立的保育所。还有一种独特的机构是认定儿童园。

2. 日本学前教育课程

日本《学前教育法》规定了幼儿园教育的目标。《幼儿园教育要领》全面规定了学前教育的课程内容。日本学前教育课程的组织与实施形式主要是集体活动和自由活动。

3. 日本学前教育师资的任用资格、职前培养与职后培训

在日本，不管是公立幼儿园还是私立幼儿园，教师都需具有幼儿园教师资格证书。针对两种不同类型的机构，日本的学前教育师资也可以分为教师和保育士两种，即幼儿园教师称为教师，保育所教师称为保育士。为了建立一支合格的幼儿教师队伍，日本专门成立和指定了某些培养幼儿教师的机构，对职后幼儿教师的进修方式有脱产和不脱产两种，同时对新任教师和十年经验教师的研修做出了规范。

（三）日本学前教育存在的问题与发展趋势

1. 日本学前教育存在的问题

当前存在的问题有：少子化给学前教育发展带来不利影响；学前教育机构二元化体制的弊端凸显。

2. 日本学前教育的发展趋势

发展趋势包括积极推进幼保一元化改革；加强学前教育机构与家庭、社区的合作；重视提高学前教育师资质量。

三、考核知识点与考核要求

（一）日本学前教育沿革

识记：① 东京女子师范学校附属幼儿园；②《保育所保育指南》；③“天使计划”；④ 幼儿园教育振兴计划。

领会：“天使计划”的基本方向及其施策重点。

简单应用：① 20 世纪 90 年代以来日本学前教育改革的主要内容；② 日本历次幼儿园教育振兴计划的主要内容和意义。

综合应用：20 世纪 90 年代以来日本学前教育改革对我国学前教育改革的启示。

（二）日本学前教育现状

识记：① 认定儿童园；② 行事活动。

领会：① 日本学前教育机构的主要类型；② 日本学前教育课程内容；③ 日本学前教师的任用资格；④ 日本学前教师职后培训的形式。

简单应用：分析比较日本幼儿园和保育所的异同。

综合应用：论述日本新修订的《幼儿园教育大纲》的主要内容及对我国学前教育课程改革的启示。

（三）日本学前教育存在的问题与发展趋势

识记：幼保一元化。

领会:① 日本学前教育存在的问题;② 日本学前教育的发展趋势。

综合应用:分析论述日本学前教育发展趋势对我国学前教育改革的启示与借鉴作用。

第四章　俄罗斯学前教育

一、学习目的与要求

了解俄罗斯学前教育发展与改革过程中的重要事件,掌握俄罗斯学前教育的现状,理解俄罗斯学前教育存在的问题和发展趋势。

二、课程内容

(一) 俄罗斯学前教育的沿革

1. 沙俄时代学前教育

19 世纪上半叶出现收容所和孤儿院;1860 年俄国出现第一所幼儿园;1869 年,圣彼得堡创办了俄国最早的学前教育刊物《幼儿园》;1894 年,圣彼得堡开设了最早的免费平民幼儿园。

2. 苏联学前教育的改革和发展

十月革命以后至第二次世界大战前的苏联时期学前教育;第二次世界大战后苏联时期学前教育的改革及发展;苏联学前教育理论的形成;苏联时期学前教育的特点。

3. 俄罗斯学前教育的改革和发展

20 世纪 90 年代上半期,俄罗斯开展了以"多元化、民主化、人道主义化地发展教育"为目标的新一轮教育改革,颁布了一系列的学前教育法律法规。

(二) 俄罗斯学前教育现状

1. 俄罗斯学前教育机构类型

托儿所(招收 0—3 岁幼儿)、幼儿园(招收 3—7 岁幼儿)、托儿所—幼儿园联合体(招收 0—7 岁幼儿)、家长管理中心以及社会服务性学前班等。

2. 俄罗斯学前教育课程

俄罗斯学前教育课程的目标、学前教育的原则、学前教育课程的内容、学前教育课程的实施以及学前教育机构的教学环境。

3. 俄罗斯学前教育师资培养

俄罗斯学前教育的师资培养主要包括两个阶段:职前教育和在职进修。职前教育主要是不同层次的师范院校的师范教育;在职进修包括面授和函授进修班、群众性的教师进修活动、自学和自我发展。

(三) 俄罗斯学前教育存在的问题及发展趋势

1. 俄罗斯学前教育存在的问题

教育经费危机;教育资源不能完全满足学龄前儿童的教育需求;个性—定向型相互作用教育模式的实现存在困难。

2. 俄罗斯学前教育的发展趋势

突出科学、人道的儿童教育理念;重视传统文化教育和民族教育;注重学前教育与家庭、社区及小学之间的教育衔接;加大对学前教育机构的监管力度。

三、考核知识点与考核要求

(一) 俄罗斯学前教育的沿革

识记:① 克鲁普斯卡娅;② 乌索娃;③ 个性—定向型相互作用的教育模式。

领会:① 克鲁普斯卡娅关于学前教育的主要观点;② 乌索娃对俄罗斯学前教育的主要贡献;③ 苏联学前教育的特点;④《学前教育构想》提出的学前教育改革的基本方向和基本原则。

简单应用:《俄罗斯联邦教育法》提出的教育的基本原则。

综合应用:对俄罗斯学前教育改革进行评析。

(二) 俄罗斯学前教育现状

识记:① 托儿所—幼儿园联合体;② 家长管理中心;③ 社会服务性学前班。

领会:① 俄罗斯学前教育的主要机构类型;② 俄罗斯学前教育遵循的原则。

简单应用:① 俄罗斯学前教育的目标;② 俄罗斯学前教育的途径。

(三) 俄罗斯学前教育存在的问题与发展趋势

识记:《连续教育内容构想》。

领会:① 俄罗斯学前教育面临的主要问题;② 俄罗斯学前教育的发展趋势。

综合应用:当代俄罗斯学前教育存在的问题与发展趋势对我国教育改革的启示。

第五章　英国学前教育

一、学习目的与要求

了解英国学前教育发展的沿革,掌握英国学前教育发展中的主要事件,了解英国学前教育的现状,掌握英国学前教育发展趋势。

二、课程内容

(一) 英国学前教育沿革

1. 17 世纪至 20 世纪 30 年代英国学前教育的起步阶段

幼儿学校的创立和幼儿学校运动的兴起,福禄培尔幼儿园的引入,颁布《初等教育法》,麦克米伦姐妹创办保育学校,《费舍尔法案》《哈多报告》。

2. 20 世纪 40 年代至 80 年代初英国学前教育的改革阶段

《巴特勒法案》《普洛登报告》《教育白皮书》。

3. 20 世纪 80 年代末至今英国学前教育的发展阶段

幼儿凭证计划的实施,布莱尔政府的学前教育改革政策,《儿童计划:构建更加美好的未来》。

(二) 英国学前教育现状

1. 英国学前教育机构类型

保育学校和保育班、日间托儿所、游戏小组。

2. 英国学前教育课程

学前教育课程目标,学前教育课程内容,学前教育课程的实施原则与途径。

3. 英国学前教育的师资培训

学前教育教师的资格标准,学前教师职前培训课程,学前教师的资格认证。

(三)英国学前教育存在的问题及发展趋势

1. 英国学前教育存在的问题

托幼机构不能满足社会需求,政府部门之间职责不明确,“照看”和“教育”的分裂。

2. 英国学前教育的发展趋势

加大学前教育投入,创造入学机会;学前教育机构行政管理整合化;规范和提高托幼机构服务质量;促进学前教育机构与社区、家庭的积极合作;注重幼儿教师教育的一体化。

三、考核知识点与考核要求

(一)英国学前教育沿革

识记:① 欧文幼儿学校;②《初等教育法》;③《费舍尔法案》;④《普洛登报告》;⑤《教育白皮书》;⑥ 幼儿凭证计划;⑦“确保开端”计划。

领会:① 17世纪至20世纪30年代英国学前教育起步阶段的主要事件;② 20世纪40年代至80年代初英国学前教育改革阶段的主要事件;③ 20世纪80年代末至今英国学前教育发展阶段的主要事件。

简单应用:①《巴特勒法案》中有关学前教育的内容及该法案颁布的意义述评;② 英国布莱尔政府的学前教育改革政策述评。

综合应用:① 英国“确保开端”计划对我国学前儿童教育改革的启示;② 英国20世纪90年代以来的学前教育政策对我国的启示。

(二)英国学前教育现状

识记:① 保育学校;② 日间托儿所;③ 游戏小组。

领会:① 英国幼儿园的课程实施途径;② 英国早期专业教师认证标准的具体内容;③ 英国学前教师职前培养的课程模式。

简单应用:① 英国学前教育机构的主要类型;② 英国学前教育课程实施途径。

综合应用:① 分析英国学前教育的课程内容对我国幼儿园课程的启示;② 英国学前教育教师职前培训课程的主要特点及其启示。

(三)英国学前教育的发展趋势

识记:国家教育标准办公室。

领会:① 英国学前教育存在的问题;② 英国学前教育的发展趋势。

综合应用:分析英国学前教育发展的趋势及其对我国学前教育改革的启示。

第六章 其他国家学前教育

一、学习目的与要求

了解韩国、法国、德国、南非、新西兰、澳大利亚六个国家学前教育发展的历史沿革,了解韩国、法国、德国、南非、新西兰、澳大利亚等国家学前教育的现状，掌握学前教育的主要机构类型、课程内容以及师资培训等特点，掌握韩国、法国、德国、南非、新西兰、澳大利亚等国家学前教育发展面临的主要问题和发展趋势。

二、课程内容

（一）韩国学前教育

1．韩国学前教育的沿革

韩国学前教育的发展经历了初创时期、稳步发展时期、高速发展时期。

2．韩国学前教育的现状

韩国学前教育机构主要有三种类型：幼儿园、儿童保育中心和私立教育补习机构；学前教育课程目标与内容，2000 年的《全国幼儿园课程》；Nuri 项目；学前教师培养分为职前和职后。

3．韩国学前教育发展趋势

加大政府学前教育投入，构建育儿支持系统，提升学前教育质量。

（二）法国学前教育

1．法国学前教育的沿革

法国学前教育的发展经历了三个时期，即初创时期、稳固发展时期、改革与发展时期。

2．法国学前教育的现状

教育行政和管理制度，学前教育机构，学前教育课程，学前教育师资培养。

3．法国学前教育存在的问题与发展趋势

法国学前教育存在低龄儿童入学需求未得到满足、教育经费投入有待提高等问题；法国学前教育的发展趋势体现在：立法保证学前教育机会均等，追求高质量的学前教育，不断完善幼小衔接措施等方面。

（三）德国学前教育

1．德国学前教育的沿革

德国学前教育经历了早期学前教育、近代学前教育、现代学前教育三个时期。

2．德国学前教育的现状

学前教育机构的类型，学前教育的课程目标、课程内容、课程的组织与实施，幼儿教师的职前教育、继续教育。

3．德国学前教育存在的问题与发展趋势

德国学前教育存在东西部发展差异、地区间教育发展不均衡等问题；德国学前教育的发展趋势体现在加大对学前教育的财政投入，重视幼儿教师专业发展，提高移民儿童德语水平等方面。

（四）南非学前教育

1．南非学前教育的沿革

2．南非学前教育现状

学前教育管理，学前班、小学预备学校、社区保育中心等学前教育机构类型，学前教育课程，学前教育师资培训。

3．南非学前教育存在的问题

幼教机构基础设施有待进一步改善，学前教育质量有待提高，贫穷、饥饿、健康等问题制约学前教育发展。

（五）新西兰学前教育

1. 新西兰学前教育的沿革

2. 新西兰学前教育的现状

学前教育管理；学前教育机构类型，包括毛利语幼儿园、医院日托等；学前教育课程；学前教育师资培养。

3. 新西兰学前教育发展趋势

加大学前教育资金投入，提高幼儿入园率；严格幼教机构开办标准，提高办园水准；出台《幼儿园教师专业标准与绩效管理制度整合指南》，提高教师专业素养；加强家园共育，提升教育合力。

（六）澳大利亚学前教育

1. 澳大利亚学前教育的沿革

澳大利亚学前教育发展经历了自由发展期、联邦和各辖区政府分别干预期以及联邦和各辖区政府加强监管学前教育期。

2. 澳大利亚学前教育的现状

澳大利亚学前教育机构类型，学前教育课程及其课程目标、课程原则、课程实施，学前教育师资培养。

3. 澳大利亚学前教育存在的问题与发展趋势

澳大利亚学前教育发展存在的主要问题有：保育机构的质量有待提高，学前教育普及情况不理想等；发展趋势为：普及学前一年教育，促进保教一体化格局的形成，加强对学前保教质量的监管，加强学前教育的师资培训和改革。

三、考核知识点与考核要求

（一）韩国学前教育

识记：①《全国幼儿园课程》；②《幼儿教育法》；③ 韩国 Nuri 项目。

领会：① 稳步发展时期韩国颁布的学前教育法律法规；② 高速发展时期韩国为促进学前教育发展采取的措施；③ 韩国学前教育机构类型；④ 韩国 Nuri 课程的主要内容。

简单应用：韩国学前教育师资职后教育的做法与启示。

综合应用：韩国学前教育发展的趋势及其启示。

（二）法国学前教育

识记：① 法国编织学校；② 母育学校；③《费里教育法》；④《郎之万—瓦隆教育改革方案》；⑤ 三段分期教育法；⑥ 教育优先区。

领会：① 法国母育学校的特点；② 法国初等教育"学习阶段"的实施；③ 法国学前教育师资职前教育特点；④ 法国学前教育课程特点。

综合应用：法国学前教育存在的主要问题及发展趋势。

（三）德国学前教育

识记：① 巴乌利美保育所；② 林间幼儿园。

领会：① 德国学前教育课程内容；② 德国学前教育机构的特点；③ 德国幼儿教师职前

教育;④ 德国幼儿教师继续教育的主要方式;⑤ 德国幼儿师资培训机构的类型。

综合应用:德国学前教育的发展趋势及其启示。

（四）南非学前教育

识记:① 游戏小组;② 家庭拓展机构;③ 南非《2005 年课程》。

领会:① 南非《2005 年课程》的主要内容;② 南非学前教育管理的现状;③ 南非学前教育机构的主要类型;④ 南非“促进学校建设项目(ASIDI)”的实施。

综合应用:南非学前教育发展存在的主要问题及其主要解决措施。

（五）新西兰学前教育

识记:①《5 岁之前》报告;② 毛利语幼儿园;③ 医院日托;④“学前教育 20 小时计划”;⑤《幼儿园教师专业标准与绩效管理制度整合指南》。

领会:① 新西兰学前教育机构的主要类型;② 新西兰学前教育管理的特点;③ 新西兰学前儿童发展的五大领域。

综合应用:① 新西兰《幼儿园教师专业标准与绩效管理制度整合指南》的主要内容及其启示;② 新西兰学前教育的发展趋势。

（六）澳大利亚学前教育

识记:① 国家保育认证委员会;②《家庭帮助法案》;③《国家质量框架》。

领会:① 澳大利亚《国家质量框架》的主要内容;② 澳大利亚学前教育课程的实施;③ 澳大利亚学前师资培养的特点。

综合应用:澳大利亚学前教育存在的主要问题及发展趋势。

第七章　学前教育机构及其管理比较

一、学习目的与要求

了解世界各国学前教育机构的主要类型、功能及其发展特点,了解世界各国学前教育机构管理的主要模式,掌握世界学前教育管理体制改革的发展趋势。

二、课程内容

（一）学前教育机构比较

1. 学前教育机构类型的比较

对英国、美国等国家的学前教育机构类型进行系统的比较,它们之间既存在共性又有差别,不同国家的学前教育机构类型存在名称、年限、性质等方面的差异。

2. 学前教育机构功能的比较

尽管世界各国的学前教育机构类型多样,但总体来说学前教育机构一般都具有以下三个主要功能:促进学前儿童身心全面发展的功能;服务家庭和社区的功能;促进社会公平的功能。

3. 学前教育机构的发展趋势

学前教育机构的类型和功能日益丰富,其发展呈现出凸显公益性、多样化机构满足多样化需求等趋势。

（二）学前教育机构管理比较

1．学前教育机构管理权限的比较

当前各国中央政府与地方政府在学前教育管理权限的分配上主要存在三种模式：中央主导管理模式、地方自主管理模式、中央与地方均权管理模式。

2．学前教育机构管理部门职权的比较

各国学前教育主管部门及相关部门职权划分与协作主要存在三种模式：单一部门主管、多个部门合作的管理模式，两个部门主管模式，单轨衔接模式。

3．学前教育机构管理体制的改革趋势

当前各国学前教育管理体制改革呈现出中央系统整合、地方分权管理和国家干预调控三种新的发展动态。

三、考核知识点与考核要求

（一）学前教育机构比较

简单应用：① 世界学前教育机构的主要功能；② 世界学前教育机构的发展趋势。

综合应用：① 比较分析各国学前教育机构的发展趋势及其对我国的启示；② 结合实例，比较论述世界学前教育机构的功能。

（二）学前教育机构管理比较

简单应用：① 学前教育管理中央主导模式的优缺点；② 学前教育管理地方自主模式的特点。

综合应用：比较论述世界学前教育管理体制的改革趋势。

第八章　学前教育课程比较

一、学习目的与要求

掌握各国学前教育课程管理、课程目标、课程内容、课程实施的特点与发展趋势；掌握蒙台梭利课程模式、高瞻课程模式、方案教学、瑞吉欧教育方案的课程目标、内容、方法等特点，以及对我国学前教育改革与发展的借鉴意义。

二、课程内容

（一）学前教育课程比较

1．学前教育课程管理的比较与发展趋势

教育部门的管理主体地位日益凸显，积极颁布国家学前教育课程，学前教育课程管理类型逐渐趋同发展。

2．学前教育课程目标的比较与发展趋势

注重“完整儿童”的培养，注重多元文化意识的培养，注重儿童主动性的培养。

3．学前教育课程内容的比较与发展趋势

注重课程内容的全面性，注重课程内容的本土性，注重课程内容的现代性。

4．学前教育课程实施的比较与发展趋势

注重课程实施方法与途径的综合运用,注重课程实施中教师角色的积极转变,注重发挥游戏作为课程实施基本途径的功能。

(二)当代西方著名的学前教育课程模式

1. 蒙台梭利课程模式

蒙台梭利课程模式产生的背景、理论基础,蒙台梭利的儿童观与教育观,蒙台梭利课程的主要内容,蒙台梭利课程模式的评价与启示。

2. 高瞻课程模式

高瞻课程模式产生的背景、理论基础,高瞻课程的主要内容,高瞻课程模式的评价与启示。

3. 方案教学

方案教学产生的背景、理论基础,方案教学的主要内容,方案教学的评价与启示。

4. 瑞吉欧教育方案

瑞吉欧教育方案产生的背景、理论基础,瑞吉欧教育方案的主要内容,瑞吉欧教育方案的评价与启示。

三、考核知识点与考核要求

(一)学前教育课程比较

领会:① 各国学前教育课程管理发展的趋势;② 各国学前教育课程目标发展的趋势;③ 各国学前教育课程内容发展的趋势;④ 各国学前教育课程组织与实施发展的趋势。

简单应用:各国学前教育课程管理的基本类型及发展趋势。

(二)当代西方著名的学前教育课程模式

识记:① 心理胚胎期;② 吸收力心理;③ 敏感期;④ 高瞻课程;⑤ 关键发展性指标;⑥ 方案教学;⑦ 瑞吉欧教育体系;⑧ 儿童的一百种语言。

领会:① 蒙台梭利的儿童观的内容;② 蒙台梭利课程的主要内容;③ 高瞻课程学习环境创设的要素;④ 方案教学的主要教育目标;⑤ 瑞吉欧课程教育内容的主要来源;⑥ 瑞吉欧方案活动的特点。

简单应用:① 蒙台梭利的教育方法;② 高瞻课程的一日活动的四个时段及其活动内容;③ 方案教学组织与实施的主要步骤;④ 瑞吉欧教育方案的教育方法。

综合应用:① 蒙台梭利课程模式对我国学前教育课程改革与发展的启示;② 高瞻课程模式对我国学前教育课程改革与发展的启示;③ 方案教学对我国幼儿园课程组织与实施的启示;④ 瑞吉欧教育方案对我国学前教育课程改革与发展的启示。

第九章　学前教师教育比较

一、学习目的与要求

了解世界各国学前教师职前培养制度、任用制度以及职后培训制度的特点及现状,理解世界学前教师职前培养制度、任用制度以及职后培训制度的发展趋势。

二、课程内容

（一）学前教师职前培养制度比较

1. 学前教师的职前培养制度

2. 学前教师职前培养制度的发展趋势

培养机构层次多样，培养层次不断提升，课程设置重视实践能力。

（二）学前教师任用制度比较

1. 学前教师的任用制度

2. 学前教师任用制度的发展趋势

学前教师任用制度立足于教师专业化发展，幼儿教师职业准入标准知识能力与实践经验并重，幼儿教师资格证书制度具有法律效力，幼儿教师资格证书日趋打破终身制。

（三）学前教师职后培训制度比较

1. 学前教师的职后培养制度

2. 学前教师职后培训制度的发展趋势

逐步完善职后培训的法律政策，逐渐加大职后培训的财政支出，逐步构建职后培训的专业化体系。

三、考核知识点与考核要求

（一）学前教师职前培养制度比较

简单应用：世界学前教师职前培养制度的发展趋势。

综合应用：结合世界学前教师职前培养制度的发展趋势，分析论述我国学前教师职前培养制度的现状，并提出改革建议。

（二）学前教师任用制度比较

简单应用：世界学前教师任用制度的发展趋势。

综合应用：结合世界学前教师任用制度的发展趋势，论述我国学前教师任用制度的现状及发展方向。

（三）学前教师职后培训制度比较

简单应用：世界学前教师职后培训的发展趋势。

综合应用：结合世界学前教师职后培训制度的发展趋势，论述我国学前教师职后培训的现状及改革方向。

第十章　世界学前教育发展的基本经验及趋势

一、学习目的与要求

理解世界学前教育发展的基本经验，掌握世界学前教育面临的主要问题，掌握世界学前教育的发展趋势。

二、课程内容

（一）世界学前教育发展的基本经验

1. 政府承担更多责任是学前教育发展的有力保障

政府承担更多的发展学前教育的责任是学前教育发展的有力保障，主要体现在加大对学前教育的财政投入和颁布教育立法两个方面。

2. 学前教育课程改革是实现学前教育目标的重要保证

学前教育课程改革是学前教育改革的核心内容，能够为学前教育机构提供丰富的课程经验和课程资源，不断地提升学前教育机构的教育质量，是实现学前教育目标的重要保证。世界各国积极开展学前教育课程改革，满足社会发展和儿童发展需求。

3. 提高学前教育师资的素质是提高学前教育质量的重要举措

为了培养高质量的学前教育师资，提高教师的素质，各国采取了一系列行之有效的措施，主要包括注重学前师资职前培养和加强在职培训。

（二）世界学前教育面临的主要问题

1. 学前机构无法满足不断增长的社会需求

随着人们对学前教育重要性认识的不断提高，有入园需求的儿童人数随之不断增多，学前教育机构无法满足不断增长的社会需求。

2. 学前教育经费投入不足

虽然世界各国在学前教育加大了投入，但是还不能满足学前教育事业的发展。一些国家的儿童保育和教育缺乏政府的资金支持，尤其是中央政府的投入。

3. 合格的学前教育师资不足

世界学前教育事业不断发展，但学前教师队伍人员短缺的趋势日益严重，师资不足导致学前教育机构师幼比例较低，班级规模较大，制约了各国学前教育的发展。

（三）世界学前教育的发展趋势

1. 大力推进学前教育普及

学前教育普及是衡量学前教育事业发展状况的一项重要指标。大力推进学前教育普及已经成为国际学前教育事业改革和发展的共同趋势与核心目标。为有效促进学前教育普及，许多国家推出了国家学前教育普及行动计划。

2. 积极发挥学前教育促进社会公平的功能

世界各国大力推进面向处境不利幼儿、促进教育起点公平的国家早期教育行动，积极发挥学前教育促进社会公平的功能，为弱势群体提供补偿性教育。

3. 促进学前教育一体化

建构一体化学前儿童服务体系成为各国政府的关注焦点。学前教育一体化主要表现是既“联纵”又“连横”，“联纵”是指托幼一体化，“连横”是指幼儿园、家庭、社区三位一体化。

4. 注重学前教育机构的质量评价

学前教育机构教育质量评价是学前教育从理论到实践、从观念到行动转化的一座桥梁，关注学前教育机构质量的评价，已成为当代学前教育发展的新趋势。

三、考核知识点与考核要求

（一）世界学前教育发展的基本经验

简单应用：世界学前教育发展的基本经验。

综合应用：① 结合我国学前师资的实际情况，论述发达国家学前师资培养的经验对我国教师教育的启示；② 论述国外课程改革对我国课程改革的启示。

（二）世界学前教育面临的主要问题

简单应用：通过举例，简单论述世界学前教育发展存在的主要问题。

综合应用：结合世界学前教育的主要问题，分析论述我国学前教育存在的主要问题及原因，并提出改革建议。

（三）世界学前教育发展趋势

综合应用：① 通过举例，论述世界学前教育的发展趋势及对我国学前教育改革的启示；② 举例论述世界学前教育发展的基本经验；③ 结合世界学前教育的主要问题，分析论述我国学前教育存在的主要问题并提出改革建议。

IV 关于大纲的说明与考核实施要求

一、自学考试大纲的目的和作用

课程自学考试大纲是根据专业自学考试计划的要求，结合自学考试的特点而制定的，其目的是对个人自学、社会助学和课程考试命题进行指导和规定。

课程自学考试大纲明确了课程的内容及其深度和广度，规定了课程自学考试的范围和标准。因此，它是编写自学考试教材和辅导书的依据，是社会助学组织进行自学辅导的依据，是自学者学习教材、掌握课程内容知识范围和程度的依据，也是进行自学考试命题的依据。

二、课程自学考试大纲与教材的关系

课程自学考试大纲是进行学习和考核的依据，教材给出了学习掌握课程知识的基本内容与范围，教材的内容是大纲所规定的课程知识和内容的扩展与发挥。课程内容在教材中可以体现一定的深度或难度，但在大纲中对考核的要求一定要适当。

大纲与教材所体现的课程内容应基本一致。大纲里面的课程内容和考核知识点，教材里一般也要有；反过来，教材里有的内容，大纲里就不一定体现。

三、关于自学教材

《比较学前教育》，全国高等教育自学考试指导委员会组编，姚伟编著，高等教育出版社，2015 年版。

推荐参考资料：《学前比较教育学（第 2 版）》，霍力岩著，北京师范大学出版社，2014 年版；《学前比较教育》，曹能秀著，华东师范大学出版社，2009 年版；《比较学前教育（第 2 版）》，李生兰著，华东师范大学出版社，2013 年版；《比较学前教育》，周采主编，人民教育出版社，2010 年版。

四、关于自学要求和自学方法的指导

本大纲的课程基本要求是依据专业考试计划和专业培养目标而确定的。课程基本要求明确了课程的基本内容以及对基本内容掌握的程度，基本要求中的知识点构成了课程内容的主体部分。因此，课程基本内容掌握程度、课程考核知识点是高等教育自学考试考核的主要内容。

为了有效地指导个人自学和社会助学,本大纲已指明了课程的重点和难点,在章节的基本要求中一般也指明了章节内容的重点和难点。

本课程共6学分,自学时应注意使用科学的学习方法。

1. 自学者首先应系统地学习各章内容,掌握要求识记的概念,深入理解和掌握基本理论和基本方法,在此基础上深入知识点,掌握重点,并注意全面和重点相结合。

2. 掌握比较的方法,通过对不同国家和地区学前教育发展现状与特点的比较,增强对世界学前教育发展趋势的认识与把握。

3. 注意理论联系实际,思考国际经验对我国学前教育发展和改革的启示与借鉴意义。

五、对社会助学的要求

1. 社会助学者应根据本大纲规定的课程内容和考核目标,认真钻研指定教材,明确本课程的具体要求。

2. 要正确处理重点和一般的关系。课程内容有重点和一般之分,但考试内容是全面的。社会助学者应指导考生全面系统地学习、理解教材,在此基础上再突出重点,切勿猜题。

3. 助学学时可根据各地实际适当安排。

六、对考核内容的说明

1. 本课程要求考生学习和掌握的知识点内容都作为考核的内容。课程中各章的内容均由若干知识点组成,在自学考试中成为考核知识点。因此,课程自学考试大纲中所规定的考试内容是以分解为考核知识点的方式给出的。由于各知识点在课程中的地位、作用以及知识自身的特点不同,自学考试将对各知识点分别按四个能力层次确定其考核要求。

2. 课程分为四部分,分别为绪论篇、国别篇、比较篇、总结篇。

七、关于考试命题的若干规定

1. 本课程考试为闭卷笔试,考试时间为150分钟。

2. 本大纲各章所规定的基本要求、知识点及知识点下的知识细目,都属于考核的内容。考试命题既要覆盖到章,又要避免面面俱到。要注意突出课程的重点、章节重点,加大重点内容的覆盖度。

3. 命题不应有超出大纲中考核知识点范围的题,考核目标不得高于大纲中所规定的相应的最高能力层次要求。命题应着重考核自学者对基本概念、基本知识和基本理论是否了解或掌握,对基本方法是否会用或熟练。不应出与基本要求不符的偏题或怪题。

4. 本课程在试卷中对不同能力层次要求的分数比例大致为:识记占20%,领会占30%,简单应用占30%,综合应用占20%。

5. 试题要合理安排难度结构。试题难易度可分为:易、较易、较难和难四个等级,比例一般为:易占20%,较易占30%,较难占30%,难占20%。必须注意试题的难易程度与能力层次有一定的联系,但二者不是等同的概念。在各个能力层次中对于不同的考生都存在着不同的难度。在大纲中要特别强调这个问题,应告诫考生切勿混淆。

6. 本课程考试试卷采用的题型一般有:单项选择题、名词解释题、简答题、论述题、案例分析题等题型。在命题工作中必须按照本课程大纲中所规定的题型命制,考试试卷使用的题型可以略少,但不能超出本课程对题型的规定。

附录 题型举例

一、单项选择题

在每小题列出的四个备选项中只有一个是符合题目要求的,请将其代码填写在题后的括号内。错选、多选或未选均无分。

1. 美国学前教育直接指导模式创立者是 【 】

A. 皮亚杰　　B. 伯赖特和恩格尔曼

C. 米歇尔、佩特和约翰逊　　D. 艾萨克斯和埃里克

2. 1972 年,英国提出将“扩大幼儿教育”定为内阁将要实行的四项教育政策之一的重要文献是 【 】

A.《哈多报告》　　B.《费舍尔法案》

C.《普洛登报告》　　D.《教育白皮书》

二、名词解释题

1. 幼保一元化

2. 瑞吉欧教育方案

三、简答题

1. 简述德国幼儿教师继续教育的主要方式。

2. 简述世界学前教育管理模式的主要类型。

四、论述题

1. 结合实例,比较论述学前教育管理体制的改革趋势。

2. 结合我国学前教育课程的发展现状,剖析蒙台梭利课程模式对我国学前教育课程改革的借鉴价值。

五、案例分析题

有一个小朋友已经连续三天制订玩消防皮带的计划,教师在帮助他丰富、充实自己的计划的同时,尝试了以下一些方法:

(1) 问幼儿什么东西容易着火,然后建议他把容易着火的东西找出来或制作出来。

(2) 建议他把娃娃家区或积木区假想的一场火扑灭。

(3) 为了让幼儿更好地了解消防队的工作,教师决定尽快给幼儿组织一次到消防队参观的活动。在参观活动后,可以组织幼儿玩假扮消防队救火的游戏。

这是高瞻课程模式的一个教学实例,基于以上材料,分析高瞻课程的教育理念以及在幼儿园教学中实现这些理念的方法和策略。

后　　记

《学前比较教育自学考试大纲》是根据全国高等教育自学考试学前教育专业(独立本科段)考试计划的要求编写的。2014 年 5 月教育类专业委员会召开审稿会议,对本大纲进行了评审,修改后经过主编复审定稿。

本大纲由东北师范大学姚伟教授主持编写。

本大纲经由南京师范大学冯晓霞教授、北京师范大学马健生教授和云南师范大学曹能秀教授参加审稿并提出改进意见。

本大纲编审人员付出了辛勤劳动,特此表示感谢。

全国高等教育自学考试指导委员会

教育类专业委员会

2015 年 1 月

全国高等教育自学考试指定教材

学前教育专业(独立本科段)

比较学前教育

全国高等教育自学考试指导委员会　组编

姚　伟　编著

编者的话

“比较学前教育”作为学前教育学科体系中的一门重要学科，以国际与比较的视野，研究与分析世界学前教育的理论与实践问题，目的在于使学生了解世界学前教育发展状况，以及不同国家学前教育的发展特点和经验，探索与分析学前教育规律和影响各国学前教育发展的重要因素，掌握世界学前教育的发展趋势。

《比较学前教育》共十章，包括四个部分。第一部分，绪论篇，主要目的在于帮助学生理解有关比较学前教育的基本概念和重要意义，掌握学习比较学前教育的主要方法，并能将这些基本方法贯穿运用于日后的学习和实际工作之中。第二部分（第一章至第六章），国别篇，分别介绍世界上不同国家的学前教育，主要目的在于帮助学生比较详细地了解这些国家学前教育发展的现状、主要特点及其基本经验。第三部分（第七章至第九章），比较篇，分别从学前教育机构及其管理、学前教师教育和学前教育课程等方面，对世界学前教育的发展规律进行了横向比较，主要目的在于帮助学生运用比较的方法，对世界学前教育的发展规律有更深入的认识，同时掌握世界学前教育理论与实践改革的新成果、新发展。第四部分（第十章），总结篇，主要目的在于帮助学生掌握世界学前教育发展的基本历史经验，以及世界学前教育面临的主要问题，从宏观上把握世界学前教育发展趋势。

《比较学前教育》所涉及的国别较多，知识面也很广。在编写中，本书努力体现各国学前教育发展动态，丰富最新的研究资料；对学前教育机构与管理、学前教师教育和学前教育课程等进行横向比较，充分体现比较学前教育的学科价值。本书注重发展学生分析问题和解决问题的能力，帮助学生不仅从宏观上掌握世界学前教育发展的基本经验和发展趋势，而且从微观上了解世界各国学前教育发展的特点和经验教训，从中分析国外学前教育发展经验对我国学前教育的启示与借鉴。

本书由多所高等院校的教师共同完成，具体分工为：第一章（王小溪）、第二章（曹莉、王雪松）、第三章（吴琼）、第四章（张妮妮）、第五章（李雪、王小溪）、第六章（王海燕、时松、凌晓俊、王宁）、第七章（时松、崔迪）、第八章（孟香云）、第九章（刘艳滨）、第十章（崔迪、姚伟）。

本教材经全国考委教育类专业委员会组织审稿工作，北京师范大学冯晓霞教授、马健生教授和云南师范大学曹能秀教授参加审稿并提出改进意见，特此表示感谢。

本书在编写过程中，借鉴和引用了国内外学者大量的已有成果和著述，尤其是国内著名学者的相关教材，包括霍力岩教授著的《学前比较教育学》、曹能秀教授著的《学前比较教育》、史静寰教授和周采教授主编的《学前比较教育》和李生兰教授著的《比较学前教育》，在此一并表示衷心的感谢。同时，恳请成果被遗漏了标注的朋友给予谅解。

由于作者的水平和时间等因素的限制，书中难免有不妥之处，敬请读者和同行专家不吝指教。

姚　伟

2015年1月于东北师大

第一章 绪论

学习目标

1. 了解比较教育的发展历程。
2. 识记比较学前教育的概念。
3. 掌握比较学前教育的研究对象。
4. 了解比较学前教育的研究类型与方法。
5. 理解比较学前教育的目的与意义。

第一节 比较学前教育的概念和研究对象

一、比较学前教育的概念

比较学前教育是比较教育的分支学科，是学前教育领域中理论和实践紧密结合的学科。了解比较教育的发展历程，对深入理解比较学前教育的性质与特点有重要意义。

（一）比较教育的发展历程

比较教育的发展通常分成四个阶段：比较教育的史前时代、比较教育的借鉴时代、比较教育的因素分析时代和比较教育的社会科学方法时代。

1. 比较教育的史前时代

对于外国教育的比较研究，在古代就已经开始。比较教育的史前时代，可以一直追溯到古希腊和古罗马时代。在不同国家的人们因旅行、贸易、战争和传教等活动而互相往来过程中，出现了教育与文化的交流。这种交流最初只是口头传递，后来逐渐发展到书面描述，在这个过程中实现着各国教育的交流。美国比较教育学家诺亚和艾克斯坦称这一时期的比较教育为旅行者见闻。

到中世纪以后，由于人们跨国界的贸易、旅行、考察和外交活动的扩大，有关不同国家教育的描述、比较和评论也日益增多。13 世纪中叶，意大利旅行家马可·波罗随其父亲和叔叔访问东方一些国家，并在中国元朝供职达 17 年之久。他口述、经人记录的《马可·波罗游记》广泛介绍了东方国家的文化、社会风情和教育状况。

2. 比较教育的借鉴时代

史前时代的教育比较，还没有真正形成相对完整的理论和方法体系，严格来说还不能看作教育学科体系中的一门学科,因而还不是真正的比较教育。

直到19世纪,欧洲民族国家制度的兴起和产业革命的爆发,促使欧美各国争先恐后地推行富国强兵的政策。当时人们相信把一个国家的教育制度移植到另一个国家是完全可行的,所以各国都积极向国外派遣专家,从教育先进的国家学习经验,以期为我所用,比较教育因此得以产生和发展起来。但这一时期的考察大多是表面化的、百科全书式的,往往忽视别国的教育与本国实际的联系,忽视对别国的教育经验在本国的可行性的深入讨论。因此,人们也把这一时期称为借鉴时代。

比较教育借鉴时代的开始是以1817年朱利安在巴黎《教育杂志》上连载发表《关于比较教育的工作纲要和初步意见》为标志的。朱利安是法国教育家,比较教育学的创始人,被称为"比较教育之父"。《比较教育的研究计划与初步意见》是他的代表作,比较教育这一术语也是在这本书中首次被正式使用。在书中,朱利安指出了比较教育的大致范围,认为比较教育首先应该研究各国兴办教育和公共教育所采取的各种不同的教育方式,学校教育全学程所包括的各种课程需要达到的教育目标,以及每一目标所包括的公费小学、古典中学、高等技术学校和特殊学校的各衔接年级;然后研究教师给青少年学生进行讲授所采用的各种教学方法,他们对这些方法所逐步提出的各项改进意见以及或多或少地所取得的成就。

在借鉴阶段,比较教育研究的主要目的在于介绍外国的教育经验,作为改进本国教育制度的借鉴。法国的库森是借鉴时代的比较教育学家之一。1831年,身为外国教育情报调查人的库森受法国教育部长之命考察普鲁士的教育,并把考察结果写成了《关于普鲁士公立教育情况的报告》,为法国政府制定初等教育制度的基本法《基佐法案》提供重要参考。美国马萨诸塞州的教育督察长霍拉斯曼1842年访问欧洲归来,撰写了一份著名的《第七年报告》。这是一份对欧洲各国教育进行了历时6个月的考察以后提交出来的报告书,目的是为美国教育制度的改革提供借鉴。此外还有日本的文部大臣田中不二麿考察欧美教育制度后,编写并整理了《理事功程》。

3. 比较教育的因素分析时代

20世纪上半叶是比较教育学科的形成阶段,方法上的特征是因素分析。因此,这个时代也被称为因素分析时代。

这个时期的比较教育学家意识到,要改革教育必须根据本国的具体情况,参照国际的教育经验,做出正确的决策,因此,比较教育的研究重点转向分析决定各国教育制度的主要因素。比较教育在方法上一改过去那种孤立地研究和移植别国教育经验的做法,开始密切联系各国的社会文化和民族特性等因素来分析研究各国的教育。

因素分析时代的开端,以1900年英国比较教育学家萨德勒发表的论文《我们从对别国教育制度的研究中究竟能学到什么有价值的东西?》为标志。在这篇论文中,萨德勒提出比较教育的目的是通过调查国外教育的状况,从别国的经验中寻求理解和改进本国教育的道路,尤其是要对照别国发现本国的弱点并予以改进。

萨德勒的另外一部重要的代表作是他撰写的28卷《教育问题专题报告》,报告详细地描述了欧洲各国、美国以及英属领地的教育状况,分析不同地区教育的社会文化背景,总结了教育经验,并指出教育发展的趋势。他认为孤立地研究教育是不对的,必须重视教育的文化背景,研究决定教育制度的各种因素。他还提出民族特性这个概念来说明教育的思想和实践,并且强调学习外国经验的目的在于改进本国的教育制度。萨德勒的比较教育观点,对这个时期比较教育研究的方向产生了很大的影响,为以历史主义为主要特征的因素分析理论奠定了方向,标志着比较教育的发展进入了一个新阶段。

美国比较教育学家康德尔深受萨德勒的影响,他的研究工作更加典型地反映了因素分析时代比较教育的特点。康德尔在 1933 年出版的代表作《比较教育》一书中,提出了比较教育的三种目的:

(1)报道一描述:向读者提供各国教育制度的情报,并按问题把事实加以分类,例如:分为教育制度、教育行政、中小学教育、中小学师资培训等。康德尔认为事实的报道是不够的、有局限性的,但却是比较研究过程中必要的一步。

(2)历史一功能:比较教育不仅要描述事实,而且要说明特征。康德尔指出,不应把教育作为孤立存在的事业来看待,应把它同国家背景,同社会、经济、政治和文化背景结合起来研究。

(3)借鉴一改善:通过考察外国和本国的教育制度,使研究比较教育的学生能够养成一种更可取的哲学态度,其最终目的是为了改进本国的教育制度和培养对民主制度的忠诚。康德尔是比较教育史上第二个系统阐述比较教育理论与方法的学者。

在这个时期,著名的比较教育学家还有德国的施奈德和英国的汉斯。1947 年,汉斯在英王学院任职期间撰写了《比较教育:教育的因素和传统研究》一书,书中他根据影响人的发展的天资、社会和训练等因素,把一个民族的发展看作一个人的成长,认为影响教育制度的决定性因素可分为三类:自然因素(包括种族、语言、地理和经济等因素)、宗教因素(包括天主教传统、圣公会传统和清教传统等因素)和世俗因素(包括人文主义、社会主义、民族主义、民主主义等因素),并对每一种因素又做了进一步的细致分析。在研究工作中,汉斯把因素分析法与历史法紧密结合在一起,形成了自己独特的研究方法。

施奈德提倡并运用因素分析的研究方法,他在强调外部因素的同时,还特别强调教育的内部因素在国民教育制度形成过程中的重要作用。施奈德在 1947 年发表的《各国教育的动力》一书中,指出了对教育有影响的国民性、地理位置、文化、经济、科学、政治、宗教、外国影响等外部因素,还进一步分析了教育发展的内部动力。

在这一阶段,比较教育学已经开始从教育学中分化出来,成为教育科学中一门独立的分支学科,比较教育研究取得了一定的进展。但是从世界范围来看,研究的规模还不够广泛,研究方法还比较单一,研究成果还不够丰富。

4. 比较教育的社会科学方法时代

从 20 世纪 50 年代起直到现在是比较教育学科的蓬勃发展阶段,方法上的特征是综合研究,这一阶段也被称为社会科学方法时代。在社会科学方法时代,比较教育在世界范围内获得了长足的发展。

在这个阶段,国际教育组织相继设立。1951 年联合国教科文组织成立了汉堡教育研究所,1956 年成立了国际教育成绩评价协会,1963 年联合国教科文组织附设了国际教育规划研究所,1968 年联合国经济合作与发展组织附设了教育研究和革新中心。这些国际性教育研究机构的成立,为开展跨国界的教育比较研究提供了组织上的便利。

除了采用历史法之外,还运用社会科学研究方法研究比较教育。贝雷迪在《教育中的比较方法》一书提出,比较教育研究工作应分为描述、解释、并列、比较四个阶段。美国的诺亚和艾克斯坦从分析比较教育的历史发展和科学研究的一般方法入手,提出了比较教育研究的科学方法。他们认为比较教育的研究程序应当是:① 确定问题;② 提出假说;③ 明确概念;④ 选择例证;⑤ 收集数据;⑥ 整理数据;⑦ 说明结果。

20 世纪 70 年代以来,比较教育研究的观点发生了根本性的变化,出现了一些以批判性范式为题的新研究,这些研究既采用了宏观层次的观点,又采用了微观层次的观点。此外,国际教育是近年来教育国际化和教育问题全球化在比较教育理论界的一种反映。比较教育本来就是一门从不同国家的角度研究教育的学科,但随着国际社会发展在多方面的全球化现象日益增加,教育现象也越来越表现出全球化的特征,于是,比较教育的研究领域也开始从一般的对不同国家教育的比较向对一些全球化的教育现象和教育问题进行总体性考察和研究扩展。

(二) 比较学前教育的概念

20 世纪 80 年代以来,随着通信手段的日新月异,国际交流开始变得越来越普遍,各国的学前教育界开始注重推广本地的学前教育经验和学习外国的学前教育经验,对比较学前教育的研究开始变得丰富和深入起来。

比较学前教育作为比较教育的一个分支,体现比较教育的基本性质与特点。比较学前教育是对当代世界各国、各地区的学前教育进行跨文化比较研究,揭示影响学前教育发展的主要因素及其相互之间的关系,探索学前教育发展的规律及其发展趋势,以促进学前教育的国际交流与合作,改进本国、本地区学前教育的一门科学。

比较学前教育既是一门应用科学,又是一门理论科学。作为一门应用科学,它提供不同国家、不同地区学前教育的丰富经验,可以作为改进本国、本地区学前教育实践的范例。作为一门理论科学,它揭示了不同国家、不同地区学前教育的形成和发展条件及影响因素,探索学前教育发展的趋势和一般规律,使学前教育的改进与借鉴有理论基础。

二、比较学前教育的研究对象

在教育领域内,针对教育领域中独特的矛盾运动进行研究,就会构成相应的研究对象,并以此建立起相应的研究领域。比较学前教育的研究对象,可以从研究领域、研究时间、研究范围和研究深度多角度进行分析。

(一) 研究领域

从研究领域来看,比较学前教育涉及学前教育的所有领域,包括学前教育制度、学前教育行政、各级各类幼儿园的学前教育目的、学前教育课程、学前教育方法、幼小衔接等,都可以是比较学前教育研究的对象。其中,学前教育制度和学前教育的基本问题(包括宏观问题与微观问题、理论问题与实践问题)是比较学前教育的研究重点,因为研究学前教育制度和学前教育基本问题对改进本国的学前教育具有重要意义。由于各个国家的具体情况不同,研究问题的侧重点也有所区别。

(二) 研究时间

从研究时间来看,比较学前教育的研究以当代为中心。比较学前教育主要是为了借鉴其他国家的经验,解决本国存在的问题。因此,比较学前教育总是比较关注学前教育最新的发展和变化,探寻国际学前教育的新情况、新进展和出现的新问题。当然,比较学前教育在研究当代学前教育时,为了阐明来龙去脉,也要追溯其历史根源,但是比较学前教育的历史追溯同样是为了更好地说明现在的学前教育。与学前教育史不同,比较学前教育的历史追溯更多的不是以时间为主轴，而是以空间的横向考察为主轴。

（三）研究范围

从研究范围来看，比较学前教育既包括对世界各国、各地区学前教育的研究，还包括对国家与国家、地区与地区之间的比较研究，以及对世界学前教育的整体研究。对国家、地区的研究，是指对单个国家、地区的研究。如美国的吉达 · L. 劳和伯纳德 · M. 劳所著的《比较学前教育》，就是以苏联、印度、以色列、日本、英国、美国、墨西哥、瑞典、挪威、加拿大等国为对象，研究各国学前教育的哲学背景、历史发展、现在状况和未来趋势等。对国家与国家、地区与地区之间的比较研究，是指对两个或者两个以上的国家、地区的学前教育进行比较的研究。如美国的约瑟夫 · J. 汤宾、大卫 · J. H. 吴、丹娜 · H. 戴卫逊三人所著的《三种文化中的学前教育——日本、中国和美国》，对日本、中国和美国的学前教育进行了分析和研究，指出了三国学前教育的共同点和不同点。对世界学前教育的整体研究，是指对学前教育发展遇到的一些共性问题（比如学前教育环境、少数民族幼儿的学前教育）进行的整体研究。如法国 G. 米拉雷特所著的《世界各国学龄前教育动向》就是以世界学前教育的整体为研究对象而进行的研究。比较学前教育研究对象的范围还包括对联合国教科文组织、儿童基金会等组织发表的有关学前教育的报告，以及这些报告对学前教育变革和发展影响的研究。

（四）研究深度

从研究深度来看，比较学前教育既包括对不同国家、地区的客观现象和学前教育问题的经验研究，还包括进一步分析各国、各地区学前教育的本质，研究其形成与发展的影响因素，判明政治、经济、文化、社会因素对学前教育的制约关系，以及学前教育对各国、各地区的政治、经济、文化、社会发展的能动作用，揭示各国、各地区学前教育的特点和共同规律，探索学前教育的发展趋势。只有这样，比较学前教育才能够为借鉴提供客观的依据，不至于不顾本土实际，照搬照抄。

综上所述，比较学前教育是以当代学前教育为中心，对世界各国学前教育的各个领域进行比较研究，以达到改进本国学前教育的目的。

知识链接

比较教育，研究什么

——20 世纪中国学者的观点

通过对几类基本观点的历史考察，我们可以基本得出以下两点认识：① 动态的过程认识。如果把以上各观点看作一个前后发展历程的话，那么，这一历程可以粗略描述为“A→B→D”，即中国学者对比较教育研究对象的认识基本经历了：在空间维度上，从单纯的国别研究到以民族—国家为主，兼有地区和文化圈的研究；在内容维度上，从教育制度的比较到包括教育理论与实践的全部领域的研究。② 静态的结构认识。如果把上述各观点看作一个内外关联结构的话，那么，这一结构则可以简单表达为“A<B<D”，即观点 A“各国教育制度”为比较教育研究的核心对象，它是最早发展起来的，也是最无争议的部分，而 B 大于 A 的部分，以及 D 大于 B 的部分，皆为比较教育研究的边缘领域，它们是后来拓展出来的，也是目前存在异议的部分。

注释:观点A:比较的单位是民族—国家,比较的内容是教育制度;观点B:比较的单位是民族—国家,比较的内容是教育的全部领域;观点D:比较的单位既可以是民族—国家,也可以是地区或文化圈,比较的内容是教育的全部领域。

(资料来源:生兆欣.比较教育,研究什么——20世纪中国学者的观点[J].比较教育研究,2008(2):38.)

第二节 比较学前教育的目的与意义

比较学前教育的目的是比较学前教育得以存在和发展的前提,比较学前教育的意义则是在此目的下的比较学前教育所产生的有益作用,可以说比较学前教育的目的实现的程度越高,比较学前教育的意义也就发挥得越好,两者是密不可分的整体。

一、比较学前教育的目的

比较学前教育的目的是多方面的,借鉴国际学前教育经验,分析探讨学前教育发展规律,促进本国学前教育的发展是比较学前教育的主要目的。

(一)借鉴国际学前教育经验

比较学前教育研究的最根本目的是借鉴。借鉴是比较学前教育得以存在和发展的最重要基础,借鉴是贯穿于比较学前教育发展和研究全过程的重要使命。借鉴就是通过有选择地吸收国际上有益的和适宜的经验来改进本国的学前教育的过程。

比较学前教育总是向人们提供一种可优化的学前教育选择。借鉴国际学前教育经验,通过比较做出选择是比较学前教育的主要目的之一。通过对各国学前教育的比较研究,可以吸取外国学前教育中的成功经验和失败教训作为本国学前教育改革的借鉴,促进本国学前教育改革。

(二)探讨学前教育发展规律

规律是事物发展必须遵循的基本法则和原理。通过比较学前教育分析、比较、抽象、概括而获得的学前教育的基本原则,正是学前教育发展规律的体现。比较学前教育总是力图对学前教育的发展动因做出说明和解释,从而探讨、鉴别并抽象出学前教育发展的一般规律。比较学前教育只有达到对学前教育规律的把握,才能对当代的学前教育发展做出深刻而准确的判断,为学前教育规划和学前教育决策提供依据。

(三)促进本国学前教育的发展

比较学前教育提供世界学前教育发展的多种多样的知识和信息,其目的是为了更好地促进本国学前教育的发展。首先,跨文化的比较学前教育的研究,突破了文化的障碍,可以把握学前教育本性,洞察学前教育发展趋向;其次,比较学前教育研究提供新的教育经验,解答学前教育发展的问题;第三,比较学前教育有助于理解本国学前教育,用崭新的视角和认识框架审视本国的学前教育,促进其发展。

二、比较学前教育的意义

比较学前教育作为一门科学,是学前教育科学体系中不可缺少的一个组成部分。学习和研究比较学前教育，对学前教育工作者的专业发展有重要的理论意义和实践意义。

（一）扩大学习者的眼界和视野，加深对学前教育的认识

比较学前教育的研究范围和研究领域都很广泛，可以为学习者提供世界各国、各地区的学前教育信息，使学习者更深地掌握学前教育的现状，扩大学习者的眼界和视野。同时，可以让学习者打破自身的文化屏障，突破特定的社会和传统局限，加深对学前教育理论和实践的认识，洞察当代学前教育的发展趋势。学习者可以从中发现学前教育发展的一般和特殊规律，并且通过与研究对象的比照，反思本国的学前教育，从而了解世界学前教育的现状，加深学习者对学前教育的整体把握和认识，让学习者拥有整体和全局的眼光，增长学习者的见识。

此外，学习比较学前教育可以培养学习者分析问题和解决问题的能力。比较学前教育是一门知识范围较广的学科，学习者在学习过程中，必须运用马克思列宁主义的立场、观点和方法，综合运用哲学、教育学（包括学前教育学）、教育史、教育统计学等学科的知识和方法，对世界各国、各区域的学前教育问题做深入的研究分析。这就在一定程度上培养了学习者分析问题和解决问题的能力。学习者还可以选择某国家、某地区学前教育现状或趋势的一两个问题进行研究，以进一步提高分析问题、解决问题和综合运用多学科（政治经济学、教育学、心理学、教育史、教育统计学等）知识的能力，培养初步的科学研究能力，为将来更好地从事教育工作创造有利条件。

（二）推动本国学前教育的变革与发展

21 世纪是全球迅速发展、各国教育改革风起云涌的世纪，各国的学前教育工作者都在关注着学前教育的变革和发展。借鉴其他国家、地区的先进的或者失败的学前教育经验，是减少本国学前教育盲目性，增强本国学前教育科学性，推动本国学前教育变革与发展的重要途径。在这里，借鉴是指吸收其他国家、地区的成功经验，吸取他们失败的教训，同时把这些经验和教训放在本国的实际境遇中，反思自身，从而更好地认识自身的优势和劣势，对自身学前教育的历史文化传统保持清醒的认识，因地制宜地加以改善，进行部分的借鉴和理性的借鉴，从而进一步推动学前教育的变革和发展。

（三）帮助世界各国、各地区制定学前教育政策

可以说，在当代社会制定学前教育的优质政策离不开对比较学前教育的研究，比较学前教育已然成为学前教育政策制定的重要组成部分。这一是因为比较学前教育研究的信息资源和对更好学前教育的追求，是合理地制定学前教育政策的基础；二是因为比较学前教育通过跨文化的研究，能够发现影响学前教育发展的主要因素及其相互之间的关系，找出学前教育发展的一般规律和特殊规律，探寻到学前教育的发展趋势，从而为制定正确的学前教育政策提供科学的依据和可供选择的方向。事实上，通过比较学前教育研究提出的民主化、一体化和生活化的学前教育思想已经在各国的学前教育政策中得到了体现，比较学前教育对国外学前教育新思想和新理论的传播以及对学前教育政策制定的影响不言而喻。

（四）促进国际学前教育的交流与合作

在世界各国学前教育事业发展的过程中，比较学前教育通过介绍、宣传和传播各国学前教育的宝贵经验和教训，可以促进各国学前教育事业的发展，增进国际学前教育界的交流与合作。比较学前教育通过比较分析各国、各地区在学前教育上的相似性和差异性，来加深各国、各地区在学前教育领域的相互了解，加强它们之间的往来，推动彼此之间的交流与合作。

同时，比较学前教育在各国、各地区之间搭起交流与合作的桥梁，也有助于推行国际主义，减少文化歧视，进一步加深国际间的学前教育交流与合作。

知识链接

国际视野、本土行动：比较教育的功能及其实现

比较教育学科产生于对别国教育的借鉴和学习，因而以其他教育学科都不具备的国际视野关注国际范围内的教育动态与发展，必定成为比较教育研究的独有使命与特点。经济的全球化给比较教育带来了新的课题。经济全球化在把世界连成一体的同时，也使得国家之间的竞争愈加激烈。因此由这种日趋白热化的国际竞争引发的新一轮教育改革正在全球兴起，各国的教育工作者无不关注着别国的教育改革和发展。这种关注无论是看作借鉴或是视为一种参考，其关注的出发点无非是为了更好地认识并设法改善自己的教育。

比较教育原有的借鉴功能可能确实很古老，但是在新的时代，其重要性却越发显现并发挥出来。值得提及的是，一些新的时代论题正成为比较教育学研究的热点。比如，战争、腐败、毒品对教育的影响，无暴力教育，人权教育，价值教育，民主教育，艾滋病教育等在2001年召开的第十一次世界比较教育学大会上受到广泛的重视，体现了比较教育学研究的“与时俱进”及“前沿性”。在全球化的大环境下，比较教育的研究领域逐渐由宏观过渡到微观；研究视野从原有的“西方中心”逐步扩展到全球化、本土化；研究层次也由简单的描述移植转向系统的深入研究。这些演变趋势，说明比较教育研究正努力摆脱传统的“西方中心主义”视角，逐步实现它一以贯之的“超越国界”研究视角和“国际主义”使命，“国际视野”“本土行动”已成为全球化背景下比较教育的时代特征。

（资料来源：姜峰. 国际视野、本土行动：比较教育的功能及其实现[J]. 西北师范大学学报（社会科学版），2010(3)：71.）

第三节　比较学前教育的研究类型与方法

比较学前教育的研究涉及世界各国的学前教育及其学前教育的所有领域，具有跨文化特性和全学科性的特点。比较学前教育以跨文化的视野来审视不同国家和不同地区的学前教育现象，对不同国家和不同地区的学前教育问题进行全面的研究，其研究类型和研究方法是多样的。多样的研究方法才能满足比较学前教育研究的内在需求。

一、比较学前教育的研究类型

由于学前教育的内在联系及影响因素的复杂性，使得学前教育比较的角度具有多位性的特点。根据不同的比较角度，可将比较学前教育的研究分为多种类型。

（一）横向比较研究、纵向比较研究和综合比较研究

从比较的时间看，比较学前教育研究可分为横向比较研究、纵向比较研究和综合比较研究。

横向比较研究是指同一时期不同国家、不同地区学前教育的比较研究。具体来说，它是

对两个或两个以上国家、地区的某个或某几个学前教育问题，乃至整个学前教育体系所进行的比较研究。这是从相对静止的角度分析事物的相同点和不同点，发现各国、各地区学前教育的共同规律和特殊规律的研究。例如，“20世纪90年代中韩学前教育制度比较研究”，可以通过20世纪90年代中韩学前教育机构的设置、课程内容和学前教育法制建设的比较研究，提出韩国学前教育的经验对中国的启示和借鉴。

纵向比较研究是指同一国家、同一地区不同发展阶段学前教育的比较研究。这需要在事物发展变化过程中研究事物，借以分析事物发展变化的规律。例如，“美国联邦政府干预学前教育的历史演进研究”，就是对某一时间区间内美国联邦政府干预学前教育的历程进行系统梳理，在分析不同时期社会背景、干预措施的基础上，将该时间区间内美国联邦政府对学前教育的干预历程划分为不同的阶段，并提出借鉴与启示。

综合比较研究综合了横向比较研究和纵向比较研究，一般是指对两个或两个以上的国家、地区不同发展阶段学前教育的比较研究。例如，“英美两国20世纪七八十年代学前教育师资比较研究”，既是对英美两国20世纪七八十年代的学前教育师资状况进行横向比较，又可以对20世纪七八十年代英美两国学前教育师资的发展变化进行纵向比较。

（二）平行比较研究和影响比较研究

从比较对象相互影响的程度看，比较学前教育研究可分为平行比较研究和影响比较研究。

平行比较研究是指对两个或多个被假设为互无影响的国家、地区的学前教育进行比较的研究。它关注的主要是不同国家、不同地区学前教育的共同特征和个别差异，而不考虑这些国家、地区之间的相互影响。

影响比较研究是指对两个或多个在社会经济文化，尤其是在学前教育方面相互影响较大的国家、地区的学前教育进行的比较研究。它主要关注不同国家、不同地区之间学前教育的相互影响。

（三）专题比较研究和总体比较研究

从比较研究的内容来看，比较学前教育研究可分为专题比较研究和总体比较研究。

专题比较研究是把各国、各地区同一类学前教育问题放在一起进行比较分析，从中找出各国、各地区学前教育特点和共同趋势的研究方法。例如，比较两国学前教育制度或学前教育课程改革等问题的研究，属于专题比较研究。

总体比较研究是对国际学前教育的现状和趋势进行全面、综合的比较研究。它属于宏观比较的范畴，目的在于揭示各国、各地区学前教育制度和学前教育实施的总特征和发展趋势，研究学前教育与政治、经济与社会发展的关系等问题。例如，“澳大利亚学前教育和保育的改革研究”，作为一种总体比较研究，可以研究澳大利亚进行改革前其学前教育和保育的发展情况，然后简要分析其进行改革的原因，详细阐述澳大利亚学前教育和保育改革的政策及进展情况，简要总结澳大利亚学前教育和保育改革的特点。

（四）定性比较研究和定量比较研究

从比较方法的性质来看，比较学前教育研究可分为定性比较研究和定量比较研究。

定性比较研究主要指从各方面揭示和把握学前教育的本质，利用各种技术和手段阐述学前教育现象、问题的性质和程度的研究。它注重学前教育现象和问题的发生、发展及其演变过程，注重对资料的处理，主要采用描述和归纳的方法。例如，定性研究美国“开端计划”

的历程,可以在美国社会的政治、经济和科学技术发展的宏观背景下,以联邦政府在不同历史时期的政策和目标为主线,梳理"开端计划"创立和发展的历程,分阶段阐述"开端计划"在不同历史时期的发展目标、实施途径及主要内容,剖析影响"开端计划"发展的社会因素,总结并评价"开端计划"的历史经验和教训。

定量比较研究主要指运用量化理论,着重利用统计测量手段和数据分析方法,对学前教育中的各种数据进行统计处理,以此推断学前教育的发展状况,并进行比较分析的研究。例如,"国际学前教育公共经费投入趋势的定量比较研究",可以综合大量来自国外权威机构的研究数据,以国际学前教育公共财政经费投入情况的比较为着眼点,发现和解释国际学前教育公共经费投入占 GDP 比例逐年增长,以确保学前教育公益性为原则的公共财政投入趋势。

(五)宏观比较研究和微观比较研究

从比较对象的整体性和局部性来看,比较学前教育研究可分为宏观比较研究和微观比较研究。

宏观比较研究是指对学前教育系统或其与外部关系的整体研究。例如,研究世界各国学前教育课程的改革现状与发展趋势,或者比较印度和中国在学前教育发展战略上的异同。

微观比较研究是指对学前教育系统内部具体的、局部的研究。例如,比较两个地区学前教育的课程设置,或者比较两国学前教育的方法和途径。

(六)区域比较研究和问题比较研究

从比较的范围来看,比较学前教育研究可分为区域比较研究和问题比较研究。

区域比较研究是指按地理区域、社会制度、民族传统、政治背景、经济状况、语言习惯等不同标准,把世界不同国家、不同地区分成不同的国家群、区域群,然后再对它们之间的学前教育进行总体比较的研究。例如,朝鲜族和高山族学前教育的比较研究、东西方学前教育比较研究、发达国家与发展中国家学前教育比较研究等,都属于区域比较研究。

问题比较研究也称个案比较研究或命题比较研究,主要是把不同国家、不同地区的学前教育理论或实践按问题分类,进行相应比较分析的研究。就所研究问题的数量来看,问题比较研究既可对单个学前教育的问题进行专门研究,也可对两个或两个以上学前教育的问题同时加以比较。宏观问题、微观问题、历史问题、现实问题、静态问题、动态问题、理论问题、实践问题……均在问题比较研究的范畴内。例如对不同国家学前教育投入和支出的比较研究,对不同地区学前特殊儿童福利政策研究等,都属于问题比较研究。

从不同的角度对比较学前教育的研究类型进行划分,目的是为了更清楚地了解比较学前教育的研究类型。在实际的研究过程中,各种研究类型相互渗透,综合使用。

二、比较学前教育的研究方法

比较学前教育的研究方法主要是由各种方法组成的方法群,正是对研究方法的不断探索和创新,才有力地推动了比较学前教育的变革和不断发展。可以说,方法群里面的每一种方法都有各自的侧重点,很难独自解决学前教育日益复杂的比较问题,所以,在研究中,需要正确选择并综合运用多种方法才能达到研究的目的。

(一)调查法

调查法是指通过交谈、答卷等形式获得原始资料,并对所得资料进行分析、讨论,从而获得关于研究对象的认识的一种研究方法。运用调查法,研究者能获取大量的关于学前教育的资料。

在比较学前教育研究中,调查法主要有下列几种:

1. 参观访问

参观访问是研究人员实地参观访问研究对象,从而获得第一手资料的方法。通过实地参观,例如到外国的幼儿园参观,获得第一手感性材料,来了解外国学前教育状况。改革开放以来,我国有不少学前教育理论工作者、实践工作者、研究人员、管理人员利用学术交流、讲学、探亲、旅游等各种各样的机会,走出国门,观看、考察国外学前教育的状况,掌握了大量国外学前教育的真实资料。

2. 问卷

问卷是研究人员用书面或通信的形式收集材料、设计表格、统计分析的一种方法。例如,要研究某两国幼儿家长对幼儿的态度,就可以通过向这两个国家的幼儿家长发放内容相同的问卷来进行。问卷回收以后,研究人员通过对问卷表格的统计分析,就可以对两国幼儿家长对幼儿态度的问题进行比较研究。

(二) 文献法

文献法也称历史文献法,是搜集和分析研究各种现存的有关文献资料,从中选取信息,以达到某种调查研究目的的方法。

文献法是中外比较学前教育研究者用得比较多的一种方法,也是一种切实可行的方法。与其他领域有所不同,文献法在比较学前教育研究中是取得第一手资料的重要方法。例如世界各国关于学前教育的法令、规程、教学计划、教学大纲、教材、会议记录、报告书、国际手册中的统计材料、杂志中当事人的经验介绍等都属于研究的第一手资料,由学前教育专家本人撰写的学前教育书籍和文章则是研究其学前教育思想的第一手资料。

运用文献法收集材料,一般要经过查阅、抽样、鉴别、整理等阶段。查阅应善于利用书目、索引、文摘、辞典、百科全书等工具。抽样通常有三种方式:来源抽样、日期抽样和单元抽样。鉴别是对资料的真伪精粗进行分析,获得可靠的资料。整理则是根据研究目的,按照统一标准,对资料加以分类,使其系统化。

在运用调查法和文献法的过程中,既要注意材料的客观性,善于分辨真伪,使所得材料真实可靠,又要注意材料的代表性,善于选择典型,使所得材料能反映普遍的情况,还要注意材料的充足性,要善于广征博引,使材料丰富多彩,有足够的说服力。

(三) 比较法

比较法是根据一定的标准对不同国家或地区的教育制度和教育实践进行比较研究,找出各国教育的特殊规律和普遍规律的方法。

比较法可以对一个国家或地区的教育在不同历史时期的表现进行比较,也可以对两个或两个以上国家和地区的教育在不同历史时期的表现进行交叉比较。此外,比较法还可以对两个或两个以上国家和地区的某个教育问题或几个教育问题甚至整个教育体系进行比较研究。

在采用比较法的过程中,需要注意的是比较要找到对应点或对应点系统,注意事物之间的可比性,采用统一的标准进行比较。

（四）分析法

分析法是通过运用因素分析、质量分析、数量统计等方法，对比较研究的结果进行分析、说明和概括，达到对所研究问题的实质性认识，从而得出有价值的结论的方法。

分析法可以对数量化的材料进行定量分析，也可以对非数量化的材料进行定性分析。在分析的时候要注意定量分析和定性分析相结合，对教育问题进行探究，揭示不同地区教育发展的动因和趋势。

除上面提到的这些研究方法之外，比较学前教育的研究方法还有很多，如相关研究法、问题研究法、教育洞察法等。在比较学前教育研究的方法群中，需要注意每一种方法的优势和劣势，根据研究者自身的研究背景和研究主题，选择适宜自己的研究方法，并合理地进行综合运用，从而达到研究的目的。

知识链接

比较学前教育其他几种研究方法的介绍

1. 相关研究法

相关研究法是研究社会经济现象数量依存关系的一种数理统计方法。简单地说，相关研究就是确定概念、变量之间的相互关系。根据研究的课题的性质，对双变量场合，通常把其中的一个变量确定为自变量，另一个变量确定为因变量。相关研究通常要回答关于两个变量或两组数据四个方面的问题：① 它们之间的相关仅仅是偶然的，抑或是在我们所研究的对象中普遍存在的，即它们之间的相关是否显著；② 它们之间相关的方向怎样，是正的还是负的；③ 它们之间相关的幅度大小如何，即如果知道了自变量，那么能够在多大程度上预测因变量；④ 相关的形状如何，即是线性的还是非线性的。

在比较学前教育研究中，通常在许多国家同时收集两个变量的数据，比如幼儿教师的受教育年限与收入，在获得两组数据后，就可检验两个变量之间的特定关系是否在所有各国都成立，或者研究两组数据之间的关系，比如计算相关系数等。但是，在使用相关研究法时需要注意：两个变量之间的相关并不一定意味着它们之间存在因果关系，有可能是另一个因素影响的结果。

在研究的初始阶段，相关研究法可用于确定研究对象中各种关系的结构，变量间的相关关系是建立假说和进行进一步研究的基础。在学前教育中，一个事件的发生通常是许多变量同时作用的结果。当变量之间关系比较复杂时，就难以用实验的方法对变量加以控制，这时就可采用相关研究法。相关研究法还可以用于预测，以一个变量预测另一个变量的情况。为了进行较为可靠的预测，两个变量之间的相关系数应足够大，而且预测的时间跨度不能太大。

2. 问题研究法

问题研究法是从教育中的问题入手，为教育政策的制定提供借鉴的研究方法。问题研究法强调从问题入手，强调研究的目的是为教育政策的制定服务，这些将有利于比较学前教育研究的针对性和有效性的提高。问题研究法有以下四个阶段：一是问题的选择和分析。在选择问题时，要通过对世界及本国学前教育发展的现状，选择那些多数国家共同存在且又与研究者的目的相一致的学前教育问题。分析问题则是从现代社会最主要的特征，如政治、经济、人口、文化、科技出发，对所选择的学前教育问题进行预备性的分析。二是政策建议的形成。对于共同的学前教育问题，在不同国家或者地区所采用的解决对策很可能是不同的。所以这一阶段重要的是考虑各国不同的政治、经济、文化和其他方面的情况，说明哪些政策和措施更适合哪些地区，或提出对某一国家而言更为有效的解决办法，甚至可以提出一些方法或政策，供他人选择。三是相关因素的识别。在对各种解决办法可能出现的结果进行预测之前，要把与选择问题和确定解决办法有关的各种因素系统地集中起来，进行识别和验证。四是预测。为了保证某种学前教育预测的准确性，必须对各种资料进行系统的选择、分类和组合，并且对预测的结果和实际情况进行比较研究，根据结果，反思自己的研究结论。

3. 教育洞察法

教育洞察法是从全方位文化背景出发来考察及思考教育问题，在相应的研究技术手段作用下，获得一种顿悟性的洞察力的分析方法。教育洞察法注重在社会文化的大背景中，以生态学的方式来考察和研究教育问题，是一种强调理性、智慧、思想或分析的方法。教育洞察法的分析框架，是由背景、概念、结构或制度、操作、决策和执行五个环节组成的统一整体。背景的研究包括对研究对象历史背景的研究和对当前教育问题背景的研究；概念的确定则可以避免不同国家或同一国家对同一概念的不同理解和差别运用；结构或制度，则是要求研究者将学前教育问题置于学前教育的内部体制，以及教育与社会各部门结构的相互联系和相互作用之中，进行深入考察和比较；操作，这一阶段研究者可以在分析的基础上，提出一系列可行的解决问题的办法；决策和执行，是指学前教育的领导者或者决策者根据研究人员所提供的可行性方案，做出最后的选择和决策，并付诸实施。

本章小结

比较教育的发展经历了比较教育的史前时代、比较教育的借鉴时代、比较教育的因素分析时代、比较教育的社会科学方法时代四个时代。

比较学前教育是对当代世界各国、各地区的学前教育进行跨文化比较研究，揭示影响学前教育发展的主要因素及其相互之间的关系，探索学前教育发展的一般规律和特殊规律，探寻其发展趋势，以促进学前教育的国际交流与合作，改进本国、本地区学前教育的一门科学。

从研究领域来看，比较学前教育涉及学前教育的所有领域，包括学前教育制度、学前教育行政、各级各类幼儿园的学前教育目的、学前教育课程、学前教育方法、幼小衔接等，都可以是比较学前教育研究的对象。从研究时间来看，比较学前教育的研究以当代为中心。从研究范围来看，比较学前教育既包括对世界各国、各地区学前教育的研究，还包括对国家与国家、地区与地区之间的比较研究，对世界学前教育的整体研究，以及对国际组织关于学前教育的评论和影响的研究。从研究深度来看，比较学前教育既包括对不同国家、地区的客观现象和学前教育问题的经验研究，还包括进一步分析各国、各地区学前教育的本质，研究其形成与发展的影响因素，判明政治、经济、文化、社会对学前教育的制约关系和学前教育对各国、各地区的政治、经济、文化、社会发展的能动作用，揭示各国、各地区学前教育的特点和共同规律，探索学前教育的发展趋势。

比较学前教育的目的是：借鉴国际学前教育经验，探讨学前教育发展规律，促进学前教育的发展。比较学前教育的意义是：扩大学习者的眼界和视野，加深对学前教育的认识；推动本国学前教育的变革与发展；帮助世界各国、各地区制定学前教育政策；促进国际学前教育的交流与合作。

根据不同的比较角度，可将比较学前教育的研究分为以下几种类型：① 横向比较研究、纵向比较研究和综合比较研究；② 平行比较研究和影响比较研究；③ 专题比较研究和总体比较研究；④ 定性比较研究和定量比较研究；⑤ 宏观比较研究和微观比较研究；⑥ 区域比较研究和问题比较研究。比较学前教育的研究方法包括：① 调查法；② 文献法；③ 比较法；④ 分析法。

思考题

一、名词解释

1. 比较学前教育
2. 综合比较研究
3. 影响比较研究
4. 专题比较研究
5. 区域比较研究
6. 朱利安

二、简答题

1. 简述比较学前教育的研究对象。
2. 简述比较学前教育的目的和意义。
3. 简述比较学前教育的研究类型。
4. 简述比较学前教育的研究方法。

三、论述题

1. 结合当前我国幼儿教育改革与发展的实际，分析比较学前教育的意义。
2. 查阅一篇有关比较学前教育的研究论文，分析其运用的研究方法。

第二章 美国学前教育

学习目标

1. 了解美国学前教育的历史发展过程。
2. 掌握美国学前教育的现状。
3. 掌握美国学前教育存在的问题及发展趋势。

美利坚合众国(the United States of America)简称美国(U. S. A. 或者 America)。截至2012年2月,美国人口为3.1亿,白人占64%,其余分别为拉美裔、非洲裔、亚裔等;51.3%的居民信奉基督教新教,其他居民信奉天主教、犹太教等,不属于任何教派的占4%。

美洲原为印第安人聚居地,15世纪末,西班牙、荷兰、法国、英国等开始向北美移民。英国后来居上,到1773年,英国已在北美建立了13个殖民地。1775年爆发了北美人民反对英国殖民者的独立战争,1776年7月4日在费城召开了第二次大陆会议,组成"大陆军",由乔治·华盛顿任总司令,通过了《独立宣言》,正式宣布建立美利坚合众国。1783年独立战争结束,1787年制定联邦宪法,1788年乔治·华盛顿当选为美国第一任总统,1812年后完全摆脱了英国统治。1860年反对黑奴制度的共和党人亚伯拉罕·林肯当选美国总统。1862年9月宣布《解放黑奴宣言》后,南部奴隶主发动叛乱,爆发了南北战争。1865年,战争以北方获胜而结束,从而为资本主义在美国的迅速发展扫清了道路。第二次世界大战后,美国成为世界上第一经济大国,吸引了众多跨国公司与金融机构在美国设立总部。

经历了上百年的发展,美国的学前教育从最初的完全引进欧洲的先进教育理念和实践模式为主,发展为具有自己特色的、独立的现代早期教育体系。全美幼儿教育协会(NAEYC)1987年提出了《发展适宜性实践》,不仅影响了美国学前教育近30年,也对欧洲及世界范围的幼儿教育实践产生了深远的影响。美国著名的"开端计划"目前是世界上规模最大、最有影响力的对处境不利儿童的补偿性早期教育方案之一。

在美国,学前教育和早期教育(幼儿教育)所指向的内容是不同的。学前教育(Preschool Education)专指婴幼儿在入小学前所接受的各种教育;早期教育(Early Childhood Education)指的是所有针对从出生到8岁儿童(即小学三年级)的各种教育活动的总和。从范围上来讲,学前教育是早期教育的一部分。

第一节　美国学前教育的发展历史

纵观美国学前教育的发展历程,可以分为三个阶段:19 世纪美国学前教育的发展阶段、20 世纪上半叶美国学前教育的发展阶段和 20 世纪下半叶美国学前教育的发展阶段。

一、19 世纪美国学前教育的发展

19 世纪,美国开始创立各种学前教育机构,包括幼儿学校、幼儿园等,公立幼儿园逐渐成为幼儿园发展的主流。

(一) 幼儿学校的传入与发展

美国最早的幼儿教育机构叫幼儿学校,是在罗伯特·欧文的影响下出现的。1816 年,欧文在苏格兰的纽兰纳克创立了幼儿学校,面向自己纺织厂的员工招收 18 个月到 10 岁的儿童,主要对儿童进行基督教教义的传授和良好品行的培养。1824 年,欧文来到美国,购买了印第安纳州的"新和谐"村作为他乌托邦式的社会主义试验区,并于 1826 年将幼儿学校引入美国,从此拉开了美国幼儿学校发展的序幕。

在欧文的影响下,美国许多州都建立了幼儿学校,招收 4—8 岁的儿童。1828 年,几个福音教派的妇女在波士顿成立了幼儿学校协会,旨在为城市中贫困家庭的幼儿提供宗教指导、学前教育和日间保育。这些幼儿学校除了对幼儿进行宗教教育和道德培养外,还采纳裴斯泰洛齐的实物教学法开展教学活动。美国早期的幼儿学校在发展的过程中遇到了很多困难,如政府忙于普及初等教育,不能承担幼儿学校的经费,学校仅靠一些慈善团体的捐款难以长期维持其发展的需要等。1837 年美国爆发经济危机后,美国各地的幼儿学校更加无力支付生存与发展的费用。20 世纪 40 年代后,幼儿学校在美国逐渐衰落。

(二) 幼儿园的传入与发展

1. 福禄培尔幼儿园的传入与发展

1837 年,福禄培尔在德国创办了一所学前教育机构,1840 年将其命名为"幼儿园"。与以往德国的学前教育机构不同,福禄培尔幼儿园以教育而非看护为主要任务。福禄培尔创建幼儿园之后,他本人及其追随者相继在世界范围内宣传其教育思想,实践其教育理论。

1856 年,福禄培尔的学生,德国移民玛格丽特·迈耶·舒尔茨在威斯康星州的沃特顿的家中开办了美国历史上第一所幼儿园。在这个幼儿园中,她采用福禄培尔的教育方法,使用德语来指导孩子们游戏、唱歌和作业。继舒尔茨夫人在美国开办第一所德语幼儿园之后,直到 1870 年的 15 年间,在美国由德国人开设的德语幼儿园已有 10 所左右,这些幼儿园都实施福禄培尔式的教育。

1860 年,伊丽莎白·皮博迪与她的妹妹玛丽·皮博迪在波士顿开办了美国历史上第一所英语幼儿园。1868 年她又在波士顿创办了美国历史上第一所幼儿教师培训机构,由福禄培尔的门生担任教师,传授福禄培尔的教育思想和教学方法。这个机构为美国社会输送了大批优秀的幼儿园教师,这些教师成为美国普及幼儿园的强有力的骨干力量,为美国初期幼儿教育的发展做出了很大的贡献。1873 年,伊丽莎白·皮博迪创办杂志《幼儿园使者》。1877 年,她负责组建了美国福禄培尔协会,后更名为美国福禄培尔联合会。正是基于皮博迪在开办美国式的、民族化的幼儿园和推进幼儿园民族化方面做出的重要贡献,她被美国人

认为是美国幼儿园的真正奠基人。

2. 慈善幼儿园的创立与发展

从19世纪70年代开始,美国开始发展面向贫民的各类慈善幼儿园。1870年,美国第一所慈善幼儿园在纽约建立,主要招收因无人照管而流落街头的贫民子女,目的是通过对他们实行免费教育来缩小贫富差距。1878年至1889年昆西·肖夫人资助并领导了免费幼儿园运动。她在1879年创建了第一所幼儿师范学校。在肖夫人的努力下,截止到1883年,美国已经建立了30所免费幼儿园。19世纪90年代,免费的慈善幼儿园几乎遍布美国各大城市。广泛建立慈善幼儿园的作用表现在贫民儿童的生命安全和身体健康得到保护,犯罪率下降,社会治安转好;推动了美国幼儿园的发展,奠定了美国公立幼儿园系统的基础;为福禄培尔教育方法的宣传与应用提供了实践基地。

(三)公立幼儿园的创立与发展

美国的第一所公立幼儿园是由著名教育家哈里斯和布洛于1873年在密苏里州圣路易斯市的德斯皮尔斯学校创建的。此后,在当时以发展初等教育为目标的公立学校的大背景下,美国在各地广泛建立幼儿园,据统计,截止到1901年,幼儿园数量增加了120多倍,入园人数增加了近200倍,仅圣路易斯市1878年已有53所公立幼儿园,1903年增加到125所。公立幼儿园一般附设在公立小学内,作为初等学校的第一阶段,其条件一般比慈善幼儿园要差。公立幼儿园开始逐渐代替私立幼儿园和慈善幼儿园,成为美国幼儿园的主流。

公立幼儿园的创立与发展在美国教育史上具有里程碑的意义,它使得社会各界不再将幼儿园看作是民间的慈善性质的看护机构,而是整个公立学制系统的重要组成部分;它也促使人们从理论与实践上开始更为重视学前教育的作用,进而促进了学前教育在美国的普及。

19世纪后半期,美国幼儿园的发展速度非常快。在1873年,全国还只有幼儿园42所,教师73人,学生1252人。到1880年,美国的30个州都设立了幼儿园。而到1901年,在不到30年的时间里,幼儿园的数量增加了120多倍,入园幼儿人数增加了近200倍。

二、20世纪上半叶美国学前教育的发展

20世纪上半叶,美国的学前教育逐渐由引进多种国外的先进教育理念和方法向形成独立的、具有本国特色的现代幼儿教育体系发展。

(一)进步主义幼儿教育运动

19世纪末至20世纪二三十年代,进步主义幼儿教育运动在美国蓬勃发展,并日渐成为美国学前教育领域具有影响力的新的教育理念。进步主义幼儿教育运动的提倡者主张摆脱幼儿教育中福禄培尔正统派的形式主义,加强幼儿教育与社会生活及儿童生活的联系。这一运动的主要代表人物包括安娜·布莱恩、爱丽丝·坦普尔和帕蒂·希尔。美国心理学家和教育家霍尔领导的儿童研究运动为进步主义幼儿教育运动的开展提供了理论基础。霍尔认为艺术性的体现能极大调动儿童活动的积极性,所有活动都应围绕儿童兴趣展开。帕蒂·希尔反对福禄培尔的呆板式教学,为此,她设计了“希尔积木”,幼儿可利用这些积木建房屋、开商店、办邮局,做各种游戏。“希尔积木”是对霍尔优先发展大肌肉主张的实际应用。帕蒂·希尔还主张给儿童炭笔、水粉、大刷子和颜料,让儿童站在画架前根据自己的想象进行自我表现。总体来说,进步主义幼儿教育运动具有以下特点:

(1)主张幼儿教育不能脱离儿童生活,教育方法应以儿童为中心,让儿童通过各种活动

积累直接的生活经验,教育活动应建立在儿童的生活经验的基础上。

(2) 在教育活动中,教师要运用直观教学法,促进儿童感知能力的发展。通过故事、戏剧、表演等活动,提高儿童的文学水平和艺术水平,在语言和艺术的熏陶下发展儿童的个性。

(二) 蒙台梭利教育法的兴盛和衰落

1912 年,安妮 · 乔治建立了美国历史上第一所蒙台梭利学校并翻译出版了美国版的《蒙台梭利方法》。这本书在出版后极其畅销,第一版的 5000 本在 4 天内就销售一空,并在之后的 5 个月又连续再版了 6 次。1913 年和 1916 年,蒙台梭利本人两次访问美国,她的来访使得美国的"蒙台梭利热"达到了顶峰,推动了更多的幼儿园开始采用蒙台梭利方法和教具。尽管蒙台梭利教育法一度极其盛行,但是相当一部分美国教育工作者在当时还是对蒙台梭利教育法提出了质疑。他们指出,蒙台梭利教育法对于儿童的创造性表达缺乏重视,蒙台梭利教室对于教具的过分依赖使得儿童的活动过于拘泥于形式。此外,蒙台梭利教育法也遭到当时美国已兴起的行为主义、精神分析和进步主义等学派的批判。这些批判导致了美国的"蒙台梭利热"在 1916 年后迅速降温。20 世纪 20 年代后,一度兴盛的蒙台梭利学校繁荣不在。直至 20 世纪 50 年代后期,蒙台梭利教育法在美国才得到复苏。

(三) 保育学校运动

20 世纪 20 年代,美国掀起了保育学校运动。1915 年,美国第一所保育学校由芝加哥大学教授夫人团体以集体经营的形式开办。1919 年第一所公立保育学校在美国诞生。保育学校的课程是半日制,服务对象是中产阶级家庭的母亲和儿童,目的是为家庭提供养育儿童的建议,在家庭生活之外为儿童提供发展社会情感的环境。

20 世纪 20 年代,随着保育学校运动的开展,保育学校在美国广泛建立。1929 年阿比盖尔 · 埃利奥特和帕蒂 · 希尔一起创办了"美国全国保育协会"(全美幼儿教育协会的前身)。到 1933 年,美国已有保育学校 300 多所。随着第二次世界大战期间政府对保育学校的经济支持,保育学校的数量急剧增加。到 1945 年 2 月底,美国共有保育学校 1481 所,容纳幼儿 69000 名。

(四) 儿童看护运动

20 世纪 20 年代末至 30 年代初,美国爆发经济危机,大量妇女为了生活外出就业,使得儿童看护日渐成为美国政府必须要解决的现实问题。1933 年,为了稳定政局和缓和矛盾,美国联邦紧急救济总署、教育总署、全国保育协会和全国亲子教育协会一致决定建立"应急托儿所",让所有 2 岁到 5 岁之间接受救济家庭的儿童都有资格进入应急托儿所,应急托儿所作为母亲福利的方式为全日制工作的母亲提供儿童看护,儿童看护运动由此展开。

1937 年罗斯福总统签署了《联邦经济复兴法》,建立了 1900 个日托中心,为 4 万名儿童提供看护。1938 年美国联邦紧急救济总署建立的应急托儿所为 20 万名劳工子女免费提供帮助。至此,美国的儿童看护运动得到充分的发展。1940 年,美国国会通过了《兰汉姆法案》,拨款 600 万美元为母亲在外工作的儿童提供保育设施。第二次世界大战期间,美国政府投资 5000 万美元,建立起许多公立日托所,看护 150 万名儿童。后来随着战争的结束,这些日托所相继解散。

三、20 世纪下半叶美国学前教育的发展

第二次世界大战之后,美国的学前教育进入了恢复和发展时期。在这一时期,美国采取

了一系列教育改革措施来促进学前教育的发展。

(一)20世纪50年代到80年代初的美国学前教育

1. 开端计划

“开端计划”是美国政府从1965年开始在全国实行的一项重要的学前教育计划,目的是对低收入家庭的儿童进行补偿教育,打破贫困循环,实现教育公平。

(1)“开端计划”的背景

第二次世界大战后,美国社会贫富差距日益加大。1963年,参议员迈克·哈林顿在他的《另外一个美国:美国的贫困》一书中指出,美国当时有穷人4000万~5000万之多,占总人口的20%~25%。由于贫困,以非裔和西班牙裔的美国人以及土著美洲人为主的贫困群体的子女往往没有机会接受学前教育,与同伴相比,这些孩子在进入小学教育阶段后处于明显不利的地位。为改变这一现状,约翰逊总统于1964年签署了《经济机会法》,要求政府为3至5岁的幼儿创建托儿所、幼儿中心等学前教育机构,并对其进行资助,这是美国第一次以立法的形式明确了联邦政府要为贫困的学前儿童提供补偿教育。在《经济机会法》的基础上,联邦政府进一步提出了具体的教育方案——“开端计划”,即通过关注儿童的早期发展,扩大弱势群体受教育的机会,消除贫困的恶性循环。

(2)“开端计划”的内容

“开端计划”是一项旨在为来自低收入家庭的孩子及其家长提供全面的幼儿早期教育、健康、营养和父母培训的早期教育方案。“开端计划”具有明确的目标、服务项目和实施办法。

“开端计划”的总体目标是提高低收入家庭儿童的学习认知能力和社会性。具体目标包括:提高来自低收入家庭儿童的整体健康水平和机体能力;通过鼓励儿童的自信心、好奇心、自发性和自律行为来促进他们在情感和社会性方面的发展;通过关注儿童的概念和语言技能来促进他们的智力发展和技能进步;提高儿童与他人积极进行沟通的能力;通过培训家长,推动家长积极主动地参与到儿童的教育活动中来;鼓励贫困者与社会共同解决贫困问题。

“开端计划”的服务项目具有多样性,包括教育服务、健康服务、社会服务及家长参与。

“开端计划”的教育服务,是指“开端计划”要符合儿童的个别需要及其不同种族与文化的多样性特点,同时还要满足社区需要。在教育服务中,儿童可以参加户内和户外活动,并且学习文字和数字概念,通过丰富多彩的学习经历,使每一个儿童的智力、社会性和情感都能得到良好发展。教师鼓励儿童表达自己的感受,并且发展他们的自信心和与别人和睦相处的能力。另外,“开端计划”针对残疾儿童的特殊需要提供必要的调整性服务,为残疾儿童提供特殊教育与相关服务及技术援助。服务内容不仅包括残疾儿童听力、医疗、专门机能训练、言语、心理、交通及技术援助服务,还包括残疾儿童各方面信息的提供,组织多学科小组开展工作,与其他机构共同完成鉴定、招收、筛选、发展性评估,开发个人教育计划,提供相关服务,完成信息记录与报道,协助儿童过渡安置,满足家长的参与需求等内容。

“开端计划”的健康服务包括营养健康教育、心理健康辅导、牙齿保健、医疗检查、早期测查等。这一部分服务主要致力于帮助低收入家庭协调与医师的良好关系,更好地促进处境不利儿童的健康成长。

“开端计划”还帮助家庭获得重要的社区服务,如咨询、经济资助、工作培训、职业教育等。家庭工作者深入每个家庭，帮助家长更好地了解儿童生长发育的状况并为其成长创造条件。

家长参与及服务体现了“开端计划”重视家长作为儿童的第一任“老师”在幼儿成长过程中的重要作用。在“开端计划”中，家长不仅要参与各种具体工作，比如做“开端计划"幼教机构的员工、志愿者和观察员等，更主要的是，家长们还被允许参与决策的制定与实施。比如，参加“开端计划”委员会制定政策的会议，参与制定家长教育计划，与工作人员共同设计可以在家中开展的儿童游戏等。此外，为家长服务，帮助家长系统地了解儿童营养健康知识和育儿知识也是实施“开端计划”的幼教机构的重要服务内容之一。

“开端计划”由美国政府专项拨款以保障其实施。贫困而且缺乏文化条件的家庭（包括贫穷的黑人、印第安人、爱斯基摩人及外国贫困移民家庭）的幼儿可以选择到公立小学或其他机构特设的学前班接受免费的学前教育。10几年间，美国陆续成立了大量的专门实施“开端计划”的幼教机构。为了保障这些机构的教育质量，在这些幼教机构工作的老师享有各种各样的教育培训资助（如减免学费的本科在职教育），以帮助他们不断地完善专业素质与能力。实施“开端计划”的机构对儿童的教育内容包括体检、治病、自由游戏、集体活动、文化活动（如手工、绘画、听故事、搭积木、欣赏音乐）等。这些教育活动的目的是消除处境不利儿童与其他儿童在入学前可能形成的差距。该计划对5岁儿童进行8周的短期课程教育，对4岁儿童进行1年的长期课程教育。

（3）“开端计划”的发展与延伸

1968年，美国联邦政府制定“开端计划”的延伸项目“坚持到底计划”，服务对象是“开端计划”中受益的低年级学生。1969年，尼克松总统将“开端计划”的管理权移交给新设立的“儿童发展局”，后更名为“健康与人类服务部”，同时把非贫困儿童也纳入其服务范围。1972年《经济机会法》修订后，残疾儿童成为“开端计划”的服务对象，并且规定每个“开端计划”的地方项目中残疾儿童的比例不能低于10%，使残疾儿童在获得学前教育方面得到了法律保障。据1973年的统计，全美“开端计划”中心有9400个，训练幼儿37.9万人。1977年“开端计划”在21个州为移民家庭的儿童提供双语教学服务，使得那些由于各种原因而不得不流动的移民儿童在新的地方能够同样获得学前教育的机会。1980年参加开端计划的儿童为376 300名。

1981年美国出台了《开端计划法案》，使“开端计划”得到了法律的保障。1990年，政府拨款增加到14亿美元支持“开端计划”，2005年增加到68亿美元。该年参与此计划培训的儿童达到90.5万，遍布全美各州。1995年，“开端计划”面向0—3岁幼儿及怀孕妇女的“早期开端计划”出台，该计划由美国各地非营利性机构及当地教育部门管理。1998年联邦政府开始把入学准备作为“开端计划”的重要主题，并将计划的目的修改为：“通过向低收入家庭孩子提供健康、教育、营养、社会和其他服务来提升孩子的社会性和认知发展，从而在入学准备方面起到促进作用。”1999年，在“开端计划”中受益的儿童达到826016名。

（4）“开端计划”的作用

有研究表明，“开端计划”的作用主要体现在促进公平教育、促进少数民族文化发展和提高家长及儿童素质三个方面，其中在提高儿童基础学业能力和素质方面的效果尤为显著。

“开端计划”以贫困儿童、低收入家庭，特别是处境不利家庭的儿童、残疾儿童为服务对象，为他们提供学前教育的机会，改变了以往只有中产阶级家庭的儿童才能接受学前教育的状况，扩大了学前教育的对象，越来越多的儿童能够在平等的教育中得到发展。“开端计划”也促进了少数民族多元文化的发展。“开端计划”的重点服务项目之一是为少数民族的贫困儿童及其家庭提供服务。参与“开端计划”的黑人儿童由 1993 年的 67% 扩大到 1999 年的 70% 。“开端计划”的地方项目通过为少数民族儿童及家长提供丰富多彩的文化活动及大量的多元文化资料来为他们提供服务，同时专门面向土著印地安民族儿童的地方项目中心也从最早的 43 个增加到了 20 世纪末期的 487 个。据统计，全美“开端计划”的地方项目中共存在 140 种语言，儿童和家长都可以从中获得英语学习的机会。“开端计划”还促进了儿童及家长素质的提高。“开端计划”为贫困儿童的家长提供大量的参与儿童生长、健康、认知能力发展的机会，也为家长提供再学习和职业发展的机会，如帮助家长完成高中学业和提供职业培训等，以便家长能够尽量为儿童提供一个较好的家庭环境。同时“开端计划”对儿童的影响也是长久的。一项历时近 30 年的追踪研究表明，与没有接受“开端计划”教育的处境不利儿童相比较，接受“开端计划”教育的贫困儿童在入学后学习成绩显著提高。另外这些儿童在学业完成率高、特殊教育需求少、社会稳定性和社会责任感方面也显著高于对比组的同龄儿童。

2. 幼儿智力开发运动

幼儿智力开发运动是美国以科学教育改革为核心，旨在加强早期教育在儿童智力开发中的作用的教育改革运动。20 世纪 50 年代末期，美国在苏联人造卫星上天的冲击下，开始大力进行教育改革运动，以提高中小学教育的质量。皮亚杰的认知发展理论和布鲁纳的结构主义教育理论都对这场教育改革运动产生了重大影响。布鲁纳认为，只要做到使学科教材适合儿童发展的阶段，并按照儿童理解的方式加以组织和表达，则任何学科知识都可以用某种方式有效地教给处在任何发展阶段的任何儿童。在他的影响下，美国学前教育界积极采取措施，制作符合儿童心理发展特点的节目，对儿童进行科学教育，以开发儿童智力。

1963 年，美国科学促进协会在科学工作者和教师的共同协助下，出版了适用于幼儿园和小学低年级的期刊《科学教育见闻》，目的在于通过空间、观察、数的关系、测量等途径对儿童进行科学教育，使其掌握学习科学、运用科学的基础技能，积累经验，丰富感性知识，发展动手操作能力和探究能力。

《芝麻街》是美国幼儿智力开发运动的重要组成部分，是一个专门针对儿童智力开发而设计的一档具有教育性的电视节目，1969 年 10 月，在美国电视台播出。此节目的内容结合了教育和娱乐，首创了木偶和真人同台表演的形式，融合了动画、喜剧、纪录片等多种风格，也加入了很多流行的文化元素。《芝麻街》最初以参与“开端计划”方案的儿童为主要对象，后来扩大到一般儿童，其最初目的是将生动、有趣的电视节目作为教育手段，期望能为不上幼儿园的儿童提供成长阶段所必需的智力和文化启蒙。由于《芝麻街》节目生动活泼、趣味横生，适合儿童心理发展水平，深受儿童喜爱，全国各地教育电视台纷纷播放，每天播放 1 小时，其收视率创下全美儿童节目收视之最的纪录，在当时的美国 2—5 岁的 1200 万儿童中，每天约有一半人在收看此节目。

3. 蒙台梭利教育法的复苏

20 世纪 50 年代后期，蒙台梭利教育法在美国又重新引起人们的注意。人们在转向重视幼儿智力开发运动时，蒙台梭利对早期教育的重视、对智力发展的看法和对感官训练的方法，以及强调个别指导和科学研究的态度与方法，再一次引起美国幼教界的兴趣。

蒙台梭利教育法的复苏促使美国蒙台梭利学校广泛建立。1958 年,在康涅狄克州克林威治城,南希·兰布什女士创办了重新恢复的第一所蒙台梭利学校——菲特比学校。1960 年,美国蒙台梭利协会(AMS)建立。到 1972 年,美国蒙台梭利学校已经达到 762 所。1989 年,蒙台梭利教育法被 60 个地区的 110 所公立学校采用。据统计,当时美国各式各样的学校中,有 4000 余所冠之以“蒙台梭利”的字眼。蒙台梭利教育法也从学前教育和小学教育扩展到中学教育。蒙台梭利教育法以往主要是私立学校采用,但在 20 世纪 70 年代中期,随着磁石学校这个概念的发展以及 90 年代特许学校的创办,公立学校也开始大力发展和应用蒙台梭利教育法。到 2000 年,美国已有 245 所公立学校和大约 50 所特许学校实施蒙台梭利教育法。

(二)20 世纪 80 年代以来的美国学前教育

20 世纪 80 年代以来,美国学前教育界人士开始反思过于注重儿童智力开发的教育实践,转而开始专注儿童的全面发展,并由此展开了一场遍及全国的教育整体改革运动。在这次改革中,美国政府颁布了《发展适宜性实践》,制订了《早期学习标准》提出了“0—5 岁教育计划”,这些政策和方案的出台推动了美国学前教育的进一步发展。

1.《发展适宜性实践》

《发展适宜性实践》(DAP)是全美幼儿教育协会(NAEYC)于 1987 年针对早期教育质量提升而颁布的一个文件。《发展适宜性实践》是在尊重儿童的基础上促进儿童学习与发展的一套教育哲学、理论框架、行动指南和评估标准,发展适宜性实践活动对美国乃至全世界的学前教育都产生了重要影响。

1987 年,全美幼儿教育协会出版了休·布里德坎普所著的《0—8 岁儿童早期教育项目中的发展适宜性实践》一书。该书在课程、成人与儿童互动、家庭与教育机构的关系以及儿童发展评估方面提出了一系列指导性原则,以总结经验的形式,具体提出哪些做法是适应儿童发展的,哪些做法是不适应儿童发展的。在书中,休·布里德坎普指出“发展适宜性”包括“年龄的适宜性”和“个体的适宜性”两个维度。由于书的封面是绿色的,该书后来被美国幼儿教育界称为“绿色圣经”。1991 年,全美幼儿教育协会又与美国教育部早期教育专家协会共同发表了《3—8 岁儿童教育方案的适宜课程内容与评价指南》,进一步阐明课程设置的理论依据、课程目标、决定课程内容的原则、评价的原则和方法以及实施的框架,以指导早期教育的实施。

1996 年,全美幼儿教育协会出版了布里德坎普和科普尔合著的《0—8 岁儿童早期教育项目中的发展适宜性实践》(修订版)。、此次修订版将幼儿年龄阶段划分为婴儿和学步儿(0—3 岁)、学龄前儿童和学前班儿童(3—5 岁)、小学低年级儿童(5—8 岁)三个阶段,将“发展适宜性”的维度增加为三个:“年龄适宜性”“个体适宜性”和“文化适宜性”,提供了不同年龄组儿童发展的特点及大体预期目标,并针对其基本原则提出了“发展适宜性”和“非发展适宜性”的教育实践。在修订版中,全美幼儿教育协会特别声明,所谓“发展”,是指幼儿教育的专业人员所决定的适宜幼儿的教育及教育决策的结果,所提及的“适宜”及“不适宜”仅仅是给教师提供一个做决策的参考,而非僵化的判断标准,在教学过程中,所做的决定应该要视教师对于幼儿实际的了解而定,不能照本宣科。2009 年全美幼儿教育协会出版了科普尔和布里德坎普合著的《0—8 岁儿童早期教育项目中的发展适宜性实践》(第三版),新版本除了重申“年龄适宜性”“个体适宜性”和“文化适宜性”外,还重点提出了“教师教学的有效性"问题,要求教师要用各种方法让儿童通过有意义的学习来发展语言和读写、数学、科学、社会性学习、健康以及其他领域方面的概念和技能;指出教师的作用在于努力创建一种关怀儿童成长的环境,明确定位促进儿童学习与发展的教学目的,精心策划一套能够实现教学目的的课程,积极建构可以评价儿童学习和发展的标准,持续搭建与家庭建立互惠关系的家园合作桥梁等方面。第三版特别强调,教师知识的核心应该是关于儿童学习与发展的知识、儿童个体的知识、儿童社会文化背景的知识等。

"发展适宜性"的内涵主要包括:年龄适宜性,即早期教育必须要考虑儿童自身发展的年龄特点和发展趋势,针对儿童发展的最近发展区对儿童进行因势利导;个体适宜性,即强调适宜的教育方案必须考虑儿童个人的发展速度、认知方式、学习风格等个性特征;文化适宜性,即强调有效的早期教育需要将教育对象的独有文化背景考虑进来,并使之成为有效的教育资源。

2.《早期学习标准》

《早期学习标准》是1994年美国国会通过的从幼儿园到12年级(K—12)各科课程标准,它规定了从学前班到12年级的学生在每个阶段结束时应该达到的学习结果。

1990年美国政府正式颁布了由布什总统及一批州长构想的面向21世纪的《美国2000年教育目标》,提出了面向21世纪的6项教育目标,包括所有美国儿童都要做好入学准备等内容。1994年美国出台了《2000年目标:美国教育法》,将目标由原来的6条扩展为8条,其中的第3、4条目标提出了关于教育标准化的"构想"。与学前教育密切相关的是第1条目标:"到2000年,所有儿童在上小学前就已经为学习做好了准备。"随后,美国又依法制定了从幼儿园到12年级(K—12)各科课程标准。K—12课程标准的出台是保障基础教育质量的重要措施。

2000年,美国"开端计划"项目署推出《"开端计划"儿童发展结果框架》,该框架在K—12课程标准的基础上,将早期儿童的学习内容划分为8个领域,并细化了每一领域的构成要素以及3—5岁儿童应有的知识水平和应有的能力表现。作为联邦标准,该框架成为各州制定《早期学习标准》的重要依据。联邦政府鼓励各州制定《早期学习标准》。2002年前,17个州为3—5岁儿童制定了标准;4个州为0—3岁儿童制定了标准。2002年,联邦政府发起"良好开端,聪明成长"议案,鼓励各州自主建立面向3—5岁儿童的涵盖语言、读写和数学三个方面的《早期学习标准》。到2009年所有州都开始实行《早期学习标准》,有9个州对已经颁布的《早期学习标准》进行了修订。

3. 0—5岁教育计划

"0—5岁教育计划"是奥巴马政府在2009年为使弱势儿童做好入学准备而提出的教育计划。该项计划将重点放在幼儿的早期保育和教育方面,强调为儿童进入机构接受教育做好相应的准备。

"0—5岁教育计划"对儿童早期教育经费的下拨、亲子计划和幼儿园普及计划的实施、子女和抚养人照管税收政策的优惠以及计划的领导和管理实施部门的职责进行了规定。具体内容有:

(1) 全面提升"开端计划"与"早期开端计划"。奥巴马提出兑现美国所有保证过的学前教育经费,为0—5岁处境不利儿童提供"全方位"的"开端计划"服务,全面提升美国的学前教育质量。为此,联邦政府支出的年度教育经费190亿美元中,大部分用于学前教育,努力增加启蒙学校的数量，力图使启蒙学校的学生数量翻两番，更重要的是要提升教育品质。

(2) 设立幼儿早期教育挑战经费。这项经费为各州制定并扩大针对怀孕妇女与学龄前儿童享受高质量的教育提供服务。

(3) 支持亲子计划。联邦政府选派经过专业培训的护士为5.5万个第一次做父母的家长提供常规的育儿指导，由这些专业的护士帮助父母确保孩子的健康，并为孩子的入学和以后的生活做好准备。

(4) 调整儿童保育发展拨款计划。奥巴马政府对小布什政府儿童保育发展拨款计划进行了调整，鼓励各州使用优质儿童保育发展计划。为此，奥巴马政府为低收入家庭儿童的保育提供关键性支持与资助，并为生均经费的提高提供充足的资金支持。

(5) 实施幼儿园普及计划。联邦政府为各州提供经济资助，为全美的儿童开办志愿性的、义务的、普及的幼儿园，使每一个儿童享受高质量、高标准的幼儿园教育。

(6) 实行子女和抚养人照管税收优惠政策。"儿童与家属照管税收优惠"是通过实施子女与其抚养人税收优惠来为学龄前儿童提供可偿付的高质量的儿童护理，确保有足够的资金用于儿童保育与发展。

(7) 设立"总统早期学习咨询委员会"。奥巴马政府设立了由总统直接领导的"总统早期学习咨询委员会"，成员包括各州州长与主要领导、公司领导、社区和宗教团体领导及相关专家，以此加强联邦政府发展学前教育的领导和统筹职责，协调联邦政府和各州之间、私立和非营利部门之间进行有效的对话与合作，提高改革效率。

"0—5岁教育计划"是奥巴马总统教育新政的一项重要内容，它促进了美国的教育改革持续地发展，使美国的教育改革得到雄厚的资金支持，也使美国0—5儿童早期教育得以全面实施。

第二节 美国学前教育的现状

20世纪80年代以来，美国通过进行《发展适宜性实践》声明和实施"0—5岁教育计划"以及增加教育投资等措施，使学前教育在规模和质量上都得到了迅速的发展。美国的学前教育在这一时期也开始在机构设置、课程模式和师资培养方面呈现出自己的特色。

一、学前教育机构的类型

美国学前教育机构主要分属三个独立且并列的系统："开端计划"系统，主要招收因家庭贫困而处境不利的儿童；以市场为导向的私立系统，招收0岁至义务教育前接受幼教机构和家庭服务的儿童；公立学校系统，招收5岁儿童。在这三个系统下有各种学前教育机构类型，其中主要的学前教育机构有以下几种。

（一）保育学校

保育学校主要招收2.5—5岁的儿童，一般以3—4岁儿童为主，目的是通过游戏、音乐、绘画等活动促进儿童各方面的发展。

保育学校主要有以下几种：附设在各级公立学校之下的保育学校，如中学、大学和学院附设的保育学校；独立的保育学校，由私人企业的福利机构、民间团体、捐赠基金、教会、家长或其他私人组织和个人创办，这种独立性的保育学校占大多数；由联邦政府主办的"开端计划”系统下的保育学校，主要为处境不利儿童实施补偿教育。保育学校以半日制为主，大多配备完善的教学辅助设备，由受过专业训练的教师负责儿童的日常活动。保育学校的任务不仅是保证儿童的生命安全，而且是促进儿童体、智、德、美全面发展，但是不进行正规的教学活动。保育学校强调通过体育、游戏、音乐、手工等校内丰富的活动，发展儿童的创造性和思维能力，增加儿童的社会交往机会，发展他们的语言，为入小学做准备。保育学校的班级人数为 16 ~ 17 人，主要活动有：绘画、烹调、表演、游戏等自由活动；语言、音乐律动、讲故事、阅读等全班活动；玩大型积木、爬迷津梯、参观动物园、博物馆、展览馆等户外活动。活动安排如下表所示。

美国某保育学校 2—3 岁儿童班一日活动安排表

时间	活动安排
7:30—8:30	到园、洗手、自由游戏、清理
8:30—9:00	早点
9:00—10:00	换尿布、如厕、大肌肉活动(在院子里散步)
10:00—11:10	洗手、喝水、如厕、教师指导的活动(艺术活动、感官活动、桌面活动、操作活动)
11:10—11:30	大组活动、洗手
11:30—12:00	午餐
12:00—12:30	如厕、换尿布、准备午睡
12:30—14:30	午睡
14:30—15:00	起床、换尿布、如厕、洗手、点心
15:00—16:10	大肌肉活动(在院子里散步)如厕、换尿布、喝水
16:10—17:30	自由游戏、桌面活动、图书活动

(二) 幼儿园

幼儿园主要是为进入一年级之前的 4—5 岁儿童设立的教育机构，以半日制为主，具有小学预备教育的性质。幼儿园多附设于公立小学，虽不属于义务教育范畴，但是实行免费制。

美国公立学校系统下的幼儿园有两种，一种是幼儿园，又称为 5 岁班幼儿园，服务对象是 5 岁幼儿；另一种是学前预备班，又称为 4 岁班幼儿园，主要服务于 4 岁幼儿。从 20 世纪 70 年代开始，幼儿园在公立学校系统中发展较快，其中 5 岁幼儿园发展较为普遍。这种幼儿园一般每个班级人数为 16 ~ 30 人，入园年龄为 5 岁，教育方法较为灵活，有的采用福禄培尔教学方法，有的采用蒙台梭利教学方法，还有的采用皮亚杰的理论进行教学。教育原则是做中学，教育目的是为儿童入学做准备。在教学管理方面，由于公立学校系统的主管单位是州政府，幼儿园隶属于公立学校系统，因而各州幼儿园在入园时间、招生、班级规模和入学年龄政策上差异很大。如在入园时间上，有些幼儿园是全日制的，每天上课 4 ~ 6 小时；有些幼儿园是半日制的，每天上课时间是 2.5 ~ 3 小时。在班级规模方面也存在着差异，如一般每个班级的儿童人数在 16 ~ 30 名左右，但也有少数班级儿童人数超过 30 名。在课程设置方面，幼儿园没有来自联邦政府的统一课程，各州都把幼儿园纳入州内的课程框架与内容标准之中。幼儿园的课程内容标准一般包括语言、数学、社会和自然等方面。幼儿园常见的活动有娃娃家、手工、玩拼图、玩布偶、玩积木、绘画、桌面玩具等。室外活动有滑滑梯、荡秋千、爬爬杆、玩三轮车和推车、玩沙、玩水等。教师带领的团体活动有唱歌、跳舞、弹奏、乐曲、烹饪、听故事等。儿童也有小睡时间，也学习写一些字母数字和自己的名字。美国幼儿园的活动安排如下表所示。

美国某幼儿园 4—5 岁儿童班一日活动安排表

时间	活动安排
7:30—8:30	入园
8:30—8:50	早餐
8:50—10:00	选择活动、清理
10:00—10:30	大组活动
10:30—11:00	户外活动或体育馆活动
11:00—11:30	大组活动
11:30—11:50	午餐
11:50—12:30	清理、自由活动
12:30—14:30	午睡
14:30—14:45	起床
14:45—15:15	户外活动
15:15—15:45	点心
15:45—16:20	选择活动
16:20—16:30	离园

（三）日托中心

美国的日托中心是一种全日制或半日制的幼教机构，设在私人家庭、大学校园或各类社会机构中，招收 0—6 岁的婴幼儿，目的是使每个儿童在体力、情绪、社会性及智力方面得到良好的发展。

由于政府的财政支持和企业资助的幼儿教育机构是有限的，因而家长要支付大部分学前保育和教育费用。根据经费来源不同，日托中心可以分为以家长缴费维持的日托中心和以政府补助款或捐款等公共经费支持的日托中心。目前日托中心这种机构在美国发展迅速，数量和种类呈上升趋势，如父母协作日托中心、家庭日托中心、小组照顾日托中心、“开端计划”方案中心、临时性日托中心、上学前放学后日托中心等。根据教育性质不同，日托中心可分为照管性、综合性和发展性日托中心。根据是否营利，日托中心和学前班可分为营利性和非营利性日托中心和学前班。营利性的学前班和日托中心主要有托儿和早期学习连锁集团、家庭式托儿所和小型私人托儿所。非营利性的学前班和日托中心包括雇主出资的托儿所、教会附属的学前班和托儿所以及合作性学前班。日托中心收费较低，如家庭式托儿所，又称家庭日托、家庭托儿之家，经营者通常在自己家里为几个儿童提供托儿服务，如果招收的儿童较多,也可能雇佣一个成人协助托儿工作。营利性学前班是指拥有所有权的个人或公司把学前班作为商业来经营,目的是为了获利或谋生;而非营利性学前班收取的保教费用仅够维持保教服务的基本运作。在雇主出资的日托中心里,雇主通常只提供场地和设备,或者只部分资助场地的购买或租用,家长必须支付托儿费才能使子女进入托儿所,接受保育和教育。合作性学前班由家长成立的董事会监管和经营。董事会负责聘请教师,但是家长必须轮流在教室里协助教师工作,而且必须为子女进学前班付费。合作性学前班的收入除了支付学前班的运作费用和教师的薪水外,都用于改善学前班的设备。照管性日托中心的主要工作是照管儿童,确保其安全。在综合性和发展性日托所或日托中心,教师不再只承担儿童保姆的工作,中心里有综合性计划,要为儿童发展提供服务,包括营养、喂养及教学,教学活动有理家、艺术、讲故事和沙水游戏、运动游戏。日托中心的活动安排如下表所示。

美国某日托中心12—24个月儿童班一日活动安排表

时间	活动安排
7:30—8:30	到园
8:30—9:25	小肌肉活动或游戏
9:30—10:00	早点、换尿布、清理
10:00—11:15	大肌肉活动、想象游戏、自由游戏
11:15—11:25	大组音乐活动
11:30—12:00	午餐
12:00—12:15	换尿布、清理
12:15—14:30	午睡
14:30—14:45	安静游戏
14:45—14:55	换尿布
15:00—15:20	点心
15:20—16:00	艺术活动、感官活动
16:00—16:15	换尿布、清理
16:15—17:30	离园

二、学前教育课程

学前教育课程是指所有帮助学前儿童获得有益的学习经验,促进其身心全面和谐发展的各种活动的总和。美国的学前教育从课程设置、内容选择到课程实施都体现了其多元文化和全人教育的理念。

(一)学前教育课程的目标

美国从20世纪80年代以来在学前教育领域开展了具有整体性和综合性特点的教育改革运动,在学前教育课程目标上强调促进儿童全面和谐地发展。1996年全美幼儿教育协会在《0—8岁儿童早期教育项目中的发展适宜性实践》中指出,发展适宜性课程的目标主要包括:① 发展对学习、自我控制及归属感的正确态度;② 发展对周围世界的好奇心,发展学习的自信心、创造力、想象力及主动性；③ 发展对成人和同伴的相互信任与尊重，理解别人的看法，培养协商精神及遵守集体生活规则；④ 理解并尊重社会与文化的多样性；⑤ 了解关于社区与社会的职能；⑥ 运用语言有效地交流，并能促进思维与学习；⑦ 成为有文化的人，能从阅读和书中获得信息与满足；⑧ 能通过角色游戏、戏剧、舞蹈、律动、音乐、艺术与结构表达思想和情感；⑨ 能进行有分辨力的思考、判断并解决问题；⑩ 能理解物体、人和事件间的关系，如分类、顺序、数、空间与时间；⑪ 能按预期效果操作物体，懂得因果关系，以建构物理知识；⑫ 能获得诗歌、音乐、绘画、人文学科及科学的知识，并能进行欣赏；⑬ 有能力驾驭自己的身体，并获得大肌肉运动及精细动作的基本技能；⑭ 获得关于照料自己身体、保持一定的健康与健美水平的知识。2005 年全美幼儿教育协会在《幼儿教育方案标准和认定指标》中进一步明确了："课程标准旨在发展儿童在审美、认知、情感、语言、体能和社会等方面的能力。"

（二）学前教育课程的内容

2000 年，负责美国"开端计划"项目的部门发表了《"开端计划"儿童发展结果框架》，将幼儿的学习内容划分为语言、读写、数学、科学、创造性艺术、社会性情感、学习方式、身体健康与发展八个领域。2005 年全美幼儿教育协会颁布了《幼儿教育方案标准和认定指标》，提出学前教育课程应包括八个方面的内容，分别为"社会情感""语言""早期读写""早期数学能力""技术、科学探索和知识""理解自身、社区和世界""对艺术的创造性表达和欣赏"以及"体能和技能发展"。

1. 社会情感发展

帮助儿童识别自己和他人的情感，并能恰当地表达和表现；有机会在交往中发展亲社会行为；用建设性的方式解决矛盾；能从他人的角度看问题。

2. 语言发展

为儿童提供多种机会扩充词汇量；发展儿童的口头和书面的交流能力；帮助他们获得多种交际策略；为儿童创设多样化的机会参与对话活动。

3. 早期读写能力的发展

对儿童早期阅读能力的发展应建立在儿童对歌曲、韵律、常规游戏和书籍的喜爱之上；儿童每天至少要有两次以个人或小组的形式，以多种方式阅读书籍；为儿童创造机会熟悉并尝试书写；通过多种途径发展语音意识。

4. 早期数学能力的发展

帮助儿童了解数的名称；建立表征与实物的联系；探索数的组合；按不同特征分类；学习对物体进行基本测量；培养初步的时间意识。

5. 获得有关技术和科学的初步知识

早期课程方案应为儿童介绍基本的科学概念和原则；引发儿童的好奇心；为儿童提供多种机会和材料探索科学现象；帮助儿童学会独立思考、提问、讨论和推理。

6. 理解自身、社区和世界

幼儿教育帮助儿童发展自我认同，在教室中形成集体归属感；学习当地环境的物理特征，并能与大环境联系起来；了解环境保护和经济的基本概念，建立对文化、家庭、性别等多样化的理解。

7. 对艺术的创造性表达和欣赏

让婴幼儿通过多种艺术形式创造性地表现和表达，进而欣赏和发展艺术方面的能力。

8. 体能和技能发展

让婴幼儿有多种机会参与发展精细和粗大动作的适宜活动，培养安全意识和健康习惯。

（三）学前教育课程的实施

2005 年全美幼儿教育协会颁布了《幼儿教育方案标准和认定指标》，在教学标准中规定：教学标准旨在通过适宜、有效的指导方法，促进儿童在课程目标情境中学习和发展。其基本理念是使教师有目的地使用多种指导方法，如从高结构向低结构、从成人指导向儿童主体变化的策略，提供优化学习的机会。在此过程中，教师考虑儿童的个体差异以及教学方法在不同方面应用的差异，以帮助所有儿童成功。教学标准从五个方面阐述了学前课程的实施。

1. 创设丰富的学习环境

首先，环境的健康和安全是第一位的。对婴儿和学步儿来说，教师更应以目光和声音进行引导和看护，采用积极策略防止危险和扰乱行为发生。其次，强调环境的教育意义，由教师和儿童共同安排教室环境，激发儿童对新主题和概念的学习兴趣。

2. 营造学习的关爱社区

教师应当了解儿童的家庭、社会和语言文化背景，营造一个相互尊重、有责任心和同情心的环境；对儿童的行为和意愿有敏感的、个别化的反应，教师应积极识别并反对任何不平等的教育实践、教学方法和材料等。

3. 保证时间，运用不同教学方式实现学习目标

保证儿童每天的室内外活动时间；教师能根据婴幼儿的兴趣和需要提供不同形式的活动，如测量沙、水或烹饪配料；探究动植物、水、车轮和齿轮；使用美术工具、音乐、运动和其他方式表现他们看到的、理解的和感受到的事物；学习和练习健康生活常规等。孩子日常有通过美术和音乐去进行审美表达和欣赏的机会；能通过各种形式的美术工具来创造性地表达和展现自己的思想和感情；一天中有机会在安排好的体育活动中自由运动和使用大肌肉运动；有机会通过游戏活动和日常活动发展小肌肉动作。

4. 使儿童的学习有意义

教师能够在活动中观察、谈论和倾听儿童的想法和需求；通过多种方式帮助儿童学习新的语言，尤其支持儿童母语的发展；教师和家长全力合作，帮助儿童成功地融入早期教育情境中。

5. 运用策略以发展儿童的理解、知识和技能

教师应在儿童已有经验的基础上，提出问题以激发思考；在与个别或小组儿童的互动中，帮助儿童运用特定技能来分步解决任务，不断扩展和提升儿童的活动水平。

（四）学前教育课程模式

在早期儿童教育课程的理论和实践的发展过程中，美国曾经出现过多种课程模式和有特点的教育方案。如银行街早期儿童教育方案、蒙台梭利课程模式、直接教学模式、高瞻课程、零点计划、显性课程和方案教学。目前在美国比较有影响力的学前教育课程模式和教育方案包括：银行街早期儿童教育方案、直接教学模式、高瞻课程和光谱方案。

1. 银行街早期儿童教育方案

20 世纪初，美国开展了进步主义教育运动。社会改革家们揭露社会不平等，并致力于

建立更加民主和平等的社会的教育实践活动。在这样的社会背景下，露西·斯普拉格·米切尔于1916年创办了“教育实验局”。1919年，约翰森建立了银行街学校，后来在此基础上成立了银行街教育学院，强调教育就是为儿童提供一个可以激发其内在发展动力的环境。20世纪30年代后，“教育实验局”强调儿童个别潜能的重要性和学校对儿童情绪、人格发展的影响力，教育的目的在于促进“完整儿童”的发展。20世纪70年代以来，银行街早期儿童教育方案也被称为“发展—互动”教育方案。

（1）银行街早期儿童教育方案的理论基础

银行街早期儿童教育方案的理念来源于三个方面：一是心理动力学理论。受安娜·弗洛伊德和埃里克森等一些将儿童发展置于社会背景中的学者的理论的影响，强调情绪与动机以及自主性自我的发展。二是皮亚杰的认知发展理论。皮亚杰强调认知发展的相互作用论，即儿童是在与环境的相互作用中获得发展的。三是杜威、约翰森、艾萨克斯和米切尔、维果茨基的教育理论和心理学理论。

（2）银行街早期儿童教育方案的目标

① 培养孩子与环境进行有效互动的能力。能力是发展一切的中心，有能力是指在发展的各个领域都尽可能做好，同时能够充分发挥和运用自己的能力。

② 发展儿童的独立自主性和自我意识，发展儿童的自我认同感、培养儿童独立行事、学会选择等。

③ 发展儿童的社会性，包括关心他人、发展友谊、尊重多元文化、认识人与人之间的相互关系等。

④ 鼓励儿童的创造性。

（3）银行街早期儿童教育方案的内容

银行街早期儿童教育方案的内容是综合性的，总体上可以分为以下几个部分：社会学习、读写、数学、科学、西班牙语和法语、艺术、音乐和体育。其中，社会学习是银行街早期儿童教育方案的一个特色，同时也是整个方案的核心。银行街社会学习计划的目的在于为孩子提供技巧和知识，让他们能够做到为自己的问题找到答案；做一个有好奇心的、投入的学习者；学会理解、欣赏自己所在的学校、国家以及世界的多元文化的本质；获得他们更好地作为个体、作为团体中的一个成员以及作为一个公民所需要的知识和技能；理解自己和别人；参与建设性地解决问题；学习提高自己和他人的生活质量。社会学习的内容包括以下几个主题：人类与自然环境；团体，从家庭到世界；人类世代相传；从神话、宗教、科学以及艺术中获得意义；人类用来组织个体和群体的行为而形成的这个系统里的价值观；变化—生命的基本事实；人们怎样解决问题。随着年龄的增长，主题没有本质的改变，但内容会不断深入。如对于3岁儿童，课程强调的是儿童对自身和家庭的学习，而对于5岁儿童，课程则强调对社区服务和工作的学习。

以社会学习为核心展开的课程整合了：① 围绕社会学习主题的音乐、阅读、书写、数学、戏剧和美术等不同的课程经验；② 身体、社会、情绪情感和认知等儿童发展的各个方面知识；③ 第一手经验以及再创造这些经验的机会，儿童在家庭和托幼机构的经验。

（4）银行街早期儿童教育方案的实施

银行街早期儿童教育方案的实施主要借助于主题网和课程轮。课程轮类似于课程网络图，中央是所选择的主题，轮辐间的空间是教师设计的各个活动区或活动种类的内容，允许教师根据需要加以更改、增加或删除。此外,该方案在实施过程中强调教室空间和教学时间的安排要符合教育目标。教室空间的安排要兼顾个人活动和团体活动的需求,能开展不同的活动,幼儿有选择活动的机会。每天的作息安排有一定的顺序,让幼儿有秩序的感觉。

(5) 银行街早期儿童教育方案中教师的作用

教师在儿童认知和社会情感发展方面扮演了重要角色。在儿童认知发展方面,教师的职责是评量儿童的思维,使其将想法变成行动,或将其想法进行概括或转换;引导幼儿概念的发展;培养幼儿的直觉性和联结性思维;提出问题以发展儿童的归纳性思维。在儿童社会情感发展方面,教师首先要能保护儿童,使儿童能克服焦虑,解决离开父母而面临的心理冲突,从而较好地适应社会;其次,教师要培养儿童自我的发展和心理健康,即教师应具备称职的母亲和心理治疗师应有的许多特点,还应具有儿童完全信任的权威性。

2. 高瞻课程

高瞻课程(High Scope)又称海伊斯科普课程,是由韦卡特和他的同事在1962年创建的课程。该课程模式在海伊斯科普佩里幼儿学校得到实施和运用,是美国密歇根州海伊斯科普佩里学校学前教育科研项目的一部分,是美国"开端计划"中第一批通过的帮助处境不利儿童摆脱贫困的早期教育方案。高瞻课程模式创建之初的目的是帮助处境不利儿童做好入学准备,减少他们在学业上的失败,但该课程模式在以后的发展过程中逐渐将美术、音乐、运动和计算机运用等纳入课程,并在20世纪80年代末以后,逐渐成为在美国被运用得最为广泛的课程。20世纪90年代以来,由于高瞻课程在课程推广和研究上的卓有成效,现已经推广到北美洲、欧洲、亚洲等地,成为全世界范围内广泛使用的课程模式之一。

高瞻课程的核心教育理念和目标是促进儿童的主动学习,强调以儿童的主动学习为中心,促进儿童认知、情感、社会性的全面协调发展,培养主动的学习者。主动学习是整个课程模式的核心和根本。所谓主动学习,是指由学习者发起的学习,是学习者通过操作物体与人、观念、情景的相互作用,主动建构起关于现实知识的过程。高瞻课程以主动学习作为一日活动的组织理念,致力于儿童在内在兴趣需要的基础上,自主选择、自由安排、开展活动,在活动中不断思考,发现问题并解决问题,从而促使儿童真正成长为一个主动学习的人。

高瞻课程的内容来源于儿童的兴趣和关键经验两种资源,这里关键经验是对儿童一系列社会的、认知的和身体发展情况的描述。高瞻课程以主动学习为核心,围绕儿童发展所必需的一系列关键经验创设学习环境,引发儿童与环境相互作用的活动,从而支持儿童的发展。高瞻课程的主要内容包括:创造性表征、语言和文学、社会性和主动性、运动、音乐、分类、排序、数、空间、时间10个方面58条关键经验,以此作为制定课程和进行评价的指标。对教师而言,关键经验只是一种提示,指明应努力促使儿童获得的学习经验,为观察支持儿童学习、计划儿童活动、评价早期教育实践的有效性提供指南。关键经验本身不是活动,但是可以引发多种活动。高瞻课程内容围绕关键经验进行设计,采用开放教育的做法,即围绕关键经验设计各个兴趣区或活动区。常设的活动区有:积木区、角色扮演区、美工区、读写区、音乐与运动区、木工区、沙水区、玩具区和户外活动区等。教师有意识地将关键经验物化为活动材料和活动情境,儿童在活动区中充分地与材料、环境、他人互动,以获得学习与发展。

高瞻课程的实施是由"计划—工作—回顾"三个环节以及其他一些活动组成,结合小组活动时间、大组活动时间、户外游戏时间,就构成了儿童日常的常规活动。"计划—工作—

回顾”是课程组织的核心基础，为教师提供了用来指导儿童独立自主地开展一日活动的清晰的框架结构，它让儿童有机会充分表达自己参与整个活动的想法和计划，促使教师积极地参与到整个活动过程中来，与儿童一起学习他们的经验，努力找出每个儿童的特点和兴趣所在，以帮助儿童掌握适合其发展阶段的关键经验，从而为切实实现儿童“主动学习”这一核心理念提供了有效实施的途径。

高瞻课程的幼儿园有全日制和半日制。全日制幼儿园的时间安排如下表所示。

高瞻课程全日制幼儿园一日活动安排表

时间	活动安排
7:30—8:30	进入教室后，教师和儿童制订计划，帮助他们从事一个短时间的操作活动
8:30—9:00	早餐和刷牙
9:00—9:20	计划时间
9:20—10:30	操作活动时间和整理打扫
10:30—10:50	回忆时间
10:50—11:20	户外活动时间
11:20—11:45	团体活动时间和午餐准备
11:45—12:30	午餐
12:30—13:30	午睡，或躺下来安静地看书
13:30—14:15	小组活动和点心时间
14:15—14:00	有的儿童离园。教师和留下的儿童制订计划，在活动区活动一直到离园

3. 直接教学模式

直接教学模式(Direct Instruction Model)是为5—8岁(幼儿园到小学三年级)儿童设计的课程方案。由贝瑞特和恩格尔曼在1966年为帮助低收入家庭的儿童在学业上能够赶上中产阶级家庭出身的儿童所设计的教育方案。

(1) 直接教学模式的理论基础

直接教学模式主要是建立在斯金纳的操作性条件反射理论的基础上。操作性条件反射是一种学习形式，在此形式中，被指定的行为得到了强化，就会导致它的再次发生。

(2) 直接教学模式的目标

直接教学模式的主要目标是帮助儿童获得进入小学所需要的读、写、算的基本技能，并通过学业上的成就，发展儿童的自信心，增强自尊心。直接教学模式确定了15个教学目标，分别是：① 能用肯定句和否定句回答问题；② 能用肯定句和否定句对“告诉我有关这件东西”做出反应，如“这支笔是红色的，它不是蓝色的”；③ 掌握至少4个概念组，如：大—小、上—下、长—短、胖—瘦的意义，如“它不是大的，它一定是小的”；④ 具有能准确运用介词的能力；⑤ 具有能讲出4种物体正反例子的能力；⑥ 具有简单演绎“如果—那么”的能力；⑦ 具有否定演绎的能力，如教师问：“如果正方形是小的，那么你们还知道它们什么？”儿童能回答：“它们不是红色的。”⑧ 具有在简单的演绎中运用“或者”的能力；⑨ 具有能命名基色（红、绿、蓝）和白、黑、褐色的能力；⑩ 在没有帮助的情况下能大声数数到20，在有帮助的情况下，以10为单位，能数数到100；⑪ 具有正确数物体到10的能力；⑫ 具有认识和讲出元音和至少15个辅音的能力；⑬ 具有从图片中区分出印刷字词的能力；⑭ 能讲出一个词，使它以某种方式与给予的词押韵；⑮ 能视读由4个或4个以上的字母组成的词，能使印刷的词和口语的词有同样的意义。

（3）直接教学模式的内容

贝瑞特和恩格尔曼运用了两个策略来决定课程的内容。一是他们关注儿童在小学一年级课程中会遇到哪些课程材料，从而决定儿童应该知道些什么；二是他们回顾斯坦福—比纳智力测验量表的测试内容，从而决定课程中的“普遍性概念内容”。因此，他们认为课程内容应包括颜色、大小、形状、位置、数字、分类、排序等。直接教学模式的核心内容是读、写、算。

（4）直接教学模式的实施

教育者把相关的学习领域分解为许多技巧性很强的单元，每一单元包含三个层次的目标，从而形成9套方案。每次上课，都包含教师和儿童之间通过游戏和比赛进行的口语交互作用的活动。此外，教师每天为儿童安排30分钟的与学业有关的个别化活动，为儿童提供与关键概念有关的练习。教师把与教学任务无关的行为减少到最低程度，强调儿童集中注意力，努力学习，并给予奖励。

直接教学模式运用于实践教学时具有五个突出的特征。第一，快步前进。在20分钟的课程里，教师将会提供五种或更多不同种类的任务，每个儿童都可能需要做出多至500个反应。第二，与任务无关的行为被最小化。教师和儿童的工作都是任务型的。教师会有意识地把儿童自发性的交流最小化。第三，非常强调言语反应。第四，对那些精心安排的、小步伐的教学单元进行持续的反馈。教师不鼓励无关的交流，对儿童可能出现的困难非常敏感，会尽快纠正错误，同时预见并防止误解。第五，课程需要儿童肩负沉重的学业负担。教师要求儿童全神贯注，努力学习，还要对儿童的思考做出奖励。

在典型的采用直接教学模式进行教育的学前教育机构，儿童的半日生活安排如下：① 自由活动时间（20分钟）；② 集体唱歌时间（15分钟）：儿童在教师的指导下学歌和唱歌；③ 有组织的教学时间（60分钟，分为3个单元，每个单元20分钟）：儿童以小组为单位接受教师有组织的语言、阅读和教学等方面的训练；④ 半组织的教学时间（20分钟）：儿童在教师指导下学习涂色、剪纸、粘贴等技能技巧；⑤ 喝水时间（15分钟）：儿童吃点心、喝水和小憩；⑥ 讲故事时间（10分钟）。

（5）直接教学模式中教师的作用

在直接教学模式中，教师是幼儿行为的训练者和强化者。教师是主动的教育影响的施予者，儿童是被动的接受者。教师根据预先设计的计划，运用增强、塑造、惩罚和消退等方法，促进刺激与反应间的联结，以达成教师预期的目标，使儿童产生计划中的学习行为。

4. 光谱方案

光谱方案是由加德纳和费尔德曼教授率领哈佛大学的零点方案工作组和塔伏茨大学的研究小组合作完成的，是一种课程和评估相结合的方案，目的是使每一个儿童的能力与长处在富有材料和活动的环境与教育机会中得到发展。

光谱方案批判了传统课程、教学和评估对学生的多样性（智力、风格和倾向性等各方面)的忽视,尤其批判了传统的智力测试的若干局限性,如倾向于强调事实的收集而不是高级的思维和问题解决技能,在问题解决时需要用到的许多能力如决策能力、想象力、领导能力和社会理解力等在智力测试中都得不到体现,而后者正是儿童立足未来社会所需要的;带有文化偏见,它要求掌握主流文化的词汇、词组和社会习惯,因此与其说它测的是智力,还不如说测的是相应的经验。正是基于对传统评估方案的上述批判,光谱方案主张发展一种更为人道、宽泛的评估方案,他们认为儿童潜在的或者外显的能力远远超出了传统的智商测试或其他的标准化测试所能够反映的范围,要求发展出一种课程,能够给儿童提供各种活动材料,支持儿童以各种方式开展学习,发现并发展儿童的强项,力争使所有儿童都能够以最佳的方式进步。

(1) 光谱方案的理论基础

光谱方案的理论基础是美国哈佛大学心理学家加德纳的多元智能理论和塔伏茨大学心理学家费尔德曼的非普遍性理论。加德纳认为,人至少有 7 种智能:语言智能、逻辑数学智能、音乐智能、空间的智能、身体运动智能、人际智能和自省智能。这些智能既有联系又相互独立。对于儿童个体来说,他可能在某一特定智能上具有优势,同时又在其他智能方面存在极大的劣势。费尔德曼的非普遍性理论认为,在人类或个体发展的过程中,有许多活动和领域。它们既不是每个社会个体都必须达到的,也不独立于一定的环境教育影响之外,人们在大多数时候都是在追求获得非普遍性领域内的专长。这两大理论都看到了儿童在智力上的多样性,都认为儿童具有独特性,应该相应地给儿童提供多种发展空间和机会,使每一个儿童都有机会发挥和实现自己的潜能,从而奠定了光谱方案的基调。

(2) 光谱方案的目标

光谱方案的目标主要包括:

① 让儿童见识或接触广泛的学习领域。光谱方案主张让儿童见识或接触广泛的学习领域,以便系统地发现并支持儿童在各个领域所表现出来的能力和兴趣。

② 在丰富的学习环境中发现儿童的强项。根据某一领域的关键能力对儿童表现出来的在该领域的能力进行评估(比如,数学中的数字推理和逻辑问题,或者运动中对身体的控制和对节奏的敏感),也可以根据儿童对某一特殊领域的兴趣来确定儿童的强项所在。通过发现儿童的强项,让儿童以各种方式尤其是自己所擅长的方式学习,使得儿童能够在自己感到困难的领域中直接或间接地利用自己的优势。

③ 发展儿童的强项。光谱方案强调发现并赞扬儿童的强项,并以此为切入点,相应地给儿童提供适宜的学习机会和学习经验以发展儿童的强项。

④ 把强项迁移到其他领域和学业表现中去。光谱评估涉及的智力领域包括:语言、数学、运动、音乐、科学、社会理解力和视觉艺术。光谱方案强调深入了解儿童在各个领域的表现,把儿童的强项迁移到其他领域和学业表现中,可以在儿童的长处与其他学习领域和学业表现之间建立联系,在发展儿童强项的同时,发展其他的智力,也使儿童得以以自己的方式和速度探索材料。

(3) 光谱方案的内容

多元智能理论明确了 7 大智力领域:语言、数理逻辑、空间、音乐、身体动觉、自省和人际智能,在此基础上形成了光谱方案的 8 大课程领域:机械和建构、科学、音乐、运动、数学、社会理解、语言、视觉艺术活动和 8 大评估领域:运动、语言、数学、科学、社会理解力、视觉艺术、音乐、工作风格(普遍认为成年人的成功不仅仅需要某一方面的能力,还需要有特定的工作方法,如集中注意和坚持。即使对于学前儿童来说,儿童完成一定任务的方法也是不一样的。观察儿童的工作风格能够理解儿童在不同领域、不同情境下的表现。所以光谱评估方案包括了工作风格这一项)。每个领域由一些具体的活动组成,在每组活动之前,有一个引言,包括对这组活动的概述和对关键能力的描述,然后有一组具体的学习活动和家庭作业。

(4) 光谱方案的实施

实施光谱方案的主要方式有:在教室里设立学习中心,与社区如儿童博物馆联合,实行导师制等。例如学习中心,一般每一个光谱教室开设8个学习中心,包括语言、数学、自然科学、机械和建构、艺术、社会理解力、音乐和运动,这些学习中心是从7个评估领域(语言、数学、科学、视觉艺术、社会性、音乐和运动)(工作风格除外)引申出的,同时这7个领域又细分为7个评估方面,延伸出8套关键能力(见下表),教师根据关键能力来选择或建构活动材料和活动方式。

光谱方案8大领域及8套关键能力

领域	关键能力
运动领域	身体控制;对节奏的敏感;表现力;产生运动的想法;对音乐的反应
语言领域	自己创编叙述故事;描写性的语言/报道;诗意地运用语言和双关语
数学领域	数字推理;空间推理;解决逻辑问题能力
机械和建构领域	理解因果和功能联系;视觉空间能力;利用机械物体来解决问题;精细动作能力
自然科学领域	观察技能;对相似点和不同点的辨别能力;根据信息做出假设和进行实验;对自然科学知识和科学现象的兴趣
视觉艺术领域	视觉知觉;视觉艺术创造
音乐领域	音乐感悟力;音乐制造力;音乐创造力
社会理解领域	理解自己;理解他人;担任不同的社会角色

(5) 光谱方案中教师的作用

在光谱方案中,教师的职责是深入细致观察儿童的学习,并通过提供各种活动材料发现儿童在学习中存在的问题并改进自己的教学方法和教学内容,发现儿童的强项,最终促成儿童以各种方式尤其是自己所擅长的方式去学习,从而发展儿童的强项。教师鼓励儿童并为儿童创造机会,使儿童能够在自己感到困难的领域中直接或间接地利用自己的优势,扬长避短,以达到全面发展的目的。

三、美国的幼儿教师教育

幼儿教育是一项高度专业化的工作,必须由经过正规训练并持有证书的人来承担。美国通过严格教师职前培养、加强教师入职培训、继续教师在职教育等措施来加强学前教师教育，促进教师专业发展，提高教育质量。

（一）幼儿教师的任用资格

从幼儿教师的职前培养到正式任用，期间经历很长的过程。规范学前教师的任用过程，统一学前教师的任用资格是保证学前教师师资质量的重要措施。

1. 幼儿教师专业标准

美国幼儿教师的专业标准称为“幼儿教师从业标准”，是由全美幼儿教育协会开发的。从2001年到2003年，全美幼儿教育协会颁布了三套早期儿童教育专业从业准备标准，提出了早期儿童教育专业不同层次从业者的培养标准。2002年，联邦政府在“良好开端，聪明成长”行动计划中要求各州在制定早期学习标准的同时，制定一个教师培训计划。《2007开端计划促进入学准备法》和2008年新修订的《高等教育法》明确提出了建立州“幼儿教育从业人员专业发展系统”的要求。幼儿教育从业人员专业发展系统是一个能够为所有幼儿教育及儿童利益工作者的职前准备及持续发展提供支持的综合系统。同时，美国儿童保育信息与技术中心（NCCIC）和全美幼儿教育协会等非政府组织也相继开发了系统建设的工具包和数据库系统，对各州幼儿教育从业人员专业发展系统的建设工作提供支持。2011年美国儿童保育信息与技术中心的统计数据显示，美国几乎所有州都正在建立新的或完善已有的幼儿教育从业人员专业发展系统。

（1）知识和能力核心标准

2003年，全美幼儿教育协会在新标准中强调了21世纪的幼儿教师应掌握和应用的知识与技能，包括促进儿童发展与学习；建立和家庭及社区的关系；通过观察、记录与测评来支持幼儿及家庭的教学与学习；成为一名专业人员。2004年，全美幼儿教育协会对教师标准进行修订，增加了文化多样性，融合了教育和幼儿学习标准相一致等方面的内容。全美幼儿教育协会在2005年4月正式公布的《幼儿教育方案标准和认定指标》中指出，教学人员包括教师、助理教师、代理教师和自愿者等，规定教师必须具有专科以上学历，助理教师需要具有高中以上学历或GED（普通教育水平）证书，学位证书以地方高等教育部门的认可为准。据美国儿童保育信息与技术中心统计，目前至少有29个州制定了相关知识与能力标准。

（2）普通知识标准

从2001年到2003年，全美幼儿教育协会颁布了三套早期儿童教育专业从业标准，即“初级许可证计划”（2001），“高级计划”（2002），“副学位计划”（2003），提出了早期儿童专业不同层次从业者在普通知识教育方面的准备标准，包括语言和读写知识、艺术知识、数学知识、身体锻炼和体育知识、科学知识和社会知识。

（3）道德行为标准

2001年，全美幼儿教育协会制订了《道德行为准则》，对幼儿教师应对儿童家长、同事、社区和社会所承担的道德责任进行了规定，内容包括对幼儿的道德责任、对家庭的道德责任、对同事的道德责任和对社区以及社会的道德责任。

2. 幼儿教师的资格证书制度

美国是早期教育和幼儿教师资格认证制度发展比较早的国家。美国政府要求任何一所学校都只能聘任持有效资格证书的教师，否则要负法律责任。原则上，任何一个应聘的教师也必须持有效的资格证书才能上岗。但是，在实施过程中，很多学区会根据自己的实际情况允许新毕业的幼儿教育本科专业的老师在工作后的第一年之内完成资格证书考试。

幼儿教师的资格证书制度包括资格证书的管理制度、鉴定制度和发放制度。

(1) 资格证书的管理制度

目前美国幼儿教师常常被纳入中小学教师管理和认证的大系统中,幼儿教师入职资格标准和认证方式也随着州和教育系统的差异而不同,没有一个统一的标准。但是联邦政府积极规范提前开始学前班教师的执教资质,即《提前开始学前班行为标准》,并且由早期儿童专业认证委员会来管理提前开始学前班的专业学位和证书——儿童发展助理(CDA)证书。儿童发展助理学位和证书计划在美国受到了广泛的认同,而且现在已经被写入了所有的"提前开始学前班"认证要求当中。目前,各州或地区在幼儿教育从业人员专业发展系统建设过程中尤其注重完善以往的幼儿教育从业人员资格证书制度以及专业发展路径。据统计,截至2010年,至少有32个州制定了幼儿教育从业人员的资格认证制度。同时,各州还根据职业角色的差异,对从事婴儿和学步儿(15个州)、幼儿(12个州)、家庭儿童保育(6个州)、学龄儿童保育(16个州)、管理者(27个州)、培训者(5个州)等工作的专业人员提出了不同的认证要求。

(2) 资格证书的鉴定制度

鉴定制度是幼儿教师资格证书制度的核心内容,主要包括学历要求和对幼儿教师资格的考核。幼儿教师资格证书的考核制度以严格的考试为基础,考核的对象分三类,一类是师范专业毕业的入职者,一类是非师范专业毕业的入职者,还有一类是没有学历的入职者。考核内容包括教师身体、道德学习、知识能力、情感等方面的素质,如幼儿教师除完成必修的专业课程和实践学习外,还必须参加名为Praxis的考试,这种考试由三部分组成:基本技能、教学基本原理、早期教育,其中基本技能又分为阅读、数学和写作。

(3) 资格证书的发放制度

美国幼儿教师资格证书的发放制度较为完善。美国建立了三个层次的资格证书发放制度,一层是学位证书(大专、学士、硕士),二层是CDA国家证书,三层是CDA职业预备证书。这三种不同层次的资格证书代表了三种不同的专业化程度,满足了不同层次、不同领域早期教育工作者的要求。

(二) 幼儿教师的职前培养

20世纪90年代,幼儿教师的职前培养已经成为美国最受欢迎的教师教育改革措施之一。

1. 幼儿教师职前培养的目标

2009年,美国出台了新的《幼儿教师专业准备标准》,规定了幼儿教师专业准备应具备的6条核心标准:能够促进幼儿的学习和发展;能够与家庭和社区建立联系;能够观察、记录和评估幼儿,以支持其和家庭的发展;能够适宜地、有效地联系幼儿和家庭;能够运用知识建构有意义的课程;能成为一名专业人员。各州的教育部门在参照全美幼儿教育协会制定的专业标准基础上,组织本州的大学教育院系社区学院的教师、幼儿教育机构的教师、幼儿家长以及其他人员来共同制定符合本州实际的幼儿教师专业标准。如印第安纳州2010年颁布的《幼儿教师专业标准》,主要标准有:儿童的学习与发展;与家庭和社区建立合作关系;观察、归档和评价;发展适宜性的教学方法;创设学习环境和专业化环境等。

2. 幼儿教师职前培养的机构

美国幼儿教师职前培养的机构主要有课程培训机构、初等学院和大学三种类型。具体分为:专业认同评议会,这是一个非营利的机构;二年制学院,社区学院、初级学院和技术学院都开设两年制的早期教育与儿童发展课程;四年制的大学或学院,美国州立的四年制的大学或学院主要培养从事教育5岁班幼儿园至小学三年级儿童的师资,而四年制的私立大学或学院则主要培养从事教育从出生到4岁的学前教育师资。

3. 幼儿教师职前培养的课程

美国幼儿教师职前培养的课程包括学位课程、儿童发展助理(CDA)国家证书课程和儿童发展助理(CDA)职业预备课程三种。

学位课程有学士学位课程、大专学历课程、副学士学位课程和硕士学位课程。学士学位课程的学生在四年制大学或学院的一年级或二年级完成通识教育并取得相应学分后才能申请进入教师教育阶段专业课程的学习,学习成绩合格之后可获得文学士或理学士学位。大专学历课程主要由社区大学提供,目的是使接受培训的人成为幼儿保育的助手、儿童保育的提供者以及助教。副学士学位的幼儿教师教育计划一般由二年制社区学院提供。在课程安排上,一般要求修满60~70学分,其中约30%的学分为通识课程,70%的学分为专业技术课程。无论是哪一个层次的学位课程,教学实习都是整个课程设置的一个最为重要的一环。在实践和实习环节上,具体项目名称不尽相同,有实训、临床实践、田野经验、实习、同伴合作、学生教学等。若从时间分布上来划分,可以分为专业实践和教育实习两类。托幼机构的助理教师要求两年制专科毕业或接受在职训练,逐步达到专科毕业水平。硕士学位阶段的课程与四年制大学的课程设置相似,但在内容的深度和广度上有更高的要求,学分为40学分左右,学制1~2年。

儿童发展助理(CDA)国家证书课程是一个国家级的教育项目,主要是为评估和提高在中心幼儿园、中心托儿所、家庭日间保育、家庭访问者环境下工作的学前教育工作者的技能,也向有双语教学需求的儿童提供特殊服务。获得儿童发展助理(CDA)国家证书的学习者必须具备年龄满18周岁、具有高中文化程度或者同等学力与条件。这些学习者要选择直接评估的学习人员学习的课程,有保健与安全、身体与智力发展、社会性与情感发展、与家庭的纽带关系、课程的设置与安排、职业化、观察并记录儿童的行为和儿童成长与发育等,他们必须参加8个儿童发展助理(CDA)培训项目,皆不少于10小时。

儿童发展助理(CDA)职业预备课程需要学习者从事相关研究,研究由实地调查、课程学习和最后鉴定三个阶段组成。在实地调查阶段,学习者要学习"儿童发展助理(CDA)儿童教育工作基本原理"。在课程学习阶段,学习者要参加由社区、大学及其他中等教育以上的机构所提供的高级研讨会。

(三)新教师的入职培训

美国政府要求新教师在正式入职之前要接受系统的培训,目的是提高教师素质,促进教师专业发展,帮助教师尽快获得教师资格证书。

新教师入职培训的目的在于,一方面为新教师提供支持与帮助,以减轻他们在进入真实教育环境时可能遇到的诸多问题,进而减少新教师的流失,稳定教师队伍;另一方面,美国教师资格认证体系取消了终身制的教师证书制度,而改为进阶式的体系,新任职时所取得的幼儿教师执照有效期只有2~3年时间,对新教师进行入职培训可满足他们接受继续教育,促进教师专业发展的愿望。

新教师入职培训的管理机构是各州教育部门,具体由幼教机构或当地学区的教育督导负责，主要采取以下形式：教学导师制，又可分为非正式导师制和正式导师制；目标介入式培训，这种形式期限较短，内容均与教学实际相关；督导评价，即通过观察新教师的实际教学过程，对其教学能力进行适时评价和及时反馈。除此之外，新入职的幼儿教师还可加入一些专业团体机构，通过与专业成员的互动得到相应的支持，帮助自己解决入职中遇到的一些问题。入职培训时间为 2 ~3 年，以新教师获得正式教师资格证书为准。

（四）幼儿教师的在职进修

为了加强在职教师的继续教育，美国政府通过出台在职教师相关进修政策、安排教师进修机构与课程等措施，来促进教师专业的可持续发展，提高教师队伍的整体质量。

美国重视幼儿教师的在职进修，联邦政府或州政府给予一定的经费支持。如为强化提前开始学前班并促进幼儿的入学准备，美国小布什总统的早期教育项目中包括提供培训 5 万名“开端计划”学前班教师有关早期读、写、识字方面的经费。美国政府注重对幼儿教师的在职进修给予鼓励，如政府奖励幼儿教师接受在职进修的全国性措施有两个，一个是联邦劳工部的学徒方案，另一个是教学方案（TEACH）。

美国幼儿教师在职进修的机构、课程和组织形式都十分多样化。其中美国的儿童发展协会，主要为实施“开端计划”的学前班和一些托儿所的幼儿教师提供培训课程，是开展幼儿教师在职进修的重要机构。

在课程设置上，幼儿教师在职进修课程更注重实用性。在课程设置方面，既注重已获得学士学位的幼儿教师通过继续学习获得硕士或博士学位的学历性继续教育，也注重辅导仅获得儿童发展助理（CDA）学位证书的幼儿教师，通过学习获得学士学位证书，还注重对实施“开端计划”的学前班教师等进行在职培训，以提高他们的专业水平，提高实施“开端计划”学前班的质量。

在培训形式上，主要有课程培训模式、观察与评价模式和探究培训模式。课程培训模式主要通过为在职教师提供课程学习，来提高其专业素质。如教育资源与咨询部门设立的教师专业发展小组提供的培训；学区根据不同的主题，设立不同的小组开展的培训；社区大学或四年制大学提供的培训课程，以满足个人导向的专业发展为主，可以为没有达到学士学位的在职幼儿教师提供培训，使其最终达到合格学历要求。观察与评价模式即通过现场督察、同行指导和教师评价等方式，为幼儿教师专业发展提供支持。全美幼儿教育协会在 2005 年 4 月正式公布的《幼儿教育方案标准和认定指标》中指出：教师通过获得来自管理者、同事及家庭的反馈信息进行自我评价，获得自我提高，教学人员应参与到当地、州或国家的早期教育活动中去，并积极交流和分享信息。探究培训模式，包括教师研究小组、教师调查、教师合作组等，重视在职幼儿教师就自身教学中的一些问题开展研究。

第三节　美国学前教育存在的问题及发展趋势

自 1860 年美国诞生第一所英语幼儿园开始，美国的学前教育经历了引进、推广、发展和提高四个阶段，目前已形成具有自身特色的学前教育体系。学前教育作为一种教育活动，在其长期发展的过程中受到政治、经济、文化等因素的制约，不可避免地产生一些问题。同时，在不断解决问题的过程中，美国的学前教育也迎来了新的发展。

一、美国学前教育存在的问题

美国学前教育在不断发展改革的过程中虽然取得了很大成就，但是也存在一些问题，如课程设置学术性增强，教师资历和待遇差异显著，早期学习标准与“发展适宜性”教育的基本理念在教育实施过程中经常冲突等。

（一）课程过于强调学业技能学习

1989年，由布什总统与一些州长们构想的《美国2000年教育目标》提出了面向21世纪的6条教育标准，克林顿政府将此目标扩展为8条，其中第一条要求全体美国儿童都要有良好的学前准备，第3、4条目标提出了关于教育标准化的“构想”。2001年美国开展了一场全国性的幼儿教育标准化运动，反映了政府对学业准备特别是对早期读写教育的关注。在全国教育标准、K—12学习标准及“‘开端计划’结果框架”的指导下，各州纷纷颁布了面向3—5岁儿童的涵盖语言、读写和数学三个方面的早期学习标准。早期学习标准的颁布给早已经进行的综合教育课程和生成课程带来了挑战。为了达到这些标准，幼儿教师不得不在教育活动中选择那些能够达到标准的课程内容，在组织活动时，教师的关注点也由原来的儿童发展适宜性转向课程的学业性。幼儿园区别于初等学校的特征日渐消退，课程集中性增强，学前教育机构越来越重视为小学教育做准备。如高瞻课程的内容包括10个方面，即创造性表征、语言和文学、社会性和主动性、运动、音乐、分类、排序、数、空间、时间，具体包括58条关键经验；银行街早期儿童教育方案的课程内容包括社会学习、读写、数学、科学、西班牙语、法语、艺术、音乐和体育等内容。

（二）教师资历和待遇差异显著

美国幼儿教师资格差异较大，既有获得学士、硕士、博士学位的幼儿教师，也有许多只取得儿童发展助理教师证书或只取得二年制专科毕业副学士学位的幼儿教师，甚至还有相当于高中毕业程度的幼儿教师。由于幼儿教师短缺，美国5岁以下学前教育机构的幼儿教师资格证书制度并不健全，教师资历差异显著。据统计，仅有27个州规定幼儿教师需要拥有学士学位；17个州规定幼儿教师需要至少拥有副学士学位或取得儿童发展助理（CDA）证书。在全国，只有50%的中心式3—4岁班幼儿园的主教师拥有学士学位。美国相当多的日托机构中的教师没有正式学历，只是接受过某些短期培训。

美国幼儿教师的待遇与社会地位不高。美国乔治城大学2009年对美国大学本科专业毕业生待遇所做的一项研究也表明：在所有参与调查的171种职业领域中，早期教育教师的薪酬位居倒数第二位，是全美各项职业中工资最低的行业之一。根据美国劳工部统计局2011年的统计数据，幼儿园教师年薪中位数为26620美元，小学教师则为52840美元。

（三）早期学习标准与“发展适宜性”教育的冲突

早期学习标准与“发展适宜性”教育之间的冲突，主要体现在理论层面和教育实践层面。

首先，从理论层面来看，冲突主要表现在三个方面。一是社会本位与个人本位的价值选择冲突。早期学习标准的制定以提升国家基础学力的全球竞争力为目的，因而其基本推动力在于增强国力，推动社会发展，这是社会本位论的主张。而“发展适宜性”教育遵循个人本位的价值取向，倡导儿童是独立自主的个体，教育应以适宜的方式将儿童培养成遵循内在发展的个体。这种教育追求“教育民主自由”的价值理性。二是有关早期学习理解方面的冲突。早期学习标准较为强调知识体系的内在逻辑，强调各年龄阶段间的连续性，以便帮助儿童做好入学准备。而“发展适宜性”教育则强调早期儿童的学习至少应包括知识和理解、技能、品质和情感等几个方面，其学习方式也不应是正规的学科教学，而应当强调儿童在游戏、生活中自发地学习。三是学业准备与全面发展的导向冲突。研究表明，大多数州的早期学习标准中，近70%的内容涉及认知和语言。尽管“发展适宜性”教育也同样重视认知和语言，但其基本出发点则是儿童的个性化发展。

其次，从教育实践层面来看，冲突表现在四个方面。一是游戏和自主探索与针对早期学习标准中有关指标的练习性方法的冲突。标准的推行将逐渐把儿童推向由教师主导的以语言和数学学习为主的集体活动，而减少了他们在教师的引导和支持下自主游戏、探索获取知识与技能的机会。二是个性化教育与“一刀切”的教育模式的冲突。标准化课程无论是从教育情境的独特性、教师应有的课程决策权的角度，还是从尊重每个儿童的发展进程和个性特点的角度来看，都缺乏适宜性。三是真实性评价和与标准相关的测试性评价的冲突。测试性评价开始由学龄阶段逐步向学前阶段推行。四是教师的适应困难：信念、情感与教育行为的失衡。教师认为追求达成早期学习标准和绩效责任不利于儿童的选择，可能会对早期学习标准产生抵制情绪。

二、美国学前教育发展趋势

（一）政府加大投入，满足不同教育需求

20世纪90年代以来，美国政府为了提高幼儿学习的欲望与能力，满足不同年龄阶段、不同家庭儿童的看护和教育需求，为入学做好准备，大幅度增加对学前教育的投入。如2005年国会提出了《儿童保育法》，该法规定联邦政府在2006年财政年度拨款23亿美元，以后每年增加2亿美元，2010年该项拨款额将达到31亿美元，用于发展学前教育事业。2009年3月7日，美国联邦教育部制定了实施《2009年美国复苏与再投资法》的方案，提供了超过1000亿美元用于振兴教育的经费。2011年5月，联邦政府宣布推出“力争上游——早期学习挑战经费”，该经费设于“力争上游”计划下，主要是由联邦政府提供2011年度“力争上游”预算中的绝大部分资金（5亿美元），用以鼓励各州通过竞赛争取经费奖励的方式建立全州范围内协调的、全面的早期教育系统，改善州内各类型早期教育项目，以期让更多的幼儿，尤其是处境不利的幼儿能接受早期教育，并为入学做好准备。在2012年政府财政年度预算中，奥巴马提出为儿童保育发展拨款再次授权，以继续为“儿童保育与教育发展基金”提供资助，并号召征集8.25亿美元新的投资来改革国家的儿童保教体系。

自20世纪90年代以来，美国政府颁布了数量众多的学前教育法，以法律的形式对学前教育的投入进行规范，保证了资金的合理使用。如与成立于1996年的“儿童保育与教育发展基金”相对应的儿童保育发展拨款法案就规定，各州必须使用不少于该项经费总额4%的比例用来提高各州的总体早期教育保育项目质量。资金与法律的支持使美国学前教育机构的数量和种类都得到大幅度增加。如从适应家长不同需要的角度出发，根据幼儿在园时间的长短，目前的幼儿园包括寄宿制、全日制、半日制等。日托中心还有许多类型各异的日间照顾机构，如随接随送中心、父母协作日托中心、提前准备中心等。除此之外，近些年来美国还兴办了很多“普通教育团”“临时教育室”“蹦蹦跳跳室”“小家伙团”“游戏照顾中心”“美国儿童中心”“双亲指导中心”“父子中心”等。同时，美国的保育学校办校的方式也越来越

灵活,建立了幼儿音乐学校、缺陷儿童学校等。尽管各种类型的学前教育机构培养的目标不同、教育理念与教育方式不同、教育内容与教学方法各异,但它们都是为了满足不同种族、不同文化、不同阶层、不同健康状况、不同年龄段儿童和家长的需求而建立的,在美国学前教育中发挥着自己独特的作用,影响着未来美国学前教育的发展与变化。

(二)立足于儿童的全面发展,增强课程的综合性

1987年,全美幼儿教育协会发表了关于《0—8岁儿童早期教育项目中的发展适宜性实践》的指导性文件,强调为婴幼儿设计的课程或教育方案应考虑婴幼儿身心发展的特点和个体特点,并且以此为基础确定了关于高质量托幼机构教育的基本因素。该文件对学前教育课程的影响体现在课程的综合性上,主要表现在课程模式、课程目标、课程实施手段的综合性方面。

课程模式的综合性表现在美国学前教育工作者正在努力改变以往偏重儿童社会性、情绪情感等方面的发展而忽视了儿童全面和谐发展的传统课程模式,采用将传统的成熟论模式、直接教学模式及认识相互作用论模式综合起来的课程模式,来发挥各种模式的长处,以达到发展儿童的社会性、情绪情感、语言学习、创造性思维的目的。

课程目标的综合性表现在学前教育的目的不再是走个人本位或社会本位的极端,而是把这两种价值整合起来,学前教育应是培养"完整自我"的教育,即促进儿童动作能力、认知能力、社会能力、语言能力、创造能力、心理调节能力等各方面能力的和谐发展。

课程实施手段的综合性体现在美国在运用多种教育方法,如卢梭的爱的教育、福禄培尔的恩物教育、蒙台梭利的感官教育、布鲁纳的发现法、奥苏伯尔的意义接受性学习等方法对儿童进行教育的同时,开始采用多种先进的教育手段,如电子媒介、计算机、网络等信息手段对儿童施以教育。

(三)早期学习标准与"发展适宜性"教育的有效融合

近年来,学前教育工作者做了许多工作以促进早期学习标准和"发展适宜性"教育的融合。

一是梳理早期学习标准与"发展适宜性"教育之间的关系。首先,学者们认为早期学习标准与"发展适宜性"教育之间应是和谐的关系。他们认为过程性原则和结果导向标准可以相互补充,早期学习标准这一结果导向标准与"发展适宜性"教育这一过程性原则是可以相互补充的。早期学习标准能够通过"发展适宜性"教育来实现。其次,学者们呼吁早期学习标准应充分考虑到标准达成的灵活性。制定标准并不等于要把儿童的学习与发展标准化,第三,教师要树立游戏、方案教学是实现早期学习标准的有效途径的观念,将早期学习标准整合进课程,教师不用改变现有的教育方法,而是需要在实施过程中贯穿一种标准意识。第四,在教育实践中,教师可以采用真实性评价的方式对早期学习标准进行评价。

二是教育实践及其相关部门做出积极的响应。首先,全美幼儿教育协会和美国教育部早期儿童专家协会2002年发表联合声明,指出早期学习标准在构建全面、高质量的早期教育体系中扮演着重要的角色。早期学习标准应在内容上重视儿童发展适宜性,在实施与评估中考虑到地域和文化差异。其次,2005年全美幼儿教育协会重新修订了学前教育方案的认证体系,并于2006年付诸实施。第三,2007年全美幼儿教育协会启动了"发展适宜性"教育的第三次修订工作,并于2008年提出了新的"发展适宜性"教育修订草案。全美幼儿教育协会作为"发展适宜性"教育的提出者,能够积极应对早期学习标准的制定与实施,这说明“发展适宜性”教育与早期学习标准之间确实可以相互融合，而二者的融合也是美国早期教育工作者们努力的方向。

（四）提升教师资质，提高教师地位和待遇

美国联邦政府通过立法和充裕经费的投入来促进学前教师专业发展，提升教师整体素质。同时，美国各州政府也陆续出台相关法规，不断提高对学前教师的资质要求，不断加强对教师的职前教育与在职培训，努力提高学前教师队伍的整体水平。美国还采用上夜校、寒暑期学校进修、教师研讨会、校际参观等在职培训手段加强对在职教师的培训，帮助他们实现专业发展。

为了提高教师的地位和待遇，奥巴马政府明确指出：“教师应该得到公正的评价并且得到与他们工作付出相匹配的报酬。”奥巴马政府在《2009年美国复苏与再投资法》中就明确将教师待遇方面的问题单列在教育拨款项目中，奖励“优秀教师”。此外还在《改革蓝图》中指出：“教育质量的关键、最主要的因素是站在教室前面的老师。”“为此，要着力改善学前教师的教学工作环境，为他们提供更多的机会去优质学校实地考察，深入其课堂进行学习和了解，接触到权威专家的相关指导，以确保学前教育的质量。”奥巴马政府还将幼儿教师同中小学教师置于同等地位，认为“必须从专业角度看待教师”。奥巴马在竞选总统时便承诺要提升包括幼儿教师在内的所有教师的待遇。在他当选美国总统之后，联邦政府立即发布教育改革方针，将保障教师待遇作为重要目标提出。奥巴马政府2009年的“力争上游”计划中一项很重要的内容就是招募高质量的教师队伍，推行教师绩效工资，能够胜任本职岗位工作的教师会被奖励，而未达标的教师将被替换，以此稳定教师队伍，进而增强师资力量。

本章小结

1856年玛格丽特·迈耶·舒尔茨在威斯康星州开办了美国历史上第一所幼儿园。1919年第一所公立保育学校在美国诞生。1965年，美国开始实施其著名的“开端计划”方案，以期对处境不利的贫困儿童进行补偿教育。2009年奥巴马政府提出了“0～5岁教育计划”，进一步提升“开端计划”和“早期开端计划”方案。

20世纪80年代以来，美国在反思六七十年代教育的基础上开始了以整体性、综合性为特点的教育改革运动。1986年全美幼儿教育协会提出了“发展适宜性”的概念，进而开始了“发展适宜性实践”。20世纪90年代美国开展了幼儿教育标准化运动，制定了早期学习标准，通过文件的形式对不同年龄阶段儿童在各个领域发展中“应该知道什么、会做什么”进行界定，以达到对年幼儿童学习期望的共识。

美国的学前教育机构主要有保育学校、幼儿园、日托所或日托中心。美国主要通过儿童主动学习和综合各种途径与方法来组织和实施学前课程。目前在美国比较有影响力的学前教育课程模式和教育方案包括：银行街早期儿童教育方案、直接教学模式、高瞻课程、光谱方案等。

美国的学前教育在迅速发展的过程中出现了一些问题，如课程设置过多注重学术性；教师资历和待遇差异显著；早期学习标准与“发展适宜性”教育经常冲突。要使学前教育继续快速发展，美国政府需要加大投入，满足不同需求；立足于儿童的全面发展，增强课程的综合性；促成早期学习标准与“发展适宜性”教育的有效融合；提升教师资质，提高教师地位和待遇。

思 考 题

一、名词解释

1. 开端计划
2. 幼儿智力开发运动
3. 《芝麻街》
4. 保育学校
5. 《早期学习标准》
6. 0—5岁教育计划
7. 光谱方案
8. 高瞻课程
9. 直接教学模式
10. 《发展适宜性实践》

二、简答题

1. 简述开端计划的作用。
2. 简述美国学前教育机构的主要类型。
3. 简述美国学前教育的主要课程模式。
4. 简述美国幼儿教师的职前培训课程类型。
5. 简述“发展适宜性”的内涵。

三、论述题

1. 分析美国学前教育发展过程中存在的问题及发展趋势。
2. 根据《发展适宜性实践》中关于教师作用的观点，分析对我国幼儿园课程改革的启示作用。
3. 论述美国开端计划的内容与作用，并分析对我国的启示。

第三章 日本学前教育

学习目标

1. 了解日本学前教育的沿革。
2. 掌握日本学前教育机构类型、学前教育课程及师资培养的特点。
3. 掌握日本当前学前教育存在的问题及未来的发展趋势。

日本,是位于亚洲东部、呈南北走向的狭长岛国,由北海道、本州、四国、九州等大小不同的7000多个岛屿组成。日本国土面积约37.8万平方公里,人口1亿3000多万,是世界第10位人口大国,日本语是其通用语。

日本是八国集团中亚洲唯一的成员国,也是世界第三大经济体。日本现行的政治、经济制度是典型的资本主义制度,为君主立宪制国家。日本地震频发,是世界上地震最多的国家。境内多山,山地成脊状分布于日本的中央,山地和丘陵占国土总面积的71%,国土森林覆盖率高达67%。

明治维新运动之前,日本没有特定的学前教育机构和设施,年幼儿童主要是在家庭中接受教养。1868年,明治政府提出了“富国强民”“殖产兴业”“文明开化”三大政策,在政治、经济、军事和国民教育制度上进行了一系列的改革,并且在改革过程中强调重视文化教育改革,希望通过教育来开发人才,启迪民智。正是在这一背景下,学前教育开始发展起来。自1876年东京女子师范学校附属幼儿园正式建立起,日本学前教育在学习西方先进教育制度的同时,结合本国的实际情况不断进行改进和发展,形成了一个比较完整和独具特色的学前教育体系。

第一节 日本学前教育沿革

日本近代教育史上先后经历了三次教育改革:明治维新时期的第一次教育改革,第二次世界大战后的第二次教育改革和20世纪80年代以来的第三次教育改革。以明治维新时期为起点,日本学前教育顺应时代发展的需要,在社会改革尤其是教育改革的大背景下,不断改进和完善,在提高国民素质、促进日本经济和社会发展方面发挥着重要作用。

一、初创和起步阶段(明治初期—20世纪40年代初)

19世纪40年代后,欧美国家开始了第一次工业革命,其经济迅速发展,国家日益强大。

欧美国家为了获得更多利益，抢占更多海外市场，将掠夺延伸至国外，将目标锁定在封建统治的亚洲。日本当时闭关锁国，随时可能被欧美列强占领并沦为殖民地或半殖民地。在这样的社会背景下，1868 年，日本进行了自上而下的资产阶级性质的改革，即明治维新运动。明治维新运动推翻了德川幕府的封建统治，日本开始走上发展资本主义的道路。明治政府提出了"富国强民""殖产兴业""文明开化"三大政策，在政治、经济、军事和教育等方面进行了一系列的改革，开始了日本近代教育史上第一次教育改革。

明治初期的学校教育沿袭幕府末期以来"东洋道德，西洋艺术"的方针，1872 年《学制令》颁布以后，政府的政策才正式转到"文明开化"轨道上来，学校教育制度发生了很大变化，这种变化是由西化到日本化的过程。在学前教育方面，日本创立了学前教育机构，制定和颁布了《幼儿园保育及设备规程》和《幼儿园令》等重要的法令。但由于经济不发达、政府对学前教育重视不够等原因，这一时期学前教育的发展比较缓慢。

（一）创立学前教育机构

1872 年，明治政府颁布《学制令》，开始实行有纲领、有计划、有措施的教育改革。《学制令》是在"文明开化"国策的指导下，重点参照德国和法国的教育制度、美国的教育内容而制定出来的。《学制令》在第二篇"学校"的第 22 章对学前教育做了规定：幼稚学校可以招收 6 岁以下的男女儿童，实施入小学前的教育。这是日本有关学前教育机构方面的最早规定。但由于日本的传统观念中认为对于婴幼儿的教育属于父母的职责，对设立学前教育设施是否会削减家庭教育的作用等问题持不同意见，同时由于政府将发展的重点放在新建一批新式小学、中学和专科学校上，《学制令》中有关幼稚学校的规定并没有被人们重视。

1876 年，在文部省大辅田中不二麿的建议下，东京女子师范学校附属幼儿园创立。东京女子师范学校附属幼儿园是日本学前教育史上的第一所公共学前教育机构，归文部省管辖。幼儿园设有监事（相当于现在的园长）1 人，首席保姆 1 人，教育对象是社会上层阶级的子女。幼儿园的教育目的是：发掘学龄前儿童的天赋知觉，启迪其固有的心智，滋补其健全的体魄，使其通晓交际情谊，具备良好的言谈举止。教育思想、教育内容和教育方法完全受福禄培尔思想的影响，以"恩物"为中心进行教育。保育科目有物品科、美丽科、知识科。幼儿园首批招收 3—6 岁幼儿 75 人，按照年龄分班。

东京女子师范学校附属幼儿园虽然是文部省开办的国立幼儿园，但却不是按照《学制令》中关于幼稚学校的规定开设的，大多是达官显贵的子弟才能上幼儿园。在当时日本经济尚不发达、生产力水平还较低的情况下，幼儿园发展速度非常缓慢。到 1882 年，日本类似东京女子师范学校附属幼儿园的学前教育机构仅有 7 所，相当于平均每年增设 1 所。

1882 年，文部省调整了幼儿园设立的思路，采取增设幼儿园的积极措施，提出了新的办园意见，主要包括：文部省所属的幼儿园，办园的一切费用完全由政府承担；幼儿园的规模不宜过大，办园的方式可以任意选择，并提倡设置简易幼儿园；简易幼儿园在设施、编制上要从简，收费要低廉，入园者可免费或只交少量入园费。这些措施的提出和实施，对幼儿园的发展起到了推动作用。

随着工业生产的发展，妇女就业人数增加，双职工家庭逐渐增多，日本的简易幼儿园不能解决所有孩子的入园要求，一种新的学前教育机构——托儿所便应运而生。1890 年，民间人士赤泽钟美夫妇在新潟市开办了日本第一所托儿所。托儿所是由私人出于慈善动机开办的私立机构，专门为贫民子女开设，招收 0 岁至入学前的儿童，收费很低，主要是照管孩子。每天的保育时间为 11 ~ 12 小时。托儿所对工作人员的资格要求也很低。

托儿所的诞生引起当时社会广泛的注意，人们赞扬这对宽厚仁慈的夫妇为解决家长的苦恼而担当的人道主义责任。受其影响，1894 年大日本纺织公司也分别在东京和深川的工厂内附设了托儿所，以解决参加工作的母亲的育儿问题。1896 年，福冈县成立了利用民宅建起的邻里托儿所。日本内务省也对发展这类托儿所表示关注，曾拨出少量经费来资助它的发展。正是从赤泽钟美夫妇创办第一所托儿所开始，日本的学前教育开始存在幼儿园和托儿所两类学前教育机构，到 20 世纪中期，日本逐渐形成了幼儿园与托儿所（后改称保育所）二元并行的学前教育机构，这一体制一直延续至今。

（二）颁布《幼儿园保育及设备规程》

幼儿园和托儿所的创立为日本开办学前教育机构提供了样板，在随后的几年里，各地相继建立了一批幼儿园和托儿所。为了巩固刚刚兴起的学前教育机构，并进一步推进其发展，建立相应的制度并制定有关的法令势在必行。

1896 年，日本的福禄培尔学会在东京成立，其主要工作就是宣传福禄培尔的学前教育思想，开展各种活动，以推动日本学前教育的发展。1898 年，该学会向文部省大臣提出制定有关幼儿园教育法令的要求。文部省经过审议，在 1899 年颁布了《幼儿园保育及设备规程》。这是日本第一部由政府颁布的有关幼儿园的法令，详细规定了幼儿园的保育目的、编制、组织、保育内容、设施设备等。

《幼儿园保育及设备规程》的主要内容包括：幼儿入园年龄为 3—6 岁（即 3 岁至上小学前）；每天的保育时间，包括就餐时间为 5 小时以内；每个保姆所承担的幼儿数在 40 人以内；幼儿园的规模原则上以 100 人为限；保育目的在于“促进幼儿身心的健全发育，培养幼儿的良好习惯，辅助家庭教育”；保育内容为游嬉、唱歌、谈话、手技 4 项；园舍应为平房，要设有保育室、游嬉室、职员室等；保育室的大小，每 4 名幼儿不得少于 3.3 平方米；要备有恩物、绘画、乐器、黑板、桌椅、钟表、温度计、取暖设备等；有关占地、饮水、采光等要求，均参照《小学校令》执行。

《幼儿园保育及设备规程》在日本学前教育史上具有重要意义，它奠定了日本学前教育体制的基础，推进了日本学前教育逐步走向制度化。

知识链接

《幼儿园保育及设备规程》中的保育 4 项目

1. 游嬉。游嬉分随意游戏和共同游戏，随意游戏是让幼儿各自活动，共同游戏是让幼儿随着歌曲进行诸种活动等，以使幼儿心情快活，身体健康。

2. 唱歌。通过唱简单的歌曲，锻炼听觉器官、发声器官和呼吸器官，以促进幼儿的发育，使其心情快活纯美，以利涵养德性。

3. 谈话。谈话是以通常的天然物和人工物等有益而又有趣味的事实和寓言为内容，以此去涵养德性，培养观察力和注意力，并兼顾正确发音和语言练习。

4. 手技。手技是利用恩物锻炼手和眼，以有助于精神发育。

（三）颁布《幼儿园令》

19 世纪末 20 世纪初，日本文部省在制定教育法律法令时，只是将幼儿园的相关条目附带于《小学校令》中，这种做法不利于学前教育的发展。日本全国保育工作者大会不断敦促当局制定单独的幼儿园令。经过多年的努力，日本文部省于 1926 年 4 月颁布了《幼儿园令》及其实施规则。

《幼儿园令》规定幼儿园是为父母都从事生产劳动，无暇进行家庭教育的 3 岁以上幼儿设立的保育机构。幼儿园以保育幼儿，促进其身心健全发展，涵养良好的情操，以及辅助家庭教育为目的，旨在更加全面地奠定人格发展的基础。幼儿园放宽了幼儿入园的年龄限制，原则上 3 岁入园，但特殊情况下，不满 3 岁的幼儿也可入园。公立幼儿园的园长要由小学校本科正教员以及具有保姆资格证者或教员资格证者担任，保姆要由具有保姆资格证的女子担任，公立幼儿园的园长和保姆可以享受国家委任官的待遇。

《幼儿园令》是日本学前教育史上的第一部比较完整而独立的法令，标志着日本学前教育走上了制度化的发展道路。《幼儿园令》颁布以后，日本的幼儿园数量显著增加，到 1936 年，已经达到 1890 所。但是，《幼儿园令》的有关规定并未完全付诸实施，幼儿园实际上仍然以招收富裕家庭的子女为主。

1941 年，太平洋战争爆发，美英对日宣战，整个日本进入战争状态。很多幼儿园和托儿所毁坏、倒闭或停办，战争严重影响了日本学前教育的发展。

二、战后恢复阶段(20 世纪 40 年代末—80 年代)

1945 年，第二次世界大战结束。战后的日本经济严重崩溃，社会秩序混乱。在美国的干预下，日本宣布放弃军国主义的教育政策，实施和平建设的基本国策，开始了第二次教育改革。1946 年，日本颁布了新的《日本国宪法》，为日本战后的发展奠定了基础。战后不久，日本政府发表了《新日本建设的教育方针》，强调建设和平日本和维持国体的重要性。同时，为了瓦解天皇的教育政策，以美国为首的盟军司令部连续发布了一系列文件，这些政策和文件强调，不准利用教育宣传军国主义和极端国家主义，废除军事训练制度，不准复员军人当教师，宗教神道与国家分离，停止开设充满军国主义的修身、历史、地理课程，从而对教育进行了全面的改造和改革。在学前教育方面，日本制定并进一步修订了《保育大纲》，实施幼儿园教育振兴计划，颁布了《儿童福利法》，制定了《保育所保育指南》，这些举措促进了学前教育的快速发展。

(一) 颁布《教育基本法》和《学校教育法》

1947 年 3 月，日本政府颁布了《教育基本法》和《学校教育法》，其基本精神是彻底清除日本在教育中的军国主义和极端国家主义思想，普及民主教育，改革教育的内容和方法。《教育基本法》提出国家的教育目的是“培养和平国家与社会的建设者”。

《学校教育法》是日本政府遵循《教育基本法》而制定的一部法令。《学校教育法》明确幼儿园是学校教育体系的一个组成部分，规定幼儿园是受文部省管辖的正规学校的一种。幼儿园以保育幼儿，赋予幼儿以适宜的环境，促进其身心发展为目的。《学校教育法》规定幼儿园教育的目标为：

(1) 为了健康、安全、幸福地生活，要养成日常生活所需的习惯，谋求身体诸项机能的协调发展。

(2) 通过园内的集体生活，培养幼儿愉快参加集体生活的态度以及协作、自立、自律的精神萌芽。

(3) 培养正确理解周围的社会生活和事物的态度。

（4）引导幼儿正确地使用语言，培养对童话、画册等的兴趣。

（5）通过音乐、游戏、绘画以及其他方法培养幼儿对创造性表现的兴趣。

《学校教育法》规定幼儿园设园长和教谕，并规定与小学的校长和教谕的资格相同。由于幼儿园划归学校教育体系，使过去为少数人服务的幼儿园开始面向全体国民。

（二）制定与修订《保育大纲》

为了规范和促进学前教育的发展，1948年，日本文部省遵循《学校教育法》精神，颁布了日本《保育大纲》。《保育大纲》以当时在美国盛行的儿童中心主义和自由教育为指导思想，注重幼儿的本能需要，肯定直接经验在幼儿成长中的价值。

《保育大纲》提出，将幼儿生活中的丰富生活经验作为幼儿园的教育内容，包括参观、韵律、休息、自由游戏、音乐、谈话、绘画、制作、自然观察、游戏（模仿游戏、戏剧游戏、木偶游戏）、健康体育、传统节日12项。幼儿园的生活应该以游戏为主，教师要细心观察每个儿童，并给予必要的启发和适当的指导，以保证儿童在认知、情感、社会性等方面均得到合理发展。《保育大纲》还对幼儿园的硬件设施，如运动场的选择、园舍的结构与设备、玩（教）具、游戏器械的配备等做了规定。

《保育大纲》不是以法令的形式下达的，不具有法律效力，但是，作为第一个由国家制定的关于学前教育的大纲，它彻底清除了战前渗透于学前教育中的军国主义和极端国家主义思想，全面反映了资产阶级的教育民主主义思想。《保育大纲》总结了自明治维新以来日本学前教育的经验和研究成果，对战后日本学前教育的发展具有积极影响。

20世纪50年代初，日本开始实施独立自主的立国路线，经济迅速发展，政府开始实施“人才开发政策”，重视英才教育和早期智力开发。在这样的社会背景下，文部省于1956年修订了《保育大纲》，并改称为《幼儿园教育大纲》。《幼儿园教育大纲》强调幼儿园教育与小学教育的一贯性，突出两者的衔接，幼儿园课程内容设计和小学的分科教学十分接近。《幼儿园教育大纲》推行后，幼儿园教育“小学化”倾向严重，于是日本文部省自1961年开始重新修订《幼儿园教育大纲》，并于1964年颁布了新的《幼儿园教育大纲》，纠正幼儿园教育“小学化”的偏差。新的《幼儿园教育大纲》要求根据幼儿的年龄身心发展特点进行全面发展教育，保持幼儿园教育的独特性，注意幼儿园教育和小学教育的区别，要求结合幼儿的生活经验、兴趣和要求因材施教，完善幼儿园环境，并与幼儿家庭教育密切配合，力求使幼儿身心协调发展。

（三）实施幼儿园教育振兴计划

20世纪60年代，世界各国日益重视学前教育，并采取诸多措施发展学前教育。在国际形势的影响下，日本更加注重学前教育的发展，提出了诸多改革和发展学前教育的具体措施，其中重要的措施就是实行幼儿园教育振兴计划。

1964年，日本文部省开始实行第一个幼儿园教育振兴计划（也称七年计划）。该计划旨在提高5岁幼儿的入园率，明确要求10000人以上的市、镇、村入幼儿园（所）率达到60%。到1971年，幼儿的入园率已达到了63.5%。第一个幼儿园教育振兴计划全面完成。

1971年中央教育审议会向文部大臣提交了《关于今后学校教育综合扩充整备的基本政策》，提出了“政府基本政策实施计划”，要求从1972年开始实行第二个幼儿园教育振兴计划（又称十年计划），旨在提高4—5岁幼儿的入园率，要求到1982年实现4—5岁幼儿全部入幼儿园或保育所的目标。尽管这一目标并没有完全实现，但是日本政府在此期间积极采取的一系列措施大力推动了学前教育的发展。从 1964 年制定第一个幼儿园教育振兴计划开始,幼儿园以平均每年 500 所的速度增长。1971 年第二个幼儿园教育振兴计划开始实施,幼儿园数量持续上升,到 1976 年,达到 13492 所。

(四)颁布《儿童福利法》,制定《保育所保育指南》

为推动日本学前教育的整体发展,1947 年 12 月,日本厚生省颁布《儿童福利法》。《儿童福利法》对保育所保育提出了新的规范和要求,该法被誉为是尊重儿童权利和国家负有养育儿童责任的宣言。

《儿童福利法》将战前的各种不同称呼(如托儿所、保育园等)统称为保育所。保育所作为学前教育机构的一个组成部分,对婴幼儿进行保育。保育所统归厚生省管辖。保育所的招生对象更为广泛,不问家境如何,只要是因劳动和疾病等缺乏保育条件的家庭,其婴幼儿都可以进保育所。《儿童福利法》还明确规定了保育所中从事保育工作的人员的任职资格。

为了提高保育所的保育质量,促进保育所的发展,1956 年 8 月,厚生省以《幼儿园教育大纲》为范本制定发表了《保育所保育指南》。《保育所保育指南》指出,由于所接纳的婴幼儿年龄不同,保育所的教育内容也应有所不同。对 2 岁以下的幼儿注重生活和游戏;随着年龄的增长,活动内容逐渐增加,2 岁增加社会教育内容,3 岁增加语言教育内容,4 岁以上的教育内容与幼儿园相同。

《保育所保育指南》的颁布,标志着日本的保育所制度得到进一步充实和完善,对促进日本保育所的发展发挥了重要的指导作用。

三、快速发展阶段(20 世纪 90 年代至今)

为了适应科技革命和信息化社会带来的一系列挑战,满足人们日益增长的教育需求,1971 年,日本中央教育审议会提出《关于今后学校教育综合扩充、整顿的基本对策》,1984 年成立临时教育审议会,专门讨论教育问题,第三次教育改革拉开了序幕。从 20 世纪 90 年代开始,日本通过推行一系列的改革措施,使第三次教育改革不断走向具体化。新世纪以来,日本少子化、老龄化现象日益严重,学前教育面临巨大的挑战。在这种情况下,为适应现代社会的急剧变化,努力营造一种较为宽松的社会育儿环境,日本政府对育儿和保育政策做出了重大调整,相继出台了育儿支援政策、法规。学前教育的地位日益受到重视,学前教育制度不断完善,学前教育质量得到提升。

(一)两次修订《幼儿园教育大纲》

为迎接新世纪的挑战,日本文部省于 1999 年对《幼儿园教育大纲》进行了重新修订,并于 2000 年开始正式实施。《幼儿园教育大纲》的修订是日本 20 世纪末中、小、幼教育整体改革的重要组成部分,是日本学前教育改革迈向 21 世纪的重大举措。

为了体现第三次教育改革的基本精神,日本中央教育审议会提出修订必须要遵守的原则:

(1)培养儿童美好的心灵和丰富的社会性,以及对开放的国际化社会的适应性。在幼儿园和小学低年级阶段尤其要重视儿童基本生活习惯的养成,要指导儿童学习正确地判断是非和参加公益活动。

(2)培养儿童主动学习、主动思考的能力,推进体验的学习、解决问题的学习;重视培养儿童的好奇心、探究心、思维能力和表现能力。

（3）让儿童在宽松的教育中学习，打好基础；在有选择性的、个性化的教育中实现有特色的发展。

（4）设置综合学习课程，创造性地开展教育活动，创办特色教育和特色学校。

遵循上述原则，日本对《幼儿园教育大纲》进行了修订。与1964年的《幼儿园教育大纲》相比，此次修订在总体结构上没有变化，但根据上述原则，新修订的《幼儿园教育大纲》强调按照《学校教育法》的有关条例发展幼儿园教育，进一步强调了实现幼儿的主体性和幼儿主动的、可持续的发展，突出了家庭在幼儿教育中的重要性，鼓励幼儿园在课程建设中发挥创造性。

《幼儿园教育大纲》将教育内容划分为五大领域：健康、人际关系、环境、语言、表现。健康领域强调重视幼儿园健康教育中幼儿主体性的地位和游戏的重要作用，并有针对性地强调了要在大自然中和在户外开展幼儿健康活动。人际关系领域突出强调幼儿主体的活动、幼儿的个性以及体验和行动等在幼儿社会性发展中的作用。环境领域强调让幼儿在与环境的直接接触中，发展其对环境，特别是对大自然的兴趣、敬畏，对外部事物和现象的好奇、探究、思考、发现以及丰富的情感等，更加强调遵循幼儿是在生活中学习的，是在与环境主动的相互作用中学习的规律，重视幼儿学习的过程。语言领域突出了语言交流功能的重要性，强调幼儿的语言是在与人交往、沟通中发展起来的，使幼儿语言教育的目标更加清晰。同时对早期阅读表现了更多的重视，对文字、标志等书面语言的指导也更宽松和符合幼儿的实际。表现领域强调幼儿的个性化，强调让幼儿保持幼儿本身的特色，让幼儿像幼儿的样子去表现，强调幼儿表现中的愉悦的情绪情感和其自发性与主动性。

《幼儿园教育大纲》明确指出，教师指导要着眼于幼儿的长远发展，将指导重点放在培养幼儿的主体性、创造性、对他人和社会的爱心或积极的生活态度等方面。为达到此目的，教师之间要加强合作，教师与幼儿之间要建立多样化的关系。在对幼儿园的要求方面，把幼儿园的开放、幼儿园与社区和家庭的合作摆到十分明确的位置，减少了幼儿园内教育指导的内容，而新增加的内容多是涉及幼儿园与外部的配合与协调，尤其提出了幼儿园要成为社区幼教中心的要求。

2008年1月，日本中央教育审议会发表了《关于改善幼儿园、中小学及特殊学校学习指导大纲》的审议报告。根据这一报告，2008年3月，日本文部科学省修订了2000年实施的《幼儿园教育大纲》。新《幼儿园教育大纲》中修改最多的是人际关系领域，在目标、内容和注意事项三方面都有所修改，其次是健康领域，在内容和注意事项方面有修改。总体而言，新《幼儿园教育大纲》的修改均为“增补”性质的修改，但进一步强调了学前教育的重要性，强调要确保幼儿发展及其学习的连续性，加强幼小衔接，注重幼儿园生活和家庭生活的连续性，支援儿童养育。

（二）制定“天使计划”

20世纪90年代以来，日本少子化现象引起了社会各界的广泛关注。为了尽快在全社会形成一个能使儿童健康成长的、能使父母安心生育和养育孩子的良好社会环境，日本文部省、厚生省、劳动省和建设省于1994年联合制定并颁布了《关于今后为了支援育子而进行施策的基本方向》（即“天使计划”），旨在调动全社会的力量，共同建构起对育子进行全面支援的社会。

“天使计划”的基本方向及其施策重点包括：

1. 提供支援以缓解家长育子与工作之间的矛盾

施策重点包括：改善雇佣环境，如充实育儿休业制度、缩短劳动时间等，使养育者既能安心地养育子女，又能安心地参加工作；发展低龄儿保育事业；发展延长保育事业；完善保育所的多功能化；充实放学后儿童教育的设施。

2. 支援家庭育子

施策重点包括：强化支援家庭育子的政策，完善能使母亲安心生育子女的母子保健医疗体制；推进地区乳儿健康支援服务事业的发展；完善育子支援基础的建设。

3. 改善育子家庭的住宅以及生活环境

施策重点包括：尽可能为养育子女的家庭提供优良的住宅条件。同时，进一步完善与儿童成长有关的各种社会设施（如完善地区中儿童游戏场的建设等），为儿童提供一个丰富并且安全的生活环境。

4. 实现宽松式的教育，促使人才的健全育成

施策重点包括：推进宽松式的学校教育；完善家庭教育。

5. 减轻育子的费用

施策重点包括：推进入园奖励事业的发展；适当减轻乳儿保育费和多子女家庭的保育费；在学校中发展育英奖学事业等。

为配合各地区实施“天使计划”，日本政府有关部门又颁布了《紧急保育对策5年计划》和《儿童育成计划制定指针》，以确保计划目标的实现。

“天使计划”是日本针对少子化现象做出的紧急对策，在实施过程中，政府采取多种措施解决养育子女与妇女参加社会工作之间的矛盾，力图动员全社会的力量，共同建构起全社会对育子进行有效支援的网络与系统工作。自1994年“天使计划”制定之后，多项措施的实施使得全日本保育所的数量从2001年起开始呈增长趋势，到2008年保育所的数量已超过了1985年的数量。保育所的定员数在1999年以后也随着招生人数的增多而呈增长趋势，到2006年时已恢复到1985年的定员数水平。

（三）修改《教育基本法》

1947年颁布的《教育基本法》是日本的教育宪法，这部法律确立了以自由、民主、平等、和平为核心的民主主义的教育基本理念。在《教育基本法》的引领下，日本各级各类教育获得了长足的发展，60多年来一直没有修改。2000年以来，日本开始实质性地修改《教育基本法》。2006年，新《教育基本法》正式公布施行，首次专列了“幼儿期的教育”这一条款，明确规定：“鉴于幼儿教育是为人格终身发展奠定基础的重要因素，国家及地方公共团体必须为幼儿的健康成长提供良好的环境以及适当的方法，努力使之振兴。”这些规定把幼儿教育纳入法制化轨道，为幼儿教育发展提供了完善的法律环境。新《教育基本法》还对儿童成长的第一社会环境——家庭做了明确规定：“父母或其他抚养者，对于子女的教育负有道德上的第一责任，努力养成其生活上良好的习惯，培育其自立心，使其能身心和谐地发展。”提出要“为父母提供必要的学习机会或信息”。新《教育基本法》就其精神实质而言，是试图修正旧《教育基本法》实施过程中出现的个人主义倾向，其根本目的是在日益深化的全球化背景下，谋求重新确立日本教育的国家主义路线。

2007年6月，日本政府新颁布了《学校教育法》，将“幼儿园”一章的位置由第七章提前到了第三章，强调要从根本上改革整个幼儿教育系统。该法第22条规定：“作为义务教育

及其今后教育基础的幼儿园的目的是:为幼儿提供保育和教育,创设适合幼儿健康成长的环境,促进幼儿的身心发展。”明确了幼儿教育对义务教育乃至终身教育所具有的重要作用。第23条提出了幼儿园教育的5项目标,包括健康、人际关系、环境、语言和表现5个方面,这是日本《学校教育法》首次陈述幼儿园教育目标,以往的幼儿园教育目标是放在《幼儿园教育要领》的总则中陈述的。

(四)继续实施幼儿园教育振兴计划

为了巩固和发展前两次幼儿园教育振兴计划的成果,1991年文部省开始实施第三个幼儿园教育振兴计划(十年计划)。要求到2001年,让所有希望入园的3—5岁的幼儿都能入园。计划提出,国家应尽力对学前教育提供有效的帮助,主要包括:扩大幼儿园入园奖励补助费的适用范围,将原来只向4、5岁幼儿提供的入园奖励补助费,从1991年开始扩大到3岁幼儿,并对低收入家庭规定幼儿园学杂费减免标准。增加幼儿园入园奖励补助费的数额,地方政府对入私立幼儿园(收费标准往往是公立幼儿园的2倍以上)的幼儿给予较高数量的入园奖励补助费,以减少或消除公立和私立幼儿园家长负担的差别。划拨专款确保公立幼儿园园舍设施建设补助费,即各都道县府的知事和教育委员会要保证有足够的资金,顺利实施新建和改建幼儿园的工作。幼儿园教育振兴计划以提高幼儿入园率为落脚点,彻底改变了日本以往家庭和社会不重视学前教育的传统观念,有力地促进了日本学前教育事业的发展。

2001年,日本提出了题为“面向幼儿教育的充实——幼儿教育振兴计划”的改革计划,实施期间为2001—2005年。该计划把注意力放在学前教育质量的提高方面,注重提高教师素质,加强对社区和家庭养育儿童的支援,提高幼小衔接质量,其核心内容是整顿幼儿园教育的条件。具体的目标包括:幼儿园应注重充实幼儿园的教育活动和环境,充实幼儿园中的育儿援助,推进幼儿园与小学的协作,推进幼儿园与保育所的协作。幼儿期的家庭教育和社区教育要重新审视家庭教育的重要性,促进提供思考机会、充实体验活动机会等社区中育儿环境的整备。

2006年10月,日本又制订并实行了新的幼儿教育振兴计划(2006—2010年),此计划的制订是源于2005年日本中央教育审议会所提出的《关于适合环境变化的今后的幼儿教育的应有的状态——为了幼儿的最佳利益》的咨询报告。

在该报告中,提出了振兴幼儿教育的“七大政策支柱”:促进幼儿园和保育所的合作,认定儿童园制度的灵活利用;为所有幼儿提供所希望的充实的幼儿教育;基于幼儿的发展提供连续的幼儿教育;提升教员的资质和专业化水平;不断提高家庭和区域社区的教育能力;不断提高关于终身学习振兴政策实施的家庭、区域的社会教育能力;强化地区幼儿教育的配套基础设施。

此次幼儿教育振兴计划以“七大政策支柱”为指导,着眼于推进幼儿教育政策顺利实施,完善国立、公立及私立幼儿园的教育设备设施,以达到振兴幼儿教育的目标。该计划与2001年的计划相比,除了注重幼儿入园率,更注重幼儿教育质量的提高,如幼儿园教育设施的完善、幼儿教师专业水平的提升等。尤其重要的是,新计划首次将认定儿童园制度相关内容列入其中,提出认定儿童园作为幼保一体化设施,是集幼儿园和保育所的功能于一体的幼儿教育机构,旨在向缺乏保育的儿童一体化地提供教育和保育,同时向社区的育儿活动提供支援。

日本政府制定和实行的振兴计划，作为普及和发展学前教育的政策指南和行动纲领，对日本学前教育发展提供了有力的制度保障和政府支持。据2006年的统计，日本3岁儿童的入园入所率为75.4%，4岁儿童的入园入所率达到94.4%，5岁儿童的入园入所率达到96.7%。另外，日本学前教育更加注重幼儿园、家庭及社区教育能力的提升，注重改善各级各类幼儿园的教育环境，这些举措有力地促进了日本学前教育的普及与发展。

第二节 日本学前教育现状

日本学前教育自明治维新时期开始，广泛吸收国外先进教育思想，并结合本国特有的文化传统，逐渐形成了体现自身特点的学前教育体系。

一、日本学前教育机构类型

日本学前教育机构主要有两种类型：一类是依据文部科学省颁布的《学校教育法》而设立的幼儿园；另一类是依据厚生劳动省颁布的《儿童福利法》而设立的保育所。文部科学省和厚生省经过协商于1963年达成协议："保育所只限缺乏保育条件家庭的幼儿进入，其他有条件的家庭的幼儿一律进幼儿园。"2006年6月，为了推行幼保一元化，日本综合一些现有幼儿园和保育所，设立一种新的教育机构——认定儿童园，向0—6岁儿童提供保育和教育服务。

（一）幼儿园

幼儿园由文部科学省管辖，依据《学校教育法》设立，招收3岁至入学前的幼儿。日本幼儿园分国立、公立和私立三类。国立幼儿园由国家设立，主要附设在国立大学或国立大学的教育系，归文部科学省管辖。公立幼儿园由地方行政机关（市、镇、村）设立，多数附设在公立小学校，归教育委员会管辖。私立幼儿园由私人和各种法人（如学校法人和宗教法人等）开办，归都道府县知事管辖。根据文部科学省的统计，2005年，幼儿园数为13949所，其中国立幼儿园49所，公立幼儿园5546所，私立幼儿园8354所。

幼儿园的教育目的是保育幼儿，为其准备适当的环境，帮助其身心发展。幼儿园的教育内容由5个领域构成：健康、人际关系、环境、语言和表现。幼儿园的教育时间一般为每天4小时，各个幼儿园可以自己决定教育时间。

知识链接

日本宫城教育大学附属幼儿园的保育时间和内容[①]

8:40—8:50	登园
8:50—9:30	*每日一刻（年级活动）之早会
9:30—10:30	儿童自主选择游戏时间
10:30—11:00	游戏后的整理
11:00—12:00	每日一刻（年级活动）之午会

① 宫城教育大学附属幼儿园. http://fu-youchi.miyakyo-u.ac.jp/blog/archives/400/index.html.

12:00—13:00　午餐,每日一刻(年级活动)之回家前的会

13:00　退园

*“每日一刻”为年级统一活动时间,教育内容包括5个领域。早会、午会可以根据当日的实际情况实施。

(二)保育所

保育所由厚生劳动省管辖,是为缺乏保育的0—6岁儿童设立的保育兼福利机构。保育所设置主体可分为地方公共团体、社会福祉法人(宗教法人、学校法人、非营利组织及其他法人企业)。社会福祉法人开办保育所时,必须获得督道府县知事的认可。

保育所依据的法律是《儿童福利法》,其教育目的在于每天接受家长的委托,对其缺乏保育的婴儿或幼儿进行保育。教育内容由两部分组成,一是养护的内容,包括生命的保持和情绪的稳定两个方面;二是教育的内容,包括健康、人际关系、环境、语言和表现5个领域。教育时间以每天8小时为标准,保育所可以根据婴幼儿家长的工作时间及家庭状况延长保育时间。

保育所收费比较低,经费来源是家庭、国家和地方政府。保育费用由每个市町村考虑家庭收入等情况做出规定。运营费从市町村支付的费用中扣除使用者负担的数额,剩下的国家负担1/2,都道府县负担1/4,市町村负担1/4。保育所的教职人员具有保育士资格。

(三)认定儿童园

自明治维新以来,日本逐渐形成了二元化的学前教育体系,无论是战前的幼儿园和托儿所还是战后的幼儿园和保育所,它们在性质、目的、功能和作用上是两类不同的学前教育机构。20世纪90年代以后,日本社会少子化现象日益严重、职业妇女大量增加、家长对婴幼儿的保育和教育的需求愈来愈多样化,在中央政府的大力推动下,幼保一元化改革逐步推行开来。在改革所采取的诸多措施中,创设认定儿童园是其中重要的一项。2006年,日本政府通过了《关于推进向学前儿童综合提供教育和保育等的法律》(简称《认定儿童园法》),随后日本各都道府县开始设立认定儿童园。

认定儿童园是集幼儿园和保育所功能于一体的教育机构,对0—6岁儿童实施教育和保育,同时为家庭提供教育支援。认定儿童园是在现有幼儿园和保育所的基础上创立的,凡是具备为0—6岁儿童提供保育和教育、为家庭提供教育支援的基本职能,并且满足基本认定准则的幼儿园和保育所都可通过都道府县知事进行认定儿童园的认定。

认定儿童园的认定标准是文部科学省与厚生劳动省共同协商制定的。参照国家制定的标准,各都道府县对认定儿童园提出基本认定准则,主要包括职员配备、职员资格、教育内容、育儿支援等方面。

认定儿童园一般包括四种类型:

(1)幼保合作型认定儿童园:即正规型幼儿园与正规的保育所结合形式。

(2)幼儿园型认定儿童园:即正规型幼儿园与尚未被认定的幼儿园结合的形式或幼儿园及延长保育的融合。

(3)保育所型认定儿童园:即正规保育所联合幼儿园,增强教育功能的儿童园。

(4)地方酌情裁定型认定儿童园:根据各地具体情况,因地制宜制定标准,符合这些标准的儿童园。

认定儿童园的保育及教育目标包括：

(1) 在养护得到充分彻底实行的环境下，在轻松愉快的氛围中，适当地满足儿童各种各样的愿望，谋求生命的保持和情绪的稳定。

(2) 培养健康、安全、幸福地生活所需要的基本的生活习惯和态度，培育健全身心的基础。

(3) 在与人交往的过程中，培养对人的热爱之情和信赖感以及尊重人权的精神，同时培育自立和协同的态度以及德性的萌芽。

(4) 培养对自然等身边事物和现象的兴趣和爱好，培育对待它们的丰富的心情和思考能力的萌芽。

(5) 在日常生活中，培养对语言的兴趣和爱好，培养高兴地说、听的态度和丰富的语言感觉。

(6) 通过多种多样的体验，丰富幼儿的感受，发展儿童的创造性。

认定儿童园的保育及教育内容以《幼儿园教育大纲》和《保育所保育指南》为标准，执行其中的内容。考虑到不同地区园所的特定情况，认定儿童园可以根据幼儿年龄特点因地制宜地制订计划。

从当前发展的情况看，日本认定儿童园的认定情况比较顺利，据文部科学省统计，截止到 2011 年，日本认定儿童园的认定数共有 762 所，其中公立 149 所，私立 613 所。幼保合作型有 406 所，幼儿园型有 225 所，保育所型有 100 所，地方酌情裁定型有 31 所。

二、日本学前教育课程

（一）学前教育课程的目标

2007 年 6 月，日本政府新颁布的《学校教育法》第 23 条提出了幼儿园教育的 5 项具体目标：

(1) 培养健康、安全的幸福生活所必需的基本生活习惯，促进身体各种机能的协调发展。

(2) 通过集体生活培养快乐地参加集体活动的态度，加深对家人和周围的人的信赖感，培养自主、自律与协作精神以及规范意识的萌芽。

(3) 培养对周围的社会生活、生命和自然的兴趣、理解、态度和思考力。

(4) 通过日常会话、图书、童话等喜好的活动，培养正确的语言表达能力和愿意理解他人语言的态度。

(5) 通过音乐、身体表现和造型等喜好的活动，培养丰富的感受性和表现力的萌芽。

（二）学前教育课程的内容

遵照《教育基本法》和《学校教育法》的基本精神，2008 年 3 月，文部科学省颁布了新的《幼儿园教育要领》。同年，日本对《保育所保育指南》进行了第三次修订，全面规定了学前教育的课程内容。

日本学前教育课程内容包括 5 大领域：健康、人际关系、环境、语言、表现。健康领域培养幼儿开朗舒心地活动，体味充实感；充分活动自己的身体，具有继续运动的意愿；养成健康且安全的生活所必需的习惯和态度。人际关系领域培养幼儿享受保育所的生活，体味用自己的力量行动的充实感；以爱心和信赖感亲近身边的人，并加深联系；养成适应社会生活的习惯和态度。环境领域培养幼儿爱护周围的环境，接触自然，由此关心各种各样的事物，并对此感兴趣；自己主动接触周围的环境，享受发现的乐趣，善于思考，并努力将其与自己的生活相联系；在观察、思考、接触周围事物的过程中，丰富关于事物的性质、数量和文字的感觉。语言领域培养幼儿体验用语言表达自己心情的乐趣；认真听他人讲话，表达自己经历的和思考的事情，体验语言交流的喜悦；理解日常生活必要的语言，同时喜欢读画册和听故事，与保育士等人及朋友心意相通。表现领域培养幼儿对各种各样美好的事物持有丰富的感性；享受表现自己感受的和思考的事情的乐趣；在生活中丰富感受，享受丰富多彩的表现。

知识链接

《幼儿园教育要领》中5大领域的基本内容

1. 健康

(1) 加强教师和小朋友之间的相互接触，使之在活动中有安全感。

(2) 通过各种游戏，充分活动身体。

(3) 让幼儿主动参加户外游戏。

(4) 让幼儿积极、快乐地参加各种活动。

(5) 享受与老师、朋友共同进餐的快乐。

(6) 养成健康的生活规律。

(7) 保持清洁卫生，能自己穿脱衣服、吃饭、大小便等。

(8) 熟悉幼儿园的作息时间，独立整理生活场所，有计划地进行活动。

(9) 注意自己的健康，积极预防疾病。

(10) 让幼儿习得危险场所、危险游戏以及应付灾害的方法，在行动中树立安全意识。

2. 人际关系

(1) 高高兴兴上幼儿园，和老师、小朋友友好相处。

(2) 独立思考，自主活动。

(3) 自己能做的事自己做。

(4) 在同小朋友的交往中共同感受喜忧。

(5) 能表达自己所想，并能领会别人的意思。

(6) 让幼儿感受和小朋友游戏、工作的快乐。

(7) 在享受各种游戏的过程中，有决心将事情做到底。

(8) 与朋友友好交往过程中，寻找共同的目标，一起动脑筋想办法，相互帮助。

(9) 爱护公用的玩具和用具，并能大家共用。

(10) 教育幼儿同生活中关系密切的人保持亲近感。

3. 环境

(1) 在接触大自然的活动中，让幼儿了解自然界的宏大、美丽和奥妙。

(2) 让幼儿了解随季节变化而引起的自然和人们生活的变化。

(3) 引导幼儿关心大自然及周围事物，并充分利用它们进行游戏。

(4) 引导幼儿亲近周围的动植物，并照顾、爱护它们。

(5) 让幼儿爱惜周围的物品。
(6) 学会利用身边的物品进行游戏,并积极想办法、动脑筋。
(7) 关心玩具和用具的结构、构造。
(8) 注意日常生活中的数量和图形。
(9) 拥有对日常生活中关系密切的信息与设施的兴趣与关心。
(10) 通过幼儿园内外的仪式或活动让幼儿亲近国旗。

4. 语言

(1) 认真和抱有兴趣地和老师、小朋友交谈、讲故事。
(2) 将自己所做的、所看到的、所听到的以及所感受的用完整的语言表达出来。
(3) 能将自己想做的、希望别人替自己做的事用语言表达出来,并能用语言请教自己不懂的。
(4) 注意倾听他人谈话,并能将自己想说的话讲明白。
(5) 能分辨清生活中必要的语言,并会使用。
(6) 遇到别人时,能热情地打招呼。
(7) 在生活中能感受语言的美好与使用语言的乐趣。
(8) 通过各种活动丰富语言印象和增加词汇量。
(9) 提高幼儿欣赏画册的能力,体验倾听和想象时的乐趣。
(10) 关心日常生活中简单的标记和文字。

5. 表现

(1) 让幼儿感受并喜欢生活中各种各样的声音、色彩、形象、触摸感受和动作等。
(2) 让幼儿在生活中接触美好的或触动自己内心的事件,丰富感性印象。
(3) 让幼儿相互交流对各种事情的感受,从而体验其中的乐趣。
(4) 把所感受的、思考的东西用声音、动作等加以表现,或自由地描画、制作。
(5) 让幼儿接触各种素材并想办法利用此素材来游玩。
(6) 让幼儿欣赏音乐,体味唱歌、使用简单的节奏乐器的快乐。
(7) 喜欢画画和制作手工作品,并在游戏中用来作为玩具或装饰。
(8) 让幼儿用动作或语言表现自己的想象,并从中体验表演游戏的乐趣。

(三) 学前教育课程的组织与实施

日本学前教育课程的组织与实施形式主要是集体活动和自由活动。

1. 集体活动

集体活动包括行事活动、有计划的日常教学活动两类。其中行事活动是日本学前教育的一大特色。行事活动是指日本幼儿园、保育所常年例行的较大规模的庆祝活动,是取材于社会生活或幼儿园生活重大事件的综合主题活动。一次“行事”就是一个单元主题活动,围绕主题中心,与5个领域相融合,使幼儿获得丰富的体验和积极的情感。

知识链接

绿丘幼儿园年间行事的内容安排①

行事 月份	行事活动
4月	入园式、开学仪式、亲子远足、PTA大会(家长会)、家庭访问
5月	内科体检、牙科体检、参观会、运动测试
6月	星期六的参观活动、交通安全教育、捉昆虫、游泳池玩耍、插秧(年长组)
7月	盂兰盆会和夏季祭祀、一学期的结业式、停泊保育(年长组)、暑假收存保育
8月	夏季保育、游泳池游玩、暑假保育、托儿所的儿童校友会、挖红薯(年长组)
9月	二学期开学式、综合防灾训练、运动会、收割稻子(年长组)、发入园申请书
10月	绿丘节,烤红薯节、运动测试、入园接待
11月	远足、交通安全教育(年幼组)、参观会
12月	与商店老板玩、圣诞节活动、二学期结业式、寒假的教育
1月	三学期的开学式、协会绘画展、放风筝
2月	豆子的播种、绘画制作的展览、结业远足(年长组)
3月	交通安全教育(年长组)、三学期结业式、春假收存保育

有计划的日常教学活动,通常安排在上午,按年龄分班开展,每天大约持续20~50分钟。为避免“小学化”倾向的出现,主要是有组织地让幼儿在生活和游戏中通过自然成长来积累自身的经验。

2. 自由活动

自由活动是指通过为幼儿提供一定的物质环境和人文氛围,让幼儿通过自由活动,使其相互作用,进而达到间接教育效果。幼儿每日在园的自由活动时间占据幼儿在园的大部分时间。自由活动分为两种类型:一种是为幼儿提供一定的室内和室外活动场所,让幼儿自发地进行活动;另一种是教师为幼儿准备5~10种可以选择的游戏活动,让幼儿自行选择。活动形式多样,既可以分班级进行,也可以全园进行。

知识链接

形式多样的户外活动——日本幼儿教育观感②

应日本同行邀请,我参观了日本保育园、幼儿园共计20所,印象最深的就是他们的户外活动。日本幼儿教育最大特色之一就是为幼儿提供充分自主、形式多样的户外活动

① 陈时见,何茜.幼儿园课程的国际比较——侧重幼儿园课程设置的经验、案例与趋势研究[M].重庆:西南师范大学出版社,2011.

② 张燕.形式多样的户外活动——日本幼儿教育观感[EB/OL]. http://www.yejs.com.cn/yjll/article/id/14674.htm,2007-02-12.

性游戏。他们的做法很值得我们借鉴。

1. 提供进行多种形式户外活动的机会和条件

日本的保教机构极为重视为幼儿提供充分的户外活动性游戏和活动的机会与条件，以培养其活动兴趣与能力。幼儿在保育园、幼儿园的生活，通常是自户外游戏开始的。在幼儿园一日生活安排中，入园时间为“8:00—8:30”，从幼儿入园至10:00或10:30均为自由活动、游戏时间，幼儿可以在室内或户外玩。在天气好的日子，幼儿一般都选择户外游戏。

幼儿园场地有的较大；有的虽不很宽敞，但利用得较充分。幼儿可以在场地上跑动，也可以选择场地上的各种材料进行活动。场地四周一般设置了多种玩具、器械或运动设施，例如，跳马、秋千、摇船、弓形爬梯、单杠、爬高的绳或杆、推车、脚踏车等。这些活动设施、器械并非全部是买来的现成玩具，很多是利用废旧材料自制的。例如，将废轮胎半截埋入地下就成了跳马；几个轮胎摞起来，幼儿就可以跳、爬。又如，一所幼儿园附近小区拆建时，家长们用很便宜的价格买来房舍拆下来的旧木料，动手为园所制作了联合运动器械、传统玩具高跷。另外，沙箱和相应的铲、桶等材料是各园必备的。泥、沙无定形、可塑性强，是孩子们最喜爱的，通常吸引了很多孩子尽情戏耍。夏天时，一般各园每周甚至每天均安排各班幼儿游泳活动，主要是为幼儿接触水提供机会，目的不在于学习游泳。凡遇雨天或不适合外出的日子，幼儿园通常都有的大厅或多功能室就成为活动性游戏室，摆上些诸如单杠、垫子、平衡木、爬梯之类的器械，各班幼儿可自由来这里活动，伸展身体，充分游戏。

2. 幼儿自主选择，教师积极参与

户外活动玩什么、怎么玩，并不是由教师硬性安排的，而是孩子们自主选择的。教师也与班上孩子们一起玩，与孩子们一起挖沙池、做泥饽饽，尽情享受欢乐。在我所参观的园中，从未见到教师站在一边旁观，或是做其他无关事情的现象。教师积极参与，以自己饱满的情绪感染着幼儿，激发其活动兴趣。活动中，教师就像是幼儿的伙伴或大朋友，这种师生关系有助于幼儿在活动中学会自己做主、自创玩法，因而较少见到对教师的依赖行为。

在约两小时的自由活动中，没有什么明显的班级界限，不同年龄或班级的孩子也可以在一起玩。

三、日本学前教育师资

在日本，幼儿教师被誉为人生的第一个良师益友，是重要的智慧启蒙者。不管是国立幼儿园、公立幼儿园还是私立幼儿园，对师资的要求都是一致的，即需具备幼儿园教师资格证书。日本私立幼儿园中77.3%为全职正规雇佣的教师，国立幼儿园、公立幼儿园正规雇佣的全职教师为56.8%。日本高度重视学前教育师资的选拔和任用，多途径、多形式地进行教师的职前培养和职后培训，全面提升学前教育师资质量。

（一）学前教师的任用资格

日本学前教育机构主要是幼儿园和保育所。针对这两种不同类型的机构，日本的学前教育师资也可以分为教师和保育士两种，即幼儿园教师称为教师，保育所教师称为保育士。

日本国立、公立和私立幼儿园的教师，均需具备幼儿园教师资格证书。日本现行的教师资格证书制度，以1998年修订并于2000年开始实施的《教育职员许可法》为依据。此次修订将教师资格证书分为普通资格证书、临时资格证书和特别资格证书三大类。第一类普通资格证书中,幼儿园教师证书又分为专修资格证书、一种资格证书、二种资格证书。这三种资格证书由各都道府县的教育委员会授予并在日本全国内通用。其中,专修资格证书是最高等级的资格证,授予修完学前教育专业硕士课程的研究生,或在幼儿园工作一定年限并通过在职进修达到硕士水平的学前教育专业本科毕业的教员。一种资格证书是标准资格,授予获得学士学位的学前教育专业的本科生。二种资格证书授予在短期大学学习两年学前教育课程,至少修完62学分的大专毕业生。临时资格证书授予参加当地督道府县举行的幼儿教师任用考试,经"教员检定考试"合格的高中毕业生,这种资格证书仅在当地的督道府县使用。持临时资格证书的人只能做助理教师或助理养护教师。但经过一段时间的工作实践,并通过在职进修获得规定学分,经"教员检定考试"合格后,可获得正式资格证。

为进一步确保教师的质量,2006年7月,日本中央教育审议会发表了咨议报告《今后有关教师养成——资格证书制度的应有做法》,正式提出了教师资格证书更新制度的具体措施。2007年6月,日本参议院表决通过《教员许可法》。《教员许可法》修改条文的重要内容是,规定教师资格证书的有效期为10年,教师必须在资格证书更新期限内,接受30小时的义务性研习,考核合格后,教师资格证书才能继续有效。2009年9月开始实施教师资格证书更新制度。

根据2007年12月1日Benesse世代育成研究所发布的《幼儿教育·保育的基本调查(幼儿园编)》中的统计数字,日本幼儿园教师中一种资格证书的持有率为:国立、公立幼儿园教师40.6%,私立幼儿园教师19.0%;二种资格证书持有率是国立、公立幼儿园64.3%,私立幼儿园83.1%;专修资格证书的持有率是国立、公立幼儿园和私立幼儿园都是1.7%;保育士资格证书取得率是国立、公立幼儿园63.6%,私立幼儿园71.0%;小学教师资格证书取得率是国立、公立幼儿园28.4%,私立幼儿园12.4%。

知识链接

日本各类幼儿园教师资格证书的相关规定①

证书类型		资格要求(具备其中之一即可)	使用范围	有效期限
普通资格证书	专修资格证书	1. 具备学前教育专业硕士研究生学位 2. 拥有一种资格证书并在幼儿园工作一定年限,通过在职进修学习规定课程,获得规定学分而达到研究生水平,并经教育职员检定考试合格者	全国有效	10年
	一种资格证书	1. 具备学前教育专业学士学位 2. 拥有二种资格证书并在幼儿园工作一定年限,通过在职进修学习规定课程,获得规定学分进而达到本科生水平,并经教育职员检定考试合格者	全国有效	10年
	二种资格证书	1. 学前教育大专毕业生 2. 拥有临时资格证书并在幼儿园工作一定年限,通过在职进修学习规定课程,获得规定学分进而达到大专生水平,并经教育职员检定考试合格者	全国有效	10年

① 刘小飞,许晓晖.日本幼儿园教师资格证书制度及其对我国的启示[J].幼儿教育,2011(1、2).

续表

证书类型	资格要求(具备其中之一即可)	使用范围	有效期限
临时资格证书	参加当地都道府县举行的幼儿园教师任用考试,经教育职员检定考试合格的高中毕业生	授予临时资格证书的都道府县	一般3年,缺乏幼儿园教师时可延长至6年

(二)学前教师的职前培养与职后培训

1. 学前教师的职前培养

日本政府为了建立一支合格的幼儿教师队伍,专门成立和指定某些培养幼儿教师的机构。同时,为了扩大幼儿教师的来源,又通过鉴定考试,吸收社会上的有志于幼儿教育者从教。这种比较完整的幼儿园教师培养体制,对战后日本幼儿园教育的发展,起到了保障作用。

根据相关法律规定,幼儿园教师和其他中小学教师一样,必须在文部大臣认定的大学、短期大学学完规定的学分数,才能获得从教的资格证书。保育所中的保育士要在由厚生劳动大臣认可的大学、短期大学或保育专门学校培养。

由于幼儿园教师和保育士分属不同部门管理,所以师资培训课程也有所不同。日本幼儿园教师的职前培养课程,主要是由日本《教员许可法》及其施行规则决定的。幼儿园教师职前培养的课程除了一般教育课程外,还有"教科"和"教职"的课程。"教科"的课程主要指专门的知识和技能的课程,包括国语、算术、音乐、美工、体育等科目;"教职"的课程主要指取得教师许可证的重点专业科目,包括教育原理、学前教育内容、教学法、教育咨询和教育实习等科目。

日本保育士职前培养课程包括四个领域:一是有关学前教育的本质、目的的科目,如学前教育原理等;二是有关学前教育对象的科目,如发展心理学等;三是有关学前教育内容与方法的科目,如学前教育内容等;四是有关基础技能、学前教育实习、综合讨论的科目,如钢琴等。

2. 学前教师的职后培训

除了建立职前幼儿教师的培养制度,日本对职后幼儿教师的进修也做出严格规定。如《教育公务员特例法》中第21条至第25条,对教师进修进行了详细的规定,提出在职进修是每个教员的义务,主管单位必须为之提供各种条件,并规定进修方式有脱产和不脱产两种,对新任教师和10年经验教师的研修都做出规范。在《教员许可法》中另外对初任教师的研修做了规定,将教员的在职教育与获得更高一级的资格证书结合起来,从而进一步激发了教师研修的积极性。多样的研修选择可以满足不同需求学前教师的研修需要,从而优化学前教师队伍。

(1) 新任教师研修

新任教师研修是指新任幼儿园教师必须在工作的第一年边工作边进行试用研修,接受新任教师专业培训。试用期内,新任教师一方面需要在园内接受以指导教师为主的实际工作指导性进修(大约每周2天,一年至少60天),县教育委员会在新任教师所属幼儿园里,选一名经验丰富的优秀教师担任导师。被任命的导师,按照县教育委员会的新任教师研修计划和本幼儿园的研修规定,为新任教师熟悉幼儿园的各种业务进行全方位的指导和帮助。另一方面,新任教师需要到园外的教育研究(研修)中心等机构参加进修活动(大约每周1天,一年至少30天)。研修项目包括《幼儿园教育要领》中五大领域的整合指导、环境构成、幼儿理解、障碍幼儿的理解、安全指导、供食指导、人际关系指导、家庭社区教育联合、保育支援、学校运营、学校经营等。研修形式通常包括各种各样的讲习、义务活动、新任教师之间的经验交流、计算机技术及心理咨询方面的知识讲座等。其目的是培养新任教师的实际指导能力、使命感、广博的见识,从而充满信心地迎接新的工作任务和挑战。根据文部科学省2008年的幼儿园统计资料,各都道府县对新任教师实施研修的平均天数为园内10.2天,园外10.3天。

(2) 10年经验者研修

10年经验者研修是为了对工作10年以上的教师进行知识更新和能力提高所提供的研修。具体而言,县教育委员会首先制定10年经验教师的评价标准,把此标准下发给各幼儿园。园长和其他领导对该教师进行详细的评价后,报告县教育委员会。县教育委员会参考幼儿园的评价,对该教师的研修和指导做出具体的计划,下发给所属幼儿园。园长根据县教育委员会的研修计划,积极指导教师参加研修。研修结束后,园长再将该教师进行研修后的评价报告交给县教育委员会,县教育委员会将此评价报告作为今后为该教师再设计研修计划的依据。

除上述必需的进修和培训外,日本还有一系列不定期的幼儿园教师在职研修活动。在公布一些重要的纲领性教育文件如《幼儿园教育大纲》时,政府还会举办专题的学习与讨论讲座及研习班,加深学前教育工作者对于新法规的理解,提高其执行的自觉性。另外,一些社会团体,如日本国立公立幼儿园园长会、全日本私立幼儿园联合会、全国幼儿园教育研究会等也会组织幼儿园教师的培训活动,满足幼儿园教师的专业发展需要。

第三节　日本学前教育存在的问题与发展趋势

新世纪以来,日本社会城市化、少子化、国际化趋向明显,其社会经济的结构性与制度性弊端逐渐凸显在学前教育层面上。在这种情况下,日本政府积极推进学前教育改革,提出诸多新举措,努力发展学前教育。

一、日本学前教育存在的问题

随着社会的发展和人们对学前教育要求的不断提高,日本学前教育在发展过程中也面临诸多问题。

(一) 少子化给学前教育发展带来不利影响

少子化是指由于出生率下降而造成的儿童数量减少的现象。日本的第一次生育高峰期出现在1947年至1949年,当时每个家庭的孩子平均超过4个,之后急剧下降。虽然1960年从2.1恢复到了2.2,但到了1966年又急剧下降到最低水平的1.58。此后,虽然出生率有所回升,到1971年第二次生育高峰期时达到了2.16,但此后一直处于下降趋势。日本政府在2005年版《少子化社会白皮书》中,十分忧虑地将本国人口现状形容为"超少子化国"。

受到少子化的冲击,日本幼儿园数量与在园就学幼儿数都呈递减趋势。生源不足,给学前教育发展带来诸多不利影响。首先,幼儿园经营困难,被迫减班,教育资源浪费。截止到2008年,较之10年前少了近1000所幼儿园。在保持国立幼儿园数量不变的前提下,公立幼儿园和私立幼儿园均呈现出明显的下降趋势,而其中尤属公立幼儿园的下降趋势更为明显。幼儿园班级数量不断减少,2008年与2003年相比,在短短的6年内,竟少了1378个。入园儿童的总人数在1998—2008年间不断下降,被关闭或被削减的幼儿园和班级,空间闲置,教育资源浪费。其次,家庭教育能力降低。少子化导致都市地缘关系的淡化,得不到近邻的援助;少子化导致周围育儿家庭减少;小家庭化使得周围交流育儿经验的人甚少;在家庭里,由于父亲长时间劳动或身处异地工作,在教育子女方面不能进行适当的教育,等等。

针对少子化问题,日本政府虽竭尽全力采取了很多措施,但成效并不明显。适龄待入所儿童也面临同样问题,依据厚生劳动省的调查,2004年以后,虽然保育所的定员数有所增加,但是待入所儿童数量却在减少。

(二)学前教育机构二元化体制的弊端凸显

自明治维新以来,日本逐渐形成了二元化的学前教育体系。幼儿园主要招收3—6岁儿童,保育所主要负责0—6岁儿童的教养。由于幼儿园和保育所在创办宗旨、服务对象、招生年龄、作息时间等方面的不同,给日本学前教育的发展带来了一些难以解决的问题。

首先,幼儿园和保育所存在明显差异,学前儿童受教育的机会是由家长的社会经济状况决定的,这有悖于教育机会均等。其次,幼儿园和保育所难以协调保教之间的关系。幼儿园属于文部省管理,为正规学校教育机构之一,偏重教育的功能;保育所属于厚生省管理,为社会福利机构之一,偏重保育的功能。由此造成了在幼儿园进行的幼儿教育难免偏向教育,而忽视保育;在保育所进行的幼儿教育难免偏向保育,而忽视教育。另外,幼儿园和保育所相互独立,不能满足幼儿家长多方面的教育需求。

二、日本学前教育发展趋势

针对当前学前教育存在的问题,日本积极推行学前教育改革,这些改革的举措体现着日本学前教育的发展趋势。

(一)积极推进幼保一元化改革

为了解决学前教育机构二元化体制带来的诸多问题,日本政府着力推进幼保一元化改革。所谓幼保一元化,是将幼儿园和保育所两种机构改为一元性的幼儿教育机构,以实现教育机会均等的理念。

日本推进幼保一元化改革的措施包括幼儿园和保育所之间设施共用化。1998年,文部科学省初等中等教育局局长和厚生劳动省儿童家庭局局长联合发出《关于幼儿园和保育所的设施共用化等的指针》的通知,要求各都道府县知事及教育委员会、指定都市市长及教育委员会、中核市市长及教育委员会对市町村实行幼儿园和保育所的设施共用化进行适当指导,以进一步充实幼儿的教育和保育,并通过合建和并设等手段实现幼儿园和保育所设施的共用化。

日本设立幼保一元化特区。2001年以来,日本政府根据《结构改革特别区域法》,允许幼保合建设施中的幼儿园和保育所的儿童开展联合活动,允许公立保育所的供餐采取从外部运进的方式。

日本创设实施学前阶段的教育和保育的综合机构——认定儿童园，推进幼保一元化。2005年4月，文部科学省在全国遴选出35个地区的48所幼儿园、保育所等实施"综合设施样板事业"，对认定儿童园的教育和保育活动进行为期1年的实验性调查研究。在该项研究的基础上，2006年6月，日本政府颁布了《关于推进综合的学前儿童教育、保育服务的法律》，对认定儿童园的认定手续、相关特例和惩罚规则进行了较详尽的规定。这一法案的出台，宣告了除幼儿园和保育所之外的第三种幼儿教育机构——"认定儿童园"的正式成立，也标志着自第二次世界大战结束以来长期争议的"幼保一元化"问题有了实质性的进展。同年8月，文部科学省和厚生劳动省公布了《根据"关于推进综合的学前儿童教育、保育服务的法律"的第3条第1项第4号、第3条第2项第3号的规定，文部科学大臣和厚生劳动大臣协议制定的机构的设备及运营基准》，对认定儿童园的宗旨、职员配置和资格、设施设备和管理运营等内容进行了规定，为日本各地创设认定儿童园提供了政策的保障。

（二）加强学前教育机构与家庭、社区的合作

针对少子化导致的家庭教育能力降低，社区内居民的地缘关系淡薄，难以对育儿经验与智慧进行传承等问题，日本注重加强学前教育机构与家庭和社区的联系与合作，整体提高学前教育质量。

2009年开始施行的新修改的《幼儿园教育要领》中指出，幼儿园具有为以后各个阶段的学校生活和学习打基础的作用，幼儿园应该与家庭协作开展教育。幼儿园具有幼儿教育中心的作用，面对家长的咨询和幼儿教育的各种问题，幼儿园应通过与社区，以及与各学校的合作等，发挥其应有的作用。

为了整合社区学前教育资源，日本学前教育机构根据社区的情况，灵活运用儿童馆、公民馆等公共设施，并借助志愿者团体和民生委员、儿童委员等社区力量，通过积极参加社区的一些节日活动，与社区人员互相交流，提升学前教育机构的保教质量。社区则积极构建以学前教育机构为主体的幼教网络，不仅为儿童提供游戏活动的场地，还为家长提供进行社会交往和相互交流育儿经验的机会，在学前教育中发挥重要的作用。

学前教育机构注重为家长提供更优质的服务。家园联系册是教师和家长联系的最重要途径。教师通过家园联系册将幼儿在园的情况反馈给家长，也可以把幼儿要带的用品、材料以及需要家长准备的事项通知家长，家长也通过家园联系册与教师进行及时的沟通。另外，学前教育机构还为所有家长（包括子女未接受学前教育的家长）提供学前教育的信息与咨询服务，为幼儿入学前教育机构提供便利条件。日本重视提升家长的育儿素养，引导幼儿家长积极参与学前教育机构的活动，提升家园合作的质量。在日本，中学阶段就有一种专为女生开设的家政课程，主要针对女性作为未来母亲的角色进行教育。短期大学设立家政系，还有专门为父母开设的各种培训，每年还定期编印有关家庭教育的资料发到各都道府县，向年轻夫妇提供教育幼儿的信息，传授教育幼儿的方法和知识。通过学习和培训，家长了解了更多的科学育儿知识，明确了家庭与学前教育机构合作的重要意义，从而加强了家庭与学前教育机构的联系与合作。

（三）重视提高学前教育师资质量

21世纪以来，日本注重学前教师的培养培训，努力提高学前教育师资质量。在学前教育职前培养方面，采取学历与履修学分相结合的规定，即学前教师必须具备大专以上学历，同时还必须履修规定的学分，这样既保证了学前教师的基本素质，同时也保证了专业素质。

在学前教师培养课程上，丰富和充实学前教育专业的课程设置，内容紧紧围绕职业道德的培养、广泛的知识修养以及理解幼儿、促进和支持幼儿发展所必需的综合能力培养。在学前教师的在职进修方面，日本继续推行制定新任教师进修制度、10年经验者研修制度等，满足不同需求学前教师的研修需要。

为了保证师资质量，提升学前教师的专业化水平，2009年，日本正式实施教师资格证书更新制度，规定原来终身有效的教师资格证书需要每隔10年或3年更新一次。学前教师可以在资格证书更新期限将满的2年内更新资格证书，如果期限已到而又未能更新资格证书者或未通过更新者，其教师资格证书将失效。日本实施教师资格证书更新制度的主要目的在于促使在职教师不断进修，并希望通过资格证书更新来排除不胜任教师，以确保教师的质量。2009年，日本文部科学省公布了经认定的教师资格证书更新讲习单位名单，各讲习单位陆续公布了“必修课程”及“选修研习”的研习内容及相应安排。

本章小结

日本学前教育沿革经历了初创和起步阶段（明治初期—20世纪40年代初）、战后恢复阶段（20世纪40年代末—80年代）和快速发展阶段（20世纪90年代至今）。在发展过程中，日本逐渐明确了学前教育对人一生发展的重要作用，并通过颁布学前教育法令、加大学前教育投入、实施幼儿园教育振兴计划、修订《幼儿园教育大纲》等普及和发展学前教育，学前教育质量不断提升。了解日本学前教育现状主要应了解学前教育机构、学前教育课程、学前教育师资等内容。从学前教育机构看，日本学前教育的主要机构是幼儿园和保育所，二者在主管部门、教育对象、法律依据、教育目的、教育内容、经费来源等方面都有很大差异。认定儿童园是集幼儿园和保育所功能于一体的教育机构，对0—6岁儿童实施教育和保育，同时为家庭提供教育支援。从学前教育课程看，日本新修订的《幼儿园教育大纲》明确规定了学前教育课程的目标、内容、组织与实施的要求，以使学前教育更好地适应社会发展的需要。从学前教育师资看，日本明确规定教师的任用资格，重视学前教育师资的职前培养和职后培训，确保学前教育师资质量。日本学前教育在发展过程中同样面临诸多的问题，少子化和学前教育机构的二元化体制给日本学前教育带来诸多不利影响，如何解决这些问题已成为日本学前教育改革的重点。从未来发展趋势看，日本将积极推行幼保一元化改革，加强学前教育机构与家庭、社区的合作，重视提高学前教育师资质量。

思考题

一、名词解释

1. 东京女子师范学校附属幼儿园
2. 《保育所保育指南》
3. 天使计划
4. 认定儿童园
5. 行事活动
6. 幼儿园教育振兴计划

7．幼保一元化

二、简答题

1．简述日本学前教育机构的主要类型。

2．简述日本的幼儿园与托儿所的异同。

3．简述“天使计划”的基本方向及其施策重点。

4．简述日本学前教育课程的内容。

5．简述日本学前教师的任用资格。

6．简述日本学前教师职后培训的形式。

7．简述20世纪90年代以来日本学前教育改革的主要内容。

8．简述日本学前教育存在的问题。

9．简述日本学前教育的发展趋势。

三、论述题

1．论述日本学前教育沿革的阶段及其主要内容。

2．论述日本历次幼儿园教育振兴计划的主要内容和意义。

3．论述日本的二元化学前教育体系。

4．论述20世纪90年代以来日本学前教育改革对我国学前教育改革的启示。

第四章 俄罗斯学前教育

学习目标

1. 了解俄罗斯学前教育发展与改革过程中的重要事件。
2. 掌握俄罗斯学前教育的现状。
3. 理解俄罗斯学前教育存在的问题和发展趋势。

俄罗斯联邦简称俄罗斯(Russia),是世界上国土最辽阔的国家,国土总面积为1707.54万平方公里,与14个国家接壤。2012年6月的统计数字表明,俄罗斯总人口约1.431亿,民族150多个,其中俄罗斯族占79.8%。俄罗斯处在东西方的交界处,横跨欧亚大陆,这一特点决定了俄罗斯的文化同时受到东西文化的交叉影响,是在东西文化的不断冲突中发展起来的,具有鲜明的双重性。

历史上的俄罗斯是封建国家,因为统治者称作沙皇,所以也称作沙俄。1917年的"二月革命"推翻了沙皇,成立了资产阶级临时政府,随后又在1917年的十月革命后成立了社会主义的苏维埃政权,称作苏俄。1922年,苏俄、乌克兰、白俄罗斯以及外高加索联邦共同成立了苏维埃社会主义共和国联盟,简称苏联。1941年,纳粹德国入侵苏联,伟大的卫国战争爆发。经过艰苦卓绝的抵抗,苏联和盟国取得了最终胜利,并进一步巩固了苏联的广阔领土和民族团结。战后的苏联社会主义建设令人瞩目,但因为国内、国外(主要是与美国的军备竞赛)多方面原因,苏联内部出现各种矛盾。1991年,苏联波罗的海沿岸的三个加盟国宣布独立,之后以"819"事件为导火索,苏联解体,分裂成15个国家,其中最大的一个是俄罗斯。

俄罗斯的学前教育以十月革命为分界点呈现了不同的特点。十月革命以前,俄罗斯的学前教育尚处于萌芽状态。十月革命以后,苏联党和政府一直非常重视公共学前教育,学前教育的面貌发生了根本变化。苏联党和国家通过颁布教育法、幼儿园章程、规则和大纲等,对学前教育实行统一管理以保证教育的质量。1991年苏联解体后,俄罗斯迅速走上了私有化的道路,学前教育的发展开始受市场经济的影响。俄罗斯的学前教育随着社会的变革与发展也在不断变革与发展。

第一节 俄罗斯学前教育的沿革

一、沙俄时代的学前教育

沙俄时代,俄罗斯从一个落后穷困国家发展成强大军事帝国。但帝国未能真正解决俄罗斯人穷困潦倒的生活状况,俄国的经济和文化都比西欧落后。另外,农奴制在帝国统治时期内也未能真正被废除,几百年来歧视农奴的传统未能被改变。

18 世纪下半叶,俄国的封建农奴制开始解体,城市工商业有所增长,市民阶层对教育提出新的要求。与此同时,法国资产阶级启蒙运动也影响到俄国。为解决弃婴和孤儿的收容问题,1763 年,莫斯科开办了俄国第一所教养院和产科医院。19 世纪上半叶,社会上的一些进步人士组成各种慈善团体。这些团体开办了收容所和孤儿院,为外出谋生的母亲照顾孩子。后来,政府将这些慈善机构收归政府管辖。

19 世纪 60 年代,俄国出现了以废除农奴制为核心的社会改革运动。各阶层人士在要求沙皇政府改革政治和经济的同时,也主张改革文化教育。学前儿童的家庭教育和社会教育问题引起人们的注意,与此同时,福禄培尔幼儿园运动波及俄国,推动了俄国学前教育的发展。1860 年,俄国出现了第一所幼儿园。1869 年,圣彼得堡创办了俄国最早的学前教育刊物《幼儿园》。这份杂志的发行对于促进学前教育成为俄国教育学中的一个独立分支发挥了积极作用。1871 年,圣彼得堡创立了福禄培尔学院,成为俄国最早的学前教育师资培训机构。此后,俄国其他一些地方也出现了类似机构。

19 世纪后半期,俄国涌现出一批学前教育活动家。他们受福禄培尔教育思想的影响,致力于研究幼儿园工作的内容和方法。在乌申斯基的教育民族性原则影响下,他们主张俄国人民必须有自己的学前教育制度,重视俄罗斯祖国语言在学前儿童教育中的意义,倡导反映乡土自然生活及俄国民众生活劳动内容的游戏和作业。这些学前教育活动家以其创造性的教育学理论和教育实践,促使俄国学前教育学从普通教育学中分立出来。

19 世纪末,俄国政府开始推广孤儿院。1891 年开设农村孤儿院。1901 年,全俄共有 80 所孤儿院。此外,俄国各首府及大城市的一些慈善团体也为孤儿设立了各种慈善机构,如育婴堂、育婴孤儿院和平民幼儿园等。

1845 年,圣彼得堡开办了第一个乳婴期儿童托儿所。1880 年,莫斯科纳门纺纱厂附设了第一个工厂托儿所。1894 年,圣彼得堡开设了最早的免费平民幼儿园。到 1914 年,全俄已有 150 所慈善性质的学前教育机构,儿童入园人数达 4000 人。

沙俄时期的学前教育是为封建农奴制度服务的,学前教育具有鲜明的阶级性。为特殊阶级子女办的学前教育机构都是私立的、收费的,从教育内容到教育形式都是为他们服务的,广大的劳动人民没有接受教育的权利。这个时期,学前教育发展缓慢。到 1917 年革命前,全国共有幼儿园 280 所左右,全部集中在大城市,其中 250 余所是收费的。

二、苏联学前教育的改革和发展

苏联是苏维埃社会主义共和国联盟的简称。1922 年 12 月,俄罗斯、白俄罗斯、乌克兰和外高加索等苏维埃社会主义共和国合并,成立了苏联。苏联是当时世界上土地面积最大的国家，占有东欧的大部分以及几乎整个中亚和北亚；陆地与挪威、芬兰、波兰、捷克斯洛伐克、匈牙利、罗马尼亚、土耳其、伊朗、阿富汗、中国、蒙古及朝鲜接壤，与瑞典、日本、美国及加拿大隔海相望。尽管其宪法规定苏联是一个联邦制国家，由15个平等权利的苏维埃社会主义共和国（加盟共和国）按照自愿联合的原则组成，但其政府权力高度集中，并奉行世界上第一个完全的社会主义制度及计划经济政策，由苏联共产党一党执政。

（一）十月革命以后至第二次世界大战前的苏联时期学前教育

十月革命以后，苏联党和政府一直非常重视公共学前教育，强调学前教育机构对学前儿童进行教育的突出价值，制定有关方针政策，并采取各种措施，促进学前教育的发展。

1919年3月召开的第八次苏共代表大会通过的党纲，规定了苏联学前教育的两大任务：第一，按照儿童的年龄特征来实现儿童的全面发展和完成共产主义教育的任务；第二，解放妇女。苏联的学前教育机构从成立之日起，就肩负着教育幼儿和服务家庭的两方面任务。

苏联确定了学前教育的性质和任务，使学前教育事业的发展发生了根本变化。1920年，苏联已有学前教育机构4723所，共接纳儿童254527人。随着学前教育机构的大规模建立，许多困难接踵而至。除经济困难以外，缺乏学前教育干部的问题尤为突出。教育人民委员会学前教育局组织了每期为时三个月的训练班，培训学前教育干部。1918年，在圣彼得堡建立了世界上第一所国立学前教育专业高等学府——学前教育学院，以代替原有的福禄培尔学院。学前教育学院的主要任务是培养学前教育的高级干部，并兼有学前教育理论研发中心的功能。

苏联学前教育初创时期，学前教育机构还没有统一的工作方法。西方的自由教育理论和儿童学在苏联广泛流行。为统一和澄清有关问题，1919—1928年，在莫斯科举行了四次学前教育代表大会，讨论学前教育的任务、教育机构的设立、经费来源、教学方法、师资培养和教学大纲等方面的问题。这些会议对推动苏联学前教育的发展起了重要的作用。

1930—1934年，工业的发展和农业集体化的实现，为苏联公共学前教育的发展提供了有利条件。20世纪30—40年代，苏联的学前教育机构数量急剧增长。

苏联教育人民委员会通过制定规程、指南和规则等方式，促使幼儿园的教学和管理走向正规化。1932年，苏联颁布了最初的《幼儿园教学大纲》草案，第一次明文规定了幼儿园的工作任务与内容。1938年，教育人民委员会制定并颁布了《幼儿园规程》和《幼儿园教养员工作指南》。《幼儿园规程》规定了幼儿园的教育目的、任务、组织、幼儿园的基本类型、儿童的营养和幼儿园环境要求，《幼儿园教养员工作指南》基于《幼儿园规程》，根据儿童的年龄特征，将幼儿园工作的任务、内容和方式等具体化。

1944年，教育人民委员会制定了新的《幼儿园规程》及《幼儿园教养员工作指南》。新的《幼儿园规程》对幼儿园的教育对象、性质和任务、内容和方式以及幼儿园的开设等问题一一做了规定，其主要内容包括：幼儿园是使3—7岁儿童受到苏维埃社会教育的国家机构，目的在于保证儿童的全面发展；其兴办的另一目的是有助于妇女参加生产及参与社会政治文化生活；幼儿园应该为儿童入学做准备；设立幼儿园的任务属于国民教育科、生产企业、苏维埃机构、合作社和集体经济的组织，不允许私人染指。这个规则的制定表明苏联的学前教育制度已基本确立，具有苏联特色的学前教育制度基本形成。

（二）第二次世界大战后苏联时期学前教育的改革及发展

第二次世界大战以后，世界格局发生了新的变化，出现了社会主义和资本主义两大阵营的对峙。苏联作为与美国抗衡的大国，战后各项事业的发展，包括科技和教育的发展，都是在激烈的国际竞争背景下进行的。

在学前教育领域，为适应形势发展的需要，苏联进行了三次大规模的学前教育改革。在这三次改革中，除了第三次改革因苏联解体而中途流产，前两次改革都对苏联学前教育的发展起到了积极的推动作用，在很大程度上改变了苏联学前教育的面貌。

1. 第一次学前教育改革：托儿所和幼儿园一体化

早在20世纪20年代末，苏联就出现了托儿所。当时的托儿所是独立的学前教育机构，与幼儿园是分离的。因为越来越多的妇女加入了社会主义建设，导致托儿所迅速发展，由此带来一系列问题。在儿童稀少的农村地区设置独立的托儿所和幼儿园既不经济又不现实，所以，有些地方出现不按年龄分班的做法。此外，托儿所和幼儿园在教育管理上分别属于卫生部和教育部，由此产生了许多矛盾。要消除上述不合理的现象，就需要创办将托儿所和幼儿园合并起来的统一的学前教育机构，并实行一元化的行政领导。

1959年5月21日，苏共中央和苏联部长会议公布了《关于进一步发展学前儿童教育机构和改善学前儿童的教育及医疗服务措施》决议文件，这是学前教育制度改革的决定。决议指出："为了对学前儿童实施与随后的学校教育任务相符的统一教育制度，参照地方的条件与可能，将托儿所和幼儿园这两种儿童教育机关合并为统一的学前儿童教育机构。联合机构除隶属于专业部门外，一律由加盟共和国教育部集中领导。"由此将托儿所和幼儿园合并起来，形成统一的学前教育设施，由教育部进行指导和监督，卫生部负责儿童的保健方面工作。此后，在原有的幼儿园和托儿所的基础上，又出现了第三种新设的学前教育机构：托儿所—幼儿园联合体，招收从出生到6、7岁的儿童。1959年以后，苏联新设的学前教育机构基本上都是这类机构，并逐渐占据多数，成为苏联学前教育机构中的主要类型。

1959年《关于进一步发展学前儿童教育机构和改善学前儿童的教育及医疗服务措施》颁布的同时，政府委托俄罗斯联邦教育科学学院学前教育研究所和医学科学院，共同制定了与托儿所—幼儿园联合体配套的统一的教育大纲，并于1962年作为《幼儿园教育大纲》公布。与此同时，原来的《幼儿园教养员工作指南》使用到1963年9月1日作废。此后，《幼儿园教育大纲》就作为苏联所有幼教机构的教育大纲施行。

《幼儿园教育大纲》将原来婴幼儿（0—3岁）和学前儿童（3—7岁）互相分离的教育内容系统化、一元化。在此大纲中，将出生后2个月到7周岁的儿童，按年龄阶段安排教学内容，分为7个班：第一婴儿期班（出生后第一年）、第二婴儿期班（出生后第二年）、婴儿晚期班（出生后第三年）、学前初期班（出生后第四年）、学前中期班（出生后第五年）、学前晚期班（出生后第六年）、入学预备班（出生后第七年）。《幼儿园教育大纲》更注重游戏的作用，对于游戏的指导及其组织形式都做了具体指示和规定。与以前的《幼儿园教养员工作指南》不同，《幼儿园教育大纲》将教育方法从教育内容中分离出来，专门规定了教育方法。出版大纲时，还另外出版了四本指导教学方法的书籍。

知识链接

苏联幼儿园3—4岁班幼儿一日活动日程

7:00—8:20	晨检,早操
8:20—8:55	早餐
8:55—9:15	游戏,准备作业,准备散步(户外活动)
9:15—9:35	作业
9:35—10:35	游戏,观察,空气浴和日光浴
10:35—11:40	回园洗澡,游戏
11:40—12:20	准备午餐
12:20—15:10	午睡
15:10—15:25	起床,游戏
15:25—15:50	午点
15:50—18:00	准备散步,户外活动,游戏
18:00—18:15	回园,游戏
18:15—18:45	晚餐
18:45—19:00	离园回家

2. 第二次学前教育改革:《幼儿园教育大纲》的修订

20世纪60年代,面对西方教育改革的冲击,为适应国际竞争的需要,苏共第23次代表大会,强调提高劳动人民普通文化知识水平和技术知识的重要性,提出要把提高教育培养质量当作头等任务。

苏联第二次学前教育改革,力图根据儿童心理学和教育实验研究的新成果以及小学教育改革的情况,重新审定学前教育的内容和方法,加强幼小衔接,提高教育质量,强调智力开发。1970年和1978年,苏联多次修改1962年的《幼儿园教育大纲》,反映了20世纪60年代以来苏联教育学家和儿童心理学家新的研究成果,并适应小学学制由四年缩短为三年的改革要求。

1970年修订《幼儿园教育大纲》,加强了婴儿期的护理和教育的有关内容,把幼儿园6至7岁年龄班改为入学预备班,把小学一年级语文、数学的部分教学内容作为向预备班儿童进行教学的内容。但是这种教材下放的做法仅仅作为一种实验,没有做统一的规定。1978年,对《幼儿园教育大纲》进行第8次修订,重新划分了学前期儿童的年龄阶段,把学前期儿童分成4个年龄阶段:学前早期(0—2岁)、学前初期(2—4岁)、学前中期(4—5岁)、学前晚期(5—7岁)。在年龄分段的基础上对各年龄阶段学前儿童的体、智、德等诸方面的发展提出了统一的要求。1984年,苏联颁布了《幼儿园教育与教学大纲》,这是苏联《幼儿园教育大纲》的第9次修订本。大纲增加了体、智、德、美、劳等各项任务的难度,提高了为小学做准备的要求,要求教授给幼儿的知识内容要能反映出事物的本质联系,并要求通过更为系统的教育、教学活动,促进幼儿个性的全面协调发展。

3. 第三次学前教育改革:《学前教育构想》的颁布

20世纪80年代末期,苏联教育开始了一场全面而深刻的改革。1988年2月,苏共中央委员会决定将建立继续教育体系的战略方针作为一项迫切的实际任务，把教育改革与政治、经济、科学文化等方面的改革紧密联系起来，以推动整个社会的改革。

1989年6月16日，苏联国家教育委员会批准和公布《学前教育构想》，以此为标志，苏联开始了学前教育的第三次改革。与世界继续教育思潮和纠正偏重智力的发展趋势相一致，这次学前教育改革强调儿童个性的全面发展，提出了新的个性—定向型教育策略。这种策略在其目标、手段和结果上都不同于传统的教学—训导型儿童教育观。该构想与《中学教育构想》一起，被整合到更为广阔的《继续教育构想》之中，学前教育阶段被看作整个继续教育体系中的第一个环节。

《学前教育构想》作为改革的纲领性文件，确定了苏联学前教育改革的基本方向和基本原则：运用关于学前期在个性形成中的意义的现代科研成果，使教育工作人道主义化，改善儿童的生活条件和幼儿园教师的教育工作条件，保证儿童教育各个领域的协调性，彻底改变培训教育工作干部的性质及学前教育机构的财政条件。

为保证《学前教育构想》的贯彻实施，苏联国家教委制定了一系列具体化的文件，主要包括《学前教育机构章程》《学前机构教育过程的科学方法原理》以及《教师培训和再提高的示范大纲》。在这些文件的指引下，苏联学前教育改革目标明确：在学前教育机构的设置和管理方面实现法律化、民主化和多样化；依据新的科学研究成果，强调学前期在个性形成中的意义；要求在教育教学中既考虑年龄特征，又考虑个别差异，以保证儿童情绪良好，心理健康发展；将出生头七年间儿童的发展分为婴儿期（出生第一年）、先学前期（1—3岁）和学前期（3—7岁）三个阶段；教育工作人道主义化，以个性—定向型相互作用模式取代以往的教学—训导型相互作用模式，保证儿童的身心健康，促进儿童全面发展，形成并发展儿童与成人、儿童与儿童之间的良好的人际关系；家庭教育和幼儿园教育相互配合，互相渗透，重视家庭教育的作用，强调幼儿园在各种培养和发展儿童的社会机构中的特殊地位。

（三）苏联学前教育理论的形成

在苏联学前教育理论的产生和发展过程中，克鲁普斯卡娅、乌索娃、福辽莉娜等人做出了巨大的贡献。同时，她们的思想和观点构成了苏联学前教育理论体系的主体部分。

1. 克鲁普斯卡娅的学前教育思想

克鲁普斯卡娅（1869—1939）是苏联著名的社会活动家和教育家，也是无产阶级革命实践活动家。她论证了对无产阶级子女实施学前教育的必要性，提出要解放妇女，吸引她们参加国家政治活动和生产建设。十月革命后，她领导制定《幼儿园规程》和《幼儿园教养员工作指南》。她的教育思想影响了苏联的学前教育的理论与实践。

（1）强调教育本质的阶级属性

克鲁普斯卡娅揭示了教育的阶级实质。她认为，社会主义国家、工农政府从广大人民群众的利益出发，要揭露教育的阶级性质，要"粉碎学校的阶级性质"，要从实际上真正做到使全体居民能进入各级学校学习。这就要求改变学校性质和教育目的，把单纯读书的学校变成为设置一定课业的劳动学校，把培养为资产阶级效力的学校教育改变为培养全面发展的人的学校教育。她进一步指出，社会主义国家的各级学校都有一个共同的目的：培养全面发展的人。社会主义教育必须为劳动人民服务，为工人阶级的新一代全面发展创造良好条件。

（2）反对"遗传决定论"及"自由教育"

克鲁普斯卡娅认为，儿童发展不是自发的，不是通过天生遗传素质的不断成熟来实现的，而是取决于儿童生活的条件。因此，儿童教育要有计划地进行，要制定专门的教育教学大纲，有目的、有计划地对儿童进行教育。

(3) 批评福禄培尔和蒙台梭利的教育

克鲁普斯卡娅认为，福禄培尔和蒙台梭利的教育，在理论上是错误的，具体方法上是形式主义的。苏联学前教育的任务、内容和方法必须与新建立的社会主义制度紧密联系起来。同时，家庭教育必须与学前教育机构的教育相一致，社会教育应与家庭教育相结合，共同担负起培养共产主义下一代的责任。

2. 乌索娃的学前教育思想

乌索娃(1898—1957)是俄罗斯联邦教育科学学院通讯院士，学前教育研究室第一位领导人，苏联公认的学前教育理论家。她的著作主要有《幼儿园教学》《幼儿园的作业》《幼儿园教学特点》等。

(1) 将教学原理应用于学前教育领域，并加以具体化

乌索娃认为学前期是儿童整个发展过程中的重要阶段，学前教学是整个学前教育中不可缺少的部分，是具有指导性和决定性的一环。所以，从年幼起就要给予全面发展教育。要完成这个任务，必须通过有目的、有计划、有组织的教学活动来完成。

乌索娃提出学前教学和学校教学既有相同之处也有不同之处。相同之处在于两者都是按照建立在心理学基础上的教学原则进行的，都是完成传授知识和技能的任务；都依赖教师或教养员的教育作用；都具有组织性，即按一定教学大纲组织起来，在班级进行，使全班儿童都能达到发展的一定水平。不同之处在于学前教学是口授的，是运用书本前的教学；学前教学使用的是适合幼儿教学任务及年龄特点的教材和教具；教学形式多样化。虽然二者有不同，但是乌索娃认为，学前教学、学校教学没有本质意义的差别，都是教育者有目的、有计划地直接影响全班儿童的一种形式，因此，普通教育学的一般原理都适合学前教学。

(2) 确定了苏联学前教学的任务和内容

20世纪40年代，儿童心理学的研究发现了儿童心理特征，如注意的无意性、行动的盲目性、思维的具体性等。这些研究证明儿童在学习过程中扩大了社会经验，形成了一定的行为社会标准，改善了心理机能。乌索娃认为，学前教学不仅向儿童传授能接受的知识技能，而且要发展儿童的智力。

乌索娃提出学前教育的任务是：给予儿童有关周围世界的具体知识；培养儿童对待周围世界的正确态度；教会儿童具体的动作方式；在全面发展的基础上做好儿童入小学的准备。

乌索娃非常重视教学内容，强调学前教学的中心任务就是不断完善教学内容。她认为，幼儿园教学的内容应该是：有关周围生活的具体知识，即有关自然界的知识、有关周围人们以及他们的活动和关系的知识。

乌索娃提出选择学前教育内容的标准：

① 在儿童年龄可能的范围内给予儿童科学而准确的有关周围世界的知识。它们应当反映事物的本质和现象之间的规律性联系。

② 在某一原则的基础上把知识组成体系。

③ 符合儿童的年龄特点，同时又能有效地促进以后智力和道德的发展。

④ 努力构筑好知识大纲的内部顺序，以便引导儿童逐步去认识和掌握越来越复杂的知识。

(3) 提出学前教学的新方法——指示法

乌索娃认为福禄培尔的机械模仿、被动接受的方法和自由教育中的忽视教师作用的方法都不能有效促进儿童发展。她提出学前教学的新方法——指示法，在这种方法中，教师不仅要把知识和技能传授给儿童，而且要教给儿童掌握知识和技能的方法，使教师的积极性与儿童的积极性都能充分发挥。指示法又细分为两种，整体指示法和详细指示法。整体指示法就是把活动一次完整地教给儿童。详细指示法是把一个总任务分成若干部分，把完成每一部分的动作方式按顺序教给儿童。每种指示法都从不同角度形成儿童的思维和动作方式，并影响他们的行为。

(4) 确立幼儿园教学过程的组织形式——必修作业

乌索娃提出一种成人直接影响儿童的教学形式——必修作业。她认为，作业的主要任务是教养员按计划循序渐进地向儿童传授一定的知识技能，巩固知识技能。她把作业结构分为三个部分：开始部分——激发儿童的学习兴趣、注意力，提出学习任务；进程部分——向儿童传授新的知识和技能，并巩固知识和技能；结束部分——分析、评价作业结果。教学结果包括儿童对一定知识、技能的掌握和儿童个性所发生的变化。

乌索娃的研究开辟了苏联学前教育的新方向，为建立苏联学前教育理论做出了重大贡献。她的思想一直对苏联学前教育工作具有指导意义。

对苏联学前教育理论体系形成有影响的学前教育家还有福辽莉娜和阿尔金。福辽莉娜(1889—1952)是苏联学前教育家，主要研究学前教育的美育问题，出版了《学前教育学》《儿童的造型创作》《学前儿童的美育》等著作。她主张从早期开始通过绘画、泥工等美术活动发展幼儿的创造性，强调发展创造性必须与儿童的年龄特点相适应，与教育教学相结合。根据幼儿认识世界的特点和具体形象性思维特征，她为学前各年龄段儿童制定了造型活动教学的示范大纲，规定了主题画、实物画、装饰画和意愿画的不同要求，并提出了一系列绘画教学的方法。

阿尔金(1873—1948)是苏联教育家。苏联政权建立初期，他与教育人民委员会学前部合作，参加了《幼儿园教学大纲》和《幼儿园教养员工作指南》的制定工作，后在高等学校和科研机构工作。他的主要著作有《学前年龄》《1—4 岁儿童》《学前期儿童》等，主要研究范围为儿童体育和卫生问题、学前儿童各年龄阶段身心发展的规律等，其经典著作《学前年龄》长期以来一直是幼教工作者的必读书目。阿尔金强调教育和发展过程的统一，把儿童看作是个性发展着的人，认为学前期是形成人的个性的重要阶段，对人的个性形成有重大影响。他强调学前儿童的锻炼，在幼儿园做很多实验，证明空气浴、日光浴、水浴的效果并进行推广，提出游戏、劳动在教育中的重要作用。

(四) 苏联时期学前教育的特点

纵观苏联学前教育发展和改革的历史，苏联学前教育在长期的历史发展中形成了自己的特色。

1. 中央集权的学前教育体制

十月革命以后，苏维埃政府建立了专门的学前教育局，加强对学前教育事业的统一领导和集中管理。苏联把学前教育纳入整个教育体系之中，教育机构都是公立的，80% 的费用由国家承担。党和国家通过教育法、幼儿园章程、规则和大纲等，对学前教育实行统一管理，以保证教育的质量。但是，苏联学前教育的领导体制也有其弊端，主要是缺少灵活性。由于不许私人开办幼儿园,国家的力量又有限,导致幼儿园的发展供不应求,儿童入园率一直不高。

2. 苏联学前教育机构担负教育和保育双重任务

苏联的学前教育是以解放妇女劳动力和保护、教育儿童为目的,学前教育机构从一开始就担负着教育和保育的双重任务。学前教育机构既要对儿童的日常生活进行护理和照顾,又要对儿童进行全面的教育。儿童每天在园时间最多长达12个小时,教师的很大一部分教育工作渗透在保育工作之中。日常生活的每一个生活环节如吃饭、睡觉等,都是培养儿童文明卫生习惯和良好道德品质的机会。

3. 教学—训导模式是主要的教学模式

苏联的学前教育实践中,教学—训导模式成为主要的教学模式。在这种模式中,教学的目的是用知识、技能和技巧武装儿童,培养听话的儿童。在教学中强调教师的主导作用,儿童仅被视为接受某种教育体系影响的客体。教学偏向于面向全体,按小学上课形式进行。在这种模式下,儿童的基本活动形式——游戏不仅在时间上受到限制,而且被成人严格加以规定。

由于教学—训导模式存在的种种弊端,1989年的《学前教育构想》提出了“个性—定向型相互作用模式”,强调教学的目的是促进儿童个性的形成,教师与儿童交往时应遵循平等的原则,以保证儿童的心理安全感,形成个性的萌芽。在新的模式中,老师和儿童的地位是平等的,儿童被看作合作条件下的伙伴。

三、俄罗斯学前教育的改革和发展

1991年12月苏联正式解体,分裂为15个国家(东斯拉夫三国、波罗的海三国、中亚五国、外高加索三国、摩尔多瓦)。俄罗斯联邦成立之后,于20世纪90年代上半期开展了以“多元化、民主化、人道主义化地发展教育”为目标的新一轮教育改革。这场国民教育体系的改革是在1988年苏联教育改革框架的基础上进行的,是苏联20世纪80年代后期教育改革的延续。作为此项改革的补充,俄罗斯政府立足于新的社会背景,颁布多个与学前教育相关的法律法规,多方面进行了大胆的尝试和创新。

(一)《俄罗斯联邦教育法》

1992年7月10日,俄罗斯总统叶利钦签署颁布《俄罗斯联邦教育法》,1996年又对其进行了进一步的修改和补充,使其成为俄罗斯的教育基本法。这是自1991年8月苏联社会政治结构彻底改革之后,首次系统全面地规范俄罗斯联邦的教育体系、教育地位、国家教育政策、教育体系管理、学校的法律地位等主要内容的法律。

《俄罗斯联邦教育法》关于俄罗斯教育领域的国家政策突出了三个方面:一是宣布“教育领域是优先领域”;二是强调国家教育政策的“组织基础”是“联邦教育发展纲要”;三是硬性规定“不允许在国立和市立教育机构中、在教育管理机关中建立政党的、社会政治和宗教运动与组织(团体)的组织机构并开展其活动”。作为这一条的补充,还规定:“不允许强迫学生加入社会组织、社会政治组织(团体)、运动和党派,也不允许强行吸收学生参加这些组织的活动、参加宣传鼓动运动和政治行动。”

《俄罗斯联邦教育法》提出六条教育的基本原则:

(1) 教育的人道主义性质,全人类价值、人的生命与健康、个体的自由发展居优先地位。培养公民的觉悟性、爱劳动、尊重人的权利和自由、热爱周围大自然、爱祖国、爱家庭诸方面的品质。

(2) 联邦文化和教育空间的统一;保护和发展多民族国家条件下各民族的文化教育体系、各地区的文化传统和特点。

(3) 教育的普及性,教育体系应符合儿童的现有发展水平及特点。

(4) 国立和市立教育机构中,教育的世俗性质。

(5) 教育的自由与多元化。

(6) 教育管理的民主性质、国家与社会共管性质;教育机构的自治性。

《俄罗斯联邦教育法》中的这六条原则体现了俄罗斯教育改革中多元化、民主化、非意识形态化的趋势,是适应基本社会制度变化后的需要。

《俄罗斯联邦教育法》的颁布把学前教育机构推入了市场,学前教育的发展开始受"市场经济"的调节。《俄罗斯联邦教育法》改变了幼儿园的社会福利性质,幼儿园不再是社会公益事业。家长可以根据自己的需要自主选择幼儿园,幼儿园为了生存也必须适应家长的多层次需求。

(二)《关于教育领域非国有化、非垄断化法(草案)》

为了加速教育私有化的发展,1994 年,俄罗斯联邦教育部、国家高教委、国家财产委员会起草了《关于教育领域非国有化、非垄断化法(草案)》。该草案指出,实行教育机构的非国有化和非垄断化的目的在于,充分发挥教育机构的主观能动性,在致力于创新、提高教育质量以满足人才市场需要的同时,使教育系统能够补充、吸收非国有资金。

草案指出,教育机构的非国有化是指"将教育机构创办者的权利和义务由国家政权和管理机关、地方自治机关、国营企业、单位和组织转让给自然人和法人,以及他们的联合公司"。后者可以成为前者的继承者并获得财产权。教育机构不仅不是唯国家实施、管理、投资的场所,而且随着私有化的进程,将逐步完全脱离国家体系,成为新办学主体(私人而非国家)充分发挥主观能动性的私有财产。关于教育的非垄断化,草案阐明,"是在国家(以教育管理机关为代表)教育机构和渴望受教育的公民之间,以及在教育机构(无论其所有制和财产形式如何)自身之间建立财政关系和其他关系"。这种关系一方面保留公民自愿选择进入公费或自费教育机构的权利,另一方面又可使教育机构运用自身的努力吸收尽可能多的学生,因为教育机构的收入直接取决于公民缴纳的学费,而且这种关系还可以促使教育系统之间展开竞争以促进教育质量的提高。

为了实现教育的非国有化和非垄断化,草案提出一种新的财政构想,即实行教育机构按人头拨款制度,即教育券制度。教育券制度是俄罗斯教育界、经济学界人士在考察了欧洲一些国家的教育投资方式后对本国教育提出的一种拨款新思路。具体构想是:政府将教育拨款以教育支票或教育券的形式一次性直接拨给学生以完成全过程的义务教育。教育支票分两种:一种用于学前(包括托儿所)教育,一种用于义务教育(从 1 年到 11 年)。教育支票上没有面额,其具体数额由政府根据当年的经济发展状况确定。如学前阶段儿童在家庭接受教育,则可将支票交给所在地教育管理机构,兑换成一定的经费作为补偿。

教育券的实施意味着幼儿园所得的国拨经费的多少取决于教育支票的数量,而这个数量又取决于幼儿园的声誉、办学质量和吸引力,或者更进一步取决于家长的教育需求,取决于市场。幼儿园因此进入了激烈的市场竞争中。

（三）《学前教育国家标准草案》

学前教育机构市场化之后，政府必须抛弃以往事无巨细的直接教育管理模式，建立以经济、政策、法律和市场信息为调控手段的宏观调控模式。为了规范学前教育机构，加强对学前教育机构的调控管理，俄罗斯政府于 1994—1995 年制定了《学前教育国家标准草案》，进行了学前教育机构评估鉴定和资格认证的程序及制度的实验。

《学前教育国家标准草案》对幼儿园儿童教育和心理教育提出了新的要求，主要包括：

1. 对教育大纲的要求

学前教育大纲以保护和增进儿童身心健康和谐发展为目标。应恪守教育的非宗教性。大纲要具有完整性、综合性的特点。

2. 对成人和儿童“个性—定向型”相互作用的要求

教师和幼儿要作为平等的伙伴，以合作、交往的形式活动，保证儿童的和谐发展。这一点体现了教育民主化、人道化的趋势，是俄罗斯教育标准草案中的重要内容。

3. 对儿童发展环境的要求

幼儿园的物质空间结构、活动场所要符合儿童的兴趣和需要，环境的构成（设备、游戏、玩具教学材料）要适宜儿童发展的要求，等等。

为了评估学前教育的质量，建立教育质量的监督调控机制，俄罗斯联邦开展了大规模的教育机构评估鉴定和资格认证的实验。具体的实验过程包括评估鉴定和资格认证两个部分。学前教育机构的评估鉴定一般定为每 3 年进行 1 次，分学前教育机构的自查和评定委员会的评估两个阶段进行。资格认证在评估鉴定的基础上开展，根据鉴定结果把国立或市立学前教育机构分为三个高低不同的等级。第一等级的学前教育机构能获得国家定额之外的补充拨款和国家直属称号，第二等级的学前教育机构能获得国家最高定额内的计划拨款和国家直属称号，第三等级的学前教育机构只能获得国家基本定额内的计划拨款。三个等级的划分不仅为评估学前教育机构的质量提供了可靠的依据，便于国家管理，而且从另一方面来看，三个等级的划分又成为拉动学前教育发展的经济杠杆，调动了学前教育机构提升教学质量的积极性，同时也给处于一线的幼教工作者提供了提高自己工作质量的竞争动力。

（四）《学龄前和学龄早期儿童教育机构标准条例》

1992 年颁布、1996 年进行修订的《俄罗斯联邦教育法》是俄国教育根本大法的母法，它没有涉及普通教育的细节。为了弥补这一不足，联邦政府从该母法派生出众多亚级法规文件。1997 年 10 月发布的《学龄前和学龄早期儿童教育机构标准条例》，对学龄前和学龄早期儿童教育机构做出定位。

《学龄前和学龄早期儿童教育机构标准条例》明确了学龄前和学龄早期儿童教育机构是实施学前普通教育大纲和初等普通教育大纲的教育机构。它的基本目的是通过施教过程来确保学前普通教育与初等普通教育之间的衔接性，维护和增强儿童的健康，促进其生理和心理机能的发展。具体目标包括：① 使儿童得到成长和发展；② 教会儿童识字，掌握读、写、算技巧；③ 发展儿童的认知能力和语言表达能力；④ 养成对母语的兴趣，因为母语是最重要的语言交际手段；⑤ 形成文明品质、思维独立性、对身边世界的完整认识、个人卫生基础和健康的生活方式。

《学龄前和学龄早期儿童教育机构标准条例》规定了学前教育机构的类型及接纳对象的范围：一般来说接纳 3—10 岁儿童，个别场合接纳更低年龄的儿童。主要分以下类别：

① 小学兼幼儿园；② 补偿型小学兼幼儿园，它对生理、心理发展上有偏差的儿童提供补偿性教育服务，即矫正性服务；③ 初等集美纳佳学校，它优先发展儿童的一个或几个方面的特长（智力发展，文艺审美发展，体格发展，等等）；④ 其他类似的教育机构。在考虑家长的要求并征得创办者的同意的前提下，可以开设延长日幼儿班、补偿型学前班、补偿型小学班，以及在具备从事矫正工作的条件下为有发展偏差的儿童开设特殊（矫正）学前班和小学班。

《学龄前和学龄早期儿童教育机构标准条例》规定了儿童教育机构的房舍及班额标准：房舍（幼儿班和小学班的教室、寝室、医务室、存衣室、食堂、卫生间以及其他必要的房间）应当符合卫生保健要求，从而为儿童的各种运动、游戏、智力活动提供条件保障。其班级和小组数量由创办者确定，并依卫生保健指标和实施教育过程的现有条件予以规定（考虑拨款指标）。最大满员额依儿童年龄而定：① 在3—6岁的幼儿班里，同一年龄班（即3岁班、4岁班、5岁班、6岁班）的满员额为20人；② 在3—6岁不同年龄孩子相混合的幼儿班里，其中拥有三种年龄段的满员额为10名，而拥有两种年龄段的满员额为20名；③ 小学班的满员额为25名。

《学龄前和学龄早期儿童教育机构标准条例》提出从三个方面来保证学前教育与初等普通教育的衔接性：① 发展学前儿童的求知欲，这是日后小学生认知能力得以发展的基础；② 培养创造性的想象力，这是学前儿童和小学生智力发展、个性发展方向；③ 发展交往能力，即与成年人、与同龄人之间交往的能力，这是顺利从事学习活动的必要条件之一。

《学龄前和学龄早期儿童教育机构标准条例》表明，苏联解体后的俄罗斯学前教育开始了一个新的导向的实践，即确保学前教育与初等教育的衔接性，开始组建学龄前和学龄早期儿童教育机构，并用“标准条例”予以规范。

（五）《俄罗斯教育系统1999—2001素质教育计划》

20世纪90年代上半期，在激进的私有化、民主化、非意识形态化潮流的影响下，俄罗斯的教育无论是形式还是内容都一味地照搬西方的教育模式，走向了极端西化。激进的改革给社会带来了混乱，受到了俄罗斯各界的批评。俄罗斯教育界普遍认为极端的改革是对国家和民族的背叛。普京担任总统之后，大力发展具有俄罗斯民族自身特点的教育体系和教育制度，实行了一系列贴近俄罗斯实际国情的教育改革，学前教育改革是其中重要的一部分。

1999年，《俄罗斯教育系统1999—2001素质教育计划》出台，其中明确提出：幼儿阶段是人格培养的重要时期，是奠定公民素质的前提，也是培养儿童责任心和开发能力的时期，这一时期还要使儿童逐渐懂得尊重他人和理解他人，而不管其社会出身、种族和民族归属、语言、性别和信仰；学前教育的任务是不仅要给儿童一定的知识，而且要培养他们的性格、品质、生活能力、良好习惯、行为和健康的生活方式。

为了保证学前教育阶段素质教育的实施，俄罗斯联邦教育部还制定了详细的规定，主要内容包括：保持学前教育机构网络并新建网络；完善教师培训系统；鼓励给学前教育机构提供现代化教学法；制定并实施学前教育机构的新教育大纲和采用开发儿童社会文化的技术手段，培养他们在学前教育阶段应用语言交流的能力和行为规范；指定并宣传有教育意义的玩具，编排有教育意义的游戏，使之成为学前儿童素质教育的重要工具；鼓励文化机构、社会独立团体、大众传媒及其他机构积极参加学前教育的研究并促进其发展；对未受过学前教育的家庭制定帮助措施和建立补偿制度。

（六）《俄罗斯联邦政府关于教育兴国思想的决议》

2000年俄罗斯出台了《俄罗斯联邦政府关于教育兴国思想的决议》，其中明确提出“教育兴国思想”。

作为俄罗斯联邦优先发展教育的国家政策和教育发展战略的基本方向，《俄罗斯联邦政府关于教育兴国思想的决议》首先明确了俄罗斯教育的战略目标与俄罗斯社会的发展密切相关，主要包括：建立俄罗斯社会——经济与精神发展的牢固基础，保证人民生活与国家安全的高水平；巩固民主的法治国家，发展公民的社会生活；对于将和世界经济融为一体的、具有高度竞争能力及投资吸引力的发达的市场经济，提供干部保证；确定俄罗斯在世界大家庭中，在教育、文化、艺术、科学、高技术和经济诸方面的地位。

《俄罗斯联邦政府关于教育兴国思想的决议》规定，俄罗斯联邦的全体公民，不分性别、种族、民族、语言、出身、居住地点、宗教信仰、社会阶层、年龄、健康状况、社会地位、财产及职务状况，均应得到一系列的教育保障，其中一项是“普及免费的学前教育”。在师资方面，为了提高学前教育机构教师的素质，在提升教师工资、社会地位，吸引更多人投身教育事业的同时，俄罗斯政府提高了学前教育机构、普通教育机构教师的从业标准。学前教育、普通教育机构的各类教师不再由高中毕业生担任，一般应为大学毕业生。

《俄罗斯联邦政府关于教育兴国思想的决议》反映了俄罗斯多民族国家公民的利益，能够在俄罗斯创造条件使居民普遍受到教育，保证公民权利平等和每个人都有可能在一生中不断提高自己的教育水平。

苏联解体之后，俄罗斯政局动荡不安。俄罗斯的学前教育虽然受到了冲击，但其总体的发展态势是平稳的，并没有出现太大的滑坡，这与俄罗斯联邦政府一贯重视学前教育事业以及坚持学前教育改革是分不开的。相关法规条文的颁布，反映了国家对学前教育事业现在与未来发展的责任感。

第二节　俄罗斯学前教育现状

1991年苏联解体，俄罗斯迅速走上私有化的道路，社会政治、经济、文化、教育等领域都发生了巨大变化。根据《学前教育构想》和《俄罗斯联邦教育法》的有关规定，俄罗斯的学前教育也进行了艰难的改革，学前教育机构与管理、学前教育课程、学前师资培养等方面都呈现出独特的特点。

一、俄罗斯学前教育机构类型

俄罗斯学前教育机构的类型主要有：托儿所（招收0—3岁幼儿）、幼儿园（招收3—7岁幼儿）、托儿所—幼儿园联合体（招收0—7岁幼儿）、家长管理中心以及社会服务性学前班等。这些学前教育机构大多数由政府组建，少数由企事业单位兴办。学前教育机构分布在城市、工业区、大学城、城镇、农村、军事基地、疗养院等各个地方，为学龄前儿童提供了便捷的教育条件和更多的选择机会。

（一）托儿所

托儿所是俄罗斯学前教育机构的第一个层次，大都是私立机构，主要招收2个月至3岁的儿童。托儿所每天的开放时间为8～12个小时，每周工作6天。由于俄罗斯政府对婚育妇女的一系列优惠措施,母亲可以在家抚育孩子,使得托儿所生源极其不稳定。

托儿所的目标以养护为主,“看管”“监护”“保养”是其主要任务,教育职责居于次位。国家要求托儿所一般建在空气清新、环境优雅的区域内，以消除空气污染和噪声刺激等对幼儿各器官组织发育带来的不利影响。托儿所强调依据儿童神经活动的特点进行训练，保护儿童的身体不受意外伤害。

知识链接

俄罗斯某托儿所的一日活动安排

7:00—8:30　入园,自由活动
8:30—8:35　早操
8:35—9:00　早餐
9:00—9:15　游戏,教育活动的准备
9:15—9:30　教师组织教育活动
9:30—11:50　准备户外活动,户外活动
11:50—12:10　水浴,用冷水冲洗孩子们的脚
12:10—12:50　午餐
12:50—13:00　准备午睡
13:00—15:00　午睡时间
15:00—15:40　下午操,自由交流
15:40—16:00　午点
16:00—16:15　教育活动
16:15—16:30　准备到户外活动
16:30—18:00　户外活动
18:00—19:00　自由游戏,离园

(二)幼儿园

幼儿园是俄罗斯学前教育机构的主要类型。俄罗斯的幼儿园主要分为公立和私立两种类型,通常招收3—7岁的儿童。

公立幼儿园由政府创办,收费较低。幼儿园分为小班、中班和大班，每班一般配有两名幼儿教师和一名助手。不同年龄阶段的幼儿教育的重点有所不同。小班接收3岁的幼儿,注重对幼儿进行基本生活知识的传授和简单劳动技能的训练，特别重视幼儿实际动手能力和自我服务能力的培养，目的是让幼儿摆脱对成人的依赖性，培养他们良好的生活习惯、生活自理能力，并发展他们的智力。中班接受4—5岁的幼儿,课程内容包括俄语、数学、音乐、雕塑、绘画、舞蹈、美术等，主要培养幼儿读、写、算的简单技能，重视对幼儿的观察能力、表达能力、思维能力、想象能力、判断能力的培养，并提高他们的审美能力和艺术修养水平。6—7岁的儿童进入大班学习,此阶段是为幼小衔接打基础的关键时期。大班主要通过游戏活动，对儿童进行健体、益智和助德的教学，促进儿童认知、个性和社会性的发展，为进入小学做好准备。

私立幼儿园由各单位、企业、社会团体组建,收费高,只有经济条件较好的家庭的子女方

能进入。私立幼儿园教学环境相对优越,教学设备比较先进,一般设有音乐活动室、钢琴表演室、美术工作室、图书阅览室、电化教育室、动植物园地等。每所私立幼儿园的专业设置都各具特色,比如有的幼儿园以"信息技术教育"为特色,从小就开始学习一些基本的电脑知识;有的幼儿园主要学习外语,配有外籍教师,培养幼儿初步的日常外语交流能力,甚至还带幼儿到国外去"教学实习";还有的幼儿园打破年龄限制,实行复式教学,加强了不同年龄阶段之间幼儿的联系和沟通……因此,在俄罗斯,尽管私立幼儿园收费昂贵,但仍受家长们的青睐。

俄罗斯幼儿园的工作时间通常是8点半至19点。近年来,根据俄罗斯人的生活习惯以及应家长的要求,幼儿园的班级设置更为多样化,设有24小时的全托班和14小时的全天班等。

知识链接

俄罗斯伏尔加格勒市某幼儿园一日活动安排

7:00—8:30　入园,自由游戏
8:30—8:35　早操
8:35—9:00　准备早餐,早餐
9:00—9:20　游戏,教育活动的准备
9:20—10:00　教师组织的教育活动
10:00—12:30　准备户外活动,户外活动
12:30—13:10　午餐
13:10—15:10　午睡
15:10—15:40　下午操
15:40—16:10　午点
16:10—16:50　游戏和教育活动
16:50—18:20　准备户外活动,户外活动
18:20—19:00　游戏,离园

(三)托儿所—幼儿园联合体

托儿所—幼儿园联合体是兼具托儿所和幼儿园特点的学前教育机构,主要招收2个月至7岁的儿童,是俄罗斯学前教育机构的重要组成部分。俄罗斯儿童教育学和心理学研究表明,0—7岁是处于学前期的一个完整的年龄阶段,有着共同的教育任务,要提升学前教育质量,保证幼小顺利衔接,必须拆除托儿所和幼儿园的"围墙",建立托儿所—幼儿园联合体。

托儿所—幼儿园联合体除了具有一般托儿所和幼儿园的特点外,在实践操作中还体现出独有的特征:首先,确立了整体性和连贯性的教育原则。在俄罗斯托儿所—幼儿园联合体内,把2个月至7岁的儿童看作是一个整体,坚持整体的教育。具体做法是从教育的整体性出发,无论在教育目标、课程实施、教育方法、教学形式和教育资源共享上,都体现出了整体性和综合性,以达到各因素协调发展和优势互补,促进儿童身心健康成长。其次,建立了综合性的管理体系。在行政体制、办学体制的管理上,兼取托幼之长,形成综合性的

管理体系，将宏观管理、具体管理和微观管理紧密结合起来。再次，加强对幼儿教师的培训和考核。一方面，建立教师培训制度，定期对教师进行有计划、有目的、有组织的培训、进修，以提高他们的素质；另一方面，培训结束后对幼儿教师进行考核，考核内容包括教育教学质量、进修提高情况和科研、教学法研究工作等。同时，在教师的工资和福利方面，打破了原来的平均主义，将考核与工资待遇结合起来，实行工资等级制度。

（四）家长管理中心

家长管理中心是以充分利用家长资源，让家长参与学前教育活动，配合幼儿教师对儿童进行教学与管理的学前教育机构。这种幼教机构一般存在于经济不发达的俄罗斯各山区和城镇，提供半天或全天服务。

家长管理中心没有统一的上课时间和固定教材。儿童在中心的时间、教学内容、活动的主题都由家长们和工作人员讨论、协商、沟通后决定。在一些家长管理中心，受过中等以上教育的家长发挥着早期教育活动组织者、设计者、实施者、管理者和评价者的作用，兼有保育员和教养员的双重身份，成了名副其实的“幼儿教师”。在教育理念上，家长管理中心注重培养儿童的合作意识与合作能力，从小培养儿童的自主意识，增强家长以身作则教育子女的责任，加强对家长的培训。这些观念和实践都符合早期教育的基本规律，值得借鉴和参考。

（五）社会服务性学前班

社会服务性学前班是俄罗斯对3—7岁儿童提供教育、兼具全日制和寄宿制为一体的学前教育机构。为实现教育的人道化，在俄罗斯政府“让每一个学前儿童享有同等的受教育机会”的指引下，各州、市根据本地区的实际情况成立了社会服务性学前班。社会服务性学前班所需资金来源于政府拨款和地方财政支出，带有社会福利性质。

社会服务性学前班的招生对象主要包括家庭贫困的儿童、孤儿、残疾儿童和弃儿。在教学目标上，根据儿童受教育情况以及他们生理、心理的发展特点，学前班的教学目标有所侧重，包括：对那些错失早期知识启蒙、技能培养和训练的儿童进行教育，教给他们进入小学前的基本知识和技能，发展他们的智力、情感和个性，让他们获得相应的知识和能力，为顺利进入小学、尽快适应小学生活做准备。从儿童的心理特点出发，加强对他们心理素质的培养。充分利用社会资源，如通过组织“我有一个幸福的家”“这里是我的乐园”“在祖国的关怀下健康成长”等主题活动，让儿童感受到祖国大家庭的温暖，体会到社会对他们的关怀和爱护，体验到幸福感、安全感，激发儿童爱祖国和爱人民的情感，树立“报效祖国、服务人民”的远大志向。在保证儿童获得与其发展水平相适应的受教育权利后，学前班注意训练儿童独立生存的本领，培养儿童的顽强精神、坚强意志、吃苦精神和自理能力，让他们热爱生活，珍惜生命，健康成长。

社会服务性学前班普及率较低，主要集中于莫斯科、圣彼得堡、新西伯利亚等俄罗斯大中型城市。

二、俄罗斯学前教育课程

《俄罗斯联邦教育法》指出：“教育的目的是造就独立的、自由的、有文化的、有道德的人，使之意识到对家庭、社会和国家的责任；尊重他人的权利和自由；遵守宪法和法律，在人与人之间，在各国人民之间，以及不同的人种、民族、宗教和社会群体之间能互相谅解与合作。”俄罗斯学前教育课程在目标设置、组织实施等方面都体现了这个教育目标。

(一) 学前教育课程的目标

《俄罗斯联邦教育法》规定,俄罗斯学前教育机构在开展学前教育工作中力求达到以下目标:

(1) 提供安全的环境,保护幼儿免受一切生理、心理的伤害,保证幼儿身体的发展,促进幼儿身心的健康成长。

(2) 介绍基本的自然科学知识,激发幼儿的求知欲,培养幼儿创造的兴趣,发展幼儿的智力、想象力、语言表达能力,保证幼儿创造性才能和兴趣的发展。

(3) 传递人类的文化遗产,尤其是俄罗斯的传统文化,培养幼儿的爱国情感,同时提供学习民族艺术作品、民间工艺品的机会,培养幼儿的美感和艺术素养。

(4) 帮助幼儿养成愉快、乐观的心境,满足幼儿情绪交往的需求,提高幼儿的社会交往和适应能力。

(5) 对缺陷幼儿进行矫治、给予帮助,保证儿童与个人特点相适应的发展权利,为保证儿童的充分发展与家庭相互作用。

(二) 学前教育的原则

依据《俄罗斯联邦教育法》,为了完成学前教育的目标,学前教育遵循的原则是:

1. 关注幼儿个性差异,使所有幼儿均能适应的原则

每个幼儿都具有自己独特的特点,教育要关注幼儿的个体差异,促进所有幼儿在原有水平上的发展。俄罗斯特别注意研究每个幼儿的家庭经济情况、社会地位、父母的职业和文化素养等因素对幼儿的影响,根据幼儿不同的经历、素质、独创性等进行有针对性的教育,从而提高每个幼儿对教育的适应性。

2. 注重对幼儿思维的促进及创造力培养的原则

学前期是人的思维发展的重要阶段,也是培养其创造力的关键时期。为了培养幼儿的创造性思维能力,教师要让幼儿接触实际,观察事物,并引导幼儿思考,发现并鼓励他们的新想法,在创造性方法的运用中提高幼儿的创造能力。

3. 依靠自身发展的原则

幼儿的发展具有主动性,教育不是通过外在的力量来推动幼儿的发展,而是为幼儿的发展提供环境和支持,以促进幼儿自身内在的发展动力。为此,俄罗斯学前教育工作者十分重视激发幼儿的好奇心和求知欲,培养幼儿广泛持久的兴趣。

4. 追求人格平衡发展的原则

追求幼儿的全面、和谐发展,培养良好的个性,是当前世界学前教育的一个重要趋势,也是俄罗斯学前教育工作所遵循的重要原则。教师在给予幼儿个人活动机会的同时,也给予他们参加社会活动的机会,并教给他们在社会中生活的方法。

(三) 学前教育课程的内容

俄罗斯学前教育课程的内容主要包括体育、智育、德育、劳动教育、文学教育、艺术审美教育。2006 年,俄罗斯出台了修订版的《幼儿园教育与教学大纲》,在充分考虑学前教育的价值定向和现实需要的基础上,对学前教育课程内容做了详细的说明和具体的规定,强调更加人性化地对待幼儿,突出民族教育和艺术教育的重要性。

1. 体育

幼儿体育教学的重要任务是培养幼儿身体素质，发展幼儿运动的协调性与平衡性，帮助幼儿学会了解空间位置，形成自我监督的习惯。幼儿体育教学的目标是保护幼儿的生命，并促进幼儿健康发展；保证他们精神饱满，情绪愉快，防止幼儿出现消极情绪；预防幼儿在焦躁的情况下失去自控力；改善肌体的各项功能，并使其合乎身体健康发展的目标，培养幼儿对各种力所能及的运动性活动项目的兴趣，奠定幼儿身体发育和发展的根基，并在此基础上培养幼儿坚强的意志。

体育教学目标的实现不仅要落实在体育课上，更要落实在幼儿的游戏活动和日常生活活动中。为此，幼儿园必须创设有利的保健和卫生防疫条件；制定合理的日常作息制度；保证关照到每个幼儿；提供合乎要求的膳食；每天引领幼儿在户外散步；一年四季里有规律地采取锻炼的措施；具备条件时组织幼儿学习游泳。同时，教师要具有根据实际情况选择教学内容的权利与自由。

2. 智育

在智育方面，新修订的大纲更加关注幼儿注意、理解、记忆、思维、想象、语言等各种心理活动发展的过程，主张让幼儿学会简单的比较、分析、总结，确定最简单的因果关系，激发幼儿的求知欲。具体而言，重点强调幼儿感知、理解周围世界能力的发展，通过引导幼儿认识周围的物质环境、社会生活现象和自然界的方式开展智力教育，同时智力教育的内容应随着时代的发展而逐渐丰富；幼儿言语的发展，针对各年龄班言语发展的基本目标，各教学单位要循序渐进地发展幼儿对语音、语汇、语法结构及对话语言和独白语言的了解和认识；数学能力的发展，要结合幼儿的日常生活经验，充分利用幼儿园的课程资源，让幼儿通过参与各种各样的数学游戏活动，掌握数量、形状、大小、空间、时间、计算等方面的基本数学知识和技能，形成初级的数学概念。

3. 德育

道德教育是学前儿童整体发展中最重要的内容之一。俄罗斯教育者认为，从小班开始就应把道德教育渗透在各种类型的主题活动中，以此来保证幼儿从生命初期开始就能够人道地对待周围的世界，爱自己的家、自己周边的环境、城市、乡镇、祖国、各民族人民以及国歌、国旗和国徽。在道德教育的过程中要注重发展幼儿爱的情感、道德认知能力、行为辨别能力和社会公德品质；使其懂得尊敬成年人，并能够负责任地完成任务，和睦地游戏和劳动，公正地评价自己与同伴的行为。为了实现道德教育的目标，教师应保证能够尊重每个幼儿，热情积极地与幼儿交往并促使幼儿之间开展交往，同时结合日常生活组织幼儿与成人一起进行创造性的游戏活动。

4. 劳动教育

劳动教育是发展幼儿基本能力和创造力的必要部分，是形成个体之间相互关系和品德修养的最重要手段。让幼儿了解成人的劳动，或者直接参加幼儿园、家庭中力所能及的劳动活动，可以渐进地发展幼儿对成人劳动的兴趣和参加劳动的愿望，培养其基本劳动技能，形成自我服务能力，并获得自我实现的成就感。为保证幼儿的全面发展，帮助幼儿掌握生活必需的本领与技能，培养其责任心和自主性，并获得对自己的肯定和信心，每个年龄班都要参与到劳动中来，但是幼儿劳动的形式与内容要有所差异。

5. 文学

文学是幼儿智力发展和言语发展的方法与手段，文学教育能有效地激发幼儿对书籍的兴趣，有助于幼儿形成积极地对待世界的态度。幼儿园文学教育的目标是帮助幼儿理解童话故事、诗歌作品的基本类型和特点，增加其文学方面的知识，培养其对艺术词汇的敏感性，让幼儿感受到诗歌歌词的节奏和旋律。为了实现这些目标，教师要以幼儿易懂且易于接受的形式给幼儿讲童话故事、朗诵诗歌作品，以培养幼儿对文学的兴趣；教师要了解幼儿图书，引导幼儿关注图书的装饰、插图等。2006 年的新大纲也更新了幼儿园文学教育的目录，增加了新的经典文学作品。为保证幼儿的艺术创造能力、审美兴趣、理解文学作品的素养获得发展，教师有根据幼儿园的区域及工作特点，调整文学作品目录的权利。

6. 艺术——审美教育

通过让幼儿了解大自然，参与各种审美、艺术活动，进行艺术——审美教育。各个年龄班都应在教学中帮助幼儿形成艺术形象的概念和思维，引导幼儿富有情感地对待物体和周围环境，培养其审美兴趣和感受美的能力；结合绘画、雕塑、插花、艺术言语、音乐艺术活动等发展幼儿的创造才能；发展幼儿对颜色、节奏的感知觉能力，帮助幼儿学会艺术而形象地表现作品；让幼儿在教学中了解本国和世界上经典的艺术作品。与此同时，小班和中班幼儿应学会操作建构性游戏材料；大班应学会操作纸、自然材料等；大班和学前班阶段，有关构思方面的课程可以与手工劳动、造型活动等结合起来，以在各种各样的活动中发展幼儿运用材料表现自己愿望的构思技巧。

知识链接

俄罗斯幼儿园艺术教育的特色

（一）俄罗斯艺术教育崇尚自然本真

自然环境是幼儿掌握知识、技能和获得社会生活经验的主要来源之一，幼儿生活在优美的、自然本真的环境里，有助于促进幼儿社会性、情感、语言等多方面的发展。

1. 创设具有艺术气息的大自然环境中心。俄罗斯每个幼儿园都有艺术气息浓厚的大自然环境中心——那里有种植园、假山、水池、沙池、游泳池、石头小路，还有各种花、石头、动物的标本等。

2. 布置精巧的艺术花园。俄罗斯幼儿园活动室内的窗台上，摆放着各种盆栽植物，这些植物被称为“窗台上的艺术花园”。

3. 用绘画作品装饰自然环境。俄罗斯幼儿园走廊的墙壁上贴着幼儿的绘画作品——小树、树叶、雨、雪花、花朵……有的画看起来很粗糙，有的画看了标题后才知道画的是什么。但这又有什么关系呢，最重要的是幼儿亲身感受自然环境中的变化，他们能用自由的、童真的视角去发现自然环境中的美。

4. 运用多种感官亲近大自然。俄罗斯幼儿园的教师经常会组织幼儿走进大自然，观察感受四季自然环境的微妙变化，让幼儿看一看、听一听、说一说、唱一唱、画一画等，运用多种感官感受自然环境中的声、形、色等。在春天，观察冰雪融化、小草探春；在夏天，聆听百鸟歌唱；在秋天，拾捡秋叶飘落；在冬天，体验大雪纷飞……

（二）艺术教育融入城市文化生活

俄罗斯幼儿园注重让幼儿观察自己居住的城市文化，例如观察城市中的青铜像骑士、秋日的果实……在艺术教育活动中，幼儿了解城市文化，熟悉城市生活，从而激发幼儿热爱城市的情感。俄罗斯幼儿园围绕城市文化，开设各种游戏区域。

1. 开设图书阅读区。在图书区，摆放着各种反映城市建筑、雕塑、桥梁、交通、历史古迹的图书，还悬挂着城市中各个景点的图片。

2. 开设艺术雕塑区。幼儿用陶泥、碎布、报纸、木墩等材料，塑造各种夸张的城市雕塑造型。在活动室的墙饰上，幼儿用自己喜欢的色彩，涂画美丽的城市，用灵巧的小手塑造城市的高楼、街道和花园。

3. 开设音乐表演区。在此，幼儿伴随美妙的歌曲、欢快的俄罗斯舞蹈，歌唱城市的美丽。

此外，俄罗斯幼儿园及家长经常带幼儿参观城市的艺术博物馆、剧院、音乐厅等，剧院里经常演奏俄罗斯及世界各国的著名交响乐曲。幼儿运用多种感官，了解与感受城市的文化。幼儿在与城市文化零距离的接触中，发现城市的美丽，萌发热爱城市的情感。

（三）艺术教育活动渗透民族文化情感

俄罗斯非常尊重和保护本民族的文化，早在1992年7月，俄罗斯联邦政府在其颁布的《俄罗斯联邦教育法》中规定：在保持文化、艺术、教育的联邦完整统一的同时，最大限度地扩大地方和教育机构的自主权，以保证教育的自由化和多样化，保护民族文化艺术和地区文化传统。

1. 重视本民族的传统节日。节日活动对于每个幼儿来说，都是快乐而难忘的，它为幼儿打开了一扇通往神奇、美丽世界的窗户。俄罗斯有很多节日，如新年、圣诞节、谢肉节、丰收节、报喜节等。在幼儿园里经常开展各种具有本民族文化特色的节日活动。例如在庆祝“新年”那天，幼儿园的操场或音乐教室作为演出场地，现场的观众是家长、老师和园长，他们还穿着漂亮的、整洁的节日服装，带领幼儿尽情表演。节日活动内容丰富多彩，绘画、合唱、舞蹈、朗诵、打击乐器、戏剧表演等，每个幼儿还可以邀请家长来参与表演，节日活动气氛轻松自然，其乐融融。

2. 注重开展民族手工艺活动。俄罗斯传统的民族手工艺在世界上很有名，例如套娃、马蹄铁、木器、木制漆画等工艺品。在幼儿园艺术教育之中，经常开展欣赏、绘画、手工、黏土雕塑等活动，在活动中，幼儿使用的画材多为专业的水粉或水彩画笔、蜡笔、水粉颜料等。在绘画活动中，幼儿通过观察实物，用各种线条画出工艺品的形状、色彩和图案，幼儿在观察与绘画过程中，亲身了解这些工艺品的名称、形状、颜色、特点及用途。幼儿园通过欣赏、制作传统工艺品，激发了幼儿喜欢俄罗斯民族文化的情感。

（四）艺术教育中尊重幼儿的个性发展

俄罗斯人民教育委员会确立了艺术教育的目标，即针对不同年龄层次的学习者，发展独特的创造力。

1. 教育专家为幼儿个性发展创作优秀的文学作品。在俄罗斯幼儿园艺术教育中，注重利用文学作品，发展幼儿的独创性和个性。俄罗斯拥有世界知名的文学家和优秀的文学作品，一些学前教育专家从众多的优秀文学作品中选编了大量的适合幼儿园艺术教育的文学作品，让幼儿欣赏、表演。这些作品主题鲜明、节奏轻快、色彩明朗，有些文学作品是艺术家专门为幼儿创作的，例如，《青蛙公主》《渔夫和金鱼的故事》《白野鸭》《魔戒指》《漂亮的瓦西利莎》等著名的童话。

2. 鼓励幼儿富有个性地表现文学作品。在幼儿园的阅读区，教师经常向幼儿介绍文学作品的作者、名称，引导幼儿亲近艺术作品，从内容、情节、韵律等方面品味作品，并用朗诵、表演、创编等形式让幼儿创造性地表达自己的理解与感受。在文学作品欣赏活动中，不仅发展幼儿的想象力、创造力，而且让幼儿感受文学艺术美的存在。

另外，俄罗斯幼儿园非常重视将优秀的文学作品进行改编表演，每个幼儿园都有戏剧表演舞台，鼓励幼儿富有个性地进行表演，发展幼儿的创造能力。教师与幼儿之间是平等、和谐的关系，共同讨论文学作品。教师通常是坐下来，与幼儿视线交融，共同参与创编文学作品。教师和幼儿一起表演，一起手工制作，幼儿非常喜欢。

（资料来源：张立新，战云飞. 俄罗斯幼儿园艺术教育的特色及启示[J]. 现代中小学教育，2012(6).）

（四）学前教育课程的实施

1. 课程设置要求

2010 年开始实施的《学前教育机构卫生防疫工作制度、内容及组织方法》中，明确规定了学前教育的课程设置要求：

1—3 岁的幼儿，每周课时量不得超过 10 节（口语、行动、音乐和游戏），每节课时长不超过 10 分钟；小班（4 岁儿童）课时每周不超过 11 节，每节课不超过 15 分钟；中班（5 岁儿童）每周课时不超过 12 节，每节课不超过 20 分钟；大班（6 岁儿童）每周课时不超过 15 节，每节课不超过 25 分钟；学前班（7 岁儿童）每周课时不超过 17 节，每节课不超过 30 分钟。课间休息时间不得少于 10 分钟。每天课间应设体育活动时间。补充教育课（艺术团、兴趣小组、爱好者协会等）不得占用户外活动和白天的睡眠时间。不要安排家庭作业。

2. 教学方法和途径

俄罗斯学前教育机构对儿童进行教育的基本途径是一日活动，主要由游戏活动、教学活动、特殊活动、交往活动和自由活动五个方面构成：

（1）游戏活动。游戏是学前儿童的主要活动，俄罗斯学前教育机构通过游戏，尤其是角色游戏、表演游戏、体育游戏促进儿童身心发展。

（2）教学活动。主要包括有严格规定的专门的教学活动、标准化课程和无严格规定的一般教学活动。

（3）特殊活动。选择不同民族或地方作家、诗人、音乐家、画家的作品，不同民族或地方的民间创作和民间工艺精品，通过建筑活动、美术活动、音乐活动、戏剧活动等独特形式，对幼儿进行艺术熏陶。

（4）交往活动。在一日生活当中，教师和幼儿以平等的伙伴关系进行合作、交往，促进儿童道德感的发展。

（5）自由活动。把集体活动和小组活动、个人活动有机结合起来，通过让儿童选择自己所喜欢的活动，使每个儿童都能真正从中受益。

（五）教学环境

俄罗斯学前教育机构非常注重对教育教学环境的创设。幼儿园的物质空间环境，采用软质家具及家庭装饰用的物品，如陈列儿童及其家庭照片等，改变了以前托幼机构医院式的单调环境，从而对儿童的情绪产生了积极影响，有利于儿童自信心及安全感的产生。

幼儿园重视园区规划。在 2010 年 10 月 1 日开始实施的《学前教育机构卫生防疫工作制度、内容及组织方法》中规定，幼儿园的院子应当划分为游戏区和生活区两部分。育婴班游戏区的人均面积应当不低于7.2平方米，其他学前班儿童人均面积不低于9平方米。必须配备运动场。游戏区与生活区的距离不得小于3米。

许多学前机构充分利用户外场地，划分出体育活动区，体育设施较为完善，有条件的还建有滑雪和滑冰场地，有的还建有游泳池；为开展个人及小组的各种运动性游戏和体育性娱乐活动提供了固定及可移动的设备。为了保护和增强幼儿的健康，一些学前教育机构还对户外场地进行了绿化，修建了小型菜园、花园、果园等，使幼儿的生态意识从小就得到了培养。一些学前教育机构在户外场地修建了带有信号灯、路标的道路，使幼儿对交通规则有初步了解。

室内环境创设中，一些学前机构在班级中划分出游戏角、自然角、建筑角，有小画架、雕塑台以及表演用的一系列音乐器材、游戏用的水和沙、小型工作室等，不仅为幼儿提高各种能力创造了条件，也为幼儿的发展及情绪健康创造了条件。环境的改善保证了幼儿的休息和娱乐，也为幼儿提供了在幼儿园自由跑动、同其他各年龄组幼儿进行交往的可能性，使幼儿成了学前机构的真正主人。

三、俄罗斯学前教育师资培养

俄罗斯学前教育的师资培养主要包括两个阶段：职前教育和在职进修。职前教育主要是不同层次的师范院校的师范教育；在职进修是指对在职学前教育机构的教师进行的教育。

（一）职前教育

1992年3月13日，俄罗斯科学部高等教育委员会通过了《关于在俄罗斯联邦建立多层次高等教育的决议》，同年6月，教育部又颁布了《关于建立多级结构师范教育体制》的225号令。根据这两个文件，俄罗斯师范教育构建成多层级不间断的开放式体系（见下图）。

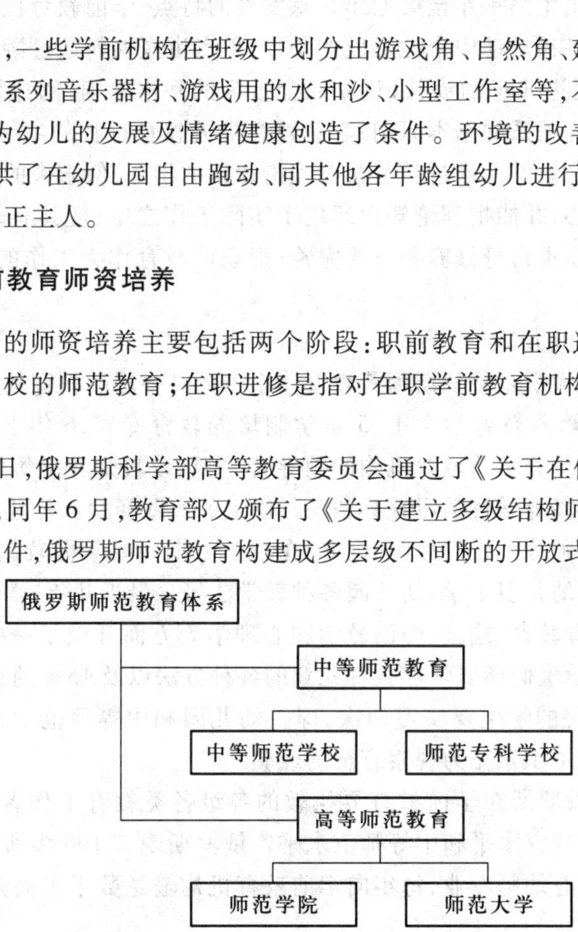

俄罗斯师范教育体系示意图

1. 中等师范学校

中等师范学校又称幼儿师范学校，是俄罗斯学前教育师资培养的主要机构。中等师范学校的学生来源分两部分：一部分是招收八年制学校的毕业生，修业四年。在四年期间，一方面学习所有中等教育所应学的知识，同时学习学前教育专业方面的专业课程；另一部分是招收十年制学校的毕业生，修业两年，学习专业知识。中等师范教育重视理论联系实际，设有实践训练课。在学习教育理论的同时，还组织学生适当地到学前教育机构见习、实习。

2. 师范专科学校

师范专科学校是以培养幼儿园、小学教师为主的教学机构，学制三年。课程分为普通教育科目、专门科目、教育科目和实习科目四大类。在师范学校的教学计划中，心理学、教育学、教育史、教学法和实习等教育科学类的课程占有重要的位置，其他课程包括外语、生理学、解剖学、儿童文学、儿童语言发展方法、儿童身体训练、儿童音乐活动、学前教育学和各科教学法等必修课和选修课。每门课程都强调知识的系统性和实用性。比如学前教育学这门课程的主要内容包括：专业入门，以了解未来的教育对象和职业特点；教育学一般原理，介绍教育学的研究对象和任务、学前教育的发展体系、幼儿园教育大纲；学前儿童发展规律和教育任务，分别讲解自出生第一年至第七年儿童发展的特点、学前教育机构和家庭里儿童的生活安排及教育任务；各种活动中个性形成的条件，重点讲授如何通过游戏、体育活动、认知活动、艺术活动、劳动促进儿童的成长；建立社会行为的基本原则，阐述培养儿童文明行为习惯、和周围人建立友好关系的基本原则；学前教育机关教育过程的组织和指导，简介学前教育机关的地位、作用和条件。通过学前教育理论知识的学习，使未来的教育者对职业有浓厚的兴趣，对儿童有爱心，并能把理论知识运用于实际工作之中；使其有较高的职业道德水准和较强的教育能力，注重自身修养和自我完善；把职前教育作为工作的起点，并重视在职进修和业务提高。

3. 师范学院和师范大学

师范学院和师范大学是俄罗斯师范教育体系中更高一层的教育教学机构，学制 4 ~ 6 年不等。4 年学制主要培养教育学学士，5 年学制培养教育专家，6 年学制培养教育学硕士。学前教育系主要负责培养学前教育机构的领导者、高年级教师和中等师范学校教师。幼儿园的领导人必须经过高等学校学习并具备 3 年以上的实践经验。师范学院学前教育系的毕业生将来要担任幼儿师范学校的教师，因此，在校学习期间要掌握较深的专业知识，如学前教育学、儿童心理学、幼儿卫生学、幼儿园各种教学法等。最近几年，学前教育系的课程有新的发展，主要是在体育教育、绘画、外语教学和心理学等方面开设了一些特别训练项目。除此之外，师范学院的学生们还要学习教育儿童的各种方法以及 15% 的选修课（如韵律、合唱和木偶戏）。师范学院的学生要实习两次，即在幼儿园和中等师范学校各实习一次。他们还要在地方教育机关中积累作为视察官员的经验。

据不完全统计，俄罗斯在学前教育界执教的各级各类教育工作者有近 160 万人，其中 78.9% 的人具有高等教育水平和中等师范水平。俄罗斯现有 100 多所高等师范院校和 300 多所中等师范学校设有幼师专业，每年向学前教育机构输送数千名高师毕业生和数万名中师毕业生。

（二）在职进修

俄罗斯学前教育教师继续教育的机构有从中央到地方的各层次的教师进修学院、师范大学（学院）、区、市的教研室。这些机构形成了教师从事教研、科研的网络。这一网络在俄罗斯教师继续教育过程中发挥主要作用。俄罗斯教师进修的形式主要包括面授和函授进修班、群众性的教师进修活动以及自学和自我发展。

1. 面授和函授进修班

面授和函授进修班一般由教师进修学院或师范学院组织。一些综合大学也设有培训教师的函授部和夜课部。面授和函授进修班的主要任务，一是提高在职教师的学历水平，主要是使不具备高等师范教育程度的小学教师和个别中学教师、学前教育机构的教养员等，通过函授教育达到大学本科水平；二是提供教师在函授部接受第二次专业学习的机会。函授进修班根据教师进修的不同需要，制订不同的函授进修计划，例如，主要进修理论的函授进修计划，主要进修教学方法的函授进修计划等。在教学方式上，自学为主，集中辅导。

2. 群众性的教师进修活动

群众性的教师进修活动一般由各级教师进修学院和各级教育管理机关的教学法研究中心进行。近几年来，由于教学内容的改变和扩展，各级教学法研究中心组织了针对多种教学计划、教学大纲的辅导咨询活动，指导教师深入开展教学研究，组织讨论会、报告会、短训班，以交流工作中的经验和问题。一些师范院校的教授、教育科学院的教学法专家还深入到区、校教学法研究室，直接参与基层学校的教研与进修。

3. 自学和自我发展

俄罗斯在1992年颁布了《俄罗斯联邦教育法》以后，社会和国家要求不断地提高教师的教育教学技能。教师在学校里学习到的知识、能力和技能不再能受用一生，必须经常地充实新的知识、新的能力。俄罗斯一些学者认为，今天的教育已经不可能是目的、任务或者仅是社会成员中青年一代的特权，而是一种永远前进和变化的过程，并在很大程度上决定个人和社会的命运。

学前教师在职业方面的自我完善和不断发展是教师进修的一个重要方面。学前教师可以在师范院校、进修学院，在俄罗斯各地的成人教育机构如“人民大学”、科技交流站等地开展进修，也可以在教师所在幼儿园由教学委员会组织参与进修，等等。学前师资的在职进修以扩展教育方面和文化方面的素养、提高解决教学教育过程的能力为主，以探索性的寻求为主，而不是单纯地传授知识。

第三节　俄罗斯学前教育存在的问题及发展趋势

学前教育在发展过程中受到政治、经济、文化等诸多因素的制约，因此，不同国家的学前教育呈现不同的特点和趋势。俄罗斯学前教育在改革和发展的过程中，面临着一系列的问题，也在不断寻求解决问题的方式、方法。

一、俄罗斯学前教育存在的问题

改革以来，俄罗斯的学前教育状况有所改善，取得了较大进步。但由于社会条件、经济发展等方面的原因，学前教育也面临着一些问题与挑战，制约学前教育事业积极、健康的发展。

（一）教育经费危机

俄罗斯学前教育的发展受到整个国家经济和政治等社会改革的深刻影响。虽然俄罗斯联邦政府积极致力于学前教育的普及，有意将义务教育阶段向前延伸，将学前班阶段纳入到义务教育范围。但受社会经济发展的制约，国家对教育的总体投入水平呈现下降趋势。近十多年来俄罗斯政府对学前教育拨款严重不足，导致学前教育机构设施陈旧，许多学校年久失修，学前教育机构减少，学前教育质量下降，失学、辍学现象增多，教育机构经常向家长征收办学费用，政府规定的免费教育无法实行等。因此，俄罗斯政府在学前教育的普及性和义务性方面的发展上要投入更多的资金来首先保证学前教育真正的免费性，才可以更大程度地吸引学前儿童入园接受教育，为学前教育的普及打下坚实的基础。

俄罗斯联邦虽然从一开始就把发展教育放在首要地位，并制定了许多法令和政策，但是由于教育经费等因素的影响，法令和政策的贯彻实施受到限制。教育经费危机一直是俄罗斯教育发展中的一个非常关键的问题。在1985—1990年，俄罗斯对教育的资金投入增长了30%，而在1990—1993年则降低了55%。这在俄罗斯教育史上是前所未有的，导致了俄罗斯教育系统功能的下降和教育基础资金的匮乏。苏联时期的教育改革没有触及教育财政，教育在经济层面上仍然为国家所独有。因此，俄罗斯的教育财政改革是其面临的关键性问题。俄罗斯政府通过以下措施解决问题：

（1）依靠有偿教育服务和部分收费、接受慈善捐款和赞助以及发放教育贷款等。

（2）给予教育机构最大的经济自主权，赋予其进行企业活动的权利。

（3）促进办学主体的多元化，建立非国立教育系统，即非国立教育机构和家庭教育系统（孩子可以在家中接受教育并得到国家的认可）。

从2005年起，俄罗斯幼儿园在其作为国家机构而存在的80多年后，首次失去了联邦财政预算拨款，幼儿园运转所需要的费用现在完全由地方政府承担。俄罗斯政府近几年积极出台各种新的学前教育政策，要求全面“恢复”因为私有化趋向而严重受损的国家学前教育系统。2008年8月梅德韦杰夫总统指出，“重建学前机构网络是国家人口政策的优先任务之一……现在必须重建这一体系”。理想是美好的，然而现实又是残酷的，受经济以及社会发展的制约，俄罗斯作为世界教育大国和强国在学前教育的发展问题上仍然是任重而道远。

（二）教育资源不能完全满足学龄前儿童的教育需求

近几年，俄罗斯人口出生率不断提高。相应地，需要接受学前教育的儿童数量也不断增长。有数据显示，2000年俄罗斯接受学前教育的儿童共计426万人，2005年为453万人，截至2007年底，接受学前教育的儿童数量增长到490万。相比不断增长的人口出生率和学龄前儿童的入园需求，幼儿园数量不足的问题显得尤为尖锐。目前，学前教育仍然不能完全满足需求，学前教育资源处于紧张状态。这里所说的紧张状态不是指居民对高质量的学前教育服务的需求矛盾，而是政府如何解决上班族家庭的儿童入托问题。

伴随前几年俄罗斯房地产市场的火爆，20世纪90年代开办学前教育机构的一些楼房因为各种各样的原因或被卖掉它用，或者被拆掉。虽然近年来俄罗斯政府出台并调整了《俄罗斯联邦教育法》中关于学前教育的条例，采取了一系列发展学前教育的措施，包括恢复原有学前教育机构楼房的功能，兴建新的学前教育机构，增加学前教育的收费服务项目，鼓励私人资本办园等措施，从2000年至2007年进入学前教育机构学习的儿童数量得到了增长，2002—2007年期间提供收费的学前教育补充服务的数量大量增长，接受相关服务的儿童人数也相应增加。但2010年俄罗斯的各个区仍然发生了多起因幼儿园数量不足引发的家长抗议活动。俄罗斯教育机构的统计数字表明，2010年除了500万儿童在学前教育机构进行学习外，仍然还有约200万儿童需要正常的入园学习，这种情况加剧了优质学前教育资源稀缺的状况。

（三）个性—定向型相互作用教育模式的实现存在困难

苏联的学前教育中，教师同儿童的关系是教育—训导型模式占优势，儿童被视为接受知识的容器和受教育的客体。在对苏联学前教育进行改革的过程中，俄罗斯一些幼教机构的教师开始尝试以个性—定向型相互作用的教育模式来修正已有的教育方法。个性—定向型教育模式以教育人道化为宗旨，教师以儿童同伴的身份平等地与儿童交往，以促进儿童个性的形成，保证儿童的心理安全感；利用游戏及合作教育的形式，发展儿童主体的积极性，并在此基础上了解儿童的个性特征并使其充分发展。

在课程改革中,尽管个性—定向型相互作用教育模式正在成为一种趋势,但受诸多原因影响,这种模式的完全实现还有困难。这与教师缺少以儿童同伴身份与儿童交往的技能有关，也与很难短时间消除多年形成的"教师中心"教育模式的影响有关。教师与儿童个性—定向型相互作用交往技能的缺乏，使他们不可能充分地实施合作教育的原则，即使教师能够控制并实现与儿童平等交往、对他们予以关注、友善地倾听每一名儿童的诉说和渴望同他们交往,但是在以小组形式进行教育的过程中，由于儿童个体的差异性,教师要以一些中等发展程度的儿童的发展作为教学重点,很难保证给予每个儿童,尤其是失败体验的儿童以必要的支持。另外,由于许多学前机构各班级的儿童名额超过标准数量以及教师的缺乏，教师的工作量增加，这对教师与儿童个性—定向型相互关系的形成也产生一定影响。

二、俄罗斯学前教育发展趋势

俄罗斯政府重视学前教育,把发展学前教育作为发展教育的基础,通过不断的改革和实践,使俄罗斯学前教育一直朝着更加科学化和人性化的方向发展。总的来说,俄罗斯学前教育呈现以下发展趋势。

（一）突出科学、人道的儿童教育理念

科学而有效的教育必然需要科学、人道的教育理念作指导。俄罗斯 2006 年版《幼儿园教育与教学大纲》主张更加人性化地对待儿童。大纲确定了避免过多地受政治影响的原则,取消了在教学中硬性规定的知识学习和过于集中于科目教学的条目。大纲要求在现实的改革中,教育与教学要聚焦于儿童个性和能力的全面发展;要以维果茨基所提出的发展性教学原理为根据组织教学,不能把教育和心理发展作为两种孤立的、彼此独立的过程,从而使"教育成为儿童发展必须和普遍的形式"。

突出科学、人道的儿童教育理念,首先是对那些错失早期知识启蒙、技能培养和训练的儿童进行教育,教给他们进入小学前的基本知识和技能。其次,从儿童的心理特点出发,加强对他们心理素质的培养。培养儿童积极、健康、向上、愉快的心境。再次,充分利用社会资源,让儿童感受到祖国大家庭的温暖,激发儿童爱祖国和爱人民的情感。最后,培养儿童的顽强精神、坚强意志、吃苦精神和自理能力,让他们热爱生活,珍惜生命,健康成长。围绕这些内容,大纲对各年龄班、各个领域、各个环节都规定了具体、精细与可操作的二级目标,以此作为教育教学工作的导向。这样教师在教育教学过程中就有了"抓手",再结合具体的情况修改、变化,进而使科学、人道的教育具有了更大的可能性。

（二）重视传统文化教育和民族教育

俄罗斯学前教育非常重视传统文化和民族教育,突出文化适应性原则,重点强调民族教育的价值和传统。俄罗斯的教育学家和心理学家认为,教育是一个使儿童掌握人类文化各个组成部分的过程,要求在各个年龄阶段的各种教育活动中都要渗透民族文化教育的内容。同时,这种教育渗透不能成为超越儿童接受能力的硬性灌输,而是要通过鲜活、生动、符合儿童兴趣和理解能力的教育活动,培养儿童的爱国主义精神和民族精神。比如,可以在交往活

动中让儿童从了解自己的亲人开始,逐步了解亲戚家谱、出生地、街道社区、村镇、城市,然后深入了解具有象征意义的、相对“抽象”的国家概念。博物馆是俄罗斯学前儿童的良好教育场所。定期带领儿童到不同的博物馆参观是幼儿园一项重要的教育教学实践,也是俄罗斯学前教育实践的一道亮丽的风景线。俄罗斯博物馆资源丰富,在这里,儿童既得到了艺术、美学等方面的熏陶,也受到了爱国主义教育。另一方面,在学前教育机构、家庭中通过各种传统的、民俗的节假日活动和民间游戏、工艺美术活动等,将儿童吸引到传统文化教育活动中来。

(三)注重学前教育与家庭、社区及小学之间的教育衔接

受终身教育思想的影响,俄罗斯学前教育专家们逐渐认识到学前教育并非一个孤立存在的阶段,做好学前教育的衔接对促进幼儿身心全面发展有着重要作用。《俄罗斯联邦教育法》及《学前教育构想》中提出:家长、社会、企业、团体要与学前教育机构一同制订教育计划,选择教育内容,共同实施管理。因此,俄罗斯学前教育机构日益重视学前教育与家庭、社区及小学之间的教育衔接。

公共教育和家庭教育的统一是俄罗斯学前教育的重要原则。在与幼儿家庭教育的衔接上,俄罗斯学前教育机构比较注重在学前教育各方面与家长保持沟通,鼓励家长参与制订教育计划,选择教育内容,共同进行管理,通过合作实现共同目标。为实现这个目标,幼儿园与家庭之间必须紧密合作。

社区资源的共享是顺利开展学前教育各项活动的前提。俄罗斯学前教育机构充分利用体育场馆、街心花园、艺术场馆等社区教育资源来组织各类教育活动,真正实现家、园、社区的一体化。由于学前体育教育在俄罗斯日益受到重视,学前教育工作者更加注意对体育场馆等设施的利用,通过组织各类活动使儿童在运动和游戏中得到锻炼。一般体育馆里设有儿童专用运动器械,还有大型海绵垫等,儿童可以利用这些器械进行一般运动,还可以充分发挥想象,设计自己的运动。另外,大多数居民区里也都配有儿童户外活动设施。在儿童艺术素养方面,剧院、音乐厅及艺术博物馆等社区资源也为儿童提供了得天独厚的条件。

学前教育与普通初等教育是彼此独立,又相互联系的两个阶段。学前教育对普通初等教育具有奠基作用。2003 年俄罗斯联邦教育部普通教育委员会批准了《连续教育内容构想》。在这个构想中制定了学前与小学儿童不间断教育的目标与任务,学前儿童教育内容的筛选原则,学前教育的内容等,体现了不间断教育理念。俄罗斯学前教育专家指出,幼小衔接是一个双边过程。首先,从学前教育来说,学前阶段具有自身的价值,它在培养儿童个性品质方面所起的奠基作用,是任何其他教育阶段无法比拟和替代的。在学前阶段所取得的教育成就能为儿童顺利进入下一个发展阶段打下良好的基础。其次,从学校方面来说,它是学前教育阶段的衔接者。学校不应当把自己的工作建立在“零”的基础上,而是应当迅速抓住学前儿童的成就,并在此基础上建构自己的教育实践。

(四)加大对学前教育机构的监管力度

俄罗斯的学前教育机构大部分是由政府组建,少数由企事业单位兴办,学前教育机构分布广泛,机构类型也多种多样。不同类型的教育机构在教育理念、教育内容、教育方法等方面都各不相同。虽然俄罗斯强调多元化和个性化的教育理念,各学前教育机构可根据实际情况调整自己的教学方案,但是追求高质量的学前教育却是共同的目标。为了实现这一目标,势必要加大对学前教育机构的监管力度。

根据《俄罗斯联邦教育法》，要求对学前教育机构定期进行评估鉴定、资格认证，为学前教育的发展提供法律依据。近年来，俄联邦教育部学前教育司研制了学前教育标准草案，对学前教育机构占地面积、教学设备、教师配备等都做出了严格的规定。对学前教育机构进行“鉴定”和“资格认定”，目的是加强对学前教育机构的管理，严把质量关，对于不合法的办学机构坚决取缔，规范学前教育办学机构的市场。对于非公办的学前教育机构，政府要帮助其改善条件，逐步走向正规化，并加强对其指导和监督，鼓励所有私立学前教育进行自查，以便达到国家“鉴定”和“资格认证”的要求。

除了对幼儿园进行定期检查外，俄罗斯政府还对幼儿园的教育内容进行了规范。2006年修订版的《幼儿园教育与教学大纲》指出，要根据儿童受教育的情况以及他们生理、心理发展的特点，学前班在教学目标制定上有所侧重，包括：为儿童提供安全的环境，向儿童介绍基本的自然科学知识，激发儿童的求知欲，培养儿童创造的兴趣，发展儿童的智力、想象力、语言表达能力；向儿童传递人类的文化遗产，尤其是俄罗斯的文化传统；给儿童提供学习民族艺术作品、民间工艺品的机会，培养儿童的美感；对有缺陷的儿童进行矫治，给予帮助，保证他们获得受教育的权利。

本章小结

俄罗斯学前教育发展的历史沿革，包括沙俄时代的学前教育状况、苏联学前教育的改革和发展以及俄罗斯学前教育的改革和发展。俄罗斯学前教育现状，包括俄罗斯学前教育的机构与管理、俄罗斯学前教育课程的特点以及俄罗斯学前教育的师资培养。俄罗斯学前教育存在的问题包括教育经费危机，教育资源不能完全满足学龄前儿童的教育需求，个性一定向型相互作用教育模式的实现存在困难。俄罗斯学前教育的发展趋势是突出科学、人道的儿童教育理念，重视传统文化教育和民族教育，注重学前教育与家庭、社区及小学之间的教育衔接，加大对学前教育机构的监管力度。

思考题

一、名词解释

1. 克鲁普斯卡娅
2. 乌索娃
3. 个性—定向型相互作用的教育模式
4.《学前教育构想》
5. 托儿所—幼儿园联合体
6.《幼儿园教育与教学大纲》
7.《连续教育内容构想》

二、简答题

1. 简述俄罗斯学前教育的主要机构类型。
2. 简述1962年《幼儿园教育大纲》的特点。
3. 简述克鲁普斯卡娅关于学前教育的主要观点。

4. 简述乌索娃对俄罗斯学前教育的主要贡献。
5. 简述福辽莉娜的学前教育思想。
6. 简述俄罗斯学前教育的目标。
7. 简述俄罗斯学前教育遵循的原则。
8. 简述俄罗斯学前教育的途径。
9. 简述俄罗斯学前师资的职前培养方式。
10. 简述俄罗斯学前教育面临的主要问题。
11. 简述俄罗斯学前教育的发展趋势。

三、论述题

1. 对俄罗斯当代的学前教育改革进行评析。
2. 论述当代俄罗斯学前教育存在的问题与发展趋势及其对我国教育改革的启示。

第五章 英国学前教育

学习目标

1. 掌握英国学前教育发展历史中的主要事件。
2. 了解英国学前教育发展的现状。
3. 掌握英国学前教育存在的问题及发展趋势。

英国(The United Kingdom)全称大不列颠及北爱尔兰联合王国,是一个位于欧洲西部大不列颠群岛的君主立宪制国家。根据最新数据统计,英国人口大约有6240万。英国是世界上第一个工业化国家,有许多科学发现和发明,如蒸汽机、青霉素、脱氧核糖核酸(DNA)、多利羊和喷气式发动机等。英国是欧洲最大的金融中心。

英国全境由英格兰、苏格兰、威尔士和北爱尔兰4个地区组成,总面积为24.41万平方公里。苏格兰和北爱尔兰享有广泛的地方自治权,在教育上具有相应的自治权利,英国议会的教育立法主要适用于英格兰和威尔士(两个地区人口占总数的90%)。本章所论述的英国的学前教育,主要是以英格兰和威尔士的教育体系为背景。

第一节 英国学前教育沿革

一、英国学前教育的起步阶段

16世纪英国国王亨利八世出于实现政治和国家利益的需要,开始了由国王首推的自上而下的反对天主教会的宗教改革,改革强烈冲击了教会对教育的控制局面。宗教改革后,由于自由博爱思想的传播,一些宗教团体和社会福利机构开始把无家可归的孩子和残疾儿童收养起来。1601年,英国政府通过《贫穷法》,根据这个法令,政府办了一所规模较大的儿童收容机构,把无家可归的孤儿和残疾儿童收养起来,按年龄和心理障碍程度分班,由政府雇佣专门人员照看。

17世纪后半叶,英国出现更大规模用暴力把农民共同使用的公有地(农民对公有地有使用权,而西方法律中使用权也是一种财产权)强行夺走,然后据为私有的圈地运动,使大批离散农民不得不离开家园,聚集于城市,由此引发了诸多社会问题,对贫民的救济和管理遂成为国家和政府的大事,对贫民幼儿的保育问题也逐渐被纳入国家管理的范围,出现了一些贫民幼儿保护和养育设施。这被认为是近代欧洲幼儿教育设施的胚胎和根源。

（一）幼儿学校的创立和幼儿学校运动的兴起

18 世纪 60 年代，英国率先开始了以蒸汽机为标志的第一次工业革命，推动了生产力的发展，同时也带来了许多社会矛盾。为了生活，妇女和儿童不得不出卖自己的劳动力，低工资的女工和童工急剧增加，幼儿的安全和教育问题日趋严重。一些慈善家开始着手建立幼儿学校以保护和教育贫困儿童。

1816 年，空想社会主义者、企业家和慈善家罗伯特·欧文在苏格兰新拉纳克的工厂中创立了一所幼儿学校，接纳 1 岁以上的幼儿，这是世界上第一所为工人阶级子女创办的学前教育机构。1820 年，怀尔德斯平在伦敦创办了一所幼儿学校。1825 年，伦敦幼儿学校协会成立，该协会把普及幼儿学校的任务委托给怀尔德斯平。此后，他花了 20 年的时间致力于在英国普及幼儿学校的工作，逐渐发展成为一种全国性的运动，对促进幼儿学校在英国的发展做出了重要贡献，并对 19 世纪欧美各国的幼儿学校运动产生了广泛的影响。从 1840 年开始，英国政府对学前教育实行国库补助政策，通过对师范学校进行检查、教员考试以及视学官对幼儿学校的检查，将学前教育逐渐纳入国家教育制度的轨道。

（二）福禄培尔幼儿园的引入

19 世纪 30 年代，德国福禄培尔成立了主要为中产阶级以上家庭幼儿服务的学前教育机构——福禄培尔幼儿园。在福禄培尔思想的影响下，欧美各国也纷纷创办幼儿教育机构。19 世纪 50 年代，福禄培尔幼儿园传到英国，按照福禄培尔的理论和方法，创办了一些学前教育机构，掀起了福禄培尔运动。自引进福禄培尔幼儿园后，英国的幼儿教育出现两种制度并存局面：一种是幼儿学校及收容幼儿的小学，仍以贫民和工人的子女为对象；另一种则是幼儿园，以中上层阶级的子女为对象。但在 19 世纪，英国也出现了少量招收工人子女的慈善性质的免费幼儿园。第一所免费幼儿园由马瑟爵士于 1873 年在工业城市曼彻斯特开办。同时，英国传统的幼儿学校也逐渐受到福禄培尔运动的影响。

（三）颁布《初等教育法》

19 世纪为英国由传统向现代过渡的最后完成阶段。在工业化飞速发展的进程中，社会急剧变化，产生了诸多新的社会问题，如贫民救济、公共卫生和劳资纠纷等。而人口的迅猛增长，特别是新生儿童的大量出现，则引发了前所未有的初等教育问题。在此背景下，英国政府在 1870 年颁布了《初等教育法》（也称“福斯特法案”），这是英国国民教育制度正式形成的标志。该法案规定由学区设置办学委员会，就地筹款，举办学校，补充私立学校之不足。从此，英国有了与私立学校并驾齐驱的地方公立学校。19 世纪 80 年代又颁布并落实了义务教育的规定，确定了儿童从 5 岁开始进行初等义务教育，英国的幼儿学校被纳入这一系统。这样，英国 5 岁儿童基本都进入了幼儿学校。此外，对当时已经进入幼儿学校的 5 岁以下的儿童，英国政府规定仍允许他们享受免费的义务教育，留在幼儿学校。

《初等教育法》在英国教育史上具有划时代的意义，它标志着英国初等教育经过漫长的社会捐助办学后，教会对初等教育的垄断被彻底打破，公立初等教育制度正式得到确立。与此同时，该法也是英国教育史上最为典型的一个妥协性产物，它没有触动原有的捐助学校体制，而是在弥补捐助学校之不足的基础上建立公立初等教育体制，使英国的初等教育形成了公立体制和捐助体制并存的局面。

（四）麦克米伦姐妹创办保育学校

由于《初等教育法》规定义务教育的最低年龄为 5 岁，最初政府并没有要求已经进入幼儿学校的5岁以下的儿童退出幼儿学校，因此幼儿学校的人数大幅度增加。到1900年，在幼儿学校的5岁以下儿童人数达到幼儿学校学生总数的43.1%，这使学校的经费发生了困难。政府为了改变这种状况，在1905年，要求5岁以下的儿童退出幼儿学校，幼儿学校成为了5岁以上儿童专门受教育的机构。

被排除在幼儿学校之外的、5岁以下的儿童的教育和健康问题成为社会关注的热点。这些儿童因得不到成人的关怀和照顾，健康状况不断下降，伤亡事故不断增加。1913年，麦克米伦姐妹在戴普福特建立了一所保育学校，主要招收被排斥在幼儿学校之外的5岁以下的儿童。她们认为保育学校应是培养儿童的场所，应以确保贫民和工人家庭子女的健康、预防流行疾病为宗旨。她们为自己创办的保育学校所设计的教育方案，不仅要求儿童在活动中学习语言、阅读、书写、算术与自然，学会辨别颜色和各种形状，而且还要求他们学习照顾自己及做一些日常家务劳动。

此外，英国于1919年在伦敦成立了儿童救济基金会。这个团队组织了一些学前儿童游戏小组，主要收养城市里的孤儿和私生子，弥补了当时保育设施的不足，为儿童做了许多工作。

（五）《费舍尔法案》的实施

第一次世界大战以后，由于战争的消耗和战后世界性经济危机的不断打击，英国的经济、军事实力和国际地位不断下降。在这段时间里，为了与其他资本主义国家继续竞争，同时也由于人民群众争取教育权的斗争和“新教育”思潮的冲击，英国力图不断地提高本国的教育水平。1918年，英国国会通过了一项以当时文教大臣费舍尔名字命名的教育法案，即《费舍尔法案》，旨在建立面向所有人的公共教育制度。

《费舍尔法案》正式将保育学校纳入国民教育制度，地方教育当局为2—5岁儿童设立了一些幼儿学校，并改善了保育学校的卫生条件。《费舍尔法案》初步建立了一个包括幼儿学校、小学、中学和各种职业学校的公共学校系统。但由于保育学校的经费始终未得到很好的解决，所以，保育学校虽有所发展，但发展速度是很慢的。

（六）《哈多报告》

1924年，英国工党政府任命了以哈多爵士为主席的调查委员会，负责对英国的全日制小学教育进行调查研究，该委员会在1926—1933年间提出了三份关于青少年教育的报告，被称为《哈多报告》。其中1933年的《关于幼儿学校以及保育学校的报告》是推动英国学前教育理论和实践发展的十分重要的文献。

《关于幼儿学校以及保育学校的报告》提出，良好的家庭是5岁以下儿童的最佳环境，保育学校对城市儿童的发展有重要作用；建议将保育学校定为“国民教育中的理想的机构”；提倡大力增设麦克米伦式的学校、幼儿学校幼儿部附设的保育班；5岁并不是区分儿童重要发展阶段的界限，而向7岁以上的少年学校过渡才是其重要发展阶段；建议成立以7岁以下幼儿为对象的独立的幼儿学校；幼儿学校的教师也应遵循保育学校的原理，即注重对6岁以下儿童开展户外体育、游戏等自然性的活动和进行绘画、唱歌、跳舞、图画、手工等表现能力的训练，对6岁以上的幼儿才加进读、写、算的正规教育，注重阅读训练；儿童在11岁以前接受的教育为初等教育，11岁以后接收的教育为中等教育。

《哈多报告》立足于以“儿童为中心”的思想，遵循儿童身心发展的规律，明确提出了初等教育的终点，从国家角度阐明了使中等教育面向全体儿童，满足了不同社会阶层的需求，在一定程度上促进了英国幼儿教育的发展。

在17世纪至20世纪30年代这一时期,英国的学前教育机构初步建立,然而设施并不完善,幼儿园课程也主要是以保育为主,侧重幼儿的日常护理和生活教育。由于政府对于教育投入的经费很少,此时英国的学前教育还处于初级阶段。

二、英国学前教育的改革阶段

第二次世界大战期间,要求改革英国教育制度的呼声越来越高,学前教育也受到前所未有的重视。在这一改革时期,英国政府和相关机构出台了学前教育的相关法案、报告和教育白皮书,设计实施了学前教育的相关计划,这些政策法规的颁布使英国的学前教育获得了较大的发展。

(一)颁布《巴特勒法案》

1944年,英国政府颁布了以教育大臣R. A. 巴特勒为主的教育委员会提出的教育改革法令,即《巴特勒法案》,又称《1944年教育法》。《巴特勒法案》是英国教育制度发展史上的一个极其重要的法令,是英国战后教育改革的总的指导文件和法律基础。该法案共122款,其中规定幼儿教育由三种学校实施:为2—5岁的儿童设保育学校;为5—7岁的儿童设幼儿学校;在为5—11岁儿童设立的初等学校内附设保育班,招收3—5岁的儿童。保育学校的主要作用是"培养全面发展的正常儿童,主要是进行教育,其次是进行补偿"。

《巴特勒法案》结束了第二次世界大战前英国教育制度发展不平衡的局面,详细规定了地方教育当局的职责,加强了国家对教育的控制,将保育学校、幼儿学校和初级小学纳入英国初等教育体系。

(二)发表《普洛登报告》

第二次世界大战后,随着科学技术的迅速发展和生产力的进一步提高,人们越来越重视早期教育和早期智力开发,普遍注意到学前教育问题。1966年,英国中央顾问委员会主席普洛登在对英国初等教育的各方面进行了为期4年的调查研究之后,发布了关于"儿童与初等学校"的报告书,亦称为《普洛登报告》。该报告非常重视幼小衔接问题,特别关注5岁以下儿童的教育。

《普洛登报告》是英国学前教育史上一个极其重要的文件。该报告对幼儿教育机构的设置、管理、幼儿入学等方面提出建议,把学前教育看成是教育的先行,主张大量增加学前教育机构,充分注意到了早期儿童教育与之后的初等教育的关系。

在报告的最后部分,对免费义务教育以前的学前教育状况以及如何改进学前教育提出了许多具体建议,包括:

(1)增加学前教育机构。希望到1980年,所有3—5岁儿童都能进入包括大量的半日制学校在内的学前教育机构,同时必须保证15%的保育学校是全日制的。如果没有充分的理由,如父母均整日工作等,一般不允许儿童进全日制的保育学校。

(2)增加教育因素。凡受政府资助的3—5岁儿童教养机构,应在其活动计划中增加更多的教育成分,应接受教育科学部门和地方教育当局的双重管辖,目前仍处于卫生部门管理下的日托机构也应增加教育因素,并最终归到教育部门的管辖之下。

(3)提高教师素质。应使越来越多的学前教育机构逐步走向科学化,所有学前教育机构都应由合格的教师来领导。合格教师与儿童之比应不小于1∶10。学前教育机构中还应有受过专门训练的保育员来协助工作,保育员与儿童的比例也不能小于1∶10。

(4)当局资助办学。把学前儿童教育机构建立在高校附近。在公立保育机构得到扩充之前,地方教育当局有权对非营利私立保育团体进行援助。但无论有无地方教育当局的帮助,所有这些教育机构都应处于国家教育部门和地方教育当局的管辖之下。

(5)强调补偿教育。必须对经济条件不好的儿童、语言障碍的儿童以及有潜在学习困难的儿童进行补偿教育。

(三)发表《教育白皮书》

1972年12月,教育科学大臣撒切尔发表了一份白皮书《教育:一个扩展的架构》,提出将"扩大幼儿教育"定为内阁将要实行的四项教育政策之一。该文件中明确"政府已决定实施对5岁以下儿童进行教育的一项新政策,这将是自1870年开始实施从5岁起进行义务教育以后,第一次有系统地迈出更早地开始教育的步子"。白皮书肯定了《普洛登报告》中具有实践意义的建议,并制订了实施计划,打算10年内实现幼儿教育全部免费,并扩大5岁以下儿童的教育。《教育白皮书》提出要求:

(1)要调动各方面的积极性。除政府外,还要依靠地方教育行政当局的周密规划,以及自由团体、教师、家长的大力协助。政府努力扩充保育学校,使4岁幼儿入园率达到90%、3岁幼儿入园率达到50%的目标能在20世纪80年代完成。

(2)确保有相当数量的教师队伍。必须在进一步改革大学幼儿教师培训课程的同时,对非正式教师进行特别训练。

(3)保证援助经费。政府拨给幼儿教育的经费在20世纪80年代增加到1972年的5倍以上。

(4)提供全日制设施。政府将优先考虑为那些因居住环境等其他不利因素而有保育需求的3—5岁儿童提供全日制的设施,保证能接受全国幼儿人口的15%。

(5)改革落在民间。当地政府应努力和社区民间团体合作,使保育学校改革能惠民利民。

(6)降低师生比例。将保育学校的师生比降到1∶13。

(7)强化沟通。加强保育学校和父母与幼儿之间的沟通。

(8)增强功能。保育学校将具有及早教育、及早辨别儿童问题和需求的功能。

为实现上述计划,英国政府在1971—1972年提供了4200万英镑的经费援助,到1981—1982年这一经费增加到1.2亿英镑。白皮书发表以后,英国学前教育机构的规模不断扩大,入托率大大增加,教师队伍的质量和数量在一定程度上得到了提高,对学前教育的发展起到了规范作用。

20世纪40年代—80年代初这一时期,英国经历了第二次世界大战的重创,在经济复苏的同时,也认识到教育改革的重要性。在经历了大刀阔斧的改革后,学前教育的规模得到了一定程度的扩展,机构类型也比以前更加多样化,教师素质明显提高,学前教育质量得到了较大的改善。总之,英国的学前教育获得了较大的发展。

三、英国学前教育的发展阶段

现代社会科技突飞猛进,国际竞争日益激烈,竞争的实质为人才的竞争,人才培养在于教育。20世纪80年代以来,教育改革热浪在世界各国相继掀起,各国纷纷把教育放在优先发展的战略地位,英国也开始大力发展教育事业,英国学前教育从20世纪80年末开始进入发展阶段。

20世纪90年代末,英国工党政府开始致力于改变具有不同目标导向和受众群体的保教分离格局,启动了全面整合学前儿童服务体系的改革进程,试图把“服务于儿童整体发展”作为政策制定的重要依据,开启了全面整合学前儿童服务体系的时期。

(一)“幼儿凭证计划”的实施

为了解决幼儿受教育的经费在家长、中央、地方政府之间公平合理负担的问题,英国政府开始实行“幼儿凭证计划”。1995年,英国教育和就业大臣谢泼德公布了一项耗资为7.3亿英镑的“幼儿凭证计划”,它规定每个幼儿的家长可获得1100英镑的凭证,支付幼儿教育的费用,以使全国每个愿意进入学前儿童教育机构的、年龄在4岁的幼儿都能接受3个月的高质量的学前教育。与此同时,凭证扩大了家长的选择范围,家长能自由选择公立的或私立的学校。公立幼儿园是全免费的,家长如果让幼儿就读私立幼儿园或者民办幼儿园,则需要多交钱。尽管“幼儿凭证计划”的引入为4岁幼儿的家庭提供了一定的资助,但是这个计划无法实现对4岁以下幼儿的帮助,具有一定的局限性。

同年,保守党政府推出非义务教育阶段关于学前教育的一份议案——《为进入义务教育阶段的儿童学习的设想》,该议案和“幼儿凭证计划”密切相关。议案规定,学前教育的提供者不管是公立的还是私立的,如果想要参加“幼儿凭证计划”,都必须证明它们所提供的教育能使5岁以下幼儿达到国家规定的标准,标准包括品德和情操教育,语言、识字与数学,对世界的了解与理解,创造性的发展,具体的技能与技巧的发展5个方面。

(二)布莱尔政府的学前教育改革政策

英国首相布莱尔执政10年期间(1997—2007年),英国先后出台了多项学前教育改革政策,应对其学前教育发展、教育改革乃至社会发展的困境与危机。其中最重要的学前教育改革政策有:“确保开端”计划、《基础阶段教育(3—5岁)课程指南》、“2006教育计划”、《每个儿童都重要》、《儿童保育十年战略》及《早期奠基阶段规划》,它们极大地推动了英国学前教育的改革与发展。

1.“确保开端”计划

1998年,英国政府发起了”确保开端”计划,旨在改善处境不利地区儿童的生活环境、消除贫困和预防社会排斥而采取的行动,通过加大对学前教育的财政投入,为学前儿童尤其是弱势儿童的发展提供了更多机会,其目标是促进社会性和情感发展,促进健康发展,促进儿童的学习能力发展,加强家庭和社区建设四个方面。

“确保开端”计划的服务对象不是仅包括贫困儿童,而是面向所有家庭的所有儿童。内容包括为所有儿童提供早期教育,为儿童提供越多越好的养护,实施有影响的地方计划,继续在条件不利地区向儿童提供基于社区的服务。服务形式包括家访咨询、帮助家长理解和支持幼儿的游戏、分享儿童保育和教育的经验、提供初步的社区健康服务、为有特殊需要的儿童和家长提供支持等方面。政府雇佣幼儿保育和教育的专业工作者开展“确保开端”计划的项目。

“确保开端”计划已经成为英国学前教育改革的一面旗帜,同时,它又是一项学前教育改革政策,它所承载和反映出的是布莱尔政府根除贫困、促进社会公平的远大政治抱负。“确保开端”计划促进了英国学前教育的进一步普及和质量的提高,尤其是提高了弱势群体儿童的学前教育入学率，促使英国学前教育向更均衡的方向发展。

2.《基础阶段教育（3—5岁）课程指南》

2000年，为了制定统一的幼儿教育质量标准，英国政府正式颁布了《基础阶段教育（3—5岁）课程指南》，把3—5岁确定为"基础阶段"，提出并描述了基础阶段幼儿在每个领域的"发展阶石"，即每个学习领域的早期学习目标；"幼儿的实际表现"，即不同年龄儿童的发展过程；"实践工作者的工作"，即如何为幼儿设计、建构和提供适宜的活动等。该文件将幼儿园课程内容分为6个领域：个性、社会性和情感的发展；交流、语言和读写；解决问题、理解和算数；认识和了解周围的世界；身体发展；创造性发展。在这6个领域中，每个领域包括早期学习具体的目标，所有目标均是幼儿通过大量的探索、感知和操作活动来完成的。

《基础阶段教育（3—5岁）课程指南》强调了儿童身心发展的全面性，注重游戏对儿童发展的重要性，6大领域的划分有利于教师对学习情境进行设计和规划，它为不同地区和类型的学前教育机构提供了清晰的指导，同时成为了早期学习的一个框架。

3. 2006教育计划

为了提高人们掌握高新技术的水平，振兴英国经济，2002年教育与技能部发布了"2006教育计划"，规定了英国政府在2002—2006年，正在实施或将要实施的教育政策以及将要达成的教育目标。

"2006教育计划"中，学前教育的发展目标是：

（1）让所有3—4岁的儿童都能接受幼儿园的早期教育。

（2）制定《全国幼儿保健策略》，确保每一位父母都能获得幼儿保健机构的帮助，使幼儿保健与早期教育、学校教育和家庭教育相互补充。

（3）建立社区幼儿园，延长幼儿园学习时间，确保更多的家长，尤其是单亲家庭的家长有时间工作，为儿童提供范围更广的服务。

（4）制定"可靠开端"方案，为生活在弱势地区的未来的父母和不满4岁儿童的家庭提供更多更好的服务。

4.《每个儿童都重要》

2003年，英国财政部发表了《每个儿童都重要》绿皮书。绿皮书旨在重构儿童服务的方式，为儿童和青少年创造一个涵盖教育、健康和社会服务在内的一体化服务框架，帮助每个儿童都有机会发挥其潜能。

该政策出台的起因是2000年一名8岁黑人女孩维多利亚的受虐致死。她的死直接引发了英国政府对儿童安全与发展问题的高度关注，英国政府认为，此件事情主要是由于儿童社会服务机构、卫生部门和警方之间联系力度不够导致的，应该改革与儿童有关的机构与制度，加强对儿童的保护。

绿皮书在明确工作机制的同时还设定了儿童发展目标，从而使工作机制和儿童发展目标相辅相成。《每个儿童都重要》确定了英国国家儿童服务体系的5大核心要素："健康"不仅包括身体健康，还包括心理、情感健康和健康的生活方式；"安全"包括避免遭受忽视与虐待，避免意外伤害和死亡，拥有安全、稳定和看护等；"快乐与成就"包括为入学做好准备，享受学校生活，达到国家教育标准，获得个体和社会发展等；"有积极贡献"包括参与支持社会发展的服务，建立自信并成功应对生命中的重大事件等；"为获得经济保障做准备"包括为接受未来教育和为就业、培训做好准备等方面。《每个儿童都重要》的目标就是要促进英国所有儿童实现以上5大目标,促进儿童全方位的整合式发展并为其终生幸福奠定基础,同时努力缩小不同儿童群体在这5个方面的发展差异。

5.《儿童保育十年战略》

2004年12月,英国政府教育与技能部和工作与养老部联合出台了"父母的选择、孩子最好的开端"——《儿童保育十年战略》的草案,并公开咨询公众意见,最终于2005年3月制定完成。

《儿童保育十年战略》是在《每个儿童都重要》的规划基础上,对学前教育与保育问题而制定的专门而深入的战略规划。该政策对21世纪第一个十年内英国学前教育发展的宗旨、原则、核心目标等做出了阐释与规划,是指导当前英国学前教育发展的基本政策。

《儿童保育十年战略》提出了英国学前教育与保育改革发展的多项核心目标:

(1) 自2007年4月开始,将母亲带薪产假延长至9个月,此后远期目标则为1年。

(2) 为家长提供更多的财政援助,从2005年4月始,增加"儿童保育个人所得税"减免额度(每个孩子175英镑)。

(3) 将3—4岁儿童免费学前教育服务时间从2006年起延长至每年38周,长远的目标是每周20小时。

(4) 到2010年,每个社区均要有"确保开端"儿童中心,提供整合的学前教育、保育和家庭服务活动。

6.《早期奠基阶段规划》

2005年,英国政府推行了《早期奠基阶段规划》。它是一个综合性的法定框架,该框架为0—5岁的儿童学习、发展及保育确立了标准。它通过整合0—3岁早期保教框架、"基础阶段"规划,以及8岁以下日间看护国家标准三方面的政策及其实践,力图在英国建立一个从出生开始的统一、连续而灵活的早期教育系统,旨在促进儿童早期的全方位发展与学习,改进所有儿童的生活质量,并使处境不利儿童在高质量的保育和教育中更多地获益,以此缩小弱势儿童与一般儿童之间的差距。

《早期奠基阶段规划》的主要内容和举措有:一是整合0—3岁保教、3—5岁奠基阶段以及0—8岁儿童保育,使之成为一个连续的儿童早期发展和学习体系;二是依法对早期儿童保教机构和个人实行强制注册,加强指导和监管,保证所有儿童在不同机构中都能获得高质量的学前教育;三是制定学前教育发展领域目标,包括身体、社会与情感发展,交往、语言和认读能力,问题解决、推理与计算能力,对世界的认识和理解与创造性发展等。

(三) 发布《儿童计划:构建更加美好的未来》

2007年12月英国发布了《儿童计划:构建更加美好的未来》,该计划以工党10年的改革为基础,将学校置于一整套改革举措的中心,帮助学校更有效地与家庭和其他社会服务机构合作,为英国的儿童事业与基础教育勾勒出框架。其要旨是提高教育质量,加强政府对家庭的支持,促进家长对学校教育的参与,以便为儿童和青少年的课外活动提供更好的条件。

《儿童计划:构建更加美好的未来》共分为7章:① 快乐和健康;② 安全和保护;③ 优秀和平等;④ 领导和合作;⑤ 坚持过去;⑥ 正确的道路;⑦ 实现方式。这7章内容充分体现了政府对儿童教育的重视,此报告也对未来的儿童教育工作做了规划与展望。该计划还提出了6点主要战略目标:健康与幸福;确保安全与免遭伤害;实现世界一流的教育;缩小不同背景学生之间的学业差距;确保儿童安心学习,积极发展儿童潜能;保证儿童走向成功。此外,《儿童计划:构建更加美好的未来》还设定了到2020年要实现的10大目标。为了实现这些目标,在《儿童计划:构建更加美好的未来》中也提出了相应的配套措施,以促进政策的有效执行。

英国在20世纪80年代以后,政府高度重视学前教育发展,投入大量资金,改善职能部门,逐渐走向整合的学前教育。尤其是21世纪之后的英国学前教育更加注重教育质量的提升和完善,逐步实现幼儿教育机构质量管理的规范化。

第二节　英国学前教育现状

一、英国学前教育机构的类型

英国的幼儿教育机构种类繁多,其分类标准多种多样,如下表所示。依照财政来源不同,可分为公立和私立;根据幼儿在园时间长短,可分为计时制、半日制、全日制和寄宿制;根据服务对象的不同,可分为一般保教机构、特殊教育中心、天才儿童教育中心、亲子中心和小学预备班等;依据功能划分,可分为教育型和照料型幼教机构;依据举办部门划分,可分为由社会福利部门举办、由教育部门举办、由卫生保健部门举办、由私人或团体举办的幼儿教育机构。英国主要的学前教育机构类型有保育学校和保育班、日间托儿所、游戏小组等。

英国幼儿教育机构的类型

性质	名称	幼儿年龄	开放时间	备注
公立	保育学校	3—4岁	每天2~2.5小时	地方教育局设立
	保育班	3—4岁	半天或全天	附设于保育学校或小学及其他幼儿学校内
	幼儿班	3—5岁	半天或全天	属于小学幼儿或幼儿学校的一个班级
	国小附设预收班	4—5岁	全天	在苏格兰开设,为公立初等学校的第一级
	特殊学校	3岁以上	全天或寄宿	专为特殊幼儿提供保教服务
	地方公立托儿所	0—5岁	随机	地方福利部门开办,专为学习障碍幼儿服务
	幼教绩优中心	0—5岁	全天	政府倡议并开办的示范性幼教机构
	机会团体	0—5岁	随机	为有特殊需求的幼儿及其家庭提供额外支持
	混合型幼教中心	0—5岁	随机	社区设立,保教兼顾

续表

性质	名称	幼儿年龄	开放时间	备注
私立	私立托儿所	0—5 岁	半天或全天	规模大小不一,主要以社区为中心,由教育局审批督察
	亲子团体/小组	0—5 岁	随机	属于非正式组织,旨在为亲子关系提供指导
	私立保育学校	3—5 岁	随机	旨在为幼儿提供保育服务,近年来虽不断增强教育服务内容,但专业教师匮乏,以保姆为主
	幼教绩优中心	0—5 岁	全天	政府经评估后指定为示范性私立幼教机构,政府提供部分资助
	独立学校	3—5 岁	随机	在教育就业部注册登记,每 2 ~5年需要接受一次审查
	居家保姆	1—5 岁	时段制	保姆必须到地方教育当局注册,其家庭环境须接受地方教育当局审查,且招收幼儿不得多于 5 人
	保姆	0—5 岁	时段制	保姆到幼儿家中照顾幼儿
	课前/课后社团	3 岁以上	上学前及放学后	以安全、便利为首要原则,主要设在社区中心
	假日社团	3 岁以上	全天或时段制	各社团主题不同,均在学校放假后为幼儿提供服务

(一) 保育学校和保育班

保育学校是独立的学前教育机构,主要招收 2—5 岁的儿童,由一位首席教师负责管理。保育学校的工作人员受过教师和保姆的双重训练。最近几年,又出现了附设在初等学校的保育班,一方面使得儿童从附设在初等学校的保育班进入到初等学校,避免了许多过渡困难;另一方面相对保育学校减少了费用。保育班一般招收 3—4 岁的儿童,进行 1 ~2 年的学前教育。儿童就近入学,以半日制为主(在校时间或为上午,或为下午),全日制为辅。幼儿入学与否,一般由家长决定,有关当局不加任何干预。保育学校和附设在初等学校里的保育班大多数是公立的、免费的。保育学校和保育班的开设、经费和教师聘用,均由地方教育行政当局负责。在公立保育机构中,由具有与小学教师同样资格的教师担任教育任务。

保育学校和保育班没有正式的课程,教育计划、教学内容和方法则由保育学校和保育班的校长负责制定和执行,教育内容从幼儿的实际需要出发设计课程。由幼儿自己选择日常活动,以游戏为主,为幼儿提供安全、轻松的环境,为其进入小学做准备。

(二) 日间托儿所

英国日间托儿所由卫生部门领导,一般由地方当局、企业单位及私人团体开办,属社会服务性质，主要招收由社会救济部门送来的、2—5岁以下的“高危儿童”（包括非意外伤害所造成的严重障碍儿童等）和“中危儿童”（如单亲家庭儿童、靠祖父母照顾的儿童、文化不利儿童、有生理缺陷的儿童等），由保姆负责保育工作，以照顾为主要目的。随着私立日间托儿所的增加，以及对日间托儿所的多方面的关注，国家儿童局建立了有关的行业协会，指导日间托儿所的日常工作。

日间托儿所多数是全年开放，每年只关闭两周的时间用于打扫卫生。日间托儿所多数是全日制的，只有少数是半日制的。保育时间为每天上午8点到下午6点（有的是上午7:30至下午5:30），一般每天约10个小时，每周5天，也分为上午班、下午班和全日制班三种。保育的年龄从8周至5岁，而实际上1岁以下入托的较少，仅为10%，师生比例也不尽相同，对于幼小的孩子来说师生比例是1∶3，对于年纪大一些的孩子是1∶4或1∶5。

工作人员一般是有执照的保育员，负责人一般必须拥有社会工作的执照或保育员的执照。实际上，由于训练有素的保姆的缺乏，许多托儿所雇佣未受训练的工作人员。

由于公立的日间托儿所较少，不能满足家长的需要，那些参加工作的家长不得不把儿童送到私立的托儿所，因此过去几年私立托儿所数量有所增长。一些企业为其雇员提供托儿中心服务，费用由家长承担。近年来社区托儿所成为发展趋势，这些社区托儿所通常由家长们为满足自己的需要而设立，这种情况在黑人和其他少数民族中尤为突出。在一些地方，地方当局为社区托儿所提供公共资金，最近政府开始为5岁以下的儿童提供初始的资金。

由于以往的传统以及设备和师资等因素的影响，日间托儿所重看护而非教育，强调儿童的卫生及养护，偏重儿童生理需求，重视通过游戏的方式促进儿童身心的健康发展。这种情况最近已发生改变，许多教育机构的教师开始在日间托儿所兼职。

（三）游戏小组

游戏小组是英国学前教育中的特有现象。游戏小组的建立是为了抚育战后的孤儿和私生子，由1919年在伦敦成立的儿童救济基金会开办。第二次世界大战以后，由于英国的经济困难，幼儿教育基础设施不够，师资缺乏，儿童失去了集体游戏的空间。在这种情况下，家长们自发兴起了“游戏班运动”。英国政府对民间兴起的这种做法给予了支持和鼓励，教育与科学部认可学前游戏小组存在的价值，并认为学前游戏小组可以与地方学校充分合作，以便利用其设备和师资，开展各项教育活动。

学前游戏小组协会给游戏小组下了定义：游戏小组是儿童在游戏中观察、学习和参加社交活动的集体，它也是成人的组织，因为成人是小组的支柱，为儿童提出各种游戏的建议，并在工作中使成人自己也得到发展。游戏小组作为正规学前教育的过渡性辅助机构，它的主要目的在于向儿童提供丰富的、有促进作用的游戏活动，使儿童得到健康发展，同时也为家长们参加义务工作和学习育儿方法提供了理想的场所。

游戏小组的目的和任务为：

（1）协助家长了解5岁以下儿童的需要，帮助他们认识自己的工作职责。

（2）保证为儿童提供丰富的有促进作用的游戏活动，通过游戏，使儿童得到全面发展。

（3）鼓励家长参加游戏小组及其他学前机构的活动。

（4）游戏小组应在教育方面帮助儿童及家长。

（5）与官方及各级学校合作，建立和发展游戏小组与其他组织的良好关系。

（6）探讨如何使每个儿童在班内外取得进步的方法。

绝大多数的学前游戏小组是由家长资助、装备和领导的。由游戏小组选出委员会负责寻找场地、确定大纲、决定负责人等重大问题。每个游戏小组有一个领导人,有1~2个助手。很多地方当局以1975年国家颁布的学前游戏小组基础课程作为任用负责人的最低标准。该课程的内容主要有:家庭和儿童、儿童和学前游戏小组、学前游戏小组和社区、儿童发展以及组织学前游戏小组的实际与行政等。其工作人员也多受过专门训练,并具有从事儿童教育的实际经验。有时候儿童的母亲也可以自愿担任保育员,也可做助手,协助管理。游戏小组的经费主要靠家长自筹,慈善团体和地方也给予一定的资助。这些经费主要用于租借场地、付给工作人员报酬和购买游戏器材及基本设备。有时可以免费使用附近的俱乐部、福利中心、教会大厅、贫民救济社等。

游戏小组一般每周活动3~5天,每天大约3个小时,分上午组和下午组。活动内容一般包括自由游戏、自我服务以及室内外活动。由于活动场地有限,游戏小组的一些教学活动难以开展,只能因地制宜。

近年来,英国有一部分地方委员会正在大力推动学前游戏小组在优先区域的发展计划,即在未设置保育学校或保育班的地区及文化不利的区域优先考虑设立学前游戏小组,以达到教育机会均等的理想。

除此以外,英国的学前教育机构还有家庭保育和联合托儿中心等。家庭保育机构必须符合健康、安全标准,经地方社会服务部注册以后方有资格开办保育活动。一般由主妇担当教育自己孩子和别人孩子的任务。按规定,家庭保育最多只允许照看3个5岁以下的儿童(包括自己的孩子)。承担家庭保育工作的家庭全年全日开放。近年来英国政府十分重视对家庭保育的管理和资助保育者的培训,成立国家儿童保姆协会等以提高儿童保育者的素质。同时,为了父母的工作方便,英国还有一种幼儿教育机构,即联合托儿中心,招收0—5岁的儿童,全年开放,每天从上午8:00到下午6:00,父母可根据工作需要,接送孩子。该机构还设有父母屋,鼓励父母积极参加中心的活动,使保育和教育有机地结合起来。

二、英国学前教育课程

长期以来,英国的课程一直没有全国统一的课程标准,课程内容也是由各个地方教育当局以及学校自行制定的,该教育传统在英国长期占据着主导地位。2000年英国布莱尔政府的教育和就业部颁布了《基础阶段教育(3—5岁)课程指南》,首次在基础阶段设立了统一的国家课程,针对5—7岁基础阶段的儿童规定了国家课程标准。

(一)学前教育课程目标

2000年颁布的《基础阶段教育(3—5岁)课程指南》中规定,英国幼儿园的课程目标是:"为全体儿童提供能发挥他们最大潜能的环境;培养儿童的语言能力、独立性及社会技能;发展儿童聆听、观察、讨论、实验的能力;为儿童提供广泛的、平衡的、连贯的和相关的课程,以促进每个儿童的发展。"

(二)学前教育课程内容

在2000年颁布的《基础阶段教育(3—5岁)课程指南》中,把基础阶段的课程内容分为6大领域:个性、社会性和情感的发展;交流、语言和读写;解决问题、理解和算数;认识和了解周围的世界;身体发展;创造性发展。每个学习领域又被划分为若干个学习内容。《基础阶段教育(3—5岁)课程指南》提出到幼儿5岁时,达到法定入学年龄,托幼机构将对幼儿从个性、社会性和情感等方面进行评估，并做出合理评价，为幼儿顺利入小学做充分的准备。

知识链接

《基础阶段教育（3—5岁）课程指南》中学前儿童发展评估指标

1. 个性、社会性和情感的发展

持续的兴趣、兴奋度及学习动机；

在一个熟悉的群体中可以独立尝试新事物、新思想，敢于发言；

在适当的时候保持注意力、集中力，并在适当的时候保持安静；

对重要的体验做出回应，在适当的时候表现出一系列感情；

对自身的需求、观念及感情有发展的意识，并能意识到他人的需求、观点及感情；

尊重他人及自身的文化背景和信仰；

同成人及同伴形成良好的关系；

理解什么是对的、什么是错的，并知道为什么；

独立选择及应用活动与资源；

理解人们有不同的需求、观点、文化及信仰并需要尊重；

理解他们可以期待他人对其需求、观点、文化及信仰的尊重对待。

2. 交流、语言和读写

同他人互相影响，谈论计划、活动及轮流交谈；

善于倾听及使用书面和口头语言，做好学习和玩耍的准备；

支持有礼貌的倾听，对他们听到的有关的问题及行为的评论能做出回应；

愉悦地倾听，对故事、歌曲及其他音乐、韵律及诗歌能做出回应，并且可以自己编故事、歌曲、韵律及诗歌；

拓展他们的词汇量，解释含义及新词汇的发声；

清楚地讲述，自信及有控制地倾听，并表现出倾听的意向；

通过语言想象及重现角色和经历；

发生事情时学会倾听并且有序地表达；

连接字母发声表，说出并读出字母表上的字母；

使用他们的语音知识写出简单规则的字，并且尝试更复杂的字；

利用声音、文字及测试题进行尝试和探索；

利用故事的语言图式，用正确的顺序重新叙述故事；

能独立阅读一系列熟悉及常见的词语及简单的句子；

知道英文印刷体的意义，并且知道阅读的顺序是从左到右，从上到下；

表现出对故事因素的理解，如主要角色，事情开始及发生的顺序，以及在非文学类作品中可以回答在哪里、谁、为什么及如何的信息；

尝试用不同方式写作，使用不同形式的特征，如清单、故事及结构；

写出自己的名字及其他如表格、标题等内容，并能形成简单的句子，有时使用标点符号；

使用铅笔，正确有效地握笔，并写出可识别的字母，多数形成方式都是正确的。

3. 解决问题、理解和算数

在熟悉的情景中顺序说出及使用数字；

数出10件日常用品；

认识数字1—9；

使用发展的数学思维和方式解决实际问题；

在实际活动及讨论中，开始使用有关加法和减法的词汇；

使用如“更多”或“更少”来比较两个数字；

从1到10找出比一个数多一或少一的数；

使用“更大”“更小”“更重”“更轻”来比较分量；

讲述、辨认及重现简单的图案；

使用如“圆形”“更大”等词汇来描述孤立物体的尺寸或者平面图形；

使用日常词语描述位置。

4. 认识和了解周围的世界

适当的时候使用他们所有的感觉研究事物；

找出并识别他们观察的生物、物体及事情的特征；

用熟悉的、不同的图式及变化密切观察；

问为什么发生及物体如何运转的问题；

需要时选择适合他们工作的资源构建一系列物体；

选择他们需求成形、收集及加入他们使用的物质时的工具和技术；

找出他们生活中过去及目前的事情，以及他们家人和认识的人所发生的事情；

观察、找出并识别他们生活的环境及自然世界的特征；

观察他们周围的环境，并谈论他们喜欢或不喜欢的特征；

开始理解自身及他人的文化和信仰。

5. 身体发展

安全、自信地移动；

可控制、协调地移动；

对自己及他人有空间意识；

认识到保持健康的重要性，并为此而努力；

活动时能意识到发生在他们身体上的挑战；

会使用一系列大大小小的器械。

6. 创造性发展

以多种方式回应他们看到、听到、闻到、触摸到及感觉到的事物；

通过一系列广泛的物质、合适的工具、想象、角色扮演、移动、设计及一系列歌曲和音乐器械来表达和交流他们的主意、想法及感觉；

在两到三尺的范围内探究颜色、质地、形状、排列及空间；

识别并探究声音是如何被改变的，唱出记忆中的歌曲，能识别重复的声音及不同的音色，以及音乐的改变；

在艺术、设计、音乐、舞蹈、虚构、角色扮演及故事上使用他们的想象力。

另外,在英国,5—7 岁的儿童是小学一、二年级的学生,对于这部分儿童,学校实施国家课程,它包括 3 门核心课程:英语、数学、科学,还有 7 门基础课程:信息科学(即计算机科学)、设计与技术、体育、音乐、美术与手工、历史、地理。

为了实现教育的任务和内容,学前教育机构都制定了年计划、学期计划、月计划、周计划和日计划,并通过主题的形式来体现。不同的年龄班拥有不同的主题;不同的主题持续的时间不同,短的只有 4 周,长的则达 8 周,这主要是根据儿童的兴趣来决定的;每个主题的重点虽然可以不同,但都必须涉及 6 个领域的教育内容。下面的表格即是英国某幼儿园的课程内容安排。

英国某镇幼儿园课程内容安排

时间 活动/资源	星期一	星期二	星期三	星期四	星期五
主题活动	儿童利用自己制作的地图步行去当地教堂	为忏悔日烤制薄饼	儿童利用自己制作的地图步行去当地商店	利用较大幅面的地图调查遥控车	沙堆寻宝
PSED 活动	介绍自己感兴趣的事	互诉自己的新闻	交谈自己在步行中所见到的事物	制作一张兴趣表以展示地图和财宝	探索自己的财宝箱,告诉他人自己的财宝
读/写	选择地图	制作自己的地图	→	→	→
数学	完成有关颜色及图形的难题	数字游戏	图形归类	图形及颜色匹配	匹配及填充空格游戏
科学	利用显微镜在载片上观察事物	利用拖拉机、卡车、小汽车(玩具)“征服”陡坡	在行途中利用放大镜观察事物	观察磁体及其所吸附的东西	利用放大镜观察自己的财宝
交流信息与技术/计算机	利用鼠标玩游戏	→	接触性游戏(如作图)	→	猜声音游戏
沙盘	湿、干沙盘比较	利用木块和沙子搭建模型	利用铁锹和篮子堆沙城堡	利用卡车、挖掘机和拖拉机(玩具)堆沙	利用篮子、漏斗和刻度尺测量沙堆的体积

续表

时间 活动/资源	星期一	星期二	星期三	星期四	星期五
水盘	在不同容积的水盘里应用搅拌机	利用锅碗瓢盆模拟做饭	利用试管和漏斗观察五颜六色的液体	利用水壶等工具测量水量	观察在水中漂浮或下沉的物品
身体活动（户内/户外）	吹肥皂泡	利用小布袋、球、圈来保持身体平衡	跨越障碍	随着音乐的节奏跳舞	音乐与运动
创新领域	组建建筑模型	→	→	组建城镇模型	组建城镇模型
感知领域	利用擀面杖和刀具处理面团	制作干、湿面团	利用传输带运送面团	揭示玉米面的性质	调制颜料
想象游戏	利用地图遥控小车	为电磁火车连接车轨	在地图上添置车库	在机场升降飞机及直升机（玩具）	控制玩具从玩具店走到动物园
角色扮演	乘公交车、火车进行短途旅行	自己开设售票点	野餐	超市购物	在旅行社预订假期旅行

（根据英国资格与课程局小册子《基础阶段学习计划》中的《一周的活动和学习的领域概述》制作）

（三）学前教育课程的实施原则与途径

英国学前教育课程的基本哲学是“游戏”，所有的学习必须都要以有目的的、自由的和有组织的游戏为基础。2000年的《基础阶段教育（3—5岁）课程指南》再一次肯定了游戏对于幼儿学习与发展的重要性，进一步提出了“精心设计的游戏”这一新的概念来区别于传统的自由游戏。“精心设计的游戏”这一概念强调了教师为儿童提供游戏材料、指导儿童游戏的重要作用。成功的游戏也不是完全自发的、无组织的活动，而是需要教师去精心准备游戏环境、材料、设备，丰富儿童的经验，参与、评论儿童的游戏，鼓励儿童自己发现问题、解决问题。

1. 学前教育课程实施原则

根据英国1989年颁布的《早年课程分类》，学前教育课程的实施原则为：

（1）早期儿童教育有它自己的价值，它是生活的一部分，而不只是工作的准备或下一学习阶段的准备。

（2）“儿童是一个整体”被认为是一个很重要的观念，因为儿童的社会的、情感的、体力的、智力的和道德的发展是有内在联系的，学校包括所有这些方面，儿童不可能同时被割裂成几个部分。

（3）儿童的内在动机是非常重要的，它能激发最初的学习。

（4）强调自动和自律，儿童最好的学习是通过亲身经验来进行的。

（5）儿童教育的出发点是他们能做什么，而不是他们不能做什么。

（6）在适当的条件下，所有的儿童都能表现出其潜力。

（7）与儿童交往的成人和其他儿童是非常重要的。

（8）儿童教育是儿童和环境相互作用的过程，环境包括物质、知识和人。

2. 英国学前教育课程实施的途径

（1）一日活动。一日活动是学前教育机构对儿童进行教育的基本途径。尽管在不同的学前教育机构，儿童入园与离园的时间、在园时间的长短有所不同，但是学前教育机构在安排儿童的一日或半日活动时都注意做到：自由活动和有组织的活动相结合，个人活动与小组活动相结合，生活活动与娱乐活动相结合，室内游戏与室外游戏相结合，动态活动与静态活动相结合。

知识链接

英国某幼儿园的一日活动安排

7:30　幼儿园开门

7:30—8:30　早餐，儿童入园

8:30—10:30　自由游戏，每个月的主题活动，玩沙/水、七巧板，想象游戏，建构活动

10:30—11:00　歌曲，点心，信息交流

11:00—11:45　室外游戏（如果天气可以的话），或室内音乐活动、律动

11:45—12:15　午餐

12:15—13:45　3岁以下儿童休息，3—5岁儿童和教师聚在一起

14:00—15:30　和上午有组织的游戏活动相同，或到公园、图书馆去

15:30—16:00　午茶和讲故事

16:00—16:45　夏天在室外活动，冬天在室内看儿童节目录像

16:45—17:30　家长接孩子

18:00　幼儿园关门

（2）区域活动。区域活动是学前教育机构对儿童进行教育的重要途径。重视幼儿园整体环境的布置和班级特色环境的创设，认为环境是儿童发展的第三位老师，通过区域活动来充分发挥环境的潜在教育价值，以满足每个儿童发展的需要。常见的活动区有图书区、科学区、电脑区、绘画区、家庭区、建设区、数学区、玩水区、玩沙区、木工区、体育区、种植区等。

（3）游览活动。英国学前教育机构均十分重视利用家庭和社区独特的教育资源，利用家庭和社区独特的教育资源拓展学前教育空间，促进儿童更好地发展。保教人员和家长经常有目的、有计划地带领儿童去博物馆、动物园、公园、儿童游戏场、书店、超市、商店、农场等地方参观游览。由于外出活动可能比园内活动具有更大的危险性，各学前教育机构在注册时会要求家长签字同意儿童外出活动，并在每次外出活动前再次请家长签字同意。学前教育机构还注意控制外出活动的规模和师幼比例。

（4）大型专题活动。大型专题教育活动对儿童某一方面的发展具有独特的价值，往往

是一年进行一次。例如庆丰收大会,有利于培养儿童热爱劳动、珍惜劳动成果的品质;幼儿运动会有利于激发儿童对体育活动的兴趣,增强儿童的体质。在庆丰收大会上,儿童既可以从家里带来直接与丰收有关的各种东西,如糖果、水果、面包、蔬菜、罐头,也可以带来间接与丰收有关的东西,如水龙头等浇灌、清洁物品,摆放在桌上,聆听师长的教诲,体验丰收的喜悦。在幼儿运动会上,每个儿童都有机会参加自己感兴趣的项目,如托着乒乓球向前行走,在大草坪上进行比赛;在运动会前夕,还可自愿参加"运动会日程表封面图案设计"的竞赛活动,把自己所画的图案用作运动会日程表的封面。

三、英国学前教育的师资培养

在英国从事学前教育的门槛限制较高,从业者需要通过教师入门培训并获得教师资格。2007年,英国学校培训和发展机构(TDA)颁布的《教师专业标准》明确指出,"教师应理解学习者的发展是如何受社会、宗教、道德、文化和语言等一系列因素的影响的;知道如何将知识有效地提供给学生,包括母语非英语的学生或有特殊需要的学生;面对多样化的群体能够进行全纳教学"。

(一)学前教育教师的资格标准

在英国,成为一名合格教师的途径一般有三种:一种是年满18岁的英国青年,至少有两门功课(主要是数学和英语)得了A级,经过任何学科的三年学位学习,再加上一年或两年的教育学研究生资格证书学习,就可以成为一名合格教师;二是大学本科四年教育学学习;三是经过三年的教师证书学习班学习。

进入21世纪后,随着幼儿教师专业化运动的不断深入,政府更加认识到严格规范幼儿教师资格授予标准是推动幼儿教师专业化发展的有效途径。2008年9月,英国儿童工作者发展委员会颁布了针对0—5岁儿童优秀教师的《早期专业教师认证标准指南》。在《早期专业教师认证标准指南》中,针对早期专业教师提出了六个方面的标准,规定了早期专业教师在此阶段应达到的标准和要求。包括:

(1)专业知识和理解。早期专业的准教师必须对早期基础阶段的基本理论、儿童早期阶段身心发展特点及法律规定的该阶段的任务有基本认识和理解。主要包括:① 通过教育实践验证,对那些支撑教育实践的理论或尝试有一个正确的认识和理解,并据此能够指导他人;② 了解早期基础阶段的原则和内容,以及知道如何利用它们来指导教育实践活动;③ 了解儿童从出生到早期基础阶段后期的发展和学习可能出现的差异性和多样性;④ 了解儿童的健康、发展、学习和行为等方面是如何受到内外部环境影响的,以及在受到影响之后又是如何发生变化的;⑤ 了解国家和地方有关儿童教育与服务工作,以及对早期教育环境创设的法定及非法定的主要规定和要求;⑥ 了解目前有关健康和安全方面的法律规定、国家政策和指南,保障儿童的健康和创设安全的早期教育环境;⑦ 了解其他专业人员在学前机构内外环境中所做的有益于儿童身体和情感健康、发展和学习的贡献。

(2)进行有效的教育活动实践。早期专业的准教师不仅要有理论知识的准备,更为重要的是将理论和实践相联系,可以有效地进行教育活动。早期专业的准教师在实践活动方面的准备标准,包括如何为儿童创设学习环境;如何组织教育活动;如何让儿童在游戏中得以发展;如何在适宜的时候为儿童提供"脚手架式帮助";如何让儿童感觉到平等和包容;如何让儿童享受到应有的权利;如何正确记录并科学评价每个儿童的成长与进步,并做出及时的反馈和改进;如何就儿童出现的情况向同事或专家进行求助,从而为儿童的发展提供有意义的帮助和支持。

(3) 与儿童的关系。早期专业的准教师在教育实践活动中应与儿童保持良好的互动关系,从而促进儿童更好地学习和发展。主要是指:① 与儿童建立平等、相互尊重、相互信任、相互支持的建设性关系;② 与从出生到早期基础阶段后期的儿童进行富有成效的沟通;③ 善于倾听儿童,关注他们所说的内容,然后进行反馈,并且尊重他们的意见和观点;④ 希望儿童拥有积极的价值观和人生态度,并遵循高水平的行为标准。

(4) 同儿童的家人和照顾者进行交流与合作。早期专业的准教师应了解如何进行家庭与学前机构的交流与合作,共同为儿童的成长和发展提供一个良好的童年环境,这也是其必备的素养之一。包括:① 承认和尊重儿童的家人和父母、照顾者对儿童的发展、健康和学习做出的影响深远的贡献;② 与儿童的父母、照顾者建立平等、尊重、信任和建设性的关系,并且与他们进行富有成效的交流与沟通;③ 与儿童的家人和父母、照顾者形成工作上的伙伴关系,一起培养儿童,帮助儿童发展;④ 通过分享儿童健康、发展和学习的信息,为学前机构和儿童的家人、父母、照顾者提供正式和非正式的交流机会,达到资源和信息共享。

(5) 团队精神和协作。早期专业的教师需要与同事一起协同合作,共同为学前事业的发展献计献策,从而为儿童的发展和成长提供最优质的教育服务。包括:① 与工作的同事建立和构建一种协同合作的文化;② 确保一起工作的同事们了解他们的教育责任,并提供适宜的支持使儿童达到预设的发展目标;③ 参与学前机构中的政策制定和实施行动,共同承担政策实施时的集体责任;④ 在专业多样化团队工作中做出贡献,并酌情协调与执行商定的方案与常规的基本要求。

(6) 专业发展。早期专业的准教师需要通过自己进一步的专业化发展,提升自身的综合能力,为学前事业做出自己的贡献。专业发展主要包括了:① 知道怎样运用读、写、算和信息通信技术方面的技能,以支持自己的教学,丰富自我专业活动;② 反思和评估教育实践的效果,在必要时进行调整,并负责确定和达到职业发展的需求;③ 采取有创造性、建设性的方法对待创新,能接受、适应被证实的创新实践。

(二) 学前教师职前培训课程

目前,英国的幼儿园教师职前培训主要由大学教育系和高等教育学院负责。一般来说,大学教育系或高等教育学院设立的幼儿园教师职前培训课程包括大学毕业后的教师证书培训课程,儿童、青少年及教育研究文学学士学位课程和幼儿园教师教育学士学位课程三类。

1. 早期或初等教育课程

早期或初等教育课程为从事3—11岁儿童教育培养高素质的教师,它是目前英国教师培养的主要形式。这种形式主要以已获得学士学位、旨在从事教师职业的大学毕业生为培训对象,培训时间为1年。目前,英国许多大学教育系和高等教育学院都开设早期或初等教育课程,课程内容大致相同。

英国剑桥大学教育系开设的早期或初等教育课程中,包括理论课程和教学实践活动两部分。理论课程,包括核心课程、基础课程、专业研究三部分。核心课程包括英语教学法、数学教学法和科学教学法;基础课程主要包括艺术、音乐、戏剧、体育、历史和地理、设计、信息交流技术、宗教教育等科目;专业研究主要包括儿童发展和儿童学习方式研究,包容性实践及跨学科主题研究,课堂教学中的实际问题研究等。专业研究模块致力于提高学生的反思能力，使其成为具有包容精神和善于反思的新型幼儿园教师。

英国剑桥大学教育系的教学实践活动包含实习和见习两部分，通常分四阶段进行：第一阶段是在参加早期或初等教育课程前，学生用 1 周时间到住家附近的幼儿园、小学或托育中心进行观察；第二阶段是在入学后的第一学期，学生持续 2 周到幼儿园或托育机构观察其教学和日常活动；第三阶段是在第一学期末第二学期初，学生到幼儿园或托育机构中选择一个班级，完成正式教师 30% ~40% 的工作量，并参与整个班级的教学活动，持续 7 周；第四阶段的实习在最后一学期，学生需要独立完成持续 8 周的教学活动，承担正式教师所应承担的全部责任。除了在合作机构进行实地实习外，学生还需为自己建立一份成长档案，全面记录自己的实习情况。这也是为成为一名合格的反思型幼儿园教师做准备。

2. 儿童、青少年及教育研究文学学士学位课程

儿童、青少年及教育研究文学学士学位课程学时为 4 年。第一学年，主要学习儿童、教育与学校，研究方法，儿童、青年与偏差，精神与行为（一些基本的心理学概念和著名的心理学研究），教育哲学，早期儿童教育与初等教育等课程内容。第二学年，主要学习一系列与教育学和心理学密切相关的社会科学，如社会心理学，教育社会学，语言、交流与学习，发展心理学，教育心理学，儿童和青少年的临床干预（儿童和青少年的心理健康问题及矫正方法），国际儿童教育等。第三学年是教学实习时间。学生在学校联系的实习单位进行教学实习，实习内容类似早期或初等教育课程；第四学年以专题研究课程为主。专题研究通常以研讨会的形式进行，学生可根据自己的兴趣或未来工作需要选择专题研究课程。

3. 幼儿园教师教育学士学位课程

幼儿园教师教育学士学位课程学时为 4 年。目前，英国一些知名学府，如威尔士大学、切斯特大学等，都设有幼儿园教师教育学士学位。课程分为 4 大模块，即核心课程、职业发展教育、专业课程和教学实践。这 4 大模块均以专题形式进行，贯穿 4 年。

教学实践通常与理论课程的学习结合在一起。教学实践的内容广泛，不仅包括到幼儿园或学前班组织教学活动，而且包括儿童学习情况分析、对全体或个别儿童活动的指导、儿童的学习环境创设等。此外，一些高校还通过现代教育手段为学生提供模拟实习机会，以提升学生的教学技能。由于教学实践内容广泛，形式多样，学校通常会为学生提供至少两所实习机构。这样做的主要目的是帮助学生了解不同的早期教育机构，提升其计划、组织教学活动和管理班级的能力。

（三）学前教师的资格认证

20 世纪 80 年代后，英国政府颁布了多份有关幼儿教师资格标准的文件，政府部门认识到完善资格认证制度是提升幼儿教师专业水平的关键。如 1983 年颁布的《教学质量》、1998 年颁布的《教学：高标准、高地位——职前教育培训课程要求》、2002 年颁布的《合格教师资格标准》等。只有在“专业价值”“知识与理解”和“教学”等方面达标，才能被授予合格教师资格。此外，试用期间的表现也是英国授予合格教师资格必须考虑的一个条件。20 世纪 90 年代以来，英国政府推行了入职培训制度，只有在入职培训期间通过考核者，才能被官方认可为合格教师。2000 年，英国教育与就业部在其颁布的《英国早期儿童保教政策》文件中规定，一名合格的幼儿教师必须参加三年制学位外加一年制的早期或初等教育课程或者是获得早期教育方面的学士学位。

1. 证书类型

在英国,学前教育教师均持证上岗,同时值得注意的是,学前教育资格证书多种多样,一位教师通过相应进修培训可以持有多个证书。学前教育师资资格证书大致分为几种:

(1) 国家保育考试协会证书,即 0—8 岁儿童健康和教育两年课程毕业证书。这是想成为保育助教的学生在扩充教育机构修满两年保育人员训练课程后,取得参加考试资格并考试合格后获取的证书类型。

(2) 2—5 岁儿童发展和教育一年课程证书。

(3) 初等教育三年课程证书。

(4) 0—8 岁儿童保育和教育一年课程证书。

(5) 0—8 岁儿童保育和教育两年课程毕业证书。

(6) 0—5 岁儿童健康和发展一年课程证书。

(7) 社会工作两年课程证书等。

2. 早期教育从业者职业资格认证体系

由于英国早教机构类型多样,针对不同类型的早期教育从业者,制定了五个职业认证的资格和学分框架。"儿童与青少年教育者资格",面向各类托幼机构、社会教养与学习支持机构从业人员;"游戏指导者资格",针对在游戏场所对 4—16 岁儿童进行游戏指导人员;"教育支持者资格",适合在学校环境中从事支持性教育工作的从业者;"健康与社会教养资格",面向在健康与社会教育机构进行特殊教育或普通教育工作的从业者;"评价者资格",面向内部和外部质量评价人员。通过资格和学分框架,有效地规范了早期教育从业者的准入资格与从业级别。

第三节 英国学前教育存在的问题及发展趋势

英国教育家埃德蒙·金在分析英国教育改革时,曾尖锐地将英国称为"充满矛盾的国度"和"勉强的革命者",正是难以变革的传统制约着当代英国学前教育事业的发展。

一、英国学前教育存在的问题

近十几年来,英国经济发展不景气,国民失业率不断上升,政府一再削减公共教育经费。在此情形下,虽然学前教育机构日趋多样化和多元化,政府也在不断加大监管力度,干预学前教育事业的发展,但英国学前教育依然面临着严峻的挑战。

(一) 托幼机构不能满足社会需求

英国托幼机构不能满足社会需要,主要表现为公立学校入托难。20 世纪 80 年代以来,英国遭遇了许多经济问题,政府鼓励就业来拉动经济发展,因此越来越多的妇女开始工作,英国妇女参加工作的比率在欧洲居于前列,有 5 岁以下孩子的妇女参加工作的百分比已从 10 年前的 32% 上升至如今的 51%。此外,妇女的工作时间增加,就要求社会帮助解决幼儿的托管照料问题,但公立幼教机构仍然缺乏弹性服务机制,提供的照看和照料时间不能配合家长工作的时间。英国政府只负责为极少数有特殊需求的幼儿(主要是残障儿童和最贫困家庭儿童)提供特定服务,不能满足就业率不断升高的职业妇女的需求。因此,就使得家庭对幼儿保育和教育的需求与日俱增,但是托幼机构的数量和人们的需求之间却有着很大的差距,这成为政府无法回避的现实。公立幼儿园条件较好,而且免费,大多数英国家庭都会选择将孩子送到公立幼儿园。由于要入园的儿童太多,未能进入公立幼儿园的儿童只能选择私立幼儿园或者推迟入园。

(二)政府部门之间职责不明确

英国是一个强调地方分权的国家,加之长期以来对学前教育缺乏应有的重视,因此,从中央到地方各级政府在对学前教育进行管理时,缺乏一套简洁、明确、适当、高效的组织体系。一方面,在国家层面上缺乏一系列简洁、明确、适当、高效的组织体系,以及缺乏对学前教育发展目标、计划、财政来源和监督体制等系统、清晰的组织与制度安排,由此导致了中央和地方相关部门的职能权限不清,组织管理比较混乱。另一方面,由于不同部门对儿童管理的责任分散或者交叉重叠,许多地方儿童服务的分类体系或重复,或流于形式,导致信息不能及时、有效地在部门之间共享,使得儿童得不到及时的、相应的服务。因此,当前英国政府在不断加大介入力度、试图协调全国幼教发展时,却频频陷入权限不足的困境,无法根据不同地方需求及时对全国性政策做出具体调整;而地方政府在执行中央政府颁布的全国性方案或决策时也同样陷入权限不足的困境,在统一的全国标准制约下难以顺利开展适合本地区需求的幼教服务。

(三)"照看"和"教育"的分裂

学前儿童特殊的身心发展特点,要求托幼机构必须把照看(care)和教育(education)整合起来。但是,由于英国托幼机构发展源流的多样性和行政管理体制的特殊性,在使托幼机构类型多样化的同时,也使之分裂为照看和教育两个不同的服务体系。照看和教育在体制上的分裂,造成了英国学前教育服务内容和标准的复杂性与多变性;不仅在不同的地区之间存在着地区差异,而且在不同的托幼机构或提供者之间也存在着差异,形成了英国学前教育服务缺乏统一的质量标准的状况。照看和教育之间的鸿沟不仅存在于不同的地区和机构之间,而且还存在于托幼机构内部的从业人员之间。托幼机构内部的从业人员也有照看系列和教育系列的区分。不同系列的从业人员在职前培训、资格要求、晋级、成人与幼儿比例以及薪水之间有明显的差别。

二、英国学前教育发展趋势

进入21世纪以来,为了提高学前教育质量,英国工党政府推出了一系列重大政策举措,以确保每个儿童都能享受学前教育服务,从中可见未来英国学前教育发展的趋势。

(一)加大学前教育投入,创造入学机会

为了帮助困难家庭支付学前教育费用,也为了使学前教育学校的经费能在家长、中央或地方政府之间更公平地分摊,政府采取策略,充分发挥和整合各种社会资源,为幼儿创造尽可能多的入园机会。自1997年3月开始实施国家儿童照料服务战略,政府投资80亿英镑以扩大照料服务。自1998年9月起,所有4岁幼儿都可以享受每周5天,每天2.5小时的免费早期教育。3岁幼儿的免费入托问题也被优先考虑。英国政府在《儿童保育十年战略》颁布以后,于2005年12月宣布:英国政府在原有增拨学前教育经费的基础上,每年再追加1.27亿英镑专门用于提高英国的儿童教育与保育的质量。而2006、2007、2008年《拨款法》用于该政策的中央财政拨款分别为2.15亿、3.7亿和7.13亿英镑。值得一提的是,这些资金还不包括每年各级政府向弱势儿童提供的财政支持;向家长提供的各种针对保育方面的专项贷款;用于幼儿教师开支和专业发展方面的资金以及地方政府对发展本地区学前教育的经费投入,等等。

(二)学前教育机构行政管理整合化

针对英国学前教育领域中存在的“照看”和“教育”在体制上的分裂,英国政府对教育机构的管理形式进行了整合。一方面将以前隶属于卫生福利部的托儿所置于卫生福利部及教育与技能部的联合管理之下;另一方面,基于劳动力家庭的育儿需要,将保育与教育部门置于保育部门的整合管理之下,由劳动技能部门承担整合管理责任。英国政府通过立法形式,明确政府的工作机制,1998 年的政府绿皮书《应对保育挑战》提出,托幼机构提供的服务要改变保育和教育相分离状况,将“保教一体化”作为扩展学前儿童保育服务和提高服务质量这一国家战略的发展重点。英国 2004 年出台的《儿童法》和 2006 年的《儿童保育法》均重申了“整合服务”这一改革理念,并为进一步建立、健全政府职能,明确相关重要部门和相关责任人的职能和职责,实施整合服务所需的机构重组和跨部门合作机制提供法律支持。

(三)规范和提高托幼机构服务质量

英国政府加强了中央政府对地方当局的管理,以提高幼儿教育机构的服务质量。其主要表现包括:一是成立专门机构,监管幼儿教育机构的服务质量。1992 年 9 月,由教育部分离出来的独立的教育管理部门——国家教育标准办公室成立,又称英格兰女王陛下总督学办公室,系独立于教育与技能部的非部级单位,主要负责英格兰的学校教育评估工作。1999 年,英国政府宣布,由国家教育标准办公室负责制定全国统一的幼教机构服务质量规范以及幼教机构的注册和督导检查等工作,形成第三方监督机制。从 2001 年 9 月开始,所有的幼教机构都要接受国家教育标准办公室的监督。二是加强教育与技能部对各类幼儿教育机构的管理。2004 年,英国政府颁布了《儿童法》,规定英国最高的教育行政机构——教育与技能部应对幼儿教育机构的运转、管理和儿童权益保障等制定规章、进行指导和监督检查等,以促使各级政府履行相应职责,加强对幼儿教育机构的质量管理。2008 年 9 月《儿童早期基础阶段》在英国全面实施,建立起 0—5 岁儿童学习、发展和保育的统一的政府框架,所有提供 0—5 岁儿童早期教育和保育服务的托幼机构,已开始执行统一的注册标准,并由教育标准局依据统一的视察标准展开对学前儿童服务的全面督导。

(四)促进学前教育机构与社区、家庭的积极合作

充分利用和整合社区资源,促进社区合作和家庭参与,为儿童和家庭提供更为广泛的支持,是英国政府改革学前教育的基本思路。2004 年政府颁布的《儿童保育十年战略》规定:从 2005 年 12 月开始,每个社区均要有儿童中心项目进行开工建设,或者对已有的早教服务机构进行合并、整合等,截止到 2010 年,全国儿童中心的数量将达到 3500 个。儿童中心为学前儿童提供了包括学前教育、儿童保育、医疗卫生和家庭就业服务咨询等方面的综合服务措施。每个家庭都有机会通过当地的社区,享受专门为父母和儿童提供的信息资源、卫生健康、家庭援助、儿童保育和其他服务的权利。近年来,英国幼儿园积极开展家长活动,联合社区,共同促进幼儿的发展。幼儿园通过让家长了解教育目标、日常教育活动、孩子发展水平以及从家长那里获得建议的方式,充分利用社区资源,拉近了幼儿园和家庭、社区的关系,使学前教育在家、园、社区一体化的发展模式下得到更好的发展。

(五)注重幼儿教师教育的一体化

幼儿教师的专业成长是一个连续不断的过程,贯穿于幼儿教师职业生涯的始终。20 世纪 70 年代以后,英国政府加强了对幼儿教师在职进修制度的完善,更为重要的是将幼儿教师的职前培养、入职培训和在职进修整合为一体，强调三者之间的衔接和过渡，注重幼儿教师专业成长的整个过程。如英国政府在 1972 年发表的《詹姆斯报告》中就提出，教师教育应包含职前培养、入职培训和在职进修三个相互衔接的体系。进入 20 世纪 90 年代后，为了使职前教育与在职进修之间能够更好地衔接，英国政府推行了幼儿教师入职培训制度以作为职前教育与在职进修之间的桥梁，提高了幼儿教师的职业胜任力，提升了幼儿教师的专业水平，实现职前教育、入职教育、在职教育一体化。

幼儿教师教育一体化的特点还体现在培养目标、培养方式和培训机构上。从目标上来说，英国政府将幼儿教师专业化发展作为改革的主要目标，在这一点上，职前教育、入职培训和在职进修之间有着内在的一致性。从培养方式上讲，20 世纪 90 年代后，英国幼儿教师的职前培养、入职培训和在职进修同时出现了“以幼儿教育机构为基地”的模式。由此可见，英国幼儿教师教育改革极为注重职前培养、入职培训和在职进修三者之间的整合，而其结合点正是幼儿教育机构这一“基地”。从培训机构上来说，英国政府主张幼儿教师教育机构应该承担职前培养、入职培训和在职进修三方面的任务。英国学校培训与发展署于 2003 年推出了“入职与发展档案”制度。这一制度细致入微地记录了每个教师的专业成长经历与发展方向，从而为连续有效地开展教师的职前教育、入职培训、在职和职后教育提供了参考。在这一制度规定下，幼儿教师教育机构应该提供幼儿教师在职前教育阶段的总结性信息；在在职进修阶段，幼儿教师教育机构应该为幼儿教师提供多层次、多样化的在职培训课程，以满足幼儿教师的个体需要。

本章小结

本章主要讲述了英国学前教育发展的沿革、现状和存在的问题及发展趋势。英国学前教育的历史发展经历了起步阶段、改革阶段和发展阶段三个阶段。17 世纪至 20 世纪 30 年代英国学前教育进入起步阶段，这期间创立了幼儿学校、幼儿学校运动在全国范围兴起、引入福禄培尔幼儿园、颁布了《初等教育法》、麦克米伦姐妹创办保育学校、颁布了《费舍尔法案》和《哈多报告》。20 世纪 40 年代至 80 年代初英国学前教育进入改革阶段，这期间颁布了《巴特勒法案》《普洛登报告》《教育白皮书》等文件。20 世纪 80 年代末至今英国学前教育进入发展阶段，通过“幼儿凭证计划”的实施、布莱尔政府颁布一系列学前教育改革政策以及制定《儿童计划:构建更加美好的未来》，开始大力发展教育事业。

英国学前教育机构的种类繁多，主要类型有保育学校和保育班、日间托儿所、游戏小组等。2000 年英国布莱尔政府的教育和就业部颁布了《基础阶段教育(3—5 岁)课程指南》，首次在基础阶段设立了统一的国家课程，针对 5—7 岁基础阶段的儿童规定了国家课程标准，在《基础阶段教育(3—5 岁)课程指南》中规定了学前教育的课程目标以及 6 大领域的课程内容。在英国从事学前教育的门槛限制较高，从业者需要通过专门的教师入门培训并获得教师资格。学前教育教师均持证上岗，而其资格证书多种多样，一位教师通过相应进修培训可以持有多个证书。

尽管英国学前教育经历了不断的发展，但其难以变革的传统依然制约着当代英国学前教育事业的发展。存在的问题主要表现为：托幼机构不能满足社会需求；政府部门之间职责不明确；“照看”和“教育”的分裂。进入 21 世纪以来，英国工党政府推出了一系列重大政策举措，从中可见未来英国学前教育发展的趋势：加大学前教育投入，创造入学机会；学前教育机构行政管理整合化；规范和提高托幼机构服务质量；促进学前教育机构与社区、家庭的积极合作；注重幼儿教师教育的一体化。

思考题

一、名词解释

1.《费舍尔法案》

2.《普洛登报告》

3. 幼儿凭证计划

4. “确保开端”计划

5. 游戏小组

6. 国家教育标准办公室

二、简答题

1. 简述20世纪80年代后英国学前教育的发展。

2. 简述英国学前教育机构的类型。

3. 简述英国幼儿园的课程实施途径。

4. 简述英国早期专业教师认证标准的具体内容。

5. 简述英国学前教师职前培养的课程模式。

6. 简述英国学前教育发展面临的问题。

7. 简述英国学前教育的发展趋势。

三、论述题

1. 论述英国学前教育教师认证标准及其对我国的启示。

2. 结合英国学前教育发展的趋势谈一谈对我国学前教育改革的启示。

第六章 其他国家学前教育

学习目标

1. 了解韩国、法国、德国、南非、新西兰、澳大利亚等国家学前教育发展的历史沿革。

2. 了解韩国、法国、德国、南非、新西兰、澳大利亚等国家学前教育的现状，掌握主要机构类型、课程内容和教师培训的特点。

3. 掌握韩国、法国、德国、南非、新西兰、澳大利亚等国家学前教育发展面临的主要问题和发展趋势。

第一节 韩国学前教育

韩国全称大韩民国(Republic of Korea)，位于亚洲大陆东北的朝鲜半岛南半部，面积9.96万平方公里，半岛海岸线全长约1.7万公里(包括岛屿海岸线)。2013年1月统计，韩国总人口为5008.7万，主要民族为朝鲜族。自20世纪60年代以来，韩国政府实行了“出口主导型”开发经济战略，推动了本国经济的飞速发展，在短短几十年里一跃成为中等发达国家。韩国是单一民族国家，民族意识浓厚。韩国人极其重视对年轻一代进行爱国教育，这一指导思想贯穿于韩国的家庭、学校和社会之中。韩国特别崇尚礼仪，从小就注重礼仪教育，重视文化传统教育。

一、韩国学前教育的沿革

(一) 初创时期

19世纪以前，韩国的学前教育主要在家庭内进行，有时也在私塾里开展，教育对象仅限于少数统治阶层的子弟，主要是把成人教育的内容提前教给儿童。

韩国最早出现的学前教育机构是1879年3月在釜山开办的釜山幼儿园，它主要招收日本人的子女，开办者和教师均为日本人。1896年，朝鲜高宗在俄国的支持下，改为大韩帝国。1904年，日俄战争俄国战败，朝鲜政权彻底被日本控制。1910年8月，日本迫使大韩帝国签订《日韩合并条约》，正式吞并朝鲜半岛，设立朝鲜总督府，进行殖民统治。1914年，美国传教士在梨花学堂设立梨花幼儿园，教学用语为韩国语，招收对象为韩国儿童。1916年，韩国中央教会开办了中央幼儿园，主要招收韩国儿童，其开办者、幼儿和教师均为韩国人，这是韩国真正意义学前教育的开始。随后，韩国的学前教育机构逐年增加。这一时期大多数幼儿园由韩国宗教团体开办，具有一定的宗教色彩。

1922年，日本殖民统治者修订了1911年颁布的《朝鲜教育法》，从法律的角度规定了幼儿园的对象、目的、教育内容、设施、财政等。这部法律促进了韩国学前教育的发展。到1930年，全国已有222所幼儿园，入园幼儿16207人，幼儿教师1091人。然而，从此时到第二次世界大战结束前，韩国学前教育发展比较缓慢，无论公立还是私立幼儿园的费用都极为昂贵，绝大多数平民家庭无力承受。

（二）稳步发展时期

第二次世界大战结束，日本投降后，韩国于1949年12月31日颁布了《教育法》。《教育法》共有11章117条，是规定韩国教育理念、宗旨、行政体制、教育机构种类和系统、各级学校教育目的等重要事项的基本法。《教育法》将幼儿园纳入了学校教育体系，使幼儿教育享有法律地位。该法令规定了幼儿园教育目的、保教目标及招生对象。《教育法》第146条规定："幼儿园的宗旨是哺育幼儿，给幼儿适当的环境，以促进其身体发育。"但这些条款几乎是照搬日本殖民统治时期的幼儿园制度。当时，韩国政府面临一系列的问题，因此除了颁布法规之外，并未真正促进幼儿园的发展，国民对幼儿教育重要性的认识也不足。

第二次世界大战后，西方民主自由思想传入韩国，韩国政府开始给幼教机构更多的自由和自主权。这一时期韩国的私立幼儿园逐渐增加，据统计，1945年韩国幼儿园有165所，1955年有192所，1957年发展到227所。这一时期的幼儿园多半是私立的，由宗教团体和个人创办经营。幼儿园缺乏合格教师，没有系统化、规范化的课程。幼儿园基本上集中在大城市，主要招收有钱人的子女，儿童入园率仅占全部儿童的1%。

20世纪60年代，韩国开始重视学前教育事业，政府制定并颁布了一系列的法令。1961年韩国政府制定并颁布了《儿童福祉法》，该法施行令第2条规定："监护人因工作繁忙或疾病无力养育其子女时，可委托托儿所进行保育。"托儿所属于儿童福利设施，其设立主体由国家、地方自治团体及法人代表等组成，设立主体从民间、社会福利团体以及地方政府得到财政支援和补助。1962年，韩国文教部颁布了《幼儿园设施基准令》，规定了最低程度的幼儿园设施标准，为彻底改善学前教育硬件提供了重要的法律依据。1969年，颁布了《幼儿园教育课程令》，规定了幼儿园教育的目标、科目、授课时数等内容，学前教育开始走上正规化。整个20世纪60年代，韩国政府虽开始重视国立和公立幼儿园的建设，但学前教育主要依靠私立幼儿园的状况仍没改变。

20世纪70年代初，韩国政府充分认识到仅靠私立幼儿园发展学前教育的局限性和国家创办幼儿园的必要性。1977年随着韩国"第四个经济开发五年计划"（1977—1981）的实施，韩国开始重视收入分配和改善生活环境等社会发展问题。在这样一个大的社会背景下，韩国公立幼儿园在国家支持下逐渐发展起来。与此同时，在70年代末，韩国文教部和韩国行为科学研究所在联合国儿童基金会的资助下，共同开展学前教育研究工作，为80年代学前教育热奠定了理论基础。

（三）高速发展时期

20世纪80年代后，韩国学前教育得到飞速发展。1980年9月韩国在总统府新设了教育、文化秘书室，具体负责教育文化事务。总统在施政演说中明确表示要积极发展学前教育事业，并指令有关部门全面修改了1961年的《儿童福祉法》，这次修改有两个特点：一是扩大了保育范围，原来保育对象主要以贫困家庭子女、弃儿和流浪儿为中心，修改后规定保育对象逐渐扩大,以全国所有幼儿为中心;二是改革教育课程,强调学前教育的内容要适应时代的发展。1984 年韩国政府成立了“幼儿福祉部”,将幼儿设施和幼儿教育归属该部主管。该部拟订了《幼儿教育振兴计划》,公告社会进行广泛讨论,征求社会各界意见。这场讨论在社会上引起了极大关注,意见也不尽一致,但有两点达成了共识:一是幼儿教育应该将幼儿保育和教育并重;二是幼儿教育的发展重点应放在广大农村,尤其是边远落后的地区。

20 世纪 80 年代后半期,由于 1988 年韩国施行了《男女雇佣平等法》,女性就业急骤增加,据统计,1989 年韩国就业女性已占全体女性的 45.6%,劳动部作为主管就业部门,积极呼吁设立岗位托儿所,以解除女工的后顾之忧。为此,韩国政府制定了《岗位托儿制度》。1990 年 1 月,韩国国会通过了《婴幼儿保育法案》。

20 世纪 90 年代以来,韩国政府进一步加快了学前教育事业发展的步伐,学前保育中心发展迅猛。针对城市和乡镇幼儿教育事业发展的不平衡、公立幼儿园和私立幼儿园发展的差异性问题,韩国政府采取了一系列的措施,逐年增加教育投资,广泛设立幼教机构,扭转乡村幼儿园和公立幼儿园发展滞后的局面。1993 年,政府拨款增设了 101 所乡村幼儿园和公立幼儿园;1994 年,又增办了 75 所乡村幼儿园和公立幼儿园。1996 年底,韩国共有幼儿园 8900 所,在园幼儿 552000 人之多。但这时全国幼儿入园率仅 27%,其中 3 岁幼儿入园率为 8.7%,4 岁幼儿入园率为 26.8%,5 岁幼儿入园率为 42.2%。1997 年,韩国的《初等教育法》规定了设立幼儿园的目的,园长、园监、教师的任职资格和工作任务,规定了教师的职称等级和晋升条件。

2000 年 3 月,韩国教育部制定了《全国幼儿园课程》。此文件共分两个部分:第一部分为课程计划与管理,第二部分为课程领域。它涉及教育内容、方法、幼儿园课程的组织与实施,中央、省、地方教育部门及园所各方面的职责及相互关系,以及课程的评价与质量监控。2004 年 5 月,韩国颁布了《幼儿教育法》,该法案明确规定,幼儿在入小学前,也就是 5 岁儿童可以免费享受一年的学前教育,否则被视为违法。该法案还提出了低收入家庭可以获得政府幼儿教育补贴的规定。

2012 年 3 月韩国推出 Nuri 项目。Nuri 项目是一项由韩国保健福利部和教育科技部推出的旨在使每个 3—5 岁幼儿获得平等的保育、教育机会的民生福利政策。政府通过 Nuri 项目,实现对学前教育的财政投入,保证全国 3—5 岁的每名幼儿获得免费的受教育机会;通过在全国幼儿教育机构推行统一的 Nuri 课程,力图为全体幼儿提供高质量的教育内容,实现“起跑线上的平等”。

二、韩国学前教育的现状

(一)学前教育机构类型

韩国学前教育机构主要有三种类型:幼儿园、儿童保育中心和私立教育补习机构。

1. 幼儿园

韩国幼儿园招收 3—6 岁幼儿。传统幼儿园为半日制,但为了落实 2004 年《幼儿教育法》规定的 5 岁幼儿免费教育,韩国政府开设了更多的全日制幼儿园。目前韩国近 30% 的适龄幼儿在全日制幼儿园。韩国所有幼儿园都使用国家课程。国家没有统一规定幼儿园的师生比,但各省市有相关规定。2005 年幼儿园的平均师生比为 1 : 20。班级规模分为三种类型:4—5 岁为 25 ~ 30 人,3 岁为 15 ~ 25 人,混龄班为 20 ~ 30 人。

2. 儿童保育中心

韩国大部分保育中心招收0—6岁的幼儿,一天开放12小时,一周开放6天。既有中央政府和地方政府开办的公立保育中心,也有个人或公司开办的私立保育中心。2005年儿童保育中心的师生比1岁以下为1∶3,1岁为1∶5,2岁为1∶7,3岁为1∶15,4—6岁为1∶20,有特殊需要儿童的保育机构师生比为1∶5。

3. 私立教育补习机构

韩国私立教育补习机构招收3—12岁的儿童,一般是半日制幼儿园的儿童和放学后的学生。这些机构不受政府管理,由教育公司运作。

此外,韩国学前教育机构还有家庭日托中心、课后托管中心等。

(二) 学前教育课程

1. 课程目标与内容

韩国教育部制定、于2000年3月1日生效实施的《全国幼儿园课程》明确规定:"幼儿园教育是促进儿童全面发展,使儿童掌握日常生活所需要的基本技能态度的基础性教育。"幼儿园教育的目标主要是儿童获得身心健康成长的经验;养成基本生活习惯和与他人共同生活的态度;获得创造性的表现、想法和感受的能力;获得正确使用语言的经验;培养对日常生活问题的独立态度。

韩国于2012年3月推出Nuri项目,该项目中的Nuri课程重在养成3—5岁幼儿遵守秩序、乐于合作、关心他人等基本行为习惯和品质,使其具备成为未来民主社会公民的基础。课程提倡自由和创意,要求幼儿学会尊重大自然、尊重本民族文化。Nuri课程的内容划分为运动健康、社会交往、自然探索、交流沟通和艺术鉴赏5大领域。

(1) 运动健康领域:对自己的身体有一定的认识;能够协调、灵活地做基本运动动作;喜欢参加体育活动;知道必要的安全保健常识;学会保护自己;身体健康。

(2) 社会交往领域:认识、接纳自己,学会尊重自己;理解他人与自己的不同并进行自我调整;珍惜、关爱家人;学会与他人共同生活;关心社会。

(3) 自然探索领域:对周围的事物、现象感兴趣;有好奇心和求知欲;对数学问题的探究有兴趣;体验数学的趣味性;能自主探究日常生活和游戏中蕴含的科学现象。

(4) 交流沟通领域:能基本理解他人的观点并顺畅表达自己的观点;初步掌握倾听、会话、阅读与书写的简单技能。

(5) 艺术鉴赏领域:感受并发现自然和生活中的美;能富有艺术感地、大胆地表现自己感受到的美;学会欣赏艺术作品。

2. 课程实施

韩国幼儿园课程要求教师树立活动中心思想,以幼儿的兴趣为出发点,从幼儿日常生活经验中寻找活动素材,发展幼儿的认知、技能及态度,鼓励幼儿同教师、同伴以及环境之间的积极互动;要求教师要善于平衡室内活动和室外活动、动态和静态活动,灵活采用集体教学、小组教学和个别化教学相结合的形式。

韩国学前教育机构重视民族情感和礼仪教育,强调培养有礼貌、有教养的儿童,教育儿童学习做人,学习做社会人。幼儿园专门开辟了礼仪室,配以韩国式家居和民族服装。礼仪课包括如何问候长辈、小朋友之间的交往礼仪、过年过节走亲戚的礼仪、向老人敬茶时的礼仪等。有的幼儿园还创设了家政活动室,让幼儿学做小主人、小厨师。韩国重视从小进行民族传统教育，培养民族精神。幼儿园的各个场所都端端正正地挂着国旗，许多幼儿园内矗立着韩国历史上民族英雄的铜像。许多幼儿园摆放着从古到今的韩国生活用品及古老的农舍模型等，幼儿从这些可见可触的物品中了解韩国的历史和文化，增加感性知识，增进对祖国和民族的崇敬之情。

（三）学前教师培养

韩国学前教师培养学校分为国立、公立和私立三种，由国家投资设立的学校称为国立学校，由地方自治团体投资设立的学校称为公立学校，由法人私人投资设立的学校为私立学校。韩国《教育公务员法》第 2 条规定，国立、公立学校或机关教员或助教为教育公务员，享受公务员待遇。私立学校的教员可以通过招聘而进入国立、公立学校，成为教育公务员。《教育公务员法》第 47 条规定，教育公务员的退休年龄为 62 岁，特殊条件可放宽为 65 岁。

韩国的职前教师培养将保育中心教师和幼儿园教师分开进行。负责职前教师培养的机构主要有三种：一年制儿童保育培训机构、二至三年制的学院和四年制的大学。大多数的培养机构为私立的。韩国目前没有统一的培训标准，不同机构的课程和实习时间不同。

韩国从 1995 年开始，在大学增设了幼儿教育专业，并适当扩大其招生比例，同时改革了课程设置。其中基础课占 35%，应用课占 45%，选修课占 20%。基础课主要是儿童发展、幼儿教育论、儿童福利论等。应用课程主要是幼儿社会教育、幼儿语言教育、幼儿音乐教育、幼儿美术教育等。选修课有特殊教育、社会关系论等多门学科，以培养学生的兴趣爱好，发展学生的综合能力。目前，四年制的课程正在进行改革，目的是以整合的方式培养适合所有类型学前教育机构需要的人才。

韩国重视教师在职培训，对在职培训有法定要求，规定新任幼儿园教师每 3 年需要接受 60 小时的专业培训，保育中心的教师为 40 小时。教职员工的职位晋升也有培训时间要求，如二级教师必须接受 30 天的培训才能获得一级教师证书。2004 年韩国教师培训机构有 1412 所，其中负责幼儿教师资格培训和普通培训的有 1343 所。

韩国对学前教师的职后培训制定了较为详细的规定，不同的岗位有不同的要求。主要包括：① 资格培训，为教师晋升级别而开设，通过培训可以获得相应的积分；② 一般性培训，用以扩展教师在教育理论和实践方面的整体知识；③ 调整性培训，专为新教师而开设上岗培训，让年轻教师尽快适应岗位工作；④ 提高性培训，全面提高幼儿园教师中的骨干力量。

韩国幼儿园教师分为园长、副园长、一级教师和二级教师四个层次。一级教师一般持有学前教育专业的四年制大学文凭，二级教师至少有学前教育专业的两年制学院文凭。韩国 70% 的幼儿园教师有两年制学院的文凭，30% 的教师为四年制大学文凭。儿童保育中心的教员大约 60% 有两年制学院的文凭，15% 以上有四年制大学的文凭。此外，高中毕业生和接受过高等教育的个人接受完一年的学前教育培训，也可在保育机构工作。

三、韩国学前教育发展趋势

韩国学前教育在发展过程中也存在一些问题。当前韩国家庭正由过去扩大家庭向核心家庭急速转化，这意味着传统的由家族成员承担育儿工作的状况正在发生改变，人们开始向社会寻求育儿支援，尤其是针对 3 岁以下婴幼儿的保育需求不断增加。但从韩国幼儿园及保育设施的情况来看，现有设施数量与幼儿入园需求之间存在较大差距。2003 年《韩国背景报告》显示，仅有42.8%的3岁幼儿、57.8%的4岁幼儿、68.7%的5岁幼儿进入公立学前教育机构。很多幼儿进入私立机构，家长要支付全部育儿费用，家长负担加重。

针对学前教育发展中存在的问题，韩国学前教育改革与发展呈现以下趋势。

（一）加大政府学前教育投入

2002年，政府对儿童保育的投资增长至1亿美元，到2005年增长至2亿美元。同时，2005年韩国政府改变了对儿童保育的资助体系，由直接资助系统（为教师发工资和一些政府开支）改为给家长发放补助金。对幼儿园的补助金（包括5岁幼儿的免费教育），2005年比2004年的预算增加了150%。

根据韩国国家统计局发布的《未来人口预测2010—2060》，2012年韩国的人口增长率约为0.45%，到2030年左右将出现零增长，到2040年左右将出现负增长。人口的低出生率跟儿童养育成本高、家庭负担重有很大关系。2012年3月韩国政府出台Nuri项目，旨在使3—5岁幼儿获得平等保育、教育的机会。国家教育科技部要求各道、市教育厅依据制定的人均补助标准及当地3—5岁幼儿数量的财政补助政策，以经济支援形式保证3—5岁幼儿接受免费学前教育。

（二）构建育儿支持系统

韩国政府近几年构筑社区育儿支援网络，将扩充全国各级育儿支援中心，为边工作边育儿的母亲、专职主妇及其他社区居民提供相关的育儿信息。在国立和公立幼儿园、保育设施、社会福利馆等处设置保育信息中心，加强其作为育儿支援中心的机能，并通过灵活使用已有的人力资源来减轻新设机关的负担；以保健所为中心，通过与社区母子保健中心合作，对婴儿健康检查、预防接种、母乳哺养指导等服务项目进行援助；开发和普及针对专职主妇的家长育儿支援课程，并通过社区公共图书馆、育儿支援中心、保育信息中心提供育儿信息和咨询，共同管理社区育儿支援项目。同时，扩充多种形式的育儿服务。为了缓解母亲的育儿压力．政府增加时间延长型和全日制的保育班级，并对国立与公立设施予以补贴。此外，政府还对未就业的保育人员、幼儿教师、护士等进行婴儿养育方面的培训，然后将其作为家庭保育教师派遣到家庭中去，对那些难以享受育儿休假的1岁以下婴儿父母给予援助。

（三）提升学前教育质量

韩国政府一方面提高了对低收入家庭的资助水平，把学前教育机构的服务时间扩展为12个小时以上，另一方面放宽学前教育机构标准，鼓励开设私立学前教育机构。对于私立机构，政府在教育质量方面采取了有力的监管措施，通过颁发执照的方式来管理保育中心，建立和管理保育中心的标准更为严格，降低保育中心的师生比，工作环境由政府严格加以控制。

韩国政府通过课程改革提升学前教育机构质量。2012年3月韩国保健福利部和教育科技部推出的Nuri项目，该项目中的Nuri课程是韩国政府推行的一项学前教育课程改革政策，这项政策要求韩国学前教育机构推行统一课程，以实现所有的儿童接受同样高质量的教育。

韩国政府为确保课程改革有效推行，使韩国学前教育机构在职教师和预备教师准确理解和把握Nuri课程的精神，并能在实际教学实践中全面、正确地贯彻课程理念，国家教育科技部对全国教师分批次进行培训并发放教育指导书。课程改革培训对象首先由5岁幼儿的教师开始，再分批次扩大到3—4岁幼儿的教师。为提升学前教育质量，教育科技部除组织教师培训外,还免费向每位幼儿教师发放了各种类型的指导书,包括《解说五大领域的教育目标、内容的说明书》《解释各领域内容范畴及所应用的教育原理的指南手册》等,给教师以具体指导。

第二节　法国学前教育

法国全称法兰西共和国(Republic of France)。截至2008年1月1日,法国人口估计为6380万,其中本土人口6190万,海外人口190万。法国位于欧洲西部,是一个半议会、半总统制的国家。法国在政治、经济、文化等方面对世界产生了重要影响,是世界文化中心之一。

一、法国学前教育的沿革

(一) 初创时期

1789年开始的法国大革命是法国历史上重要的分水岭,它结束了1000多年的封建统治,开始了资本主义确立和发展时期。18世纪末至19世纪末,法国学前教育完成从萌芽到基本确立近代学前教育制度的转变,为现代学前教育的发展奠定了重要的基础。

1. 创立编织学校

法国最早的幼儿教育机构是编织学校。编织学校是法国新教派牧师让·弗雷德里克·奥柏林于1771年创办,以4—7岁学前儿童为教育对象,旨在培养儿童纪律性,使儿童理解宗教教义和提高语言能力,培养儿童勤劳品质,并使他们掌握劳动技术的幼儿教育机构。编织学校每周只开放两次,开设的课程包括:编织、缝纫、阅读、书法、唱歌、背诵、算术、自然史、圣经等。学校设有两名指导教师,一名担任幼儿的手工技术指导教师,另一名担任文化和游戏方面的指导教师。此外还挑选年龄较大的女孩做助教,帮助指导教师共同教育幼儿。实际上这时编织学校已把教育置于比保育更重要的地位。

编织学校是一种慈善机构。由于奥柏林创立的这所学校旨在发展社会经济以及增进地区居民福利,使得编织学校在法国教育史上具有重要的地位。编织学校不仅是法国幼儿教育的开端,也是幼儿教育史上近代幼儿教育设施萌芽的标志。

2. 日间看护中心和托儿所运动

1816年,欧文在纽兰纳克的工厂中创办了"幼儿学校",专门招收2—6岁的幼儿。欧文"幼儿学校"的创立,引发了19世纪上半叶欧洲幼儿学校运动的热潮。1826年,巴黎第12区区长柯夏创建了与英国幼儿学校性质相似的法国第一家日间看护中心,招收因年龄太小不能上学,或因父母太穷或太忙不能受到照顾的2—6岁儿童,其课程包括宗教教义、阅读、拼写、画线、手工、唱歌和体育练习。据统计,到1830年,巴黎地区的日间看护中心有6所,入托儿童990名,到1836年日间看护中心的数量已增至24所,入托儿童达3600名。

1833年法国《基佐教育法》颁布后,担任教育部长的基佐提出把日间看护中心看作初等教育的基础,指示各市县公共教育部与日间看护中心建立密切联系,为日间看护中心提供一定财政援助。1835年,法国颁布了《关于在各县设立初等教育特别视学官的规定》,指出视学官具有视察和监督日间看护中心的权利。这是法国政府正式管理这种机构的开端。

1836年,教育大臣布雷明确指出日间看护中心是公共教育部领导下的学校,应和其他初等学校一样,接受市、镇、村教育委员会的领导。这标志着法国日间看护中心的性质发生重大转变，即由面向贫民的慈善救济事业转向面对全体民众的国民教育事业。1837 年，法国政府要求全国实施《日间看护中心管理条例》，此条例规定了日间看护中心的性质、内容、教育方法和管理规章，将日间看护中心的行政管理纳入中央集权教育行政管理体制的轨道。至此，法国的日间看护中心已经从慈善团体调整为受公共教育部管辖的初等学校。在加强对日间看护中心行政领导的同时，国家和地方也加强了对日间看护中心的财政资助。据统计，1837 年，有 17 个自治县向 261 所日间看护中心提供补助金，共计 174639 法郎；1840 年，接受补助的日间看护中心增加到 550 所，补助金额也增加到 245631 法郎；1841 年，31 个县向日间看护中心提供的补助金达 266432 法郎。在法国政府的大力支持和帮助下，19 世纪中叶法国日间看护中心发展迅速。据统计，1843 年日间看护中心已达 1489 所，入托幼儿达 96192 名；1850 年日间看护中心猛增到 1735 所，入托幼儿达 160244 名，是当时发展的最高水平。

1844 年，法国第一所托儿所由巴黎政府官员马尔波设立。托儿所以出生 15 天到 3 岁的儿童为对象，政府通过地方当局对托儿所实行财政资助。创办人马尔波还撰写了关于《幼儿托儿所》的著作，呼吁人们关心 3 岁以下幼儿的生命和健康问题。他的主张受到政府行政及有关社会团体的重视和支持，托儿所也因此发展起来。1845 年，法国政府颁发了相关政令，使托儿所正规化。此后，托儿所在法国各地推广开来。

3. 福禄培尔幼儿园运动

19 世纪中叶，德国福禄培尔幼儿园运动领导人别劳夫人到达法国，她系统地介绍了福禄培尔教育思想、方法及德国福禄培尔幼儿园运动，并向法国领导人提出在法国日间看护中心引进福禄培尔教育方法。法国政府批准了她这一请求，别劳夫人开始以“国际托儿所保姆培训学校附属托儿所”为试点，通过法国中央集权的教育领导体制，把福禄培尔的教育方法引进法国。由此，法国掀起了福禄培尔幼儿园运动。这场运动使法国建立了一大批福禄培尔幼儿园，并将福禄培尔教育思想作为学前师资培养的指导思想。这个时期，法国学前教育存在双轨制的现象，幼儿园是上流社会子女的专利品，平民子女则只能进传统的托儿所。

4. 母育学校

19 世纪 80 年代后，法国学前教育双轨制状况有所改变。1881 年《费里教育法》确立了“免费”“义务”和“世俗化”的国民教育三原则，为打破学前教育双轨制提供了法律保障。同年 8 月，法国政府宣布，将日间看护中心等幼教机构统一改称“母育学校”，并指出：母育学校以实施“母性养护及早期教育”为宗旨，对全体儿童进行体、德、智全面发展的教育。母育学校的教育对象为 2—6 岁的儿童，根据儿童年龄发展阶段编班，形成男女儿童混合编制的班级，这样使母育学校就如同一个大家庭，教师像慈母一样关怀照顾着每一个孩子，教师和孩子像一家人一样在母育学校中，一起游戏，一起生活，一起成长。母育学校的名称反映了母育学校“母性养护及早期教育”的宗旨，并采取温情、宽容、自由发展的教养方式。母育学校的教育内容包括：初步的道德教育，如对家庭、祖国应尽义务的知识和意识；日常生活中的实用知识，如分辨时间与季节，认识颜色和形状等；唱歌、绘画、书法、初步阅读、语言练习、幼儿故事和地理的基础概念等；手工的训练；按年龄阶段进行的身体锻炼。

1881 年《费里教育法》颁布以后，统一了各种幼教机构的名称，将母育学校纳入公共教育系统，从以看护为主要目的的慈善性质机构，转变为国民教育事业。在这一法案的影响下，母育学校开始尝试以年龄编班取代以往带有封建色彩的按性别分班，并以道德教育代替了以往的宗教教育。

（二）稳固发展时期

1881年《费里教育法》颁布后，法国基本确立了近代学前教育制度。1886年，法国政府规定：凡拥有2000名居民以上的乡、镇，必须建一所母育学校。1887年，法国政府又发布政令，对母育学校应具备的设施详加列举，但仍保留了母育学校偏重知识教育的特点。

进入20世纪以后，在新教育思潮和民主化思潮的影响下，法国政府反思了母育学校过分强调知识的倾向，强调母育学校应很好地承担母亲责任，保护幼儿的安全是母育学校最本质的职责。1908年，法国政府指出母育学校的目的是对幼儿加以照料，满足他们体、德、智三方面发展的要求；母育学校不是普通学校，对流落街头和处于不良家庭的孤独幼儿来说，母育学校是他们的避难所；要吸收无人照料的幼儿到母育学校，并给予热情的照顾。1927年，法国政府详细规定了母育学校必须具备的校舍和设备标准。由于政府重视和相关法律保障，到1939年，母育学校达到3831所，为法国学前教育的发展打下了良好的基础。

这一时期，法国学前教育机构管理制度已经形成，母育学校受教育部或地方当局管辖。公立的母育学校由国家和地方自治团体开办并支付经费，实行免费制，但不属于义务教育。私立的母育学校多由慈善团体、联合产业、商会及私人开办，也实行免费制。

（三）改革与发展时期

第二次世界大战后，法国政府紧随世界学前教育的发展潮流，积极借鉴其他国家学前教育改革的先进经验，不断推进学前教育改革。法国政府非常注重学前教育改革与初等教育改革的结合，力图使二者协调起来。积极的改革措施使学前教育更加适应法国社会发展的要求和学前儿童身心发展的需要，极大地提高了法国学前教育乃至整个初等教育的质量。

1.《郎之万—瓦隆教育改革方案》

第二次世界大战后，法国政府任命了由大学、中小学、教育行政部门及教师工会等各方面代表组成的委员会，该委员会提出了《郎之万—瓦隆教育改革方案》。该方案首次提出了教育民主化的思想，并强调教育必须关注儿童的个别差异，要求根据儿童的年龄、能力和心理的特点来开展教育。然而在法国，由于保守势力的阻挠，《郎之万—瓦隆教育改革方案》一直没有得以实施，但其中教育民主化、以儿童为中心的思想却成为后来法国一系列教育改革的指导原则，《郎之万—瓦隆教育改革方案》因此被称为从未实施却又无所不在的教育改革方案。

2. 采用三段分期教育法

20世纪60—70年代，在皮亚杰和布鲁纳认识论及课程结构研究的推动下，西方课程改革出现了打破学科界限，整合学科教学或将学科课程综合化的趋势。在这一趋势的影响下，1969年，法国政府改革了母育学校的学习计划和教育方法，以进一步促进幼儿的全面发展。改革后的学前教育也采取了与小学相同的三段分期教育法，也称三分制教学。

三段分期教育法将所有的学科划分为三个部分，即基础学科（语文、数学）、启蒙知识科（历史、地理、自然、公民教育、手工、图画、音乐等）和体育。与小学这种跨学科的课程相类似，母育学校的课程也分成三大类：

（1）基础知识课。上午进行，每周15课时。

（2）各种启蒙教育课。下午进行，每周6课时。

（3）体育课。下午进行，每周6课时。

这种新课程计划主要为了克服分科教学的局限性，把各学科有机地联系起来，使儿童能更为统一地、协调地和整体地去认识世界，促进儿童体、智、德的发展。在上述三类课程中，基础学科占一半以上课时，4 岁以上幼儿教育的重点是进行读、写、算等基础知识和基本技能的教育，为幼儿进入小学做准备。

3. 颁布《哈比教育法》与改革母育学校

进入 20 世纪 70 年代，法国政府更加重视公立学前教育的发展。1975 年，法国政府颁布《哈比教育法》，该法案涉及从学前教育到小学和中学的整个普通教育领域。《哈比教育法》明确规定，学前教育目标是启发儿童个性，消除儿童由于出身和家庭条件的不同而造成的成功机会的不平等，早期发现和诊治儿童智力上的缺陷及身体器官上的残疾，帮助儿童顺利完成学前教育向小学教育的过渡。根据这一法案，法国的学前教育发挥着教育、补偿、诊断治疗以及与小学教育相衔接的多种功能。

《哈比教育法》颁布之后，1976 年 12 月 28 日政府颁布了关于母育学校改革的政令，指出了母育学校在普通教育中的重要意义，要求全面发展城市和农村的学前教育，所有 5 岁儿童应进入母育学校和小学幼儿班，并在母育学校的教学内容、方法和管理方面也提出了一系列要求。

在上述法案的指导下，法国的学前教育有了较大的发展，幼儿入学率跃居世界前列。据统计，1972 年幼儿入学率为 40%；到 1980 年，4—5 岁幼儿入学率为 96.6%，5—6 岁幼儿入学率为 98.9%。

4. 确定教育优先区与修订《教育方针法》

20 世纪 80 年代以来，法国的教育改革全方位展开，涉及学前教育、初等教育、中等教育、高等教育、继续职业教育和社会职业培训等各个方面。为了满足学前教育的发展需要，法国采取了中央、省和市镇三级政府分摊经费的办法，保证了学前教育经费的稳定。据统计，仅 1986 年，中央支付的学前教育经费就占全国教育经费预算的 5.1%。

1981 年，为了缩小不同地区之间存在的教育发展不平衡现象，法国政府制定了对处境不利地区教育进行特别扶持的政策，即建立教育优先区的政策。教育优先区是依据学校的地理位置、社会环境、学生家长的社会职业状况以及当地的学前教育入学率、中小学留级率、外籍学生的比例、中小学的密度等教育内部和外部指标而确定的地区。被定位为教育优先区的地区，国家采取特殊的扶持政策，在师资、经费、设备等方面给予特别的扶持，以提高那里的学前教育入学率和中小学的教育质量。若教育优先区的教育状况得到了改善，达到了国家标准，教育优先区的资格就立即被取消。教育优先区政策取得了良好的效果，使环境比较恶劣地区的教育状况得到了改善。

1989 年法国颁布了《教育方针法》。在附加报告中，明确规定学前教育的目标是通过对美感的启蒙，对身体的意识，对灵巧动作的掌握，以及对集体生活的学习，培养幼儿的语言实践能力和个性，同时还应发现幼儿在感觉、运动和智力方面的障碍并及早诊治。这个目标强调了法国学前教育具有教育、补偿、诊断和治疗、与小学衔接的四重作用。该报告对 20 世纪末的法国学前教育起了重要的指导作用。

5. 建立“学习阶段”与出台《幼儿学校大纲》

20 世纪 90 年代以来，受终身教育观念的影响，法国这一时期的学前教育改革与初等教育改革紧密联系。新的改革尝试打破传统的年级概念，在包括母育学校和小学的整个初等教育中建立起新的教学组织形式,即“学习阶段”。

这项改革把学前教育和小学教育合为一体,2—11 岁儿童的教育被分为三个连续的学习阶段:第一阶段为初步学习阶段,包括幼儿学校的小班和中班,儿童年龄为 2—5 岁;第二阶段为基础学习阶段,包括幼儿学校的大班和小学的前两年,年龄为 5—8 岁;第三阶段为深入学习阶段,它包括小学的后 3 年,年龄为 8—11 岁。根据规定,每个阶段的教育要适合本阶段儿童的年龄特点。而且,每个阶段国家都制定了统一的培养目标、课程计划和评估标准,以便对各个阶段的教学工作进行监督管理。每个阶段都实行同学科、同水平分组教学。这种改革的意义在于,重视学生的个别差异和解决幼小衔接的诸多问题,再次强调了以儿童为中心的理念。

1995 年法国教育部出台了《幼儿学校大纲》。《幼儿学校大纲》的教育目标是引导幼儿学会共同生活,提出在幼儿学校中,幼儿首先应该学习的是在成人以及儿童群体中生活,并从中学习交往和公民的初步知识。在此基础上,《幼儿学校大纲》进一步提出了新的目标,即发展幼儿的想象力、创造力,并提出发展这些能力是促进幼儿健康、有个性地成长的重要手段。

《幼儿学校大纲》把幼儿学校的课程分为 5 个活动领域,这 5 个领域分别是共同生活,语言学习,行动世界,发现世界,想象、感知和创造。《幼儿学校大纲》中 5 个领域的划分是对幼儿学校综合课程的发展与完善。5 个领域的课程不仅强调了生活领域的首要地位,而且加入了“发现世界”“想象、感知和创造”等领域的内容,使幼儿学校的课程具有综合性、经验性、以幼儿为中心的特点,有利于幼儿协调和整体地认识世界,掌握和运用知识,促进幼儿情感、社会性、创造能力、自主性等方面的整体发展。

二、法国学前教育的现状

法国学前教育经历了快速改革与发展后,在学前教育行政体制、法制建设以及师资培训等方面都形成了自己的特色。在法国,学前教育不属于义务教育范畴,但实行免费制,所以法国的学前教育入学率很高,而且相当稳定。

(一)教育行政和管理制度

法国学前教育和初等教育都归教育部学校司管辖,学前教育行政体制在世界上以中央集权为其显著特征。法国明确规定教育是国家的事业,一切教育必须接受国家的指导和监督。法国的中央行政机关有教育部和大学部,其中学前教育由教育部主管。这种中央集权制,保证了法国各项学前教育政策的有效性,与此同时,也给地方和学校一定的自主权,极大促进了学前教育事业的发展。学前教育作为法国初等教育的一部分,学前教育机构遍及城乡各地。

(二)学前教育机构

法国的学前教育机构分为公立和私立,都不属于义务教育范畴。从 1981 年开始,学前教育与小学教育一样,儿童免费入学。

1. 母育学校

母育学校又称幼儿学校,它是法国学前教育最传统、最主要的免费学前教育机构。母育学校招收 2—6 岁的儿童,按年龄分为小班(2—4 岁)、中班(4—5 岁)和大班(5—6 岁),分年龄班进行教育。

2. 幼儿班

幼儿班创立于20世纪上半叶,在法国学前教育的发展中占有重要的地位。幼儿班的性质与母育学校相似,其教学内容和形式也和母育学校接近。幼儿班招收3—5岁的儿童,其主要任务是为儿童入小学做准备。以前的幼儿班多作为初等学校附属班的形式存在,现在有些幼儿班也独立开办。

3. 托儿所

托儿所主要包括集体托儿所、家庭托儿所和临时托儿所三种形式。集体托儿所招收4个月—3岁的儿童。20世纪90年代以来,集体托儿所增加了一些服务措施,如延长保育和临时保育,使集体托儿所的儿童有了大幅度的增长。1985年,进入集体托儿所的儿童为83600名,到2001年,这一数字增长到142800名。家庭托儿所又称父母合作托儿机构,始建于20世纪70年代。第一个家庭托儿所被正式认可是在1980年。20世纪90年代以来,家庭托儿所的数量快速增长。1990年,家庭托儿所只有6400个,到2000年,家庭托儿所已增加到8700个。临时托儿所最初只是为待业母亲服务,如今已经扩大到为兼职、临时性工作或无固定工作时间的父母提供其他托儿所休息时间的托儿服务。此类托儿所大约有49%为自治市所开设,另有45%由民间机构设立。临时托儿所很受家长欢迎,在过去的20年中数量约增长了3倍。2001年,临时托儿所已达到71500所,收托约60万名幼儿。

(三)学前教育课程

在法国学前教育机构中,母育学校占有主要地位。

1. 母育学校的课程目标

1986年法国教育部发布《对母育学校的方向指导》文件中,明确指出母育学校的教育总目标为发展幼儿的各种可能性,形成幼儿自己的人格,并且为幼儿提供在学校和生活中取得成功的机会。

在总目标的指引下,母育学校每个年龄班教学活动的侧重点有所不同。小班(2—4岁)的教育目标是使幼儿适应集体生活,发展幼儿的感觉和运动能力以及口头表达能力。小班每天的教学活动由教师自行安排,以游戏为主。中班(4—5岁)的教育目标是发展幼儿的智力,培养幼儿良好的道德观念等,教学形式主要以游戏为主。大班(5—6岁)的教育目标是培养幼儿各种基础科学知识的正确学习态度,对幼儿进行最基本的读、写、算的基础训练,为幼儿入小学做好准备。随着幼儿年龄的增长,交往活动及科技活动占据越来越重要的地位。

2. 母育学校的课程内容

法国母育学校的课程内容主要体现在使幼儿接受学校教育、促进幼儿社会化和使幼儿进行学习和练习三个方面。“使幼儿接受学校教育”在于使幼儿适应一种新的生活、一种新的环境,以补充家庭教育的局限性,并使幼儿感觉到母育学校是学习的场所,是幼儿接触新环境的场所,培养幼儿对学习活动的兴趣。“促进幼儿社会化”在于教会幼儿如何与他人建立联系,并易于与人交往。但不是把幼儿束缚于一种文化之中,应在更广阔的视野上,引导幼儿理解不同的文化和价值观。“使幼儿进行学习和练习”在于通过不同的活动,发展幼儿的感觉能力、行动能力、说话能力、思考能力和想象能力,与此同时,扩大幼儿生活体验的范围,进行探究并增加知识,不断满足幼儿的求知欲,而且不断地激励幼儿的求知欲。

母育学校的教育活动分为体育活动、口头表达与书面表达活动、艺术与审美活动、科学技术活动四个领域。

(1) 体育活动

体育活动通过为幼儿提供条件,使幼儿自己练习走、跑、跳等基本动作,培养幼儿机体的平衡性及协调性,使幼儿锻炼自己的运动机能,促进幼儿适应能力与合作能力的发展。

体育活动通过全身运动机能活动,包括走、奔跑、跳跃、爬行、攀登、投掷、运载、保持平衡,使幼儿在反应能力和解决问题能力等方面得到锻炼和提升;通过运动协调活动,如敏捷游戏、速度游戏、对抗游戏、舞蹈及伴有唱歌的圆舞,提高幼儿的协调能力;人体表现活动包括简易表演全部动作,可使幼儿得到充分的表现,展示他们的表达能力,其主题和节奏既可以由幼儿创造,也可以由教师向幼儿提出建议。

(2) 口头表达与书面表达活动

口头表达与书面表达活动通过培养幼儿的兴趣和好奇心等方法激发幼儿与人交流的愿望;帮助幼儿获得新概念,扩大词汇,理解词义,掌握句法,并通过语言的发展来激发幼儿的想象力。教师按照幼儿的年龄特点提供交流的情境,如游戏、阅读、看图、木偶戏表演等,并使幼儿经常接触图书馆、资料中心和课堂中的书籍,养成阅读习惯。

(3) 艺术与审美活动

艺术教育通过艺术活动和审美感觉活动发展幼儿的感受力、观察力、想象力、审美力以及表现力和创造力,一般通过绘画、唱歌、摄影、欣赏大自然的美景、收集艺术品参观以及与艺术工作者见面等形式开展。

(4) 科学技术活动

科学技术活动通过让幼儿提出问题,尝试解决问题,进行探究、发现和创造。幼儿参加科技活动的方式因年龄、能力和知识而异。幼儿通过观察和使用各种物质材料,选择各种技术(组合、粘贴、折叠、装配等),了解事物的不同属性和特征,理解事物之间的关系,形成有关大小、多少等数量概念,获得有关科学技术方面的简单知识与技能。

知识链接

法国幼儿学校的一堂科学课——"动手做"科学项目案例

活动主题:认识手的大小

活动过程:

第一步:教师直接提出问题,请孩子们讨论解决问题的方法。

教师伸出自己的手问孩子们:"我们每人都有一双手,这些手一样大吗?"孩子们毫不犹豫地说:"不一样!""那么用什么方法才能知道手的大小呢?"

孩子们思考片刻后,纷纷表达个人意见。"可以将两只手贴在一起比一比。""可以用尺子量。""可以看谁抓的东西多。""还可以把手画在纸上看看谁的手轮廓大。"……

教师接着问:"哪种方法能让我们准确地知道手的大小呢?"

于是孩子们以桌为单位,展开了激烈的小组讨论。最后大多数孩子都认为画手印的方法最好。

第二步:给孩子们充分的时间,运用自己设计的方法测量手的大小,并做记录。孩子们认同"画手印"的方法后,教师接着引导:"如果我给你们每人一张画有方格的纸和一张白纸,同时画手的轮廓,你们想一想,哪一张纸上的手印更容易让我们了解手的大小呢?"

孩子们经过讨论认为在方格纸上画手印更好,因为数一数格就知道手的大小了。也有孩子提出了新问题:"有整格和半格怎么办?"一部分孩子说:"整格半格一起数。"有的孩子说:"分开数更准确。"最后,大家都同意第二个意见。然后,教师给每个孩子发了一张带方格的纸,方格纸的下部设计了"整格""半格"两类数据填写的位置。

孩子们拿到方格纸之后,都非常认真地在纸上画自己小手的轮廓。画完后,便仔细地数自己的手所占的整格数与半格数,并将数目分别记录在表的不同栏目中。当多数孩子完成任务之后,教师又请孩子们分别报告自己的数据,并将其记录在全班的统计表中。

第三步:展示统计结果,生成下一堂课的主题。师生一起寻找统计表中手印占格数最多和最少的人,然后让这两个小朋友把小手贴在一起,比给大家看。孩子们惊奇地发现,大手和小手的差别原来这么大,立即兴奋地欢呼起来。

在活动即将结束时,教师又提出一个富有挑战性的问题:"是不是人手的大小同人个头的高矮是一致的呢?"这个疑问将带着孩子们开始下一次科学之旅。

(四)学前教育师资培养

高素质的师资队伍是一个国家教育发展的关键点,高素质的学前教育师资培养是一项十分重要的工作。法国学前教育的发达是与其独特的师资保障措施分不开的。早在1886年,法国政府决定把学前教育纳入正规国民教育体系时,就通过立法规定幼儿学校的教师与小学教师是同级人员。法国政府重视对学前教育师资的培养,采取多种措施和渠道对学前教师进行职前教育和在职教育。

1. 职前教育

1889年,法国公立学校,包括从事学前教育的母育学校的教师获得公务员身份。1989年法国颁布了《教育发展方向指导法》,规定建立专门化的教师教育机构——教师教育大学院,把中学、小学和幼儿教师的选拔与培养纳入统一轨道。这使得法国幼儿教师拥有了明确的身份和地位。

法国学前教师的职前教育主要由师范学校和师范大学承担,学历以大专和本科为主,毕业后由国家择优录用,任教后,每年要接受政府部门的定级评估,只有达到合格,才能继续任教,执教期间还要接受定期和不定期的专业培训。

在法国,教师招考的竞争十分激烈,法国师范学校的招生名额由省、学区、教育部三级根据需要和预算来确定。师范学校按规定名额择优录取,录取人数之比通常是10∶1。1986年5月7日,法国教育部重新规定了师范学校的招生原则和办法,报名起止时间由学区长决定;凡持有两年或两年以上高等教育文凭者均可报考;教育部每年公布一次考试大纲;原则上考试在各省进行,由师范学校校长组织监考。师范学校入学考试的内容十分广泛,主要包括知识和能力的考查,一般要经过初试、复试和自选考试三道关口。被录取者被任命为"学生—教师",一入学就成为国家公务人员,领取工资。

法国教育部具体规定了师范学校的教学内容。包括:

(1)教育理论和实践,占总课时的46.3%,内容包括教育哲学、教育史、教育社会学、普通教育学、心理学、母育学校、残疾儿童的适应与一体化、外籍儿童就学问题以及在母育学校、小学和初中实习。

（2）学科基础知识，内容包括法语、数学、科学与技术、历史、地理、公民教育、体育、艺术教育。

（3）初等教育教师的行政和社会作用，包括理论培训和校外实习。理论培训的内容包括对教育制度及其历史和实施的了解，教师的职业道德；工作环境的经济、社会、文化问题及其对学校和教学的影响；学校的其他教育活动及成人教育。校外实习包括娱乐中心、文化中心和劳动部门的实习。

（4）选修课，包括教育理论和实践或学科基础、外国文化和语言、地区文化和语言等。学生在校可带薪学习，享受教师待遇，毕业后任教，至少从教10年。

法国母育学校配备有特殊儿童教育师资，目的是为了满足特殊儿童接受学前教育的需要。法国对特殊教育教师要求很高，特教师资除了要接受一般教师的培训以外，在成为正式初等教育教师以后，还要经过全国性或学区性的专门机构培训，通过特教教师证书考试，实习一年，才能成为正式的特殊教育教师。

2. 职后教育

为了不断提高在职学前教师素质，法国政府还十分重视对在职教师进行定期培训，并形成一套完整的制度。法国教育部规定每个初等教育教师（包括母育学校教师）工作第五年起至退休前五年止，可以在其整个任教生涯中参加36周在职教育，目的旨在提高教学能力，更新知识，了解当前与教育相关的各种理论、观念的发展状况。在职培训由教师所在省师范学校和有关大学共同承担，凡任教5年以上的在职教师，均可按自愿的原则提出申请，经省负责培训的专门委员会协调批准后，即可参加培训活动。培训时间分长期（4～12个月）、中期（1～2个月）和短期（1个月以内）不等。培训内容根据教师个人需要而定，一般以补学新专业、新教法和新的教学手段为主。培训方式以专题讲座、共同商讨、相互交流、强化训练为主。结束培训的进修教师仍回原学校工作。

在学前教育机构中，每所学校还根据本校教学活动的需要，招聘一定数量的助理教师、保育员和医务人员协助校长和教师工作。校长和教师均是国家公职人员，一般55岁退休，并领取相当于原工资75%的养老金。

三、法国学前教育存在的问题与发展趋势

在法国学前教育事业发展过程中，也存在一些问题。法国政府针对这些问题，紧跟世界学前教育发展趋势，不断进行改革，推进学前教育持续发展。

（一）法国学前教育存在的问题

1. 低龄儿童入学需求未得到满足

由于儿童出生率增高、妇女就业率增加以及父母对家庭外照看方式的偏好和需求，法国低龄儿童入学需求迅速增加。法国国家经济研究与数据统计院（INSEE）就2007年婴幼儿各年龄段人数及第二次世界大战后至今每年6岁以下儿童人数进行统计，发现法国低龄幼儿人数在学前儿童中占有相当比例。再加上近几年法国妇女就业率提高，根据法国国家经济研究与数据统计院2005年的调查，15—59岁结婚而未育的女性中有74.7%在外工作，这个数字在有一个未满3岁幼儿的妈妈中更是高达80.2%，可见法国社会对3岁以下幼儿的托管与教育有迫切需求。此外，这种早期教育对于移民家庭和困难家庭的儿童来说意义更

为重要。据调查，移民家庭和困难家庭 3 岁入学儿童中有 34% 的成绩可以达到中等水平，而这个数字在 2 岁入学的儿童中更可以达到 44%，这些让法国父母意识到接受早期教育的重要性。这些迫切需求使法国政府面临对 3 岁以下婴幼儿照看体系进行扩充和体制进行改革的问题。

2. 教育经费投入有待提高

为保证学前教育的发展需要，法国采取中央、省和乡镇三级政府共同分摊经费的办法。在中央一级，学前教育经费在国家每年的教育经费预算中占有一定的比例。国家教育经费投入主要用于支付教师工资和补助教师的在职培训费用。省一级则根据本省学前教育（以及小学教育）的实际需要，决定本省师范学校的规模，并负担师范学校的所有财政开支。乡镇一级主要负责开办本乡镇的公立学前教育机构，为所设立的公立幼儿学校提供场地、校舍和设备，并向学校提供行政经费开支。虽然这种办法明确地划分了三级政府对学前教育应当承担的责任，保证了发展学前教育经费的来源。但是，随着低龄儿童入学率的增加，需要国家和政府进一步加大对学前教育经费的投入。

（二）法国学前教育发展趋势

法国学前教育已有 200 余年的历史，早在 18 世纪 70 年代，法国就出现了西方最早的幼儿教育机构——编织学校。随后，法国政府进行了一系列的学前教育改革，促进了法国学前教育的不断发展。

1. 通过立法保证学前教育机会均等

法国政府的教育传统是重视通过立法来保障儿童的早期教育与发展，迄今为止颁布实施的学前教育相关法规已达 40 余部，这些法规涉及学前教育的各个方面，如明确规定了学前教育的性质与地位，对政府在发展学前教育方面应承担的职责、财政投入、幼儿教师待遇、弱势群体儿童的权益等方面做出了明确规定。法国政府在法律条文中明确了学前教育具有奠基性和公益性的性质。早在 1947 年《朗之万—瓦隆教育改革方案》中就规定了，所有儿童，不论其家庭、社会、种族出身如何，在最大限度发展其个性上均具有平等的权利。1989 年《教育方针法》特别针对学前教育公平做出了明确的规定，规定每个儿童均可根据其家庭的要求，自 3 岁起进入幼儿学校或幼儿班；同时优先照顾那些处于不利家庭、文化和社会地位的儿童，他们可自 2 岁起开始进入幼儿学校或幼儿班。

近几年，法国政府采取了一些重要措施解决低龄儿童的入学问题，如建立公共照看幼儿机构发展专项基金以扩大托儿所的接收能力，采取实际措施鼓励企业特别是贸易和运输业建立企业托儿所等。2004 年开始执行“托儿所计划”，增设 2 万个托儿所，公司企业赞助 0—3 岁托儿所将获得免税优惠。另外，从 2006 年始，生育第三个孩子的家庭，可选择一个补助金额较高（每月 750 欧元），但缩短至一年的父母假期，这样父母可以兼顾家庭又不失去工作。2008 年 7 月发表的《塔巴罗报告》提议为低龄幼儿设置过渡性机构——“启发园”，“启发园”是一种弹性机构，它可以建在幼儿学校或托儿所内。园长可以由幼儿学校的校长或专门协调学前教育的官员来担任，甚至可以由一名教师负责。儿童年满 2 周岁后随时可以进入“启发园”，直至 3 岁进入幼儿学校小班。目前，法国政府仍致力于继续补充、均衡各项措施，进一步解决低龄儿童入学问题。

2. 追求高质量的学前教育

法国政府当前通过提高学前教师质量与改革学前课程，以保证高质量的学前教育持续发展。法国学前教育承担着教育、诊断、治疗三种职能，即把社会、卫生、心理三者综合起来。随着法国对学前教育诊断和治疗功能的加强，相应地要求教师能在发现、诊断与治疗幼儿各种身体与智力的缺陷中起主导作用，要求教师受到更系统的训练。为此，法国政府积极采取措施，轮训教师，改进教学法，大力开展对幼儿心理学、幼儿医学和幼儿教育的研究。另外，还将增加投资，进一步改善师资条件以促进学前教育更好地发展。

为了增强国家的科技竞争力，法国政府对科学教育的重视不曾间断。科学和技术教育从学前期开始就是法国学校课程的重要组成部分。20 世纪 90 年代中期以来，法国开始在幼儿学校和小学进行名为“动手做”的科学教育改革尝试。“动手做”科学项目是法国科学院与法国教育部合作进行的，旨在提高小学和幼儿学校阶段儿童的科学教育水平。这一项目最初由法国科学院付诸实施，经过几年的推广，已在法国全境形成了一个实验网络。2000 年 6 月，法国教育部制订了一个幼儿学校和小学科学教育革新计划，吸收了“动手做”项目的经验，并将该项目作为教育革新计划的主要部分。“动手做”科学项目由此在法国全境展开。此外，法国学前教育在不断地追求课程手段的先进化，主要体现在计算机的使用上，这也顺应了当今科学技术发展对人才要求的趋势。

3. 不断完善幼小衔接措施

法国一贯重视学前教育与小学教育的紧密联系，1990 年颁布的《幼儿园与小学运作组织法》把 2—11 岁儿童的教育分成三个连续学习阶段，促使国民教育向下延伸。这一独特的幼小衔接教育制度使法国的学前教育入学率与公立学前教育机构的比例都得到大幅提高。

根据法国政府向欧盟教育网站提供的资料，目前法国有 98.7% 的儿童就读于公立幼儿园。这些公立幼儿园的师资聘雇与培养和小学教师完全相同，家长除按其所得支付儿童的午餐费以外，其余学费全免。1989 年《教育方针法》颁布后，法国公立幼儿园与小学的教育行政和人员组织运作开始完全相同。幼儿园与小学的运转主要依靠两个分工小组，一个是由各班教师组成，专门负责教学事务的“教学小组”；另一个是“教育小组”，由校长、教职员代表、家长代表、校外专业人员（如医生、护士、律师、社区服务人员）组成，负责学校其他教育事项。在幼儿园的每个班级里，除了有教师外，还有一位“地方专业幼儿园服务员”，这个“服务员”由市镇政府聘任，具有法国“照顾幼儿的职业能力证书”，主要工作是帮助教师处理教学杂务，照顾幼儿用餐和如厕。1990 年，法国政府把学前教育与小学的视导监督工作合并，小学教育的视导员与顾问都需要同时具有幼儿教育方面的教育理论和实际经验。

法国的幼儿教师与小学教师的培养方式完全相同，这对学前教育与小学教育的衔接有很大帮助。1990 年，法国政府依据 1989 年的《教育方针法》第 17 条开始改革师范教育，逐步由大学区的“师资培训学院”代替过去的初等师范学校，培养初等教育教师。1990 年 7 月以后，欲任职于初等教育的教师必须先具备大学学士资格，再进入各大学区的“师资培训学院”培训两年，方能取得任教资格。2004—2005 年的资料统计表明，法国全国共有 8 万余名受训学生在师资培训学院学习，4500 名全职授课教师和 20000 名校外兼职教师承担培训教学任务。

第三节　德国学前教育

德意志联邦共和国，简称德国，是一个位于欧洲中部的议会制和联邦制国家。德国由

16个联邦州组成，首都为柏林。德国领土面积为357021平方公里，人口为8252万。德国在1871年普法战争中第一次形成统一的国家。第二次世界大战之后，德国分为东德和西德两部分。1990年东德和西德统一。德国是欧洲联盟中人口最多的国家，亦是欧洲大陆主要的经济与政治实体之一。

一、德国学前教育的沿革

德国有着悠久的学前教育历史。德国古代就十分重视儿童教育，但主要以家庭教育为主。近代的德国出现了许多著名的保育所，保护幼儿日间健康和安全是保育所主要的教育目的。19世纪三四十年代，福禄培尔创办幼儿园后，对西方各国学前教育产生了巨大影响。20世纪70年代以后，德国政府更加关注学前教育，相继颁布了许多相关法律法规，进一步促进了学前教育的发展。

（一）早期学前教育

古代德国教育的目的在于使受教育者为国家做贡献，使城邦得到长久的发展。到了中世纪，社会由教会控制，教育权掌握在教会手中。教会为了培养修道士而建立了僧侣学校，后来在僧侣学校中招收一部分不成为修道士的儿童。

查理曼大帝统治时期，查理曼大帝认为，不学习语文和文学就无法对《圣经》做出正确的理解，并且语文和文学要及早学习，所以他要求僧侣和教会学校要附设学校，教授儿童赞美诗、阅读和拉丁语文。僧侣学校的教学以死记硬背为主，不反对对儿童的体罚。由于没有专门的公共教育机构提供专业的教育，贵族阶级的子女幼年时期多在家庭中受教育。总之，文艺复兴之前，家庭教育为德国儿童主要的教育形式，母亲是儿童的主要教育者。

16世纪，受宗教改革的影响，马丁·路德主张实行义务教育，认为国家应强迫公民将子女送进学校接受教育，教育的好坏关系到整个国家的发展。这期间，在德国南麦伦地区出现学前教育设施，主要对教徒的幼儿进行集体教育。1578年宗教改革期间，再浸礼派在《学校规程》中规定：儿童的保教工作是由整个教徒团体共同负责的，保教工作的机构是一个公共的机构，同时要求幼儿断奶后，母亲要将幼儿送入“幼儿学校”，直到5、6岁。

18世纪，德国学前教育又有了进一步的发展，颁布了相关的教育法规。5—6岁儿童划归为学龄期儿童，接受学校教育。例如，1717年，菲特烈威廉一世颁布了一项教育法令，法令要求父母在冬季送子女入学，夏季学习至少一周时间，并且对讲授内容做了规定，要求儿童学习宗教、阅读和计算的知识。1737年，另一项普通学校方案中，再次强调5—15岁的儿童必须接受教育。1763年，普鲁士政府颁布的《普通乡村学校法》中也提出要对5—13、14岁的儿童实施强迫教育。

（二）近代学前教育

19世纪上半叶，德国创建了很多学前教育设施。1802年侯爵夫人巴乌利美创办了德国最早且最负盛名的保育所。巴乌利美保育所招收母亲从事农业劳动的婴幼儿，婴幼儿的年龄一般在1—5岁，重点在于保护婴幼儿的安全和健康。保育所是致力于贫民救济的教育场所，主要提供良好的卫生条件和营养丰富的饮食，游戏是保育所中幼儿的主要活动。1819年，瓦德切克创办了德国最早的托儿学校。托儿学校主要招收城市中劳动阶级的子女，婴幼儿的入托年龄一般为9个月—2岁之间，后来扩大到13岁。托儿学校与保育所的不同之处在于其保育时间增加至24小时，并且不是季节性的。

1832 年 7 月,阿尔古斯堡市议会提出应以政府金库出资建立托儿所的报告,同时任命魏尔特为这所托儿所的创办人兼教师。魏尔特在随后的 2 年中,调查了德国西南部纽伦堡、莱茵、法兰克福等 11 个城市的幼儿教育设施,写出了《关于托儿所的报告》和《关于幼儿学校和流浪儿童救贫设施的报告》。根据这两份报告,1834 年 6 月 26 日,阿尔古斯堡市议会发布了创办托儿学校的公告。该公告认为幼年期奠定了人一生的生活基础,对儿童一生都具有非常重要的影响,所以政府应承认并创办托儿学校。1834 年 7 月 16 日,阿尔古斯堡市建立了第一所托儿学校,保育人员由魏尔特、一名女教师和一名保姆担任。魏尔特认为,幼儿教育活动应尊重孩子的兴趣和动机,多采用游戏和劳动的方式。他创办学前教育的经验和教育建议对于德国近代幼儿教育的发展做出了重大贡献。

19 世纪 30 年代,在英国幼儿学校的影响下,德国也出现了以弗利托娜为代表的幼儿学校运动。弗利托娜是新教派牧师,曾两次去英国参观那里的幼儿学校。1835 年,她创立了奥柏林式的编织学校,一年后改名为"幼儿学校",主要招收贫困工人的子女,幼儿年龄一般在 2 岁到学龄期之间。幼儿学校以游戏的方式教给幼儿读、写、算、宗教、道德、图画、直观练习、手工劳动、军事活动等知识,注重使幼儿养成节制、礼貌、服从命令、勤劳和卫生等良好的习惯。为了解决幼儿学校的师资问题,弗利托娜又开设了"看护修女养成所",大大提高了幼儿教育的水平,同时使得幼儿学校的数量也剧增。在这些幼儿学校里,遵照幼儿的心情和需要以及外部环境因素,决定每天的活动时间表。弗利托娜认为,幼儿每天 8 小时的活动内容不应像初等学校那样刻板。在她的影响下,德国各地先后建立了几十所幼儿学校。

19 世纪下半叶,德国学前教育的发展深受福禄培尔教育思想的影响。1837 年,福禄培尔在德国创办了世界上第一所幼儿园,幼儿园以教育而非看护为主要任务。福禄培尔建立了以"创造性游戏"为主要活动的幼儿教育体系,设计并制作了一系列的儿童玩具,称为"恩物"。他还开设了幼儿教师培训班,是近代学前教育的实践者和理论的奠基人,被称为"幼儿园之父"。

1851 年,由于政治原因,执政的普鲁士政府禁止设立福禄培尔幼儿园,幼儿园事业受到严重损害,发展减慢。1860 年,自由内阁上台后,恢复了幼儿园的自由创办。幼儿园再次得到迅猛的发展,并逐渐出现了多种多样组织团体创办的幼儿园,有工厂附设的幼儿园、教会幼儿园等。1861 年,福禄培尔的教育思想经过其友人的编辑整理后出版,名为《幼儿园教育学》。福禄培尔的幼儿园教育方法传播到英国、法国、瑞士、比利时、荷兰和意大利等其他国家,掀起了福禄培尔幼儿园运动,极大地推动了西方学前教育从形式到内容的改革和发展。

(三) 现代学前教育

20 世纪初期,德国政府颁布了学前教育的相关法律。1922 年,德国政府制定了《青少年法》,提出建立"白天的幼儿之家",其中包括幼儿园、托儿所及幼儿保护机构等。1924 年,德国政府将学前教育规定为由青少年福利部门管理,强调了儿童有受教育的权利和家庭教育的重要性。1939 年爆发第二次世界大战,德国处于纳粹统治时期,在中央集权制的学校管理体制下,幼儿园主要灌输对纳粹的盲目服从,体育比赛是幼儿园开展的主要活动。

第二次世界大战结束后,德国作为战败国分别由美国、英国、苏联和法国四国占领。1949 年,德国的西部和东部建立起两个独立的政权,分别为德意志联邦共和国(简称"西德")和德意志民主共和国(简称"东德")。东德和西德在发展教育事业上都采取了一些措施,颁布了许多重要的教育法令法规,其中许多法规也对学前教育的制度体系做了相关的规定。东德为了快速恢复教育事业的发展,颁布了《关于德国学校民主化的法律》,规定幼儿园是非义务的教育机构,属于国民教育体系。1965 年,东德颁布了《关于统一社会主义教育制度法》,其中规定了民主德国的教育目标、教育任务、教育功能和教育结构,形成了民主德国从托儿所到大学统一的教育体系。西德的学前教育在 1970 年以前,政府始终强调幼儿教育的社会福利性,幼儿园的开办主要交给教会和慈善机构。1970 年,西德教育审议会提出"教育结构计划",明确提出将学前教育列入学校教育系统,基础教育入学的年龄提前到 5 岁,即 5—6 岁的幼儿教育被列入义务教育之中。1977 年,西德政府颁布《青少年福利法》,规定幼儿园是为儿童提供教育和保育并帮助他们发展成为有责任感的社会公民的机构,其课程与服务应适应儿童和家庭的需要;各州应承担扩建幼儿园的义务,以保证满足需要。

1990 年,东德、西德统一为德意志联邦共和国。1993 年 5 月 3 日,联邦议会确认了从 1996 年 1 月 1 日起,家长可以合法要求得到幼儿园的位置,幼儿园位置第一次成为"可起诉的"事。根据德国城市会议的统计,自 1990 年以来,全联邦幼儿园的位置增加了 40 万个。

二、德国学前教育的现状

德国学前教育是基础教育的一部分,却不在公共教育体制之中。由德国联邦青年、家庭和妇女部共同完成学前教育的指导方针的制定,各州的社会部和卫生部进行管辖。

与学校教育不同,德国的学前教育不是义务教育,幼儿是否进入学前教育机构是家长的自愿行为。德国各州对幼儿园收费的规定并不相同,但是收费多少均是依据家庭收入情况来决定的。例如,北威州规定,如果家长年收入不足 2.4 万马克,其孩子的入园费用则由青少年福利局承担。

(一)学前教育机构的类型

德国学前教育机构种类繁多,形式各样,在办园的理念、内容、形式、机构规模的大小、招收对象等方面都存在着很大的区别。

托儿所和幼儿园是德国学前教育机构主要的两种类型。托儿所主要招收对象为 0—3 岁的幼儿,对幼儿采取全日制的保教工作。幼儿园主要招收对象为 3—6 岁的幼儿,由于德国幼儿园的多种多样,按照不同的分类标准,分成不同的类型。

按照幼儿园创办的组织不同可以分为公立和私立。公立幼儿园主要由联邦各州的青少年福利局或其他相应的组织直接主办。私立幼儿园的主体是由教会、福利组织主办的幼儿园。教会或福利组织主办的幼儿园在法律规则上与公办幼儿园有相同的教育任务,接受政府的一定资助,入园的收费标准也与公立幼儿园相同,但是在教育理念和教师的雇用问题上不受政府的限制。德国的私立幼儿园所占比率大于公立幼儿园。

按照幼儿接受保教时间的长短,幼儿园又分为全日制与半日制。半日制的幼儿园,看护幼儿的时间为上午,父母在中午把幼儿接回家中,保教时间一般从上午 8 点到中午 12 点。相对于半日制幼儿园,全日制幼儿园延长了看护时间,时间增至全天,保教时间一般延长至下午 4 点。德国强调亲子教育,认为良好的亲子教育可以更有利地促进幼儿全面均衡的发展,幼儿园教育无法替代家庭中的亲子教育,因此德国多为半日制的幼儿园。

按照招收对象之间的群体差异,幼儿园可分为普通幼儿园、学前班和特殊学校。普通幼儿园是德国传统的幼儿园形式,又被称为儿童活动场所或儿童之家,招收普通 3—6 岁幼儿入园,幼儿园中不同年龄的儿童分成一组共同活动,即采取混龄编班的方式。学前班一般为学校附设的幼儿园,招收幼儿年龄已达到入学年龄,但由于其语言能力或其他能力发展水平未达到正常发展水平而不能进入小学接受学校教育的儿童。为了保证幼儿在日后能顺利进入小学学习,学前班与小学是一体的,属于公立教育机构,幼儿免费接受学前教育。德国除了为正常的儿童建立了一系列多样的幼儿园,对于身体、智力有残障的儿童也设立了专门的保教机构,提供特殊的教育。特殊教育学校的教育目的在于使儿童能在未来的生活中更好地融入社会。

林间幼儿园是德国出现的一种较新的幼儿园类型,与传统幼儿园存在着很大的差异。幼儿园没有房屋和围墙,教师们在大自然中进行幼儿教育活动。在林间幼儿园中,孩子们可以在草地上游戏,观察真实的动植物。进餐时,没有桌椅,孩子们席地而坐,品尝着自己的美味午餐。林间幼儿园的办园模式使儿童更加接近大自然,促进儿童创造力和想象力的发展,同时更增强了儿童的运动能力,逐渐被家长们所认可。从 1995 年发展至今,规模和数量不断呈现上升的趋势。

知识链接

德国的林间幼儿园

“英国庭园”是慕尼黑的一所自然公园,后来被开辟成了慕尼黑林间幼儿园,园内有成片的白桦林和灌木丛,草地上有清澈的溪流,在这里入托的 15 个 1 岁半以上的幼儿每天上午 9 时来这里集合。他们或分成几个小组做游戏,或个人自由活动,做手工、捡树枝、玩石子、堆泥沙。有喜欢爬树、赛跑的幼儿,也有乐于观察蚂蚁、蜗牛的昆虫迷。教师除了在规定的时间教唱歌以及随时解答幼儿游戏中的各种“为什么”之外,更多的精力则放在了安全保护工作上。午饭如同郊游时的野餐,大家席地而坐,摆上自带或教师帮助准备的食品。下午 2 时左右,结束一天的活动。

(资料来源:朱海霞.崇尚自然的德国幼儿教育带给我们的启示[J].幼教大观,2007(5):46.)

(二)学前教育课程

德国学前教育的课程和教学活动有着鲜明的特点。以儿童为中心,注重儿童能力的发展,培养完整的人是其教育理念。

1. 学前教育的课程目标

德国学前教育的课程目标旨在促进儿童的全面和谐发展。德国北威州的《幼儿教育法》明确规定,幼儿园不是学校,不应该系统地向儿童介绍一定的知识,读、写、算这些知识应留给学校去做。德国学前教育的任务是,协助家庭对儿童进行教育,促进儿童个性发展,陶冶儿童情感,培养他们具有自尊心、自信心、学习兴趣、相互信任、责任感、语言能力、思维能力、集中注意能力和活动能力等。

德国汉堡最新修订的适用于幼儿园儿童教育和培养的文件《教育指导》指出,“教育是一个积极的、社会性的、针对性明确且有意义的对世界认知的过程”,学前教育是一种能容纳所有孩子,反对歧视排斥,促进积极参与,注重集体合作,满足不同需求,是一种没有排斥、没有歧视、没有分类的全纳教育。学前教育的目标是在教育过程中培养儿童的能力,这些能力主要包括个人能力、社会能力、实务能力、学习能力四方面。

2. 德国学前教育的课程内容

德国幼儿园没有统一的教育大纲,各个地区有自己的课程规定。汉堡地区《教育指导》指出,课程内容旨在培养儿童在自己的世界里通过日常活动的组织获得个人能力;儿童与伙伴们一起通过游戏来互相激励,获得社会性发展的能力;通过感知世界,体会自然项目中的工作获得实务能力;通过幼儿园中各种文化安排而获得文化能力。

《教育指导》中规定了七个教育领域,即身体,运动,健康;社会与文化环境;交流:语言,书写文化,媒体;艺术与创造力;音乐;数学;自然—环境—科技。

(1) 运动教育

运动教育是指通过教师的指导,带领儿童参与到运动活动中,主要发展儿童的身体运动能力,间接地促进儿童智力发展的教育。幼儿是身体运动能力高度发展的阶段,无论是小肌肉群还是大肌肉群,幼儿园应设置适当适量的课程来促进幼儿身体技能的发展。慕尼黑大学罗尔夫博士指出:“运动对儿童是非常重要的,对于知识的建构和感觉的发展尤其如此。这一点会在以后的发展阶段中显现出来。”他还指出:“运动不光有助于身体的健康发展,还有助于自尊和自信的确立。”教师通过开展手工活动、户外运动等活动,为儿童准备材料,在发展运动技能的同时,激发儿童对运动的兴趣和自我的创造力,使得儿童的智力得以发展。户外活动中,可以为儿童提供木质攀爬架、轮胎秋千、滑梯、沙坑等多种设施,儿童根据不同喜好自行选择,进行活动。

(2) 社会与文化环境

社会与文化环境教育是从儿童的生活文化背景出发,选择各式各样的主题,根据主题营造熟悉的情境,给儿童以体验的机会,掌握生活中应具备的技能和常识的教育。例如:可以通过开展活动,使儿童掌握家务劳动,爱自己的家人,爱自己,学会爱与被爱,产生作为家庭一员的责任感和归属感。生活教育促进儿童的社会性行为。带领儿童参观不同的机构,了解不同机构分管的不同工作,通过一系列的对生活的体验活动,儿童能够学会自己穿衣,使用身边的玩具,学会一些简单家用电器的使用,熟悉交通规则,应对一些生活中的紧急情况。

(3) 交流

交流领域是儿童在幼儿园中,通过图书阅读、听故事、唱歌谣、猜谜语等活动,渐渐发展其语言能力和口语表达能力的教育。在活动中,儿童注意力得到提高,对某一事物的专注时间加长。

(4) 艺术与创造力

通过艺术教育促进儿童审美能力的发展,促进儿童想象力、创造力的发展。儿童在各种艺术环境与自由操作中思维活跃,喜欢思考,对艺术活动产生浓厚的兴趣,从而培养儿童活泼大胆、乐于交往、喜欢探索、不断创造的精神。

(5) 音乐教育

音乐教育是通过韵律节拍、舞蹈运动丰富儿童的想象力,增强儿童的运动能力和身体协调能力的教育。儿童对美得到体验,能够陶冶儿童的情操,使儿童拥有发现美的眼睛。

(6) 数学教育

德国学生在语言与阅读、数学和自然科学上的成绩表现很不理想,由此掀起了德国社会教育改革。德国学前教育为了提升这一品质,在最新的汉堡《教育指导》中规定了数学领域的课程内容。在学前阶段,数学教育主要是简单的感知教育,通过具体形象的事物让儿童初步感知数的概念。

(7) 自然—环境—科技

这一领域是使儿童到大自然中,与大自然有直接接触,体验大自然的教育。德国许多的学前教育机构,效法自然,也尊重儿童的自然生长,还经常组织儿童到森林中,去小溪旁。在大自然中,儿童可以采摘果实,收集花草、树枝,野餐,玩耍。在大自然中,儿童可以感受到每一棵树、每一朵花的生长,领略到大自然的神奇与美丽。

3. 学前教育课程的组织与实施

德国学前教育没有统一的教育大纲,但是幼儿园每个学期会制订学期计划和周计划,教师也会根据儿童的发展水平,为自己的班级制订教学目标和活动计划。每个教师所制订的计划具有一定的自主性,每天的活动计划可以依照儿童的兴趣而制订。可以说,德国幼儿园教学体现了整体和个体之间的相互协调和统一。

在汉堡的《教育指导》中明确提出,教师在幼儿园里和儿童一起组织日常活动;通过游戏激励儿童活动并进行活动的拓展;通过项目计划和实施对儿童进行教育;为儿童创造充满激励的成长空间;教师要对儿童的教育和成长过程进行观察与记录。在教育的过渡阶段,即从家到幼儿园的过渡、从幼儿园到小学的过渡、在幼儿园的最后一年这三个阶段,采取实际情境体验等方式让儿童顺利过渡。在父母参与孩子的教育过程中,教育机构与父母是一种教育伙伴关系,进行发展性对话,通过父母的参与以及父母教育能力的提升,从而整体提高学前教育质量。

德国的教学中不采用读、写、算的练习,不要求儿童进行基础知识的学习,所以课程的开展形式多以游戏、唱歌、听故事、户外活动等形式展开。在教学活动的组织上,教师也不采取集体教学或集体活动的方式,多以个别指导或小组活动的形式进行。教师组织教学活动一般在上午的9:00—11:30,其余时间均为儿童的自由活动时间。

德国学前教育课程的组织与实施具有自身的特点,首先是顺应儿童的天性,通过玩的途径,教育儿童。其次,教育活动多样,如游戏活动、社会活动、训练活动、主题活动、区域活动、感官活动、探究活动等。第三,重视爱的教育。德国教育活动中,有意识地使儿童感受、体验周围环境,进而爱自然,爱生活。从爱护身边的一草一木,到爱身边的每个人,帮助那些需要帮助的人。第四,崇尚自然教育。德国幼儿园教育非常崇尚自然,不仅让儿童接近大自然,与周围环境融合,而且在幼儿园的环境设置上也效法自然,提倡儿童在自然的环境中自然生长。

(三) 幼儿教师的培养

德国幼儿教师必须要经过专门的教育工作培训,并且要通过所学专业和教育学的考试合格后,才会取得教师资格。幼儿教师必须在幼儿园工作两年以上,并有三年制高级专科学校毕业和一年的实习经历,通过国家专门考试后才具有资格担任幼儿园的主任教师。

1. 幼儿教师的职前教育

德国幼儿教师教育机构因为有不同的管理部门或资助组织,所以其在教师培养中的教学目标、训练计划和教学内容是多种多样的。教师培训机构一般由各州政府、慈善组织、教会等举办。虽然有所差别,但总体上对幼儿教师的职前教育多重视实效,不是单纯的理论学习,而是注重解决实际问题的能力培养。不仅如此,联邦各州都规定,毕业生必须经过两个阶段的学习和两次国家考试,才能被聘为正式教师。第一阶段是理论学习阶段,第二阶段为教学实习阶段。第一阶段学习结束,经国家考试合格后,才能进入第二阶段的教学实习。第二阶段实习结束,通过第二次国家考试,才发给正式教师证书。这种严格的培养过程使教师既有较高的文化水平,又具有实际的教学经验。

德国幼儿教师培养机构可大体分为三类:大学、技术学校、培训学校。

大学主要招收对象为10年级毕业生或两年职业训练的同等学力者。学业年限为4年,前3年主要进行专业理论的学习,对某一专题进行深入的研究,学术性较强;最后1年要参加学前教育的实践活动,以达到理论与实践相结合。具有幼儿教育专业大学学历的学生毕业后通常会进入较大的学前教育机构担任行政领导或执教。

技术学校在德国幼儿教师培养中占很重要的位置,大多数由私人或教会举办。这类学校主要招收职业学校或一些中等学校的毕业生。学业年限为3年,采用理论与实践相结合的教学方式。学生入学的前两年,多注重培养专业理论知识,主要学习的课程有:体育、德育、社会学、宗教教育、卫生保健、心理学、教育学、教学理论与方法、儿童文学、美术、手工、音乐、律动、游戏等。第3年强调实际应用能力的培养,进行为期1年的实习,实习期间主要是了解幼儿园和小学一年级的实际教学情况。实习过程中还要根据儿童的年龄、接受能力等方面的特点,用适合的方法和语言使儿童获得识别善恶好坏、正义与非正义、荣誉与耻辱等本领。待学业结束后,准幼儿教师必须统一参加毕业考试。毕业考试是由州级相关部门和专科学校一起组织开展,是一次国家级考试。

培训学校主要是培养学前教师的助手。此类学校招收对象是10年级毕业生或具有职业训练的同等学力者。学业年限根据各州不同的规定而有所不同,一般为1—3年。起初这类学校培养的教育人才是为了援助家庭而做准备的,近几年除了家政和保育技能外,又增加了社会教育技能的训练。目前,培训学校的地位有所提高,由于其毕业生所从事的工作与技术学校没有太大差别,所以大多数人往往把培训学校看作与技术学校水平相当的教育机构。

除了接受过以上三种学校教育的幼儿教师,德国还有一些未受过专门训练的人担当着学前教育工作人员的工作。如正在接受培训的学生、受过短期训练的临时保姆等。德国在发展职前教育的同时,还注重教师的在职进修。早在1982年,受过各类职前教育、拥有相应资格证书的保教工作者已占73.5%,另有15.2%的人接受在职培训。

2. 幼儿教师的继续教育

德国政府非常重视幼儿教师的继续教育,以确保良好的启蒙教育。德国教师"在职进修提高"的主要目的是使教师了解有关教育科学与专业学科的新进展、新成果;扩充教师有关教育工作的社会、政治条件与现状等诸方面的知识;使教师重新认识在不断变化的社会中所担负的任务和角色等。

德国幼儿教师的继续教育形式主要有:轮训,通过这种方式,教师可以了解最新的幼儿教育的咨询和幼儿教育理念;脱产进修;通过互联网、函授等多种方式,在专家的远程指导下进行学习;在幼儿教师之间、幼儿教师与小学教师之间开展交流会、讲座、专家报告、相互观摩等活动,促进教师之间的交流与合作。

三、德国学前教育存在的问题与发展趋势

德国学前教育具有悠久的历史,但从当前的发展情况看,学前教育远没有学校教育那样受到重视。针对德国学前教育存在的问题,德国政府和德国许多学前教育研究机构正试图

采取有效措施,不断加以改进。

(一)德国学前教育存在的问题

1. 东西部学前教育发展存在差异

德国有着其特殊的历史发展过程,在统一之前,东、西部在教育观念及教育体系上就存在着不同。西部主要受欧洲西方哲学文化影响,突出以儿童为中心,注重儿童自主性的养成。又由于西部经济的迅猛发展,家庭经济情况较好,母亲一般无需外出工作,这样使得学前教育多是由母亲承担的家庭教育,只有少数双职工家长才将年幼的子女送入学前教育机构。东部则主要受苏联教育思想的影响,设置学前教育机构的目的是减轻父母的教养负担,从而有大量的时间投入到社会生产之中,所以学前教育机构数量较多。统一后,在学前教育的理念上,东、西部有着很大的文化冲击。21 世纪以来,德国在学前教育机构的数量上,西部有所增加以满足家长的需求,而东部有所减少以解决教育机构过剩的状况。

2. 地区间教育发展不均衡

德国各州对教育文化具有充分的自主性。教育的自主性有助于各州根据不同的特点和发展现状,针对出现的问题做出灵活的应对,颁布相适应的政策,但是这种自主性有时不利于中央对各州教育问题的监督管理。不仅如此,各州的发展状况不同,教育经费投入不同,这样也无益于学前教育的公平性。由于地区发展的不平衡,德国一些地区的幼儿教师工资较低,相对于其他行业的经济收入条件较差。比如,德国某市全职幼儿园教师税前月收入为 1500~1600 欧元,半工幼儿园教师税前月收入为 800~1000 欧元,而该市人均税前月收入约为 2000 欧元,所以德国幼儿园教师也期望能在工资收入上有更好的前景。

(二)德国学前教育的发展趋势

1. 加大对学前教育的财政投入

为了给儿童创造更好的教育服务,德国政府比以往加大了对学前教育的财政投入。根据 2010 年德国国家教育报告的数据,2007 年度德国投入教育科研的总经费为 2041 亿欧元,占国内生产总值的 8.4%,其中教育经费为 1478 亿欧元,占国内生产总值的 6.1%。公共财政对学前教育的投入为 92 亿欧元,另外,私人投入总经费为 34 亿欧元,合计 126 亿欧元,占国内生产总值的 0.5%,占教育总经费的 8.5%。对学前教育整体财政投入的保证,是学前教育能够良好发展的前提。

德国政府通过发放儿童津贴补助,减轻贫困家庭教养子女的负担。2007 年,德国政府实施了联邦《父母津贴法案》。法案中规定,儿童父母根据不同经济收入,享受不等的儿童津贴补助。但是儿童父母必须要保证在能够自己照顾并教育子女,与子女同住者,每周工作时间在 30 小时以内的条件下才可以申请此法案中提到的津贴补助。津贴每月发放金额为父母月薪的 67%,最多可领取 1800 欧元,如若父母没有工作,每月最低可领取 300 欧元。家庭中每增加一名子女,在原有津贴基础上每个月再增加 300 欧元。由于各州的经济发展状况不同,各州也会根据自己的情况,给父母发放“地方教育津贴”,以减轻父母教养子女的经济负担。政府在财政上的补贴,大大减轻了家庭抚养子女的负担。这不仅对德国儿童幼儿园的入园率提高起到了促进作用,同时也是在解决儿童教育的公平问题。

2005 年德国开始实施《日间托育扩展法》,扩大了幼儿的入托入园率,指出要保证适龄儿童入园的幼儿园数量,明确了幼儿园的教育任务,细化了教育目标,并且讨论了学前教育机构免费的问题。《日间托育扩展法》主要解决德国托育名额少的问题,旨在提供优质的托幼服务，要求在 2010 年前增加 23 万个托幼名额，提高幼儿教育的公平性。巴登—符腾堡州为贯彻此法案，在 2005—2006 年增加了 700 万欧元用于增加托育名额，托儿所根据班级大小和托育时间，每年可获得 4000～13400 欧元的补助金。

2. 重视幼儿教师专业发展

德国非常重视幼儿教师专业发展，为幼儿教师提供良好的平台，使幼儿教师有机会提高自己的专业水平。为提高幼儿教师的专业素养和学历水平，德国专门为幼儿教师提供继续进修的课程。德国在不来梅大学、柏林的阿利斯所罗门专门学院、巴登—符腾堡的弗赖堡专门学院、德累斯顿科技大学、科布伦茨专门学院开设幼儿教师继续进修课程，为幼儿教师提供取得大学或硕士文凭的机会。通过为幼儿教师提供继续教育，使得德国幼儿教师的专业知识和专业能力得以提高，也提高了幼儿教师整体的学历水平。

2003 年，罗伯特—保时捷基金会制订了“幼儿早期教育计划”，2005 年实施“日托机构教保人员专业训练计划”，对保教人员的培养提出了具体可行的建议，希望通过学前教育相关研究的深入进行，进一步提高保教人员的素质，进而提高学前教育质量。通过提高保教人员的素质，可以使幼儿的身体和心理健康都得到更好的保证和促进，同时保教人员也能为幼儿教师提供更好的帮助。

2004 年 8 月，柏林大学、德国布兰登堡州教育局、德国儿童青少年基金会共同提出“幼小衔接发展计划”。此计划针对如何解决幼儿教育与小学教育衔接的问题而提出。该计划提出，幼儿教师和小学教师在教育理念上要达成一致，通过幼儿教师与小学教师共同参与到座谈会、讨论交流、观察旁听彼此的课堂等活动，使小学教师了解儿童在幼儿园期间的知识水平，发展学习过程的知识，幼儿教师也由此扩展知识范围。该计划的提出，体现了幼儿教育和小学教育衔接问题受到了重视。由于德国幼儿园活动中多以游戏为主，与小学知识的传授有很大的区别，通过幼儿教师和小学教师的沟通、学习、共同合作来了解儿童的已有发展水平和未来即将需要达到的发展水平，可以使儿童能够更好地度过幼儿园与小学的衔接阶段。

3. 提高移民儿童的德语水平

随着移民数量增加，为了使移民者在未来的教育中能够更好地学习和生活，德国重视移民儿童对德语的学习，以消除语言沟通的障碍。

针对移民儿童学前与小学之间的衔接，解决其日后在小学中可能出现的语言障碍，使其在小学前具备足够的语言能力，德国要求移民儿童必须参加幼儿园的整合的语言促进课程。如名为“德语 160”的课程计划即是一项学前教育机构和小学共同合作的语言促进计划，每年 9 月至隔年 7 月实施，由幼儿园专业人员及小学教师授课，平均每周约 4 小时，共计 39 周以上。

2003 年，北莱茵—威斯特法伦州开始实施“教育协定计划”，内容包括体育、游戏、语言、自然科学、文化等课程的规划与发展。2007 年 3 月起，北莱茵—威斯特法伦州开始实施“德语加强计划”“德语 160”的课程计划，都体现了对移民者德育水平提高的重视。所谓“德语加强计划”，是要求年满 4 岁的幼儿必须参加德语测试，测试时间约为 25 分钟，由幼儿教师和小学老师以游戏的方式共同对幼儿的语言程度进行评价，倘若幼儿的德语能力未达标准，则须参加为期 6 个月的德语加强促进课程。

第四节 南非学前教育

南非全名南非共和国(The Republic of South Africa),位于非洲最南端,全国大约有5059万人,分黑人、白人、有色人和亚裔四大种族,分别占总人口的79.5%、9%、9%和2.5%。南非共和国是非洲的最大经济体和最具影响力的国家之一,其国内生产总值约占撒哈拉以南非洲国家经济总量的1/3,对地区经济发展起到了重要的引领作用。

1994年4—5月,南非举行首次不分种族大选,以非国大为首的非国大、南非共产党、南非工会大会三方联盟以62.65%的多数获胜,曼德拉出任南非首任黑人总统,非国大、国民党、因卡塔自由党组成民族团结政府。1994年以来,南非新政府把提高全民教育水平作为基本政策,旨在实现社会经济可持续发展。新制度的确立使种族主义教育成为历史,教育部门的变革和重建随即展开。新政府的重要任务是促进建立统一、公平、高质量的国家教育体制,使所有南非国民能够平等地接受教育。新政府尤其重视改善在种族隔离制度下受到歧视的非洲黑人的受教育条件,以增强他们在社会经济中的竞争力。

一、南非学前教育的沿革

19世纪中后期以前,南非的人口稀少,妇女仍然以照料家庭为主,南非还没有真正意义的学前教育机构。在殖民统治时期,受英国欧文、麦克米伦姐妹等人的影响,南非开始出现幼儿学校。1830年,威廉在开普敦建立了一所招收奴隶和穷人子女的学校。与此同时,菲利普斯敦和布隆方丹也建立了一些类似的学校。

20世纪早期的工业化和都市化为南非学前教育的发展创造了条件,这一时期的幼儿学校和日托中心大多是由私人或私人团体所开设。但接踵而来的英布战争、第一次世界大战、世界经济萧条以及1933—1936年大旱,使非洲经济陷入困境,学前教育的发展停滞。

南非真正可以称为幼儿学校的机构于1931年在比勒陀利亚建立。在这个时期,约翰内斯堡开始设立保育培训班,开普敦建立了克莱尔蒙特育儿术训练中心。1938年,南非新教育基金会召开了一次大型的国际教育会议,大会的直接影响是1939年南非成立了南非学前教育联合会。1974年南非学前教育联合会改为南非学前教育协会,后加入世界学前教育协会。20世纪30年代开始,地方政府和国家政府开始给幼儿学校提供部分资助。如1930年,奥兰治自由邦率先对那些设立在郊区、招收贫穷孩子的学校的教师支付工资。随后其他各省效仿。1936年南非政府规定,对那些符合政府标准的学校,将每年为每个孩子提供3英镑的资助。虽然南非政府对贫困地区的幼儿学校提供了一些资助,但并不认为幼儿教育是整个教育系统的一部分。教育部不愿承担发展学前教育的责任,认为它是社会福利部的责任。

随着社会的发展,学前教育的需求和价值开始被认可。1969年,南非在新的教育法中规定,学前教育是自愿的和收费的。这种规定仍然持续到今天,但是当前南非政府为了大力发展学前教育,照顾部分贫穷家庭,开始在部分学前教育机构提供免费的教育服务。1983年颁布的《儿童保育法》《教育保障白皮书》和1988年颁布的《国家教育法》《健康、福利部手册》都提出学前儿童有受保育和教育的权利。

二、南非学前教育现状

进入21世纪,南非的学前教育在稳步发展。小学之前的一年教育“学前班”是南非政府目前已经取得的最大成果之一。2001年政府颁布教育白皮书之后,政府原计划是到2010年建立一个覆盖全国的学前班教育系统,但因为地理限制、残疾儿童等原因,该目标实现延迟到2014年。南非对学前班的投入也在不断增加,2004年政府对学前班的投入是4.46亿元,2007年是9.80亿元,2008年为13.15亿元。2003年各省对学前班的投入平均占总教育投入的0.74%,2008年上升到1.3%。在过去的十几年内,在政府大量资金的支持下,南非学前班教育得到快速发展。南非接受学前班教育的幼儿总人数不断增加,2000年入学儿童为226631人,2008年为543799人。截止到2010年,5—6岁儿童入学率已经由2003年的50%稳步提升到83%,在这期间还大约增加了82万3—6岁的幼儿接受了早期教育。

(一) 学前教育管理

在种族隔离时期,南非的学前教育管理存在种族歧视问题。众议院负责印第安人的教育,为附设在小学的学前班和一些注册的幼教机构提供资助;参议院负责有色人种的教育预算;教育和培训部负责黑人的教育。1994年新政府的成立使种族主义教育成为历史,教育部门的变革和重建随即展开。新政府的重要任务是促进建立统一、公平、高质量的国家教育体制,使所有南非国民能够平等地接受教育。1996年颁布的南非共和国新宪法第2章“权力法案”第29条规定:人人享有接受基本教育和继续教育的权利;享有选择官方或其他语言接受教育的权利;享有自费建立独立的教育机构的权利。

2009年南非教育部分为两部分:基础教育部和高等教育与培训部。南非的学前教育由基础教育部和社会发展部共同负责管理。南非的学前教育管理和经费由中央与地方共同负责,9个省各自拥有自己的教育管理部门,在学前教育管理方面拥有一定的自主权。南非学前教育机构按照性质可以划分为公立和私立两大类。公立的学前教育机构一般附设在公立的中小学内,主要由教育部门主管,并给予财政支持,接收3—5岁的儿童,以5岁儿童为主。私立的学前教育机构既有营利性质的,也有非营利性质的,类型较多,可以接收从出生至6岁的儿童,以5岁以下儿童为主。私立的学前教育机构分为注册的和未注册的两大类,主要受南非社会发展部管理。注册的学前教育机构受政府的监督管辖并给予一定的经济支持,未注册的管理相对薄弱,而且得不到政府的资助。

(二) 学前教育机构

南非学前教育机构按照诞生的时间可以划分为传统机构和非传统机构两大类。传统机构按照背景的不同,进一步可以划分为基于公立学校的幼教机构、基于社区的幼教机构、基于家庭的幼教机构等。非传统机构是南非新诞生的幼教机构,主要有游戏小组和家庭拓展机构。

1. 学前班

学前班既有公立的也有私立的,以公立的为主,普及率很高。公立的一般附属在小学,招收5岁及其以上的儿童。2010年大约93%的儿童在入小学一年级之前接受了一年的学前班教育。

2. 小学预备学校

主要招收3—5岁的儿童,按照学校的作息制度开展活动。

3. 社区保育中心

招收从出生至5岁的儿童,有全日制、半日制和寄宿制三种。

4. 母亲日托

由有子女的妇女在家开设,招收0—6岁的儿童,最多只能接收6名儿童,包括看护者自己的孩子。它受成立于1989年的母亲日托协会监督管理,提供保教。

5. 游戏小组

游戏小组是一种非正式的教育机构,经费来源于社会发展部,一般招收3—5岁的儿童,不提供食物和休息场所。工作者选择户外的公园某一公共场所,或者某一社区礼堂,或者某一住宅小区作为活动场地,带领幼儿做游戏,开展教学活动。儿童每天由父母陪同来到游戏小组,参加数小时的游戏和活动,获得社会经验。儿童走出家庭,与来自不同家庭的孩子在一起,促进了儿童社会经验的增长,同时,家长在一起也能彼此分享教育经验以及教育资源。

6. 家庭拓展机构

家庭拓展机构是南非一种新型的幼教机构,该组织的教育工作者一般受到非营利性教育组织或者政府部门的培训。该机构的经费主要来源于社会发展部的支持,资金低于政府对固定注册幼教机构的资助。针对部分家庭无力将孩子送到早教机构的状况,南非政府发展了该项送教上门的学前教育形式。该组织的教育工作者在每周或者每月的特定时间访问某一家庭,一方面工作者和家长直接交流沟通,向家长输送一些有关儿童营养、安全、健康、学习等方面的知识,另一方面直接与幼儿沟通、做游戏、开展活动,向家长证明早期教育活动是可以在家里开展的,而且是有效的。该机构的活动实质是教育家长如何教育孩子,增强家长的教育能力,提高孩子的受教育机会。

(三)学前教育课程

在种族隔离时期,南非的学前教育课程内容差异性较大。白人幼教机构政府资金投入较多,师资条件较好,一般实行发现学习模式,开展探究性教学活动,课程范围较为广泛。而黑人和有色人种等弱势群体则接受的是补偿性质的课程。种族隔离制度废除以后,新的教育制度努力建设一个公平的教育环境,打破种族之间的界限,实施全国统一的课程标准,旨在促进儿童的全面发展。

20世纪90年代南非新政府颁布的《教育与培训白皮书》《南非资格认证法案》《国家教育政策法案》和《南非学校法案》,全面阐述了南非新政府有关学校课程政策与规范化的要求。在此基础上,南非政府制定了《全国课程框架》,它是南非新政府为推行国家课程而进行的最大规模教育改革,彻底结束了种族隔离的课程政策。南非教育部原规划从1995年开始实行新课程,到2000年在所有年级全部实施新课程。但是由于准备不足和资源、师资等问题,将时间推迟至2005年,因此又称为《2005年课程》。

《2005年课程》主要目的是奠定国家核心课程的基础,使南非中、小学课程走向规范化。课程改革删除了与种族隔离相关和过时的内容,力求体现教育的主体价值。国家课程的设置以终身教育为指导思想,强调"结果本位教育"。《2005年课程》将学前到9年级分3个阶段来实施新课程:基础阶段(学前教育到3年级),中级阶段(4—6年级),高级阶段(7—9年级)。基础阶段的国家课程有3门:语言、数学和生活相关课程。南非政府同时对国家核心课程的相关内容做出具体规定,如规定语言学习包括南非语言委员会批准的所有11种官方语言以及盲文和手语,所有学生须精通母语,并至少掌握其他任何一种官方语言。11种语言都被视为母语，无主次之分，目的“是为了理解和欣赏不同的语言与文化”，但是英语受到了更多家长和学生的青睐，推广率更高。

（四）学前教育师资培训

1994以来，南非新政府对教师教育改革给予了更多的关注，不断革新旧的教师教育体制和观念，摒弃种族歧视，发展教师教育，提高整个国家的教育水平，进而彻底消除过去因种族隔离制度遗留下来的不平等现象，从理论和实践上都给教师教育领域带来了创新和活力。

大学、教师培训学院和技术学院均提供正式的、专门的培训。培训结束后，大学颁发学位，而教师培训学院仅颁发毕业证书。南非的一些大学设有学前教育专业，学制4年，入学需要通过入学考试。原则上，学生必须先接受12年学校教育。这些大学还与教师培训学院合作，颁发小学或学前教育学位。大学还可以颁发学前教育专业的研究生学位证书，条件是拿到规定的教师毕业证或者已达到规定的教育水平，时间为一年。在某些情况下，因远程教育的原因完成课程最少需要两年。大学入学者要接受学前教育训练，其中包括10周的教学实习。实习在正规的幼儿园内进行，由有经验的学前教育教师监督。大学课程的独特之处是使用英语和阿加利亚语（官方语），通过远程教育的方式，向那些无法住在大学或教师培训学院的人进行授课。

2011年南非教育部与教育训练局合作，对学前班的教师进行培训。南非政府重视学前教育师资队伍建设，但是整体水平依然偏低。南非所有资格证书管理工作统一建立在南非资格证书管理局所提出的“全国资格证书框架”的基础之上，具体的培训工作由继续教育训练学院或者非营利性组织负责，最后证书由教育与训练发展局负责认证。2006年南非社会发展部和联合国儿童基金会在颁布的《早期儿童发展服务纲要》中明确提出了幼儿教师的最低从业标准，要求幼儿教师应该具备符合一级水平的“基础幼儿教师资格证书”。“基础幼儿教师资格证书”最初的目的是对没有经验的幼儿教师进行的补偿性教育，但2010年南非政府停止了该类教育的培训以及证书的颁发。现在四级水平的“国家幼儿教师资格证书”成了进入幼儿教师行业的最低标准。国家资格证书的培训主要是让教师掌握促进幼儿全面发展的基本教育教学能力，毕业后能从事不同幼教机构的教学工作。五级水平的资格证书是最高级证书，由“高级幼儿教师资格证书”和“国家学位幼儿教师证书”两种类型证书构成，后者比前者更具有含金量。

南非有一些机构为日托领域的工作者提供非正式的培训。如维瓦斯特兰大学提供以蒙台梭利方法为基础的课程，面向社区保育员，学完可以拿到资格证书。另外，博得早期学习中心也为不熟练的学前教育工作者提供以下三种训练课程：一年的教育保育课程，招收幼儿园工作人员，每周通过讲座和研讨的形式授课；学前培训课程，为幼儿园员工提供两周的课程，包括讲座、研讨和幼儿园实地参观；婴儿保育培训课程，培训照顾出生到2岁儿童的保育人员，历时一年，一周一次讲座和研讨会。

三、南非学前教育存在的问题

进入21世纪，南非的学前教育稳步发展，在废除历史上种族隔离遗留的教育问题上取得很大进展。南非政府是世界上教育投入较高的国家之一，大力发展学前班教育，取得显著成绩，但是学前教育的发展也存在一些问题。

(一)幼教机构基础设施有待进一步改善

基础设施落后是南非教育发展中存在的突出问题。很多幼教机构没有接通自来水,没有通电,没有冲洗的卫生间,教室空间紧张,甚至存在部分危房。卫生设施缺乏,很多学校没有标准、卫生的厕所,孩子在一个不透风的小坑,或者一个水桶,或者户外解决大小便问题。南非宪法指出,每一位儿童都应该享有足够的饮用水,能够生活在一个健康安全的环境内。卫生、充足的饮用水是人生活的必需品,但是南非很多地区的儿童面临着饮水困难问题,尤其是农村偏远地区。儿童本身免疫力就脆弱,长期使用不卫生的饮用水会导致儿童出现一系列的健康问题,如痢疾、霍乱等疾病的蔓延。2007 年,南非有 700 万的儿童缺乏卫生饮用水。针对很多学校校舍破旧、教室紧张、卫生设施落后、缺水缺电的状况,南非政府大力实施一项"促进学校建设项目"。该项目来源于政府的专项拨款"学校基础设施建设拨款",目前已经取得显著成绩。

(二)学前教育质量有待提高

2010 年南非基础教育阶段,全国的师生比是 1∶29.3,各省份的师生比相对均衡,在 1∶27.5和 1∶30.5 之间,平均每个学校 16.2 个老师。全国每个学校的平均学生人数是 474 人,但不同省份之间差距较大,最高省份的平均在校学生人数是 794 人,最低省份的平均在校学生人数是 357 人。在早期教育阶段,2009 年的注册教育机构有 3312 家,平均每个早期教育机构 71.7 人,每个机构 3.0 位教师,师幼比例是 1∶23.9。2010 年的注册教育机构有 4313 家,平均每个早期教育机构 64.8 人,每个机构 2.9 位教师,师幼比例是 1∶22.4。受艾滋病、工资等多种因素的影响,南非每年都有大量的教师流失。师幼比较高影响着南非学前教育质量的提高。

2009 年调查显示,幼教机构中拥有幼儿教师资格证书的教师人数不足 50%。与数量上快速发展的幼儿教育机构相比,幼儿教师的培训工作满足不了社会对幼儿教师的需求,南非政府开始致力于提高学前师资力量。

(三)贫穷、饥饿、健康等问题制约学前教育发展

2004 年南非大约有 650 万 7 岁以下的儿童,其中 380 万儿童生活在极度贫困状态,占儿童总数的 59.2%。据统计,2007 年南非饥饿儿童的比例是 18%,2009 年,仍然有 61% 的儿童生活在贫困线以下。

南非政府已经意识到上述问题,并积极努力解决。为了缓解贫穷带来的诸多问题,政府实施"儿童支持拨款"项目,对极度贫困的家庭实施经济援助。凡是符合条件的儿童,政府将一定的补贴支付给看护人。从 1998 年的每月 100 元增到 2012 年的每月 280 元。社会发展部负责 5 岁以下儿童的发展教育,并对相关的教育机构进行管理。为了促进学前教育的发展,社会发展部在 2006 年给 5531 个注册的早期教育机构提供了 3.5 亿元的财政补助,共有 314912 位儿童受益。截止到 2011 年 4 月,南非大约有 1050 万 16 岁以下的儿童接受政府补贴。

南非是艾滋病病毒携带者人口较多的国家之一。儿童患有艾滋病的比例较高,一般是通过母亲被感染。2010 年大约有 43.8 万 15 岁以下的儿童是 HIV 病毒阳性患者。西开普敦艾滋病传播率最低,为 1.2%;纳塔尔传播率最高,为 4.1%。艾滋病的蔓延同时改变了南非传统的家庭结构,导致一种由未成年人组成的新型的家庭结构诞生,即"儿童自助家庭"。来自不同艾滋病家庭的孤儿聚在一起,形成"儿童自助家庭",构成了社会的弱势群体。面

对严峻的挑战，南非政府积极开展学校教育，开设“生活取向”课程，力图帮助儿童养成良好的生活方式，树立正确的人生观、世界观、价值观。

第五节　新西兰学前教育

新西兰(New Zealand)位于太平洋西南部，是一个岛屿国家，面积约27万平方公里，人口为443.8万，其中欧洲移民后裔占67.6%，毛利人约占14.5%，亚裔占9.2%(其中华裔约20万人)，太平洋岛国裔占6.9%。新西兰以农牧业为主，服务业发达。1350年，毛利人在新西兰定居。1642年荷兰航海者在新西兰登陆。1769—1777年，英国船长詹姆斯·库克先后5次到达新西兰。新西兰于1856年成为英国的自治殖民地，1907年成为自治区，到了1947年完全独立，成为主权国家。新西兰为英联邦成员，实行君主立宪制，但司法仍由英枢密院做出最终裁决。2004年，新西兰最高法院成立，获得司法终审权。

一、新西兰学前教育的沿革

19世纪末新西兰建立起第一所免费性质的幼儿园，此后又不断建立多所幼儿园。这些幼儿园都是公益性质的，不属于政府管理。新西兰政府逐渐意识到学前教育的价值是第二次世界大战后。

20世纪80年代之前，新西兰幼儿保育和教育是分开的，保育中心和幼儿园教师的培训也不一样。保教分离造成了新西兰学前教育的双轨制。1976年，通过议案，幼儿保育中心和幼儿园处于同等地位，学前教育机构雇佣受过训练的教师。1977年底成立了幼儿教育和保育国家机构委员会工作组。1986年开始，学前教育由社会福利部划归教育部单独管理，实现了幼儿保育和教育的整合。

进入20世纪80年代，由于综合经济指数的全面下滑，新西兰教育进入了改革和重构期，政府教育行政权逐步削弱，学校自主权不断加强和扩大。历届政府都倡导为国民提供平等的教育机会，减少社会群体和种族间的教育差异，确保国民尽可能多地获得知识和技能。

1987年，工党上台，开始关注健康、社会福利、教育等社会事务。新政府积极关注教育事业，并且认为教育是一项长远的投资，需要着力发展。这一时期，政府针对教育问题先后出台了《皮克报告》《米德报告》和题为《5岁之前》的学前教育报告。《皮克报告》的主要内容是针对教育管理中的中央集权问题，强调要增强学校和家庭在教育中的控制和选择。《米德报告》提出学前教育服务的目的是为了给家长和家庭提供教育帮助，建议政府增加对学前教育的投入，关注家庭、社区、国家在学前教育中的相对作用。《米德报告》提出学前教育管理系统的初步构想是家长评议会(由家长和社区成员组成)管理每一个早教服务中心，教育部门是为早期儿童教育和保育提供资金和制定一般政策的主要部门。审查机构对自发成立的幼儿发展小组提供支持和在职培训。社区教育讨论会议须收集社区建议，家长支持委员会帮助有困难的家长获取对等的服务。

《5岁之前》报告受到《米德报告》深刻的影响，提出政府必须为所有的学前教育服务机构提供资助，关注特殊儿童教育等。《5岁之前》对幼教机构的师生比做出规定，在全日制的儿童保育中心，2岁以下儿童的师生比为1∶5，2岁以上儿童的师生比为1∶20等。同时针对教师资格问题，提出制定教师资格标准，设定培训计划，力求到2000年一半或者更多的特殊保育中心教师须达到3年资格水平,未达到标准的,国家提供接受进一步培训的机会。该法案颁布后,政府在1989年的预算中开始对所有学前教育机构进行资助。

自1988年以来,新西兰先后制定和实施了《明日学校》《教育法案》《教师聘用条例》《新西兰中小学教学大纲》《教职员公约》等法规,以保证教育的进一步提高和发展。

2002年新西兰政府颁布了一项名为《十年战略计划——未来之路》的早期教育十年战略计划,该计划强化了政府的教育服务职能,旨在提高全国各类学前教育机构的服务质量。研究表明,该计划得到成功实施,新西兰学前教育质量得到快速提升。

2007年新西兰教育部根据十年战略计划的推进情况,为幼儿教育的未来5年发展颁布了"五年规划(2007—2012)",以进一步落实十年战略计划。"五年规划"中,幼儿教育未来的目标是继续推进十年战略计划中未完成的任务,重点是增加幼儿在高质量机构的入园率和提升教育质量。增加入园率的群体主要是毛利人和太平洋岛屿居民中的幼儿。2007年新西兰实施"学前教育20小时计划",开始向3—4岁儿童提供每周20小时的免费学前教育。该计划实施后,新西兰幼儿每周接受教育的小时数大幅增长,其中3—4岁儿童增长幅度最大,3岁儿童由2003年的平均13.4小时,增长至2012年的平均20.1小时。4岁儿童由2003年的平均16.1小时,增长至2012年的平均22.1小时。

2013年新西兰教育部提出《2013—2015年增加早期学习机会》文件,强调在2013年7月至2015年6月间继续提高学前教育机构的教学工作,提升儿童、家庭、毛利家庭与社会团体的学习机会,重点在入学率相对较低的地区招收儿童。

二、新西兰学前教育的现状

(一)学前教育管理

新西兰教育分为三个层次,3—5岁为幼儿教育,6—16岁为强制性中小学义务教育,17岁后为理工学院或大学教育(包括大学预科)、大学后教育。新西兰的教育由教育部主管,教育部设有教育检查办公室和审计办公室。

教育检查办公室负责检查所有注册的学前教育机构以及各级各类学校。教育检查办公室是一个独立的检查评估单位,每三年一个周期,针对学前教育机构的检查目的是促进学前教育质量的提高,为学前教育机构提供进一步发展的建议或帮助该机构完成下一步的"行动计划",但不会参与任何计划的实施实践。2002年,教育检查办公室出版了《学前教育检查的框架和资源》,以帮助学前教育机构更好地理解它的角色、任务、目的、方法和检查内容。该书阐述了学前教育的质量链:有效的管理、高质量的教师和专业的组织、高质量的课程方案、环境之间的相互作用产生的积极结果。清晰的教育理念和家长、社会的参与则是这条质量链的重要基础。

审计办公室负责审计所有注册的学前教育机构及各级各类学校申报拨款的资料和文件的正确性与真实性,一般是3—4年为一个周期。审计办公室提前两周以书面方式通知学前教育机构,其中最主要的审计内容是幼儿的入园登记表,幼儿入、离园的家长签名和时间记录表及每天的每15分钟注册教师的活动情况表——他们是与幼儿在一起,还是在开会,或是其他工作。如果审计的结果与申报拨款的数据不符,就得遵守"多退少补"的原则,多申领的款项会在下一次的拨款中扣除。如果有严重的违法情况,则采取法律措施。

（二）学前教育机构

新西兰的学前教育机构多种多样。根据新西兰教育部的统计数据，2003—2012 年，入学率增长最快的机构是家庭日托，共增长了 92.1%，其次为儿童保育中心，为 49.1%。相应的家庭日托机构总数 10 年间共增长了 76.3%，保育中心增长了 38.9%。

1. 儿童保育中心

儿童保育中心目前是新西兰规模最大的学前教育机构，已经超过传统的幼儿园，接收从出生到 6 岁的儿童，主要提供保育和教育两方面的服务，有全天的，也有半天的，有营利性的，也有非营利性的。教师一般是经注册的，并持有幼儿教师文凭。

2. 幼儿园

新西兰的幼儿园绝大多数由政府开办，招收 3 岁以上的儿童，一般儿童只在幼儿园度过半天的时间，家长可自由选择上午制或下午制，完全免费，接受社会各界捐款。

3. 家庭日托

家庭日托是指由家长或监护人为年纪较小的儿童在家里提供的教育和保育服务。这种服务可以是全日制，也可以是半日制。有资格的协调人员协助家长或教管员的工作，帮助他们编写教学大纲，并负责检查儿童的安全、健康和学习进展。

4. 游戏小组

游戏小组是以社区为基础的组织，即家长或监护人聚在一起为儿童提供游戏项目。家长或监护人可以从教育部获取信息、支持、培训和一些经费来发展他们的游戏小组。儿童每天在游戏小组的时间一般最多为 3 小时。2008 年 12 月 1 日游戏小组管理规程和游戏小组认证标准正式生效。游戏小组可以选择是否认证，若想通过认证，则必须通过教育部的评估。

5. 毛利语幼儿园（语言所）

早在 1840 年，英国殖民者就与毛利人首领签订协议，承诺保护毛利人的土地、语言、文化和价值观念。为了使毛利母语能继续传承，新西兰自 1982 年开始成立毛利语幼儿园，聘请年长者或各族长老每天抽出 4～8 小时照顾儿童，用毛利语跟儿童说话、讲故事、做游戏，提供儿童学习毛利语和文化价值的机会。据统计，2012 年共有 9366 名儿童进入毛利语幼儿园学习。

6. 函授学校

函授学校是专为偏远地区的儿童以及患有疾病、行动不便的儿童或遇到特殊情况而不能离家外出受教的儿童服务的，由各州的函授学校提供。函授学校的教师都是经验丰富的教育工作者。他们适时地向家长推荐，提供给儿童图书、音像带、游戏材料与玩具等有效的教育资源，同时向家长传授教育知识。

7. 医院日托

医院日托是新西兰后兴起的以医院为基础的早期服务，对医院内的患病儿童提供保教服务。新西兰教育部提出的关于医院日托的认证标准于 2008 年 12 月 1 日正式生效，对医院日托的日常运行进行了严格规范。

（三）学前教育课程

1996 年，为改善学前教育质量，明确学前教育的任务，以促进儿童的学习与发展，新西兰颁布了第一个早期教育课程大纲《新西兰幼儿教育课程》。课程大纲致力于建立一种可供新西兰各类幼儿教育机构分享的课程,1998 年国家课程开始在注册的学前教育机构中实施。该课程明确学前教育总体的培养目标是:使幼儿成长为有能力和自信的学习者;成长为身体、精神都健康的公民;成长为具有牢固的归宿感和获得为社会做贡献所需素养的人。

新西兰的课程将儿童发展置于新西兰特殊的文化背景之下,并且提出儿童是独立的、有能力的学习者、交流者。新西兰课程需遵循四条基本原则:儿童学习和发展的权利原则,即学前课程应使幼儿得到能够学习和发展的权利;全面发展原则,即学前课程要满足儿童全面学习和发展的需要;家庭与社区原则,即家庭与社区应成为扩展课程的有机组成部分;相互关系原则,即儿童通过与人物、地点、事情相互作用来学习。在以上四条原则的基础上,提出儿童发展的五大领域是:健康:保障幼儿的健康,培养积极的情感,并远离伤害;归属感:儿童与家庭和外部世界有联系,明白自己有存在的价值,习惯社会习俗和规范;贡献:机会均等,每个儿童都能作为一个独特的个体受到肯定,鼓励儿童与其他同学一起学习;交往:儿童发展语言和非语言交流的技巧,接触其他文明的故事和符号,用不同的方法去创造和表达;探索:儿童的游戏行为得到认可,能够获得自信和对身体的控制力,学会主动探索和思考,获得对自然、社会的理解和解释。

新西兰的课程内容主要以儿童的活动展开,以儿童丰富的经验获得为主要价值取向。课程实施的形式也丰富多样,以儿童为活动的中心,教师是儿童活动的参与者、支持者,为儿童提供充足的机会获得对周围世界的感知与理解。

(四) 学前教育师资培养

新西兰学前教育师资的职前培养工作主要由 6 所教育学院和师范学院共同承担。学生学习年限为 3 年,并接受教育部的资助。学生就业要具备从事学前教育工作的教师资格,不仅要有教育学院或师范学院的毕业证书,而且还要有幼儿园协会证书。学前教育师资的在职培养任务则由儿童发展协会承担。为提升教师地位和促进教师专业发展,新西兰在 2002 年初成立了教师委员会。该委员会是教师的专业发展组织,为学前教育教师和学校教师设置专业标准,颁发教师资格证书,所有教师必须到该委员会注册。

为保证教学质量,新西兰教育法规定:所有新西兰的幼儿教育机构,无论是私立的或公立的,其正式教师(区别于业余教师)都必须注册,只有注册教师或在得到许可的教师教育项目培训的教师才可以合法聘用。同时规定,只有获得一定文凭资格的人才可以申请。这些文凭资格可以是在新西兰大学里取得大学毕业以上的文凭,或在国外教师培训机构毕业,经新西兰质量许可局认证的相应文凭持有者。成为注册教师至少需要在申请得到许可后的两年,经过有经验的注册教师的指导,进一步完成规定的职业培训才能取得。

三、新西兰学前教育发展趋势

新西兰未来学前教育改革的新动向是在幼儿教育资金、管理、师资、合作等方面落实和推进幼儿教育。

(一) 加大学前教育资金投入,提高幼儿入园率

新西兰政府对幼儿教育机构加大了财政投入,并且投入呈现逐年增长之势。2007 年新西兰实施"学前教育 20 小时计划",向 3—4 岁儿童提供每周 20 小时的免费教育。1999—2000 年度新西兰政府幼儿教育的预算为 2.76 亿,2006—2007 年度的预算达到了 6.25 亿。

2010 年 7 月 1 日,教育部将"学前教育 20 小时计划"扩大到 5 岁幼儿,所有游戏中心和语言所的幼儿都有资格获得该项资金。从 2011 年 2 月 1 日起,80% 以上的注册学前教育机构有资格在"学前教育 20 小时计划"项目补助时间内收取"可选性费用",主要针对运营成本高于平均运营成本的学前教育机构,家长自由选择是否支付费用获得特色课程。2012 年共有 107425 名 3—5 岁幼儿参与该项计划,占所有入学儿童的 89.9% 。

新西兰政府通过多种渠道为不同的学前教育机构提供政府拨款,包括学前教育拨款津贴、学前教育平等拨款、区别性补贴、特殊教育拨款、幼儿保育津贴。学前教育拨款津贴是向所有的学前教育机构提供定期的拨款以支付它们运营所需费用,具体的拨款是依据每一名幼儿在园或中心内的时间来计算的。登记在册的幼儿可以最多得到每天 6 个小时,每周 30 小时的拨款。学前教育平等拨款是为那些注册的非营利性的学前教育机构提供的,其目的是减少学前教育机构之间的悬殊差异。区别性补贴是政府为了鼓励在偏远地区、低收入地区、毛利人或太平洋岛民家庭聚集地区设立更多的学前教育机构而提供的一项特殊的补贴。特殊教育拨款是为那些有特殊教育需求的人提供的经济资助。幼儿保育津贴是由社会福利部提供的,以帮助中低收入家庭支付幼儿保教费用。

进入 21 世纪,新西兰政府每年对教育的投入都在 70 亿元以上,约占 GDP 的 5.4% 至 5.8% 。新西兰学前教育机构入学率稳步增长,儿童进入学前教育机构的人数每年平均增长 2.3% ,2003 年有 160173 名儿童入学,2012 年达到 196535 名,10 年共增长 22.7% 。2012 年新西兰教育部的统计数据显示,2002 年所有进入小学的儿童中受过学前教育的儿童占 91.2% ,截至 2012 年 6 月已上升至 95% 。新西兰政府目前致力于在 2016 年前将该比例提升至 98% 。

(二) 严格幼教机构开办标准,提高办园水准

从 1987 年 7 月开始,新西兰政府规定,所有的学前教育机构必须通过教育部的检查,符合《幼儿教育服务条例》的规定,才能取得合法的经营执照。在接收任何幼儿入园前,所有的学前教育机构都需要向教育部申请经营执照。只有在取得了经营执照后,才能开始接收幼儿。无论拥有该学前教育机构的是个人或是团体、机构组织,执照人只能是个人。如果执照人需要离开新西兰超过一个月或以上,该学前教育机构必须事先告知教育部并提出申请更换临时执照人。任何一个执照人都必须负责其学前教育机构符合在《幼儿教育服务条例》中阐述过的所有要求与标准。如果有任何的违规或失责,教育部官员会直接责询责任人,给予一定的时间限其整改,一般为 3 个月。这时,教育部会更换该学前教育机构的执照,从全执照变成限制执照。3 个月后,教育部会来重新检查,如果问题已经改进并符合法规的要求,教育部会重新发还全执照;如果问题没有解决或依然没有符合法规的要求,教育部就会吊销其限制性执照。教育部对执照的重审并没有固定的统一安排,大多数的情况是在接到有关举报、投诉及其他政府部门的审查结果后,教育部才会派人去检查其是否有违反法规的情况。

《幼儿教育服务条例》这一法规颁布至今已经经过多次的更改,最近的一次修改是在 2008 年。根据最新的法规,所有在 2008 年 7 月以前已获得经营执照的学前教育机构都必须在此后 6 年中重新申请执照以便能够符合这一版本的法规中阐述的所有规定。现阶段教育部鼓励大家自愿申请重新审查,申领新的执照。

（三）出台幼儿教师专业标准，提高教师专业素养

在全国执行教师专业标准与实行资格认证制度的大背景下，新西兰政府颁布了一系列旨在提升幼儿园教师队伍整体素质，促进幼儿园教师专业化发展，确保幼儿教育质量提升的政策文件。2005年，由新西兰国家教育部颁布的，由教师委员会依据《2002—2005年幼儿园教师、园长和高级教师集体雇佣协议》研制的《幼儿园教师专业标准与绩效管理制度整合指南》成为全国性的幼儿园教师专业标准。该指南分别规定了新教师、完全注册教师、经验教师、园长教师和资深教师须具备的知识技能和工作态度，并将专业标准与教师的职业晋升和绩效薪酬考核挂钩。

在新西兰，新教师是指刚从师范院校或其他相关培训机构毕业的学生以及刚移民到新西兰的外国教师。其中，外国教师应有在移出国家或地区做幼儿园教师的经验。教师委员会不仅在学历和语言方面对申请成为新教师者有明确的要求，而且会对申请者的品质与性格是否适合做教师进行相关检测。按照有关规定，新教师必须接受“建议与指导项目”的培养，在完全注册教师的指导下工作1～2年，努力达到完全注册教师的标准。从新西兰幼儿园教师的专业标准体系看，新教师、完全注册教师和经验教师的专业标准维度一致，专业要求层层递进。幼儿园新教师的专业标准共有6项：学习与教学、学习环境、沟通交流、支持并与同事合作、对发展幼儿园业务的贡献、幼儿园管理。

（四）加强家园共育，提升教育合力

2007年开始，新西兰教育部开展了“家长支持和发展计划”，挑选并资助10个幼教机构作为“家长支持和发展中心”，促进幼儿园、社区与家长的合作。这些机构的服务时间为3年，目的是为家长和幼儿提供支持和帮助，并积极促进偏远地区、贫困家庭和特殊需要儿童入园。新西兰教育部2007年5月印刷了《幼儿合作教育手册》，免费分发给家长，手册的内容包括育儿建议、教育信息等，政府采取措施鼓励家长积极参与到儿童的教育中去。

知识链接

新西兰学前教育十年战略计划

2002年，新西兰政府出台了学前教育《十年战略计划——未来之路》，旨在解决学前教育各部门在所有权和管理上的分散、缺乏合作等问题，以保障学前教育目标的实现，即促进儿童成长与发展，使儿童能够成为有能力的人、自信的学习者和交流者。该计划为新西兰的学前教育提供了目标、策略和政策框架，勾画了学前发展的基本框架。

1. 目标

十年战略计划涵盖三个核心目标：提升优质学前教育的参与度；提高学前教育服务质量；促进幼教机构、社区、家庭的合作。

2. 策略

（1）提升学前教育参与度的措施。政府使用政府补助金和其他支持手段增加对学前教育的扶持，主要针对学前教育参与程度低的社区，尤其是毛利人、太平洋岛民以及社会经济底层等需要特殊扶持的群体。2001年，政府提出“提升入学率计划”，全国40多个组织和毛利人社区积极开展合作，提升毛利儿童入学率。2000年毛利儿童入学率近4%，2004年，超过1/3的毛利儿童进入了有执照的语言所。

(2) 提高学前教育质量的措施。政府积极参与幼儿课程标准的改进与实施,以保证优质高效的课程的开展。同时,严格控制早期教育机构中教师与儿童的比例符合高质量的要求。政府加大对学前教育教师的资格认证和管理。如十年战略计划针对提高学前教师的素质,实施了一系列的办法。首先,成立教育委员会和教师协会,建立教师资格管理制度。其次,通过激励、奖学金和监控、提高待遇等措施增加合格教师的数量。最后,逐步提高专职登记教师的比例,继续采取措施,增加合格教师数量。

(3) 辅助性策略。如明确政府规章制度的制定,规范制度和政策的执行,托幼机构与家庭、社区的合作等。

2007 年 5 月,新西兰召开了关于早期教育十年战略计划实施 5 年的中期研讨会。讨论 5 年来所取得的成就以及计划实施过程中收到的一些回馈信息,并做出一些相应的调整,为在之后的 5 年中更好地实施和实现计划目标做出了进一步的规划。

新西兰教育部针对未来 5 年的目标而制定的工作重点是:继续实施幼儿教育的十年战略计划;实现注册教师的既定目标和建立新的管理系统;通过完善和实施质量标准以及贯彻每周 20 小时免费幼儿教育,提高幼教机构的质量;建立幼儿教育学习结果的评价标准。

第六节　澳大利亚学前教育

澳大利亚(Australia)全称澳大利亚联邦,位于南太平洋与印度洋之间。欧洲人在 17 世纪初发现这块大陆时,以为这是一块直通南极洲的陆地,故取名 Australia,意思是“南方大陆”,由拉丁文 terra Australis(南方的土地)变化而来。1770 年至 1900 年,澳大利亚曾是英国的殖民地,在此之前澳大利亚完全是土著居民居住的地方。1901 年,殖民统治结束,澳大利亚成为一个独立的联邦。澳大利亚国土面积为 761.79 万平方公里,是全球土地面积第六大的国家。澳大利亚不仅国土辽阔,而且物产丰富,是南半球经济最发达的国家,是全球第四大农产品出口国,也是多种矿产出口量全球第一的国家。澳大利亚是一个移民国家,奉行多元文化,大约 1/4 的居民出生在澳大利亚以外。

一、澳大利亚学前教育的沿革

澳大利亚的学前教育发展迅速。根据政府在学前教育发展过程中所起的不同作用,可以将澳大利亚学前教育的发展大致分为三个阶段:自由发展期、联邦和各辖区政府分别干预期以及联邦和各辖区政府加强监管学前教育期。

(一) 19 世纪末至第二次世界大战前的自由发展期

19 世纪末至第二次世界大战前是澳大利亚学前教育的自由发展时期。19 世纪末,受福禄培尔、裴斯泰洛齐的影响,梅班柯 · 安德森和德莉莎 · 莉莲分别在新南威尔士州和南澳大利亚州领导了澳大利亚学前教育运动,从此,澳大利亚开始有了幼儿园。但是,大多数幼儿园附属于私立学校,只有富人家庭的子女才有条件就读,中产阶级和贫困家庭的子女则没有入学的机会。为了应对这种情况,1895 年,慈善幼儿园运动兴起,幼儿园联盟在新南威尔士州成立,提倡将幼儿园原理引入学校,并在贫困郊区建立免费幼儿园,强调早期学习和为学校做准备。1911年,全国各州和领地都建立了类似的慈善幼儿园。为了加强幼儿园的师资力量,澳大利亚各地还兴办了幼儿师范学院。幼儿园运动主要针对幼儿的教育和社会化,并未考虑为就业妇女提供帮助,全澳大利亚除昆士兰州的托儿所和幼儿园联合会提供全日托管外,大多数幼儿园都是实行半日制,并且只招收3岁以上的儿童。20世纪初,为了解决就业妇女的困扰,全日托儿所运动兴起,全日托儿所从早上7点开到下午6点,并且愿意收托婴儿,工作人员主要为护士。

(二)第二次世界大战期间至20世纪70年代的联邦和各辖区政府分别干预期

第二次世界大战期间至20世纪70年代,是澳大利亚联邦和各辖区政府分别干预学前教育的时期。第二次世界大战期间,由于战争需要,很多妇女走出家门就业,儿童在家无人看管,发展学前教育成为当务之急。1938年3月,澳大利亚幼儿协会成立,呼吁联邦政府为学前教育提供更多的设施,并指导各地办起了日托所和幼儿园。澳大利亚幼儿协会在幼儿教育专业化方面起到很大的作用,协会还发行国家级的杂志《澳大利亚幼儿杂志》为幼教工作者服务,在提高澳大利亚儿童保育工作标准方面发挥了巨大的作用。同年,联邦政府开始以有限的方式提供少数学前教育和保育机构,在6个州的首府均建立了学前教育和健康中心,即高黎夫人儿童中心。该中心强调儿童的健康和教育及家长教育,聘请学前教育专家、教师、医生和社会工作者向基层幼儿园和托儿所的教师、工作人员传授学前教育和保育的知识。1944年,联邦政府在首都领地建立了学前教育体系,关注幼儿园的教学质量,进行师资培训,师资培训所需的费用和教师工资等支出皆由联邦政府承担。

20世纪四五十年代,澳大利亚中产阶级家庭开始认识到幼儿园教育的重要性,地区性学前教育机构开始大量出现,多由当地家长经营。学前教育的重心开始转移,从为贫困家庭服务的慈善事业转变为为所有儿童服务的教育事业。70年代初,大批移民进入澳大利亚,给学前教育带来了很多新的问题,如学前教育机构数量少而且单一、学前教师缺乏、教育内容的多元化问题、学前教育机构经费短缺等。为了适应新的变化和需要,一些州政府开始设立并资助托幼机构,开始重视学前教育的质量问题,干预学前教育机构的提供。如:塔斯马尼亚州将学前教育交由教育部管辖;西澳大利亚州另设小学先修班,以取代学前班;昆士兰州开始在小学里附设学前班;维多利亚州和新南威尔士州的学前教育则由非营利组织提供。

1972年,工党成为澳大利亚执政党,提出了一个远大的目标:通过大量投资学前教育来提高儿童的学习结果。同年,联邦劳工及全国服务部颁布了《儿童保育法案》,从此,联邦政府开始资助"高黎夫人儿童中心"之外的学前教育和保育机构。1974年,澳大利亚联邦政府投入学前教育的资金达到了其投入儿童服务总金额的72%。

(三)20世纪80年代以后的联邦和各辖区政府加强监管学前教育期

20世纪80年代以后是澳大利亚联邦和各辖区政府加强监管学前教育的时期。从1983年开始,澳大利亚联邦政府开始提供幼儿教育福利和设施,不断增加学前保育预算。联邦政府一方面补助经费给地方政府,大量开办学前教育机构,另一方面直接为非营利性的学前保育机构和选择非营利性保育机构的家庭提供资助和补贴。自1985年起,除原住民和托雷斯岛儿童的学前教育继续由联邦政府资助和管理外,其他儿童的学前教育均转由各州和领地政府负责。1990年,联邦政府放宽了家庭获得直接补助款的资格限制,从此,选择营利性学前保育机构的家庭也可以获得直接补助款,促进了私立学前保育机构的发展。

随着保育机构和进入学前保育机构的儿童大量增加,人们开始关注儿童受到的学前保育的质量。1993年成立了国家保育认证委员会,受联邦政府资助,专门负责保育机构的政策制定、咨询、质量认证等工作。国家保育认证委员会成立后,分别于1994年和2001年针对全日托和家庭日托机构建立了质量促进和认证系统及家庭日托机构的质量保障系统,全日托和家庭日托机构要想获得联邦政府的资助,必须通过各自的质量保障系统的认证。

1998年,联邦政府取消了对非营利性保育机构的直接经营补贴,转而对具有一定资格的家庭进行儿童保育帮助和儿童保育费减免。2000年7月,联邦政府颁布了《家庭帮助法案》,从此,儿童保育补助取代了儿童保育帮助和儿童保育费减免,旨在帮助低、中等收入的家庭,具体补助金额由家庭的收入水平、儿童的数量、学时数、选择的保育机构的性质等因素决定。为了提高就业、待就业和学习型家庭对儿童学前保育费用的支付能力,2004年,作为儿童保育补助的补充,联邦政府设立了儿童保育税费返还政策,通过所得税现金退税的形式减免家庭30%的儿童保育成本。

2010年10月12日,维多利亚州通过了本州的《2010年教育和保育服务法》。澳大利亚其他的州或领地司法管辖部门在2010年10月到2011年11月间分别采用了该项法律或者通过了相应的《国家教育和保育法》。《国家教育和保育法》旨在建立由政府通力合作的、全国统一的学前教育和保育服务质量管理与评估体系。《国家教育和保育法》经过两次修订,2012年1月1日的最新修订版规定了早期保教服务供应商的批准、服务认证和主管资质认证;获得提供早期保教服务许可的批准程序、批准证书和机构管理者证明;教育和保育服务机构最低操作要求,如工作人员、保教环境及保教计划等;用于对早期保教质量进行质量评估和等级评定的新的国家质量标准。2011年12月9日,原教育、早期儿童发展和青年事务部部长理事会截取各省、领地通过的《国家教育和保育法》中301和324部分,制定了《国家教育和保育条例》。该条例是针对幼儿教育和保育服务的一整套详细操作要求的法规,其具体内容包括早期保教服务供应商的批准、服务认证和主管资质认证;质量评定量表的制定;根据《国家质量标准》进行评价和评级服务的过程;早期保教服务围绕7个质量领域的最低运作要求;从现有服务领域向新系统的过渡安排。此外,该条例还规定了各种幼儿教育和保育服务的费用。

《国家质量标准》是《国家教育和保育条例》附录的一部分。《国家质量标准》设置了早期保教服务新的国家质量基准,其目标是促进儿童的安全、健康和福祉;通过高质量的早期教育服务实现儿童的优良表现;帮助服务机构及家庭了解优质早期保教服务的概念,使家长能为孩子明智地选择早期保教机构。《幼儿学习框架》和《儿童保育框架》,是执行《国家质量标准》的关键要求。

2012年1月1日,澳大利亚《学前教育及儿童保育国家质量框架》(以下简称《国家质量框架》)正式实施。《国家质量框架》主要包括以下内容:国家立法框架,包括《国家教育和保育法》和《国家教育和保育条例》;《国家质量标准》;评估和评价系统;各州、领地的监管机构,依照国家立法框架和《国家质量标准》,对本地区的早期教育和保育服务机构进行审批、监督和质量评估;全国性监管机构,即澳大利亚幼儿教育和保育质量管理局(ACECQA)。

二、澳大利亚学前教育的现状

澳大利亚有各种各样的保育和教育机构,为有不同需要的儿童和家庭提供不同的保育和教育服务,各个州也有不同形式的学前教育。各个州和领地各自对本辖区的学前教育负责,不同辖区的学前教育课程的内容和组织方式有很大的差异。但是无论何种形式的学前教育机构和课程,都非常重视学前师资的质量和培养。

(一)澳大利亚学前教育机构类型

澳大利亚的学前教育机构可分为公立系统(政府提供)、非政府非营利性机构、私立营利性机构和私立非营利性机构。其中,全天日托中心为私立,其他的学前教育机构多属州政府和地方政府创办或为非营利性机构。不同类型的机构可以满足不同家长的需求:幼儿中心、社区幼儿园、家庭日托及课后托管是政府为满足就业父母的需求设立的;学前班主要是为学龄前儿童提供教育经验;临时性的托育服务为家长及其儿童提供临时的托育服务。

1. 幼儿中心

幼儿中心是招收从出生到小学入学年龄的儿童,对学前儿童进行以保育为主的学前教育机构。幼儿中心以儿童的年龄和发展情况为主要依据将儿童分班。以昆士兰州为例,根据州立有关幼儿中心的法规规定,一个幼儿中心的幼儿总数限制在75名以内。以年龄分班的幼儿中心,每个年龄班的幼儿人数有明确规定:10个月—2岁班,8人;15个月—2岁半班,10人;2—3岁班,12人;2岁半—3岁半班,16人;3—5岁班,24人。

此外,混合年龄的班级也普遍存在。昆士兰州对混合年龄班级的幼儿人数规定是:0—3岁混合班10人(其中0—2岁年龄幼儿不得多于4人);0—5岁混合班21人(其中0—2岁年龄幼儿不得多于4人,2—3岁年龄幼儿不得多于6人);2—5岁混合班21人(其中2—3岁年龄幼儿不得多于6人)。在7~14个幼儿的混合班里,至少应有两名保教人员;在14人以上的混合班里,至少应有3名保教人员负责。幼儿中心的工作时间是从早上7点到下午6点,每周工作5天。

幼儿中心的主任必须具有大专以上的学历,而且这种学历必须在幼儿课程、幼儿园管理和幼儿发展方面对主任有所帮助。对幼儿中心主任在学历方面的要求反映了幼儿中心除了关注幼儿的保育之外,也注重对学龄前幼儿的教育。

2. 社区幼儿园

在澳大利亚,社区幼儿园是存在时间最长的一种幼儿看护和教育的形式。社区幼儿园是招收3—5岁幼儿,以社区为基础,为社区服务的学前教育机构。社区幼儿园的资金来源主要来自政府的援助,政府的资金通过托幼协会发放到社区幼儿园。托幼协会帮助幼儿园主任和家长委员会履行职责,帮助幼儿园建立幼儿教育的课程并监督课程的实施。

社区幼儿园是由家长代表和其他有关人士组成的委员会管理的。管理委员会主要负责聘任具有大专以上学历的幼儿园主任,支持幼儿园主任和教师建立并执行各种规章制度,制定幼儿园收费标准,集资以及组织家长参与幼儿园的建设和维修工作。

幼儿在进入小学前两年进入社区幼儿园:3—4岁的幼儿每周入园两天;4—5岁的幼儿参加幼儿园的学前班,每周入园3天。各个幼儿园中每个不同年龄的幼儿可以自由确定、选择入园的时间,幼儿园每天工作的时间为上午9点至下午两点半或3点。家长为自己的孩子提供午饭。

社区幼儿园的课程是以游戏活动为主的教育性课程,教师鼓励幼儿在游戏中表现自己的创造性和解决问题的能力,鼓励幼儿与教师和其他的幼儿进行交谈,交流对各种活动的感受。教师还随时随地鼓励幼儿认字、读字,激发幼儿从事各种艺术活动和体育锻炼的兴趣。教师尽量组织幼儿参加"综合性"的活动以促进幼儿在认知、语言、体能和社会性方面全面发展。

3. 学前班

学前班是为即将升入小学的幼儿提供教育的机构。澳大利亚学前教育的一个主要目的是使每个幼儿在进入正规的小学以前有机会接受一定的教育,很多州都在小学内设有一年的学前班。

学前班一个班最多只能接收25个幼儿,由一个受过训练的教师和一个教师助理负责。课程和教学方法与社区幼儿园极为相似,幼儿通过自选的、小组的和集体的活动,根据自己的兴趣和需要,在教师的帮助和鼓励下发展各种能力。

学前班的幼儿一般每周到校5次,每次2.5小时。家长和孩子可以自行选择每周入班的时间。为了给偏远地区的幼儿提供方便的学前教育,学前班的工作时间以及幼儿入班的时间相对比较灵活。

4. 家庭日托中心

家庭日托中心是澳大利亚一些家庭经过政府主管部门(家庭服务与土著及海岛居民事务部)的批准在自己的家里提供托幼服务的机构。在澳大利亚,很多家长愿意把自己的孩子送到这样的家庭中看护,家庭氛围是吸引家长和幼儿的关键因素。

家庭日托的优点是具有弹性,可以依据家庭需要而提供有针对性的服务。家庭日托招收从出生到入学前的幼儿,一般来说,3岁以下的幼儿比3—5岁的幼儿更多地进入到家庭日托中心。

很多州的法令规定,家庭日托中心的看护者只能照顾4—5名幼儿(包括看护者自己的孩子)。政府对得到认可的家庭日托中心提供资助。家长需要缴纳学费,但是低收入家庭可以减免部分款项。家庭日托中心可以提供全日制的服务,但是只有25%的幼儿一周内在日托中心待上20个小时以上。这意味着很多家庭除了把孩子送到家庭日托中心,还使用其他的学前教育服务机构。

5. 临时托幼服务中心

临时托幼服务中心是在获得政府主管部门的批准后,在商业中心、教堂或社区中心设立的临时和计时托幼服务。当家长因购物、学习、看望病人等原因需要外出而带着孩子又不方便时,可将孩子临时交给这样的机构看护。临时和计时托幼服务对看护的幼儿人数是严格限制的。幼儿中心和社区幼儿园也提供这样的服务。

总的来说,澳大利亚保教机构在服务时间方面比较灵活,充分满足家长和孩子多方面的要求。例如一个4—5岁的幼儿可以在一周里选择上午或下午参加学前班,也可以用两天半的时间集中在学前班学习,另外两天半参加另一个社区幼儿园;或者每周在一所社区幼儿园里看护3天,每天5.5小时,另外一天在另一所幼儿中心里度过8小时。

(二)学前教育课程

澳大利亚没有一个全国性的、统一的学前教育课程大纲。几乎每个州和领地都为自己的辖区编写了学前教育课程大纲和指导方针,不同辖区的学前教育课程内容和组织方式有很大的差异。2009年7月2日,澳大利亚联邦及各州和领地教育部长通过教育、就业和劳资关系部颁布了《归属、存在和形成:澳大利亚早期学习大纲》,简称《早期学习大纲》。这是澳大利亚有史以来第一个全国性的《早期学习大纲》,适用于0—5岁和幼小衔接阶段儿童的教育,全国所有州和领地的家庭日托、全日托和学前班必须以此作为教学依据,确保全国所有的儿童在不同的学前教育机构里能得到一致的高质量学前教育。《早期学习大纲》对学前教育课程的原则、实践和学习目标进行了规定。

1. 学前教育课程目标

学前课程的目标主要包括五个方面。

(1) 儿童有强烈的身份认同感。感觉到安全、受保护和被支持;获得初步的自主意识、相互依赖性与适应性;形成有见识的、自信的自我认同感;在与他人互动时会表现出关心、同情和尊重。

(2) 与外部世界相联系并有所贡献。获得对群体和社区的归属感,了解自己参与社区活动的权利和义务;尊重多样性;有公平意识;有社会责任感,尊重环境。

(3) 儿童拥有强烈的幸福安康感。有强烈的社会感情和幸福感;越来越重视自己的身心健康。

(4) 儿童成为一名自信的参与式学习者。形成有利于学习的性格,如好奇、合作、自信、创造、奉献、热情、坚持、想象和自省等;发展一系列技能,如问题解决、咨询、试验、假设、研究和调查等;学会迁移,能适应从一个环境向另一个环境的过渡;能通过与他人、技术、自然的和经过加工的材料建立联系来充实自己的学习。

(5) 儿童成为有效的沟通者。出于各种目的能与他人进行言语的和非言语的互动;能浏览一系列文本,并能从这些文本中获得意义;会运用多种媒介表达自己的想法和建构意义;开始明白符号和模式系统工作的方式;会运用信息和通信技术获得信息,调查他人的想法以及阐明他们自己的思想。

2. 学前教育课程原则

学前教师在计划、决策和实施课程的过程中,遵循以下原则:

(1) 与儿童建立安全、尊重、互惠的关系。洞察儿童的想法和情感;尊重儿童,获得儿童的信任;为儿童提供持续的情感支持。

(2) 与儿童的家庭建立合作关系。学前教师和家长要重视对方对每个孩子的了解;重视对方在儿童生活中的贡献和作用;互相信任;自由交流,尊重对方;分享对每个孩子的见解和看法;共同参与决策。

(3) 高期望与公平。对儿童抱有很高的期望值,相信每一个儿童都有获得成功的才能;通过提高自己的专业知识和技能,与儿童、家庭、社区、其他学前机构和政府部门共同合作等途径找出公正有效的方法来确保所有的儿童都能成功地达到学习目标。

(4) 尊重多样性。尊重每个家庭的历史、文化、语言、习俗、儿童养育方式、生活方式选择等;重视每个儿童的才能与能力。

(5) 不断学习与反思性实践。持续地寻求发展专业知识和学习共同体的方法,不断反思自己的教育和教学行为,以期更好地促进儿童的学习和发展。

3. 学前教育课程实施

学前课程主要通过以下的教育原则和方法来促进儿童的学习。

(1) 采用系统的方法。把儿童的学习看作是相互联系的整体,不仅关注儿童认知方面的发展,还关注他们身体、个性、社会性和情感等方面的发展;把儿童的学习看作是社会活动,重视儿童、家庭、社区的联系及互惠、合作关系对儿童学习的重要性;重视教育和学习与自然界的联系,促进儿童理解人类、植物、动物和土地的相互依赖关系并尊重自然环境。

（2）及时回应儿童。回应所有儿童的优点和能力，确保他们积极地参与学习；回应儿童的想法和兴趣，通过开放性提问、提供反馈、质疑他们的思路等方式来评估、预测和扩展儿童的学习。

（3）通过游戏计划进行学习。所有的儿童都要参与到游戏中；在游戏中，创造鼓励儿童探索、解决问题、创造和建构的学习环境，并提供建设性的方法来建立一个有爱心、公平和包容的学习共同体。

（4）计划教学。提供有价值的、富有挑战性的经验和互动来促进儿童高层次的思考技能，利用诸如示范、演示、开放性问题、推理、解释、共同参与思考、问题解决等方式来扩展儿童的学习与思考。

（5）创造一种对儿童学习能够产生积极影响的物质和精神环境。鼓励儿童和家庭贡献关于学习环境的想法、兴趣和问题。

（6）重视儿童及其家庭的文化与社会背景。尊重、认识和理解生活的多元文化方式，理解和尊重差异；把家庭文化和背景看作是儿童的"存在"和"归属"感及其终身学习的核心，寻求方法发展儿童的文化能力。

（7）提供连续的经验，确保儿童在不同环境间顺利过渡。帮助儿童理解他们要过渡到的新环境，确保儿童积极地为过渡做准备；帮助儿童顺利地适应地位或身份的改变；和新环境的教师或其他专业人员合作，确保儿童顺利过渡。

（8）评估儿童的学习。运用适当的方法收集描述儿童的进步和鉴别他们的优点、技能和理解力的丰富、有意义的信息，并运用多种策略分析这些信息；和家庭、儿童以及其他专家共同合作来评估儿童的学习。

另外，澳大利亚教育、就业和劳资关系部还颁布了《早期学习大纲—教师指南》，为学前教师提供了更详细的课程设计的案例，用于指导学前教师依据《早期学习大纲》的要求计划和实施课程。

（三）学前教育师资培养

澳大利亚联邦和各级政府都十分重视学前教育师资的培养，认为好的师资是促进教育质量提升的关键因素。它们在学前教育师资的资格要求、学前教育师资的培养和培训方面做出很多努力。

1. 学前教育师资的资格要求

澳大利亚全国范围内没有统一的教师资格标准，各辖区的监管要求均规定本辖区学前机构的最低职员资格标准。不同辖区的最低职员资格标准不同，不同类型的学前机构对其雇佣教师的资格要求也有所差异。比如：

（1）质量促进和认证系统的全国标准规定全日托的所有职员（教师、保育员和其他工作人员）都应该具有学位资格或两年培训经历。但是，除新南威尔士州规定拥有 29 名儿童以上的全日托机构必须至少雇佣 1 名持有大学学位资格的学前教师外，其他辖区通常都要求全日托机构的职员持有职业技术和继续教育学院或注册的培训机构颁发的职业文凭或培训经历。维多利亚州规定，每 25 名儿童要配备 1 名经过两年培训的职员；西澳大利亚州要求每个年龄组都要配备一名经过 2 ~4 年培训的职员；首都领地要求全职职员都要经过两年培训。

（2）根据全国家庭日托标准，家庭日托系统协调单位的职员需具备特定的资格。家庭日托的保姆除了需要持有急救证书外,不需要其他的资格。

(3) 大部分辖区都要求学前班及幼儿园的学前教师必须持有大学颁发的学前教育教学学位。

2. 学前师资的培养和培训

澳大利亚被认可的学前工作人员资格主要包括三种:证书、文凭和学位。这三种资格是层层递进的,持有证书者可进修以取得文凭,已有文凭者修课以获得教学学位。澳大利亚通过系统的职前教育和可选择的在职教育来促进教师的专业发展。

澳大利亚职前教育由联邦政府管辖。学前教育教学学位通常在大学系统接受3~4年教育后取得。大学学前教育专业课程内容包括必修课和选修课。学前专业开设的必修课程种类繁多,门类齐全,总数可达50余门。如:儿童发展与学习、儿童语言和认知发展、儿童音乐教育、儿童社会情感与创造性教育、儿童游戏指导、儿童科学与健康教育、儿童权益保障、安全管理系统和实施、特殊儿童保障、儿童表现力发展、儿童急救、儿童信息处理、保育工作常规、家庭教育与沟通、服务宣传与推广、土著和边远地区儿童教育等。选修课也是课程的重要组成部分,它能够丰富学生的知识,培养学生的兴趣,发展学生的特长。如角色游戏、娱乐游戏、体育游戏、儿童律动、儿童舞蹈、儿童吉他演奏、儿童钢琴演奏、儿童绘画、儿童雕塑、儿童电脑教育、儿童营养方案设计、儿童安全教育、儿童环境教育、儿童性教育、室外游戏器械与场地的布置等。学生能够根据自己的兴趣和需要,扬长避短,充分自由地选择不同的课程。

澳大利亚学前教育专业课程组织形式主要为课堂教学和教育见习与实习。课堂教学主要采用课堂研讨、小组合作探究、讲座活动等形式。教师讲授时间较短、较少,学生小组讨论时间较多、较长,每门课每周都有一次讨论。同时,在组织形式上多采用"小课堂"的形式,有的实践课程如"幼儿急救""幼儿音乐教育""幼儿抚触""特殊需要的幼儿"等,一学期只有十几课时,教师在讲解技能要领的同时注重学生技能技巧的训练。学生在3~4年学习时间里,要分别到儿童保育中心、幼儿园、学前班和小学低年级进行教育见习和实习,时间长达20周左右,分别安排在各个学期。教育实习由实习学校的教师和大学教师共同指导。多样化的教育实践活动的开展,给学生提供了观察幼儿、教师、班级、幼儿园和学校的大量机会,使学生获得了与个别儿童、小组儿童和全班儿童相互作用的技能,掌握了教学的基本技能技巧,实践了自己所学习的专业知识,形成和发展了自我评价能力。

澳大利亚学前教师的在职教育由各辖区政府管辖,主要由职业技术和继续教育学院以及注册的培训机构提供,培训的内容是国家认可的课程内容,培训方式主要有职业培训和考核、远距离教育等。学员经过培训后可取得的相应资格,包括社区服务(儿童服务)二、三、四级证书,社区服务(儿童服务)文凭及社区服务(儿童服务)高级文凭,凭借这些资格,可以在保育机构担任专业职务。

三、澳大利亚学前教育存在的问题与发展趋势

澳大利亚的学前教育受到全社会的普遍关注,学前教育类型、师资培训、课程设计等方面都得到一定的发展。但是,澳大利亚学前教育仍然面临着一些问题,经过不断的改革和实践,澳大利亚学前教育朝着更加科学化和人性化的方向发展。

（一）澳大利亚学前教育存在的问题

1. 保育机构的质量有待提高

澳大利亚是联邦制国家，教育分权于各州，由此带来学前教育机构和教师培训机构多种多样，学前教育发展不平衡。在管理体制上，澳大利亚联邦政府将学前教育和学前保育分开资助和监管，但在实际操作中，学前教育和学前保育的界限逐渐趋于模糊。在一些地区，一些保育机构也为儿童提供学前教育，2006年的保育机构普查数据表明，全国2068个全日托机构中，约有48%为儿童提供学前教育服务。由于选择保育机构的家庭可以获得联邦政府的补贴，保育机构在服务时间上也更能满足家长的需要，很多家长愿意把孩了送进保育机构接受学前教育。2007—2008年，全澳约有52.6万4岁儿童，其中约有20万在保育机构接受学前教育。

保育人员的社会地位低，通常没有资格在国家教师注册委员会注册为教师。有数据显示，全国范围内全日托职员中只有7%具有学位或更高资格，39%的职员没有正式资格。一些地区，尤其是偏远、贫困或原住民社区面临着学前师资短缺的困境。有研究显示，澳大利亚保育机构工作人员平均每周工作时间为38小时，平均每年工作48周，平均假期为4周，工资水平为每周652.4澳元，相当于小学教师的55%。联邦政府和各辖区政府共同监管保育机构，造成了一些监管重叠，加大了保育机构的监管负担，使保育机构工作人员承担一些不必要的行政工作。

2. 学前教育普及情况不理想

在澳大利亚，2007—2008年，学前一年教育入园率是69.9%，约30%的儿童接受不到学前一年教育。原住民和托雷斯岛岛民儿童、有特殊需要的儿童和处境不利的儿童更难得到接受学前教育的机会。根据2003年的数据统计，澳大利亚3—4岁原住民儿童有24109名，其中只有9051名接受学前教育，占总数的37.5%，有15058个儿童得不到接受学前教育的机会。2009年12月，《澳大利亚儿童早期发展指数全国报告》发布，通过对全国98%的小学一年级儿童在身体健康和幸福感、社交能力、情感成熟度、语言和认知技能以及沟通技能和一般知识等五个方面的发展情况进行分析，发现一些儿童在其中一至两个方面表现较差。2005年进行的澳大利亚儿童纵向研究中一组数据表明，47%的没有进入学前机构的儿童的家长认为，学前机构的教育和保育质量太差，达不到他们的要求。

（二）澳大利亚学前教育发展趋势

优质的、综合性的学前教育和保育服务对儿童的发展起着十分重要的作用，澳大利亚联邦政府认为应该重视学前教育，增强全国学前教育和保育体系的一致性，促进大部分弱势儿童都能获得学前教育和保育服务，提高学前师资的专业技能等，体现了澳大利亚学前教育发展的趋势。

1. 普及学前一年教育

2008年11月，澳大利亚联邦政府与每个州和领地政府均达成了双边协定，决定共同合作在全国范围内普及学前一年教育。联邦政府为各辖区提供资助，各辖区要逐步完成本辖区的普及目标，截止到2013年，要确保全国所有的学前一年儿童都能接受到每周15个小时、每年40周的学前教育。这种学前一年教育由接受过四年大学教育并具备学前教育教学学位资格的教师实施，并且在保育机构和学前班/幼儿园里都能接受得到。协定也勾勒出了为提高学前一年教育的可获得性、质量和保证家长的支付能力，以最终达到学前一年教育的普及，每个辖区政府要采取的策略和措施。

为了帮助各州和领地政府完成协定规定的普及目标，澳大利亚联邦政府共投入9.55亿澳元，在2008—2013年间分期下拨给各州和领地政府。为了保证制度的公平性，澳大利亚政府制定了“优先入园准则”，规定当有相当数量的家长申请有限数量的入园名额时，受虐待或被忽视的儿童、原住民儿童、贫困家庭的儿童等处于不利环境的儿童享有优先入园的权利，这在一定程度上照顾了原住民和弱势儿童的利益。

2. 促进保教一体化格局的形成

从历史发展脉络看，澳大利亚幼儿教育和保育体系呈现保教分离的双轨制特点，保教机构受到联邦和地方的双重管理。2008年前，在联邦层面保育和教育分属于社会福利部门和教育部门主管。在地方层面，托幼机构在各地由不同的机构管理，一些地区实施保教一体化管理，另一些地区将教育与保育（社区服务）分开管理。全国各地的学前保育和教育呈现多种模式、多种管理机构、地区发展不均衡等特点。

2008年，澳大利亚新成立了早期教育与儿童保育办公室，是教育就业与劳资关系部的下设二级组织，在联邦层面统一负责澳大利亚幼儿保教事务。2012年正式生效的《国家质量框架》基本奠定了澳大利亚早期保教的一体化格局。首先，它整合了保育和教育系统的质量保证机制，对0—5岁保教机构采用了相同的注册、质量评估标准要求，确保在不同类型保教机构中的所有儿童都能获得同样的高质量早期经验。其次，规定对保教机构的管理进行行政整合，由幼儿教育和保育质量管理局统一监督全国保教机构保育教育的实施情况。再次，建立连续的0—5岁儿童学习、发展、保育的统一标准，消除了儿童早期教育和保育的法定界限，从制度上促进了保教一体化进程。

3. 加强对学前保教质量的监管

要提高学前教育质量，就要加强对学前教育保教质量的监控。澳大利亚联邦政府出台多个文件，如《国家质量框架》《国家教育和保育法》《国家教育和保育条例》等，为早期保教质量提供了立法保障。《国家质量标准》与《幼儿学习框架》《学龄儿童保育框架》等文件明确了包括儿童学习与发展的结果评定在内的早期保教机构质量评价与推进系统的重要内容。澳大利亚制定加强对学前教育质量监控的重要目的之一是向家长提供关于婴幼儿保教机构教育质量的信息，增强其辨别能力和选择能力。在《国家质量框架》实施前，由于各地区法律规范不同，对师幼比率、教师资质等制约幼儿保教质量关键因素的要求不同，因此在全国范围内对保教机构的评价标准有差异。《国家质量框架》的实施，为全国幼儿保教系统制定了统一的质量标准和评级、评价系统，且评价结果会在幼儿教育和保育质量管理局等网站上对外公布。提高早期保教机构质量信息的透明度，促进早期保教服务提供者（保教机构）与消费者（家长）之间的信息对称，强化幼教服务领域的市场选择功能。这是实现教育公平的途径之一，也充分体现了国家对学前教育质量的重视。

4. 加强学前教育的师资培训和改革

专业的、足够的、受过良好教育和培训的学前教育和保育师资能有效地促进儿童的学习结果。研究表明，接受过培训的、合格的学前教师能为儿童提供更高质量的早期学习经验。为了实现学前一年教育普及化和为儿童提供高质量的学前教育和保育的目标，澳大利亚联邦政府采取了一系列措施，以招募到足够多的新教师和留住有经验的、合格的现任教师，并帮助他们达到《国家质量标准》的要求。比如，联邦政府投入5390万澳元，增加大学培养学前教师的名额，鼓励学习其他专业、希望成为学前教师的大学生申请获得被认可的学前教师资格，新名额在2009年达到500个，2011年达到1500个；自2009年7月1日起，联邦政府投入1240万澳元，减免在农村和偏远地区、原住民社区和极度贫困地区工作的学前教师50%的高校成本分担制度贷款；从2009年1月开始至2014年，联邦政府投入1.15亿澳元，支持在职学前保育人员参加职业教育和培训，每年免除8000名学前保育人员为获得文凭（儿童服务）和高级文凭（儿童服务）在职业技术与继续教育学院或其他政府培训机构接受培训所需缴纳的管理课程费（州和领地政府对学前保育人员在职进修征收的费用），各州和领地政府也正在积极地采取各种措施为现在没有接受过四年大学教育或没有获得学前教师资格的学前工作人员提供各种培训的机会，并制定认定现行学前教师资格的程序；另外，针对优质学前教育和保育师资的培养、吸收和保留问题，澳大利亚政府委员会正努力开发一个全国性的早期发展劳动力策略。

本章小结

韩国学前教育在第二次世界大战后进入稳步发展阶段，政府陆续颁布了《儿童福祉法》《幼儿园设施基准令》《幼儿园教育课程令》等重要文件。20世纪80年代后，韩国学前教育得到飞速发展。1984年韩国政府成立了“幼儿福祉部”，将幼儿设施和幼儿教育归属该部主管。2004年韩国颁布了《幼儿教育法》，该法案明确规定，幼儿在入小学前，也就是5岁儿童可以免费享受一年的学前教育，否则被视为违法。2012年韩国保健福利部和教育科技部推出一项旨在使每个3—5岁幼儿获得平等的保育、教育机会的民生福利政策——Nuri项目，对学前教育的发展产生重要影响。韩国学前教育在发展过程中也存在一些问题，就幼儿园及保育设施的情况来看，现有设施数量与幼儿入园需求之间存在较大差距。针对存在的问题，韩国学前教育改革与发展呈现以下趋势：加大政府学前教育投入、构建育儿支持系统、提升学前教育质量。

法国最早的幼儿教育机构是编织学校。1881年《费里教育法》确立了“免费”“义务”和“世俗化”的国民教育三原则。同年8月，法国政府宣布，将日间看护中心等幼教机构统一改称“母育学校”。第二次世界大战后，教育民主化、以儿童为中心的思想成为法国一系列教育改革的指导原则。较高的财政投入、高素质的学前教育师资培养、合理的课程安排、良好的幼小衔接制度，等等，使得法国成为当前世界上学前教育普及率最高以及教育质量最好的国家之一。目前法国学前教育也存在一些问题：低龄儿童入学需求未得到满足，教育经费投入有待提高。针对这些问题，法国学前教育发展呈现以下趋势：通过立法保证学前教育机会均等，追求高质量的学前教育，不断完善幼小衔接措施。

德国学前教育历史悠久，福禄培尔的幼儿园在世界学前教育史上具有里程碑意义。德国有重视家庭教育在学前教育中的重要作用的传统。德国学前教育是基础教育的一部分，由德国联邦青年、家庭和妇女部共同完成学前教育的指导方针的制定，各州的社会部和卫生部进行管辖。德国幼儿园不提倡提前对幼儿进行读、写、算等知识方面的教学，主张自然教育、生活教育。混龄教育是德国学前教育的一大特色，鼓励幼儿在游戏中快乐成长。德国各州对教育文化具有充分的自主性，这种管理体制也导致了各地区学前教育发展的不均衡性。加大对学前教育的财政投入，重视幼儿教师专业发展，提高移民儿童的德语水平，这些是当前德国针对学前教育发展主要采取的行动。

南非1994年以来,新政府把提高全民教育水平作为基本政策,尤其重视改善在种族隔离制度下受到歧视的非洲黑人的受教育条件。进入21世纪,南非政府大力发展学前班教育,取得显著成绩,2010年大约93%的幼儿在入小学一年级之前接受了一年的学前班教育。学前教育发展存在的问题主要有:幼教机构基础设施落后,学前教育质量有待提高,贫穷、饥饿、健康等问题制约学前教育发展等。针对存在的问题,南非政府采取一系列措施,如实施“促进学校建设项目”改善幼教机构条件,开展“儿童支持拨款”项目对极度贫困的家庭实施经济援助等,进而促进学前教育的发展。

新西兰学前教育从1986年开始由社会福利部划归教育部单独管理,实现了幼儿保育和教育的整合。2007年实施“学前教育20小时计划”,开始向3—4岁儿童提供每周20小时的免费学前教育。新西兰政府严格幼教机构开办标准,努力提高办园水准。新西兰实行教师资格注册制度,定期更新教师资格。新西兰学前教育发展趋势表现在:加大学前教育资金投入,提高幼儿入园率;严格幼教机构开办标准,提高办园水准;出台幼儿教师专业标准,提高教师专业素养;加强家园共育,提升教育合力。

澳大利亚20世纪80年代以后是澳大利亚联邦和各辖区政府加强监管学前教育的时期。2012年,澳大利亚《国家质量框架》正式实施,标志着澳大利亚学前教育及儿童保育部门拥有了首个国家质量监管体系。澳大利亚学前教育存在的问题是保育机构的质量有待提高,学前教育普及情况不理想。针对这些问题,澳大利亚学前教育采取以下的行动:普及学前一年教育,促进保教一体化格局的形成,加强对学前保教质量的监管,加强学前教育的师资培训和改革。

思考题

一、名词解释

1.《全国幼儿园课程》

2. Nuri项目

3. 韩国《幼儿教育法》

4. 编织学校

5.《费里教育法》

6. 母育学校

7.《郎之万—瓦隆教育改革方案》

8. 三段分期教育法

9. 教育优先区

10. 巴乌利美保育所

11. 林间幼儿园

12. 游戏小组

13. 家庭拓展机构

14. 南非《2005年课程》

15.《5岁之前》报告

16. 毛利语幼儿园
17. 医院日托
18. “学前教育 20 小时计划”
19.《幼儿园教师专业标准与绩效管理制度整合指南》
20. 国家保育认证委员会
21.《家庭帮助法案》
22.《国家质量框架》

二、简答题

1. 简述韩国学前教育机构的类型。
2. 简述韩国学前教育 Nuri 课程的内容。
3. 简述法国母育学校的特点。
4. 法国为完善幼小衔接采取了哪些措施?
5. 法国学前教师职前培养有哪些特点?
6. 简述德国幼儿教师继续教育的主要方式。
7. 简述德国幼儿师资培训机构的类型。
8. 简述南非学前教育管理的现状。
9. 简述南非《2005 年课程》的主要内容。
10. 新西兰学前教育管理有哪些特点?
11. 简述新西兰学前教育课程的内容。
12. 新西兰学前教育的发展有哪些主要趋势?
13. 澳大利亚学前教育课程的目标是什么?
14. 澳大利亚学前师资培养的特点是什么?

三、论述题

1. 试述韩国学前教育的发展趋势及其启示。
2. 论述法国学前教育发展存在的主要问题及其发展趋势。
3. 试述德国学前教育的发展趋势及其启示。
4. 论述澳大利亚学前教育发展存在的主要问题及其发展趋势。

第七章 学前教育机构及其管理比较

学习目标

1. 了解世界各国学前教育机构的主要类型、功能及其发展特点。
2. 了解世界各国学前教育机构管理的主要模式。
3. 掌握世界学前教育管理体制改革的发展趋势。

第一节　学前教育机构比较

公共的学前教育机构是社会发展到一定历史阶段的产物。在不同历史时期,社会的政治、经济、文化发展水平不同,对学前教育的认识程度不同,学前教育机构的性质和地位也在不断发展和变化。在当代社会,随着世界各国对学前教育的重视,学前教育机构的类型不断丰富,功能不断完善。

一、学前教育机构类型的比较

从国际上看,目前对学前教育所覆盖的年龄阶段已经达成基本共识。由于各国的具体国情不同,学前教育机构名称不一,受教育的年龄和受教育的年限亦有所不同(见下表)。

主要国家学前教育主要机构比较表

国别	机构名称	年限
美国	保育学校 3—4 岁 幼儿园 4—5 岁	1—2 年 2 年
俄罗斯	托儿所 0—3 岁 幼儿园 3—7 岁 托儿所—幼儿园联合体 0—7 岁	3 年 4 年 7 年
法国	母育学校 2—6 岁 幼儿班 3—5 岁	4 年 3 年
日本	保育所 0—6 岁 幼儿园 3—6 岁	6 年 3 年

续表

国别	机构名称	年限
英国	保育学校 2—5 岁 保育班 3—4 岁	3 年 1—2 年
德国	托儿所 0—3 岁 幼儿园 3—6 岁	3 年

日本的学前教育是对出生 4 个月至 6 岁儿童进行的教育，主要在保育所和幼儿园进行；英国的学前教育则招收从 2 岁到 5 岁的儿童，英国的托儿所和幼儿园是合二为一的，通常以保育学校命名；俄罗斯的学前教育则主要是招收出生到 6 岁的儿童，托儿所主要招收出生至 3 岁的儿童，幼儿园则对 3 岁至 7 岁的儿童进行教育。

按照年龄划分，学前教育的机构主要有服务 0—3 岁幼儿的托儿所和服务 3—6 岁幼儿的幼儿园。托儿所是招收 3 岁前幼儿的集体教养机构。德国的托儿所主要招收对象为 0—3 岁的幼儿，对幼儿采取全日制的保教工作，重保轻教。托儿所中工作的幼儿教师和保育员均受过专门的培训，比较了解 0—3 岁幼儿的保教工作。俄罗斯的托儿所是学前教育机构的第一个层次，大都是私立机构，主要招收 2 个月至 3 岁的幼儿，每天的开放时间为 8 ~ 12 个小时，每周工作 6 天。法国的托儿所主要包括三种形式，集体托儿所招收 4 个月至 3 岁的儿童；家庭托儿所是父母合作托儿机构；临时托儿所为兼职、临时性工作或无固定工作时间的父母提供其他托儿所休息时间的托儿服务。

幼儿园是对 3 岁以上学龄前儿童实施保育和教育的机构。日本的幼儿园是整个学校教育体制的一个组成部分，主要招收 3—6 岁的幼儿，归文部省管辖，有三种类型，分别为国立幼儿园、公立幼儿园和私立幼儿园。德国的幼儿园主要招收的对象也为 3—6 岁的幼儿，按照幼儿园的设立者及其接受政府补助及辅导的程度分为公立、私立和独立自主的幼儿园，德国所有的幼儿园不仅收费大致相同，而且在年龄编班上有一个非常鲜明的特点——混龄编班，即将不同年龄组的儿童编在一个班级（德国称之为小组）中游戏、生活和学习，每班至多不超过 20 人。俄罗斯的幼儿园是学前教育机构的主要类型，通常招收 3—7 岁的儿童，主要分为公立和私立两种类型。俄罗斯的公立幼儿园由政府创办，收费较低；私立幼儿园由各单位、企业、社会团体组建，收费较高。美国幼儿园主要是为进入一年级之前的 5—6 岁儿童而设立的，以半日制为主。根据经费的来源，幼儿园分公立和私立两种，前者被纳入当地公立教育系统，多附设于公立小学，虽不属义务教育范畴，但实行免费制。

一些国家打破了 0—3 岁和 3—6 岁的划分方式设立学前教育机构，比如英国的保育学校招收 2—5 岁的儿童；保育班招收 3—4 岁的儿童，进行 1 ~ 2 年的学前教育。儿童就近入学，以半日制为主（在校时间或为上午，或为下午），全日制为辅。法国的母育学校又称为幼儿学校，招收 2—6 岁的儿童，按年龄分为小班（2—4 岁）、中班（4—5 岁）和大班（5—6 岁），分年龄班进行教育。它是法国学前教育最传统、最主要的免费学前教育机构。美国的保育学校具有托儿所和学校的双重性质，招收 2.5—5 岁儿童，一般以 3—4 岁儿童为主，年限为 1 ~ 2 年。一般来讲，保育学校以半日制为主，大多配备完善的教学辅助设备，由受过专业训练的教师负责，但并不进行正规教学活动。日本的保育所主要招收 0—6 岁儿童，是为缺乏保育的儿童设立的保育兼福利设施，归厚生省管辖，主要包括公立保育所和私立保育所，全年开放。

学前教育机构除了按年龄划分以外,依据财政来源划分,可以分为公立和私立两种。公立学前教育机构主要由政府有关组织直接主办,私立学前教育机构有教会主办、社会福利组织主办、企业主办等。接受公立、私立学前教育的比例以欧洲公立、私立幼儿园为例,见下表。

欧洲就读于私立幼儿园的幼儿比例

私立比	国家数	百分比	累计百分比
1% ~10%	21	61.8%	61.8%
11% ~20%	2	5.8%	67.6%
21% ~30%	4	11.8%	79.4%
31% ~50%	4	11.8%	91.2%
51% ~69%	3	8.8%	100%

可见,当前欧洲私立幼儿园的在园人数比分布在1% ~69%之间。20%以下的有23个国家,占国家频数的67.6%,30%以下的有27个国家,占国家频数的79.4%。按各国在园儿童的实际人数计算,欧洲学前阶段在私立幼儿园就学的人数比例是21.1%。但是,东欧和西欧之间的差别比较大。2006年,东欧(14国)共有在园幼儿855.3万,其中就学于私立幼儿园的只有24.5万,仅占2.9%;西欧(20国)共有在园幼儿1173.3万,其中就学于私立幼儿园的有403.0万,占34.3%。由此可知,东欧国家的学前教育几乎全部是公办;西欧国家的学前教育也是公办为主,约66%的幼儿就读于公办学前教育机构。

二、学前教育机构功能的比较

随着现代社会的不断进步,人们对学前教育的认识逐步加深,对学前教育机构提出了更高的要求,世界各国学前教育机构的功能不断拓展,包括促进学前儿童身心全面发展、服务家庭和社区以及促进社会公平等功能。

(一)促进学前儿童身心全面发展的功能

在许多国家,学前教育机构逐渐纳入国民共同教育体系。学前教育机构能够通过各种丰富的教育活动,促进学前儿童社会性、情感、语言、基本认知技能以及身体和动作的全面发展。高瞻/佩里项目研究结果表明,曾受过良好学前机构教育的儿童在27岁时与控制组儿童相比,有更多的人完成高中或大学教育,有更多的人拥有一份稳定的工作和一个家庭,经济上自立的能力更强,而相应接受政府救济的人的比例和犯罪率明显降低。这个研究比较了受过较好学前机构教育和未受过学前机构教育儿童的长期发展情况,说明学前机构教育对儿童的认知和社会性发展确有积极的、长期的影响。

许多国家强调学前教育机构改善儿童入学准备情况,培养其一生学习最为重要的品质,包括积极的自我形象、独立性、注意力和学习倾向(如学习和探索动机),提高儿童入学学习的适应性、保留率、结业率和成绩水平,为其一生的发展奠定良好的基础。1986年,法国教育部发布的《对母育学校的方向指导》文件中明确指出:母育学校教育的总目标在于发展幼儿的各种可能性,形成幼儿自己的人格,并且为幼儿提供在学校和生活中取得成功的机会。

俄罗斯的幼儿园小班注重对幼儿进行基本生活知识的传授和简单劳动技能的训练，特别重视幼儿实际动手能力和自我服务能力的培养。中班阶段对学前儿童进行俄语、数学、音乐、雕塑、绘画、舞蹈、美术教育，帮助儿童掌握读、写、算的简单技能，重视对幼儿观察能力、表达能力、思维能力、想象能力、判断能力的培养，并提高他们的审美能力和艺术修养水平。大班通过游戏活动，对儿童进行健体、益智和助德的教学，促进儿童认知、个性和社会性的发展，为进入小学做好准备。印度在2005年通过的国家儿童行动计划中，明确将早期儿童保育和教育的目标界定为：普及早期儿童服务来确保儿童的身体、社会、情感和认知的发展；确保所有3岁以下的幼儿能够有机会获得保育、保护和发展；确保所有3—6岁的儿童能够获得综合保育和发展以及学前的学习机会。

（二）服务家庭和社区的功能

在许多国家，公共学前教育机构出现之前，儿童的早期教养主要在家庭中进行。为了养育子女，父母尤其是母亲要花费很多的时间与精力，许多妇女不得不留在家庭照顾孩子。第二次世界大战之后，许多在战争中走出家门工作的妇女要继续追求自己的职业生涯，对学前教育机构有了更大的需求。从某种意义上说，学前教育机构的创办为家庭妇女走出家门创造了机会，使女性能够从单纯的家务劳动与养育子女的生活中解放出来，走上社会，体现自身的社会价值。

当代学前教育机构在为家长提供对幼儿的保育、教育的同时，也鼓励家长直接或间接参与幼教机构的教育，共同培养幼儿。同时，学前教育机构也承担着帮助家长树立正确的教育观念，改善家长的教育行为和教育方法的责任。

1982年儿童基金会的统计数据表明，在美国有学龄儿童的妇女或6岁以下幼儿的妇女参加工作的增多，直接影响家庭的规模、结构、收入等，传统式的家庭（父亲工作，母亲在家照顾孩子）仅占13%。未婚家长的增多、单亲家庭的存在，也使得托幼机构必须为不同需求的家长提供各种类型的服务。托幼机构的设置及其服务不仅减轻了家庭的育儿压力，也使父母有可能提高受教育程度和培训水平，促进了终身学习。英国政府认为父母是幼儿的开端教师，每天提供2.5小时的免费服务，家长可根据需要自由选择时间段。同时，英国幼儿园与家庭合作共育采用了不同的形式与家长合作，充分利用“家长手册”和“家长布告栏”的作用，使家长了解幼儿园的发展目标、幼儿在园的作息时间及具体活动安排。德国的家庭助手方案由社区青年服务部、慈善机构把经过培训的社会工作者组织起来，分派到一些特殊家庭里去工作，每周义务为家庭服务5～10小时，帮助父母掌握教育孩子的基本知识和技能。“白天的母亲”是由德国联邦青年、家庭、健康部于1974年核准设立的幼儿保教计划，主要做法是：由政府提供少量经费，让一些年轻妇女在照管自己的小孩之余，再帮助邻近的职业妇女在白天照管1～2个小孩，以解决其实际困难。这些“白天的母亲”须参加短期培训，以获得科学育儿的知识。

随着现代社会管理的社区化，学前教育机构服务社区的功能也在不断强化，促使幼儿园与家庭、社区的关系也在发生变化，幼儿园与家庭不应是教育者与被教育者的关系，幼儿园与社区也不应是互不相干的关系，三者应加强联系，构建合作共育平台，共同承担保教责任，形成正向的互动关系，从而保证儿童的健康发展。学前教育机构充分利用社区资源的同时，也运用办板报和报刊、提供育儿讲座等形式，在社区宣传学前教育的重要性。许多国家鼓励学前教育机构在社区内建立保护、支持幼儿和家庭的网络，满足社区的各种育儿需求，如英国有“早期儿童优质服务中心”，澳大利亚有“新型儿童服务中心”“儿童保育和家庭支持轴心策略”和“家庭和社区振兴策略”，日本有“社区育儿支援中心”“幼儿教育网”和“幼儿教育中心”。这些机构以社区为基础，整合运行早期儿童服务功能，指向儿童及其家庭和社区。

（三）促进社会公平的功能

现代社会在继续强调学前教育机构保育、教育功能的同时，进一步拓展和深化了学前教育机构的社会功能。许多国家的政府把兴办学前教育机构看作是解决贫困、社会不公等问题的有效途径。有研究表明，学前教育可以使儿童有更多机会脱离贫困，从起点开始为处境不利的儿童创造相对公平的成长环境，降低或抵消不利地位（如社会等级、贫穷、性别、种族/族裔或宗教等潜在因素）对其发展的负面影响，是打破“贫困圈”的关键环节。

美国1965年开始实施一直至今的“开端计划”项目。该项目主要针对还未达到义务教育入学年龄（主要是3—5岁）的来自低收入家庭的儿童，向其提供免费的、广泛的健康、教育、营养、社会和其他特定的服务，以使这些儿童能充分发挥其潜能，促进其入学准备。这个项目是政府对处境不利儿童进行的教育补偿，以追求教育公平，改善人群代际的恶性循环，促进了社会公平的发展。

德国的特殊幼儿园是对各种有残障的幼儿提供必要教育之场所，使之更好地融入社会。这类幼儿园按幼儿残疾情况进行分类，如学习困难、失明、聋哑、部分失明和精神障碍及大脑迟钝等，提供专家照顾，实施融合教育，在公共教育中将残疾孩子的特殊教育与正常孩子的普通教育结合为一体。英国的日间托儿所主要招收由社会救济部门送来的、2—5岁以下的“高危儿童”（包括非意外伤害所造成的严重障碍儿童等）和“中危儿童”（如单亲家庭儿童、靠祖父母照顾的儿童、文化不利儿童、有生理缺陷的儿童等），由保姆负责保育工作，以照顾为主要目的。

智利2009年9月颁布的《法令20.379》提出设立“跨部门社会保障体系”。该法令提出，儿童自胚胎期（母亲被确定怀孕）起就加入“智利与你共同成长”计划，直至他们进入学校系统，相应的支持服务将一路相伴。为了保证儿童获得技术性援助，项目成立了日间看护中心、保育学校和“支持性智利计划”，为那些社会处境不利的家庭服务。这些机构和计划逐步构建了一个全国性的服务网络。印度政府于20世纪60年代至70年代面向平民在贫困农村或者城市贫民区设置了以平民幼稚园与临时托儿所为主的学前教育机构。平民幼稚园是专门为那些处境不利儿童服务的学前教育机构，规模不大，通常没有什么正规的场地，大树下、露天的院子或小学的走廊都可能成为这些幼稚园的所在地。平民式幼稚园发展为“儿童综合服务项目”（简称ICDS）。ICDS项目于1975年发起，旨在促进印度儿童的整体发展，有力地推动了印度学前教育的公平。

这些学前教育机构虽然名称各异，但是都使处境不利儿童通过学前教育机构的教育获得了公平发展的机会。学前教育机构对于消除贫富之间的不平等，打破代际贫穷怪圈，促进社会公平发展起到关键作用。

三、学前教育机构的发展趋势

从世界范围来看，各国学前教育事业在第二次世界大战之后都有较大的发展。但优质的学前教育机构，无论在质量和数量上，都难以满足不断增长的各种需要。近年来，许多国家不断尝试拓展学前教育机构的形式，使其功能多样化，从而满足社会发展对于学前教育的要求。

（一）凸显公益性

进入20世纪以来，学前教育逐渐发展成为公众的责任和社会公共事业。根据国际经验，目前，各国都将学前教育列入社会公共事业的范畴，成为公益性公共事业。根据社会制度、经济发展水平、教育发达程度等因素，有些国家将学前教育作为完全公益性公共事业，其学前教育完全具有非竞争性和非排他性；有些国家将学前教育作为准公益性公共事业，还有一定的一般私人物品的性质，但公益性是学前教育的基本前提。公益性意味着学前教育是涉及每一个儿童及其家庭的事业，而不应仅仅为少数人享有，无论民办的或公办的托幼机构，均属公共事务，以非营利性为主。

韩国的《儿童福祉法》（1961年由保社部制定）规定，托儿所属于儿童福利设施之一，其设立主体由国家、地方自治团体及法人代表等组成，设立主体可以从民间、社会福利团体以及地方政府得到财政支援和补助。从1967年开始，韩国政府明文规定：从国库和地方费用中支付40个托儿所的各种补助费。20世纪80年代后半期，由于女性就业急骤增加，为解除女工的后顾之忧，韩国政府制定了《岗位托儿制度》。2004年5月，韩国颁布了《幼儿教育法》，该法案明确规定，幼儿在入小学前可以免费享受一年的学前教育，否则将视为违法。

各国政府在学前教育机构的财政投入上同样体现出学前机构的公益性。1995年英国提出幼儿教育券计划，对4—5岁的幼儿每人每年补助1000英镑，以减轻大多数家庭的经济负担，增强家长选择能力；引入市场竞争机制，提升质量，并希望通过教育券所规定的标准来保证质量。澳大利亚联邦政府每年投入约65亿澳元为5岁以下儿童的家庭提供资助，主要有儿童保育补助和儿童保育税费返还。家长可以申请儿童保育补助，减免或全免其儿童在经核准的保育机构里接受学前教育和保育服务所需的费用，其减免程度是由家庭税后收入情况决定的，收入越低，减免程度越高；儿童保育税费返还不设收入限制，收入高的家庭，如果符合其他标准，也可以申请获得儿童保育补贴。其他还有特殊儿童保育补助，祖父母儿童保育补助，工作、教育和培训儿童保育费用帮助等。

（二）多样化机构满足多样化需求

为了让学前教育机构适应各种不同阶层人士的需要，许多国家的学前教育机构多种多样，旨在使学前教育机构更好地为社会服务。

除了为一般儿童开办的托儿所、幼儿园外，许多国家为不同的儿童提供不同的学前教育机构。有些国家开办了专门为照顾、教育和治疗残疾儿童开办的“残疾儿童中心”，如德国为弱智或聋哑儿童开办的特殊幼儿园。美国哥伦比亚大学师范学院为超常儿童开设了“天才儿童学前学校”。澳大利亚的特殊学前教育最初也是由志愿组织发起的，注重分类教学，由于家长对早期干预的呼声加大，儿童特殊教育机构的数量和种类得到发展。

为了满足不同家庭对托幼机构教育与服务的不同需求，除了比较正规的托儿所、幼儿园以外，还有许多因地制宜、灵活方便的学前教育机构。根据幼儿在园时间长短，有寄宿制、全日制、半日制、计时制、季节性甚至临时看管性的各种类型的机构。如日本开办了临时托儿所，家庭主妇出门临时购物，或是母亲突然生病或其他紧急情况发生时，家长可把孩子送到这里寄托几个小时。为了满足个性化的需要，澳大利亚开发为边远地区服务的亲子支持计划。该计划为在离家200公里范围以内接受特殊学前教育儿童的家长服务，内容包括家庭访问计划、中心计划、父母技能训练、治疗和相关服务的协调、创设地方玩具图书馆。法国为了使儿童很快地适应集体生活,创办了一种称之为"温和过渡的形式"实验性机构,收托16个月到5岁的儿童,每天活动两个半小时,主要是游戏、画画、读书、玩水等。此外还有儿童"假期中心"和"休息中心",每期20~25天,白天收4—6岁的儿童,由经过专门训练的教师组织各项活动。还有微型托儿所,是在新建的公寓中留出部分的房屋,收托10~12个3岁以下的儿童,以解决就近入托问题。游戏小组是芬兰学前教育机构之一,儿童以游戏小组的形式,每周在游戏俱乐部或游戏场所、玩具图书馆等地活动两次,每次3小时。据统计,1988年,在6000个游戏俱乐部中,约有10万名儿童来此活动;在2000个游戏场所中,有3万名儿童来此游戏。此外,到玩具图书馆玩耍的儿童也很多。这三种机构既有公立的,也有私立的;既有单独设置的,也有合在一起的。

综上,学前教育机构顺应社会发展的要求,在不断丰富的机构类型中,发挥着教育的作用,服务于学前儿童、家庭和社会。

第二节 学前教育机构管理比较

学前教育机构的管理有宏观和微观之分。宏观的学前教育机构管理指国家各层级政府、教育行政部门及其他相关行政部门,管理学前教育事业的组织机构体系、职权责划分及内外部关系体系的相关机制、制度的总称。它既是教育体制和教育管理体制的重要组成部分,也是国家行政体制中不可或缺的一环。学前教育机构管理体制在学前教育事业发展中起着领导、组织、协调、监控、保障、推动等重要作用,是保障政府切实履行发展学前教育事业职责的必备条件和保障学前教育事业健康发展的关键。微观的学前教育机构管理主要指早期教育机构内部的管理体制,如幼儿园管理、托儿所管理等。本节主要通过比较各国宏观的学前教育机构管理,探讨不同的学前教育管理模式。

一、学前教育机构管理权限的比较

纵观各国学前教育机构管理体制,当前各国中央政府与地方政府在学前教育机构管理权限的分配上主要存在三种模式:以法国和印度为代表的中央主导管理模式,以美国、澳大利亚为代表的地方自主管理模式和以英国、日本为主要代表的中央与地方均权管理模式。

(一)中央主导管理模式

中央主导型教育行政管理体制是教育行政权力主要集中在中央政府,地方政府的教育领导权力很小,一般只是在中央授权范围内奉命行事。在这样的管理体制下,全国教育事业的发展和教育管理活动比较整齐划一,教育的基本法律和重大方针政策由国家统一制定,并且对地方的教育事业具有绝对约束力,教育经费主要由国家承担。

采取中央主导教育行政体制的典型国家有法国、印度等。法国明确规定教育是国家的事业,一切教育须受国家的指导和监督,国民教育部是法国主管教育工作的最高教育行政机关。法国的学前教育机构隶属于市镇,规模一般比较小。每个学校有校务委员会,由校长、教师代表、家长等多方人士组成,负责制定本校的内部章程,研究有关问题,并向决策部门提出意见和建议。一般情况下,校长的权力十分有限,许多决策须得到上级主管部门的批准。

印度学前教育的管理与法国的中央统一领导形式有共同之处。印度政府日益重视学前教育问题，明确中央政府教育职责，不断出台包括学前教育在内的国家教育政策与计划。如全国范围内大力主导实施推广“综合儿童服务项目”，调动各邦和地方政府力量，努力给更多的儿童提供学前教育资源，从宏观层面加强了国家对学前教育事业的统一管理。

中央主导型教育行政管理体制的主要优点在于：第一，能够集中全国力量实现教育机会均等，便于全国教育事业的统一规划，能够克服各地区教育发展的不均衡状态；第二，能够规定统一的教育标准，有助于教育质量的普遍提高。但是，这种体制也存在一些弊端：第一，地方没有办教育的自主权，难以充分调动地方办教育的积极性；第二，容易出现官僚主义和形式主义，导致办事效率低下，只求形式划一，容易脱离地方实际，不利于教育事业的持续发展。

（二）地方自主管理模式

地方自主管理模式是中央教育部门对各地区权力范围内的教育事务无权干涉，各地区的教育部门独立处理教育事务，自主管理。美国、澳大利亚、德国等实行地方分权教育领导体制，中央与地方教育行政部门之间是一种平行的伙伴关系，教育经费主要由地方承担。

美国和澳大利亚是典型的联邦制、多元主义民主政体国家，其本质特征即权力的分散。在学前教育方面，两国都将学前教育作为各州主管的事务，联邦政府不过多干预。在美国和澳大利亚，各州政府在学前教育事业发展方面享有较多的自主权和灵活度。美国联邦政府层面没有对各州学前教育做统一要求，各州学前教育发展在教师资格标准等方面存在差异。即使是国会通过的联邦层面的有关学前教育的法律，对各州也不具备真正意义上的强制力，而更多是国会通过项目合作、财政拨款等方式间接实现对州政府工作的调控。

地方政府在学前教育管理上有很大的自主权，一定程度上刺激了地方政府的积极性，有利于因地制宜制定学前教育事业的发展规划。但是过于分散的权力也带来了诸多问题，中央政府领导力量薄弱，导致政策法规推行力度被削弱；各个地方管理分散，缺乏全国统一的事业发展规划和强制的专业标准，导致各地在课程实施、师资水平等方面有较大差异。

（三）中央与地方均权管理模式

中央与地方均权管理模式既强调中央教育行政部门的统一领导与规划，又充分考虑到地方差异，既能够发挥政府振兴与发展学前教育事业的作用，又充分尊重和调动地方政府的决策权和积极性。英国和日本总体上属于中央与地方政府均权型的学前教育管理体制。

英国通过 1918 年的《费舍尔法案》和 1944 年的《巴特勒法案》，地方教育当局的权力扩大并发展到顶峰。1944 年《巴特勒法案》颁布后，英国逐渐形成了以地方教育当局为中心，中央和地方共同管理教育的格局。随着时间的发展，地方教育当局管理体制的弊端逐步显露。为了保证教育的质量，中央政府加强了对全国教育事业的关注和领导权。英国是采用法律手段来干预教育的较早国家之一，1870 年颁布了其历史上第一个教育法律——《福斯特教育法》，后续也颁布了一些其他教育法律法规。1988 年《教育改革法》的颁布是英国教育管理体制发展的转折点，它大大地增强了中央政府的教育领导权限。此后英国又颁布了一系列有关学前教育的法律法规，包括 1996 年的教育券计划，也称“幼儿凭证计划”，1998 年的“确保开端”计划，通过加大对学前教育的财政投入，为学前儿童尤其是弱势儿童的发展提供了更多机会。2000 年又颁布了面向 3—5 岁幼儿的《基础阶段课程指南》，后续颁布了 2004 年《儿童法》《每个儿童都重要》《儿童保育法》等，英国中央政府在对教育事业的宏观规划和调控中发挥越来越重要的作用。

第二次世界大战后日本颁布了《学校教育法》等法律法规,对战前的教育管理体制进行了改革,其教育管理体制由战前的中央集权型向地方分权型转变。第二次世界大战以后,都道府县一级和市町(镇)村一级政府教育委员会分别负责本区内包括学前教育在内的教育行政管理。20 世纪 50 年代中期至 70 年代,日本出台了多项关于全国性的政策与法律法规,如 1964 年文部省制定的学前教育七年振兴计划与后续的十年振兴计划,以及 1991 年日本的第三个幼儿园教育振兴计划,都表明日本中央政府在全国性学前教育事业发展中所起到的领导作用。地方政府及教育主管部门则遵照既定的全国性目标和标准,根据地方需要来拟定具体计划并付诸实施。中央重在指导和监督,地方则重在执行和创新。

二、学前教育机构管理部门职权的比较

对世界部分国家的研究显示,当前各国学前教育主管部门及相关部门的职权划分与协作主要有三种模式:单一部门主管、多个部门合作的管理模式,两个部门主管模式,单轨衔接模式。

(一) 单一部门主管、多个部门合作模式

实行单一部门主管模式的国家主要有英国、法国和印度等。英国中央一级的主管部门是儿童、学校和家庭部,法国中央一级的主管部门是青年事务、国民教育与科研部,印度中央一级的主管部门是妇女儿童发展部。英国、法国、印度等国在中央一级有单一的部门主管学前教育事业的发展,同时主管部门又打破与其他部门间的组织性障碍,并通过建立相应的机制来保障和推动部门间的协作与整合,既有助于充分利用多种资源实现管理的目标,提高学前教育管理和服务的效益与效率,更有助于满足学前儿童在教育、保育、健康、福利、安全等诸多方面发展的需要,进一步促进儿童全面、健康的发展。

英国托幼机构的性质、类型多样,且分裂并行为教育和保育两个不同的服务体系。在管理的归属上,出生到 3 岁幼儿提供的托儿服务由社会保障部门管理,而 3—5 岁幼儿的早教机构则由教育部门管理。这一体制上的分裂导致在许多情况下部门之间沟通、交流与配合不协调。针对这种体制上分裂的状况,英国政府推出了新政策。在中央层面,主要表现为变革和调整教育行政管理机构,加强政策的协调和统一。2007 年,政府将原有的教育和技能部一分为二,形成了儿童、学校和家庭部与创新、大学与技能部。新成立的儿童、学校和家庭部在负责以往学前教育职能的基础上,第一次将影响儿童各个方面的政策整合到一起。政府其他部门如卫生部,财政部,环境、食品与农业部,文化部和工商部等十几个部门共同发挥作用,中央政府负责领导并加强其协调合作,确保更好的整合。

法国主管教育的部门是青年事务、国民教育与科研部,其学前教育职责包括:学前教育经费的分配,幼儿教师的培训与管理等。法国十分重视学前教育主管部门下属各司之间的协调合作,并以法规加以明确和规范。如法国 2003-317 号政令对学校教育司、财务司、编制司等的协作范畴做出明示:教师管理司和高等教育司一起参与学前教育、中小学教育教师职前培训及指导等。

印度主管学前教育与保育的唯一部门是妇女儿童发展部,下面又分为五个局,共同致力于包括学前保教在内的印度妇女儿童的事业发展。以项目为依托是印度学前教育推进和普及的特色之一,印度学前教育主管部门与相关部门之间的合作机制也同样建立在学前教育项目的基础上。以综合发展服务项目为例,除妇女儿童发展部外,其他相关部门也负有共同

合作的职责,其他参与的部门主要有学校教育与扫盲部、法律和公正部、社会公正与授权部、健康与家庭福利部、农村发展部等。如农村发展部负责为安哥瓦迪中心建设规划出适当的农村发展经费等。

(二) 两个部门主管模式

日本、韩国、澳大利亚、南非等国的学前保教事务均由两个平行部门同时负责,其中一个部门主管教育,另一个部门主管保育。

日本现行的学前教育主要包括幼儿园和保育所两种机构。幼儿园是根据《学校教育法》而设的幼儿教育机构,属文部省管辖;保育所是根据《儿童福利法》而设的儿童福利设施,属厚生省管辖。二者相辅相成,共同构成了日本幼儿教育的主要机构。日本文部省1947年颁布的《学校教育法》明确规定幼儿园是学校教育体系的组成部分,幼儿园是以"养育学前阶段的幼儿,提供适应的环境,以发展健全的身心"为目的的幼儿教育机构,招收3岁到入学前的儿童。日本厚生省1947年颁布的《儿童福利法》第39条规定,保育所是接受保护者的委托,对缺乏保育条件的婴幼儿及有特殊需要的少年进行以保育为目的的机构。韩国实行的也是两个部分主管的管理模式。韩国的学前教育由教育与人力资源开发部和健康与福利部共同管理学前教育相关事务。其中,主管幼儿园的部门为教育与人力资源开发部,其下设幼儿教育专职机构。健康与福利部则下设幼儿保育与教育专职机构。

(三) 单轨衔接模式

单轨衔接模式的主要特点是不同年龄段儿童由不同部门管理。从教育对象年龄阶段上,并不存在明显的并行,而是表现出前后衔接。学前教育管理单轨衔接模式的国家相对来说比较少,主要以美国为主。美国保教分离的传统也比较久远,学前一年的幼儿园教育归属美国教育部门主管,而5岁以下的多种形式的保教机构则归属健康与人类服务部管理。健康与人类服务部的管辖领域划分为儿童、社区、残疾人发展、难民等七大块。健康与人类服务部侧重保育服务,强调儿童综合发展,如执行"开端计划"等项目。

三、学前教育机构管理体制的改革趋势

当前,各国政府都积极针对本国实际,开展对学前教育管理体制的研究与改革。比较不同国家的学前教育管理体制,当前世界各国学前教育体制改革呈现共同的发展样态,即中央系统整合、地方分权管理和国家干预调控。

(一) 中央系统整合趋势

近年来不少国家学前教育管理体系出现了中央系统整合的趋势,在运作上大致分为两种类型:以教育部门作为整合主体的教育型整合,以社会福利部门作为整合主体的福利型整合。

教育型整合的国家有瑞典、比利时、巴西、美国、丹麦、爱尔兰等。近年来,美国学前教育机构的行政管理出现了从分管型到整合型转换的趋势。整合化是指将学前教育机构进行统一或协调管理,以提高学前教育政策和目标的一致性,更好地为儿童、家长和社会服务。2007年,针对0—5岁幼儿的保育体系和教育体系相互独立、目标不够统一的体制问题,美国国会对1981年通过的《开端计划法案》进行了重新修订,并对"开端计划"的管理模式进行改革,在联邦政府层面,既保持联邦政府对学前教育事业负有的责任,也强化了州政府的责任。联邦政府还曾提出将"开端计划"纳入各个州的学前教育体系,由州政府统一协调发

展的建议。为了打破各学前教育项目联合实施过程中的障碍,奥巴马政府成立了“总统早期学习委员会”,这是美国有史以来最高级别的学前教育领导机构。目前美国学前教育机构行政管理处于从分管型管理向整合型管理的过渡期,由中央政府和地方政府协调管理。

芬兰、挪威、丹麦、英国、澳大利亚等国家则进行了福利型整合。英国一些地方当局已经将儿童的社会服务和教育融合,成立了儿童、学校和家庭部。近年英国针对长期以来学前教育领域中保育和教育在体制上分裂的状况,推出了将两者整合或推进“保教一体化”的新政策。这在2003年教育绿皮书、2004年《儿童法》以及2006年《儿童保育法》等相关报告和法律规定中均有体现,其中《儿童保育法》第4条明确规定了地方当局要协调各相关部门合作的职责,“第一次为整合的儿童早期服务提供了法律支持”。目前亚洲地区日本和韩国等国家也开始着手改革,积极努力去除双轨模式。日本已经出现比较明显的保教合流趋势,日本学前教育体制改革基本框架的总体思路是大力推进保育所与幼儿园的一体化改革,创建具有保育所和幼儿园两种职能的认证儿童园。实施学前教育保育所与幼儿园的一体化改革后,改变目前学前教育在行政上分属不同部门管辖的局面,实行统一管理。韩国政府也在着手整合儿童保育和教育,2005年成立了韩国儿童保育与教育协会,将致力于改进以往保教分离的状况。

(二)地方分权管理趋势

近年来,各国学前教育服务体系在中央系统整合的同时,出现比较明显的中央政府和地方政府分权管理、共同承担责任的趋势。这种变化主要源于学前教育服务体系日益庞大和复杂,中央政府通过分权有利于决策和财政更贴近被服务者需求,同时有利于在地方政府层面集中经费,形成跨部门整合的服务构架。中央(联邦)政府在进行权利下移过程中的手段也存在差异,绝大多数国家的中央政府通过制定全国性标准,对地方政府进行监控,如荷兰、爱尔兰、英国、瑞典、挪威、法国、丹麦等国家。也有一些国家尚没有建立全国性的监控系统,其中既有联邦制国家,例如美国、澳大利亚,也有一些社会转型解体国家,例如捷克共和国、匈牙利、波兰、俄罗斯等。

(三)国家干预调控趋势

无论学前教育管理体制整合程度或高或低的国家,近年来都有意识地通过国家干预调控手段,加强对学前教育事业发展的管理。有的国家出台学前教育的总体发展规划,给予各级地方学前教育事业发展明确的指导意见。例如,第二次世界大战后日本多次出台振兴学前教育计划,2001年又提出《21世纪教育新生计划》,推动学前教育事业的发展。有的国家通过建设质量评估标准,监控学前教育的有效发展。例如,英国规定幼教机构除了要接受当地消防局、环境保护局的监督,至少每隔18~24个月还要接受国家教育标准办公室的督导和评估。有的国家提出国家层面的学前教育行动计划,促进国家学前教育事业的发展。如美国的“开端计划”,英国的“确保开端”计划,印度的早期综合教育服务计划,我国的学前教育三年行动计划,等等。

本章小结

学前教育机构是近现代社会和教育发展进步的产物,也是现代幼儿教育的重要实施形式,尤其是20世纪80年代以来,各国的幼儿社会教育普遍受到重视,学前教育机构的类型不断丰富,功能不断完善,各国在发展过程中呈现出一些相似的趋势,主要是凸显公益性和多样化机构满足多样化需求。

学前教育行政体系受到各国权力体制的影响。由于文化背景的差异,世界各国学前教育行政管理体系存在很大差异,但也存在相似之处,因而划分为若干模式。纵观各国学前教育管理体制,当前各国中央政府与地方政府在学前教育管理权限的分配上主要存在三种模式:中央主导的管理模式,以法国和印度为代表;地方自主的管理模式,以美国、澳大利亚为代表;中央与地方均权的管理模式,以英国、日本为主要代表。

当前各国学前教育主管部门及相关部门的职权划分与协作主要存在三种模式:单一部门主管、多个部门合作的管理模式,以英国、法国和印度为主要代表;两个部门主管,以日本、韩国、澳大利亚、南非为代表;单轨衔接模式,以美国为主要代表。考察各国学前教育管理体制的同时,我们发现了不同国家学前教育管理体制改革的发展趋势。中央系统整合、地方分权管理和国家干预调控三种新的发展动态,成为当前国际范围内学前教育管理体制的改革趋势。

思 考 题

一、简答题

1. 简述各国学前教育机构的发展趋势。
2. 简述各国学前教育机构的功能。
3. 简述世界学前教育管理模式的主要类型。
4. 简述世界学前教育管理体制的改革趋势。

二、论述题

1. 结合我国实际,比较论述世界学前教育机构的发展趋势。
2. 结合实例,比较论述世界学前教育管理体制的改革趋势。

第八章 学前教育课程比较

学习目标

1. 掌握世界各国学前教育课程管理、课程目标、课程内容和课程实施的特点及发展趋势。

2. 掌握蒙台梭利课程模式、高瞻课程模式、方案教学和瑞吉欧教育方案等学前教育课程模式的课程目标、内容、方法等特点。

3. 掌握蒙台梭利课程模式、高瞻课程模式、方案教学和瑞吉欧教育方案等学前教育课程模式对我国学前教育改革的启示。

第一节 学前教育课程比较

学前教育课程是实现学前教育目的的手段，是帮助学前儿童获得有益的学习经验，促进其身心全面和谐发展的各种活动的总和。课程是一个由课程管理、目标、内容、实施等多个要素构成的相互联系、循环往复的动态系统，是教育思想、教育理论转化为教育实践的桥梁，教育实践常以课程为轴心展开，教育改革也常以课程改革为突破口进行。

进入21世纪以来，世界各国和地区，无论是欧美等发达国家，还是纳米比亚、克罗地亚等发展中国家，都纷纷在国家层面上，或者在地方层面上出台了学前教育课程发展的指导框架，非常重视学前教育课程的发展。对这些课程进行比较分析，对我国学前教育课程的发展具有重要的参考借鉴价值。各国学前教育课程既有相同之处，也有不同之处，下面主要从学前教育课程管理、课程目标、课程内容和课程实施四个方面进行比较。

一、学前教育课程管理的比较与发展趋势

学前教育课程管理是指在一定的法规和政策的背景下，各级政府或学前教育机构对学前教育课程的建设和实践过程进行的规范、引导和帮助，其根本目的是提升课程的成效，更好地促进幼儿的发展，同时促进教育者自身的发展。一般而言，学前教育课程管理的状况主要体现在课程管理机构、有无国家课程及课程管理类型等方面。下表简要列出了各国学前教育课程的管理状况。

各国学前教育课程管理状况一览表

洲别	国别	管理机构	有无国家课程	管理类型
美洲	美国	联邦政府、州和学区	无	地方分权
	加拿大	各省和行政区	无	地方分权
欧洲	英国	中央的教育和科学部、地方政府	有	中央与地方合作
	法国	教育部学校司	有	中央集权
	德国	地方政府或幼儿园	无	地方分权
	瑞典	中央的教育和科学部、地方政府、幼儿园	有	地方分权
	挪威	原由儿童与家庭事务部管理;从2005年开始,由教育科研部管理	有	地方分权
	葡萄牙	中央的教育部、地方社会安全中心	有	中央与地方合作
大洋洲	澳大利亚	州及地方政府、幼儿园	有	地方分权
亚洲	日本	文部科学省、厚生劳动省	有	中央与地方合作
	韩国	中央性别平等和家庭部、教育和人力资源部;地方性别平等部门、初等教育部	有	中央集权
	新加坡	教育部、社会与青年发展部	有	地方分权
非洲	南非	中央的众议院、参议院、教育和培训部;各省地方政府	无	中央与地方合作

比较世界各国学前教育课程管理的现状,课程管理呈现出共同的发展趋势:教育部门的管理主体地位日益凸显、积极颁布国家学前教育课程、学前教育课程管理类型逐渐趋同发展。

(一) 教育部门的管理主体地位日益凸显

从各国学前教育课程管理机构来看,无论是采用中央集权管理模式的国家、采用地方分权管理模式的国家,还是采取中央与地方合作管理模式的国家,学前教育课程的管理均体现出教育部门的管理主体地位日益凸显的发展趋势。如英国由教育和科学部的确保开端组全面负责早期教育与保育工作;意大利由教育部负责3—6岁儿童的教育工作,地区和自治市负责3个月—3岁儿童的保育工作;瑞典则为了改善学前教育的质量,1996年把有经验的管理者从社会事务部整合进了教育部,并由教育和科学部全面负责1—6岁的ECEC的全国性政策制定。

此外,很多由两个以上部门共同管理学前教育的国家,参与管理的部门一般为教育部门、社会事务部门或者健康体育部门,但教育部门则起着对学前教育主要管理的作用。如挪威原由两个部门负责学前教育的管理工作,即儿童与家庭事务部和教育科研部,其中儿童与家庭事务部主要负责ECEC的立法、财政和政策,教育科研部则主要负责早期教育和保育以及学校、校外的教育培训，但从2005年开始，学前教育的工作则由教育科研部统一管理，并在2006年颁布了全国幼儿园修订法案，包括目标、课程和教学方法等内容。澳大利亚的学前教育与保育工作由家庭、社区服务和土著人事务部与教育、科学和培训部两个部门共同管理，但教育、科学和培训部负责全国学校和学前教育的各项政策，在学前教育课程管理中起着主导作用。新加坡由教育部负责3—6岁学前教育工作的管理，社会、健康与体育部负责0—3岁早期教育工作的管理，但在近年教育部和社会、健康与体育部的各项工作管理整合的过程中，教育部正在不断扩大对学前教育事业的管理范围和权限，发挥着越来越重要的作用，以适应新加坡学前教育事业发展的需要。

（二）积极颁布国家学前教育课程

20世纪90年代以来，在世界学前教育课程改革的实践中，各国都纷纷致力于在国家学前教育课程、地方学前教育课程及幼教机构的学前教育课程之间寻找适合本国国情的立足点。各国普遍关注了国家学前教育课程的引导、规范作用，积极颁布了国家学前教育课程。如美国是典型的地方分权国家，没有全国统一的学前教育课程，各个州都建立了自己独立的课程体系。但1994年克林顿签署的《2000年目标：美国教育法》正式成为一项法案，标志着美国全国性课程标准法律化，这项全国性课程标准包括了5岁开始的幼儿园课程标准，这表明5—6岁的学前教育课程标准得到了国家法律的保障。目前，5岁以下的学前教育阶段，美国尚未设立全国统一的课程标准，但已经开始制定相关的早期学习标准，如2003年全美幼儿教育协会和州政府教育厅早期教育专员协会共同发表了一份名为《早期学习标准：营造成功的条件》的文件，以指导和规范早期学习标准的制定。

英国政府于2000年9月颁布了面向3—5岁幼儿的《基础阶段课程指南》，以统一的课程标准，解决长期以来存在的缺乏全国统一学前教育服务质量标准的问题。该课程指南对学前教育的课程目标、课程内容、课程实施等方面均做出了明确的规定，为促进幼儿身心全面发展起到了积极的作用。

瑞典中央政府将教育体系的权利下放到各地方政府，幼儿教育基本上完全由各地市政府来决定教育的基本内容。1998年瑞典国会颁布了第一部全国性的幼儿园课程标准——《幼儿园课程》，目的是确保全国学前教育课程与教学的连贯性。国家课程规定了幼儿教育的发展目标和准则，但并没有规定怎样实现这些目标，因此，各地方政府会结合本市的需要和地方资源设置市级的幼儿园课程目标和准则。而各个幼儿园也拥有较大的自主权，还能在国家和市级幼儿园的课程目标下，结合本园的实际情况及幼儿园儿童的具体需要和兴趣制定更为详细的课程目标和内容。瑞典幼儿园统一课程的颁布对幼儿教育的发展产生了深远的影响，被很多幼儿园称为“活的文件”，指导着各地方政府和幼儿园教育工作的实施。

挪威的学前教育在国家层面上主要由儿童与家庭事务部负责管理，1996年，儿童与家庭事务部提出《幼儿园架构计划》，这是挪威第一个幼儿园国家课程计划。该计划主要是为幼儿园提供标准，设立目标，具有弹性，地方执行时有一定的自主权。从2005年开始，幼儿园由教育科研部管理，2006年3月，挪威修订了国家课程计划。

葡萄牙的学前教育由中央和地方共同管理，中央主要由教育部、社会安全和劳动部以及社会安全中心负责。教育部主要负责设立公立幼儿园，资助私立机构，制定学前教育标准（如组织、教学、评价等）。社会安全和劳动部主要管理招收0—3岁幼儿的托育机构，并对低收入家庭提供资助。地方社会安全中心负责在本地推进学前教育国家政策的实施。1997

年，葡萄牙政府颁布国家课程《学前教育课程》，成为各幼儿园设计课程的重要依据，各地也可以因地制宜适当变通。

新加坡属于英联邦国家，新加坡的幼儿教育基本沿袭英国的教育体系，幼儿教育没有纳入全国教育体系中，政府对幼儿教育采取鼓励、扶持、监管的机制，鼓励民间自行发展幼儿教育。21世纪以来，新加坡政府对幼儿教育机构的课程给予高度关注。新加坡教育部2000年起草了《幼儿园课程框架》，并于2003年1月20日正式颁布实施，该课程框架主要包括幼儿园活动设置的原则、课程实施原则、家园联系等内容。2006年颁布了《幼儿园标准》，该标准对幼儿园的领导与管理、教师的培训与发展、课程、日常计划、儿童的安全与健康等都制定了详细的评价标准。《幼儿园课程框架》和《幼儿园标准》主要是为幼儿园课程的发展提供整体性指导，并不固定教材。幼儿园可以根据框架和标准的指导原则，自由设置学习课程并制订活动计划。幼儿园的课程主要由教师联合家长共同建构，这也为幼儿园课程的开发与设计留下了充足的发展空间。

（三）学前教育课程管理类型逐渐趋同发展

从世界各国学前教育课程发展的历史传统来看，各国的学前教育课程管理类型主要包括集权型学前教育课程管理、分权型学前教育课程管理和中央与地方合作的学前教育课程管理类型。目前，从世界范围看，各国学前教育课程管理类型有逐渐趋同发展的趋势。

1. 集权型学前教育课程管理

集权型学前教育课程管理强调中央政府对学前教育课程的统一管理，由国家颁布国家学前教育课程纲要，以此统一规范、指导、促进学前教育的发展。如法国，法国教育行政体制具有中央集权特色。法国自1833年开始，逐步将学前教育纳入中央集权教育领导体制，并通过颁布法律和委派视学官等方式对各类学前教育机构进行严格的管理。法国明确规定教育是国家的事业，一切教育必须受国家的指导和监督。法国的学前教育由教育部学校司管辖，隶属于市镇，没有行政和财政自主权。法国中央集权制的课程管理，保证了学前教育课程与小学课程在内容上的有效衔接，使学前教育工作有章可循，但也存在着统一课程设置对儿童个别差异重视不足、课程模式单一等问题。学前教育国家课程或学前教育课程纲要的颁布实施，加强了国家对学前课程的统一领导与管理，有利于学前教育课程的规范发展。

2. 分权型学前教育课程管理

分权型学前课程管理强调地方政府对学前教育课程因地制宜的灵活管理，由地方政府对课程的设置、教学方法等做出具体规定，中央不做统一要求。如德国，德国是一个实行地方高度自治的国家，在教育管理上也是典型的分权管理体制，这和德国的文化传统、历史发展历程等均有着密切的联系。德国位于欧洲中部，独特的地理位置使它置身于东西欧文化之间。德国融合了东西欧文化而形成以理性、思辨、系统、严谨等为主要特征的德国文化，进而形成了德国追求自由、注重培养完善人格、严谨、教育的学术化与实用化并重的教育特色。1990年东德与西德统一后，东部五州与西部各州一样，拥有文化自治的权力，各州具有学前教育的管理权。德国各州的教育文化具有充分的自主性，德国联邦和地方都没有明确规定幼儿园的课程。学前教育的课程以地方或幼儿园为单位，没有全国统一的课程标准，甚至州一级也没有统一的课程标准，幼儿园的课程在很大程度上由幼儿园开办者自主决定。德国的幼儿园一般并没有正规的课程，而是以游戏等自由活动为主。这种教育的自主性，一方面有助于各州根据不同的特点和发展现状，充分发挥各地方和各种私人团体开办学前教育机构的积极性;另一方面,这也使各州学前教育的机构、设施、课程设置等存在很大差异,造成德国学前教育发展的不均衡。

美国也是一个实行地方分权管理体制的国家,在教育乃至课程的管理上也体现出分权的显著特点。美国作为典型的移民国家,每个民族都有自己特有的传统和文化,崇尚自由和个性,美国的教育是一种自治的、务实的、个性化的、全开放的教育。在学前教育领域,美国联邦政府的责任主要在于宏观上制定教育政策,并协助政府根据地方需求将政策贯彻落实,课程设置和教学方法等均由地方规定。没有统一的国家课程,课程设置、实施、评估充分考虑到地域和文化的差异,具有极大的自由度和灵活性。由于美国没有统一的国家课程,因此也形成了多种源于儿童发展理论或学习理论的课程模式,以期依据不同儿童的特点和需要设计出适宜的课程,这也成为美国学前教育课程设计与组织的特色。可见,分权型学前教育课程管理方式注重各地方经济、文化等因素的差异性,充分考虑各地方学前教育发展的实际需求,从而能够更切实地促进各地方学前教育的发展。

3. 中央与地方合作的学前教育课程管理

中央与地方合作的学前教育课程管理主要由中央和地方共同管理学前教育,但中央的责任主要是制定政策和法令法规,而各地方政府则需要按照中央的方针并结合本地方的特点制定课程目标和纲要,作为各地方学前教育机构设计课程的依据。如英国的教育行政体制属于中央与地方合作的管理类型。在学前教育领域,中央一级的教育和科学部只负责制定学前教育课程的基本方针,地方教育当局则负责根据中央的方针结合本地的特点来制定课程目标和纲要,各保育学校及保育班则将地方当局的课程目标和纲要作为各自学校设计课程的依据。

日本现行教育由中央和地方两级管理,实行中央指导下的地方负责制。日本国会负责制定国家教育政策和教育法律,文部大臣和文部科学省是主管行政的中央首长和行政机关。日本现行的正规学前教育机构主要是幼儿园和保育所,幼儿园由文部科学省管辖,保育所由厚生劳动省管辖。日本官方的学前教育课程主要以教育大纲的形式颁布和执行。

南非的学前教育管理由中央和地方共同负责,在中央,众议院负责印第安人的教育,参议院负责有色人种的教育,教育和培训部负责黑人的教育。目前南非的学前教育没有统一的立法,各省有权决定对学前教育的管理和资助程度,不同的地区有不同的规定。1983 年颁布的《儿童保育法》和 1988 年颁布的《国家教育法》对学前教育做出了规定。南非公立的教育系统比较保守,非公立的机构在课程设置方面比较自由。虽然私立幼儿园必须在有关的教育部门登记注册,但仅有少量幼儿园服从课程规定。在没有受到资助的学校,课程通常受制于园长和幼儿园所有者。

4. 学前教育课程管理趋同发展

目前,从世界范围看,集权型学前教育课程管理与分权型学前教育课程管理呈现逐渐趋同的发展趋势。一方面,历史上属于分权型学前教育课程管理的国家,逐渐意识到国家统一、规范、促进学前教育发展的重要意义,许多国家颁布了国家学前教育课程纲要。如长期以来澳大利亚每个州和地区的课程都是由各州和地区自行管理,不同的州和地区在课程设置上存在很大的差异,但 2007 年澳大利亚陆克文政府也开始尝试推行全国课程纲要。为消除由于课程标准不统一带来的各州与地区教育质量相差悬殊等问题,2008 年澳大利亚新的国家课程委员会成立,新课程委员会设计出新的幼儿园国家课程,并制定了统一的课程标准。从2013年起,澳大利亚的儿童将在同一课程框架下学习,这将有效降低由于各州巨大的教学差异而造成的儿童发展的不均衡。随着课程改革的不断深化,澳大利亚课程的统一化日益加强。另一方面,历史上属于集权型学前教育课程管理的国家,开始有意识地放权,把课程管理的部分权限交给地方政府和学前教育机构。如历史上韩国学前教育国家课程管理严格,不但规定了学生的学习期限、每学年教授的科目、教授的内容与时间,还规定了教科书编写的标准以及教学活动的基本指导方针与评价方法。但在目前的幼教改革中,韩国政府开始注重给幼教机构以更多的自由和自主权。2000年颁布的《全国幼儿园课程》对省市一级、地方一级、幼儿园一级在课程的组织、实施、评估等方面都给予了很大的权限空间。2000年的改革明确提出打破刚性的、集权化的课程架构,使韩国的学前教育课程管理逐渐走向民主化和地方化。

总之,分权型学前教育课程管理的国家对国家课程的逐渐注重,集权型学前教育课程管理的国家对课程管理的逐渐放权,两种趋势看似相反,实则趋同,都是力图在集权型学前教育课程管理与分权型学前教育课程管理之间找到一种动态的平衡,以实现课程管理的有效性。

二、学前教育课程目标的比较与发展趋势

学前教育课程目标是教育者对学前儿童在一定学习期限内的学习效果的预期,它是学前教育目的的具体化。学前教育课程目标衔接了学前教育目的与学前教育课程,使学前教育的价值观在课程中得以体现。学前教育课程目标的确定,使课程内容的选择和组织、实施、评价等与之形成一个有机的整体。下表简要列出了各国学前教育课程的目标。

各国学前教育课程目标一览表

洲际	国别	文件名称	学前教育课程目标
美洲	美国	2005年4月《幼儿教育方案标准和认定指标》	发展儿童在审美、认知、情感、语言、体能和社会等方面的能力
	墨西哥	2003年新的《幼儿园课程标准》	发展儿童六大领域的能力,即个人和社会发展、语言和交流、数学思想、探险和世界中的知识、艺术表达和欣赏、身体发展和健康
欧洲	英国	2000年9月《基础阶段课程指南》	为全体儿童提供能发挥他们最大潜能的环境,培养儿童的语言能力、独立性及社会技能,发展儿童聆听、观察、讨论、实验的能力,为儿童提供广泛的、平衡的、连贯的和相关的课程,以促进每个儿童的发展

续表

洲际	国别	文件名称	学前教育课程目标
欧洲	法国	1995年《幼儿学校大纲》	共同生活：教会幼儿如何共同生活，包括集体生活、交际与沟通等内容；语言学习：学习说话及构筑语言，倾听并考虑他人意见；行动世界：探索身边的世界、学校、班级、社区、自然等并进行活动；发现世界：通过各种文化表征认识自然、环境、社会以及人类的过去和现在；想象、感知和创造：课程活动要充分发展幼儿的感受力、想象力、注意力、批评精神，培养表达的兴趣和选择的能力
	瑞典	1998年《幼儿园课程》	促进幼儿学习能力、社会性、情感、体力、语言、智力的发展；丰富幼儿的知识和经验，使幼儿了解、热爱本民族文化，并能尊重和接受外国的文化；使幼儿学会理解自己及周围的环境，培训幼儿良好的自我意识；促进幼儿身心的健康成长；培养幼儿的民主精神、乐于助人的品质、与人合作的能力和责任感
大洋洲	澳大利亚	《澳大利亚西部幼儿园到12年教育课程框架》	通过正确使用语言来理解、发展和表达自己的想法并与他人交流有关信息；选择、整合并应用数字的、空间的信息、技术；认识到什么时候应该从资源中获得什么样的信息，能够定位、查找、获取信息并与他人评价、使用和共享；儿童选择、使用并改善某些技术；为了理解、解释、证明和做出预测，儿童对(物体或现象)模式、结构和关系做出描述或推理；理解他们所处文化、地理和历史的背景，具备参与澳大利亚事务所必需的知识、技能和价值观；接触不同的人和认识不同的文化，积累知识和技能以贡献社会；能够参与自己认为有意义的活动，也从事其他艺术、文化和智力活动；重视并参加能够促进个人成长和健康发展的实践活动；对学习有自主性和自信心，能够单独或合作完成任务；能够意识到每个人都有权利享受安全与尊重，理解自己的权利和义务并对自己的行为负责
	新西兰	1996年国家课程《新西兰幼儿教育课程》	使幼儿成长为有能力和自信的学习者；成长为思想、身体、精神都健康的公民；成长为具有牢固的归宿感和获得了为社会做贡献所需要的知识的人

续表

洲际	国别	文件名称	学前教育课程目标
亚洲	日本	2000 年《幼儿园教育要领》	培养健康、安全、幸福的生活所需要的基本的生活习惯、态度，打好幼儿身心健康成长的基础；培养对他人的友爱和信赖，以启迪自主协同的态度以及良好的道德品质；培养对自然界以及周围事物的兴趣和关心，以启迪丰富的情感和思考问题的能力；培养日常生活中对语言的兴趣和关心，以养成幼儿积极听说的态度和对语言的感受力；通过多样的体验，培养丰富的感性知识，丰富创造性
	韩国	2000 年修订《全国幼儿园课程》	获得身心健康成长的经验；养成基本生活习惯和与他人共同生活的态度；获得创造性的表现想法和感受的能力；获得正确使用语言的经验；培养对日常生活问题的独立态度
	新加坡	2003 年《幼儿园课程框架》	培养儿童对周围事物保持强烈的好奇心；培养积极的自我意识和自信心；形成良好的道德观、家庭观、社会观；掌握基本的数概念和简易的科学知识；形成基本的识字能力和熟练使用英语和母语进行交流的能力；培养音乐欣赏和艺术创作的能力；培养自我调控身体的技能；形成对环境的初步认识；培养合作意识和基本的社交技能；培养创造力和解决问题的能力；培养积极、健康的生活态度和生活方式

比较各国学前教育的课程目标，课程目标改革与发展呈现出共同的趋势：注重“完整儿童”的培养，注重多元文化意识的培养，注重儿童主动性的培养。

（一）注重“完整儿童”的培养

20 世纪 60 年代，各国政府开始重视学前教育，并把重点放在开发智力方面，忽视了儿童其他方面的发展。到了 70 年代，为适应社会发展对高素质人才的需要，各国政府又提出了重视培养儿童创造性的主张，特别是在全人教育思潮、人本主义教育思潮、后现代主义教育思潮等改革思潮的影响下，世界教育目标开始发生了变化。具体而言，学前教育目标开始注重培养“完整儿童”，促进人格的全面发展。这种转向体现在国际教育发展委员会《学会生存——教育世界的今天和明天》的研究报告中，报告提出人的发展和培养包括“体力、智力、情绪、伦理等各方面”的综合因素，使“他成为一个完善的人”，教育为未来社会培养完人。

从 20 世纪 80 年代初开始，许多国家对六七十年代以“智力开发”代替学前教育的倾向进行了反思。教儿童学会生存，为新世界培养完人，成为很多国家教育改革的共识。1996 年，国际 21 世纪教育委员会在《教育——财富蕴藏其中》中指出，“教育应当促进每个人的全面发展，包括身心、智力、敏感性、审美意识、个人责任感、精神价值等方面的发展”，强调教育应该以学会认知、学会做事、学会共同生活、学会生存为支柱，培养全面发展的人。

学前课程目标由“智力准备”向“完整儿童”转变。1996 年巴西的学前教育目标是促进儿童的身体、情绪情感、认知和社会发展，涉及各个方面。墨西哥学前教育既重视儿童的智力开发，又要促进儿童身体、情感、道德等各个方面，鼓励儿童在心理、情感、社会和认知方面的发展。1998 年瑞典正式颁布了全国统一的学前课程，指出国家学前课程的目的是使幼儿得到完整的发展，强调幼儿在体力、认知、社会性、情感等方面得到和谐发展，使幼儿将来成为一个对社会有用的人。印度尼西亚政府 20 世纪 90 年代制定的国民教育的目标包括“促进才能与技能的发展”“培养道德性”“培养人格”和“培养民族精神和爱国心”四个方面，幼儿园的具体目标是培养能够适应社会生活的态度、知识、技能和创造力；培养适应小学的能力；培养自我发展的能力。印度尼西亚政府学前教育的目标体现出对儿童社会、适应性、创造力等多方面发展的重视。

1999 年在瑞士召开的 21 世纪国际幼儿教育研讨会商讨并制定了指导各国学前教育政策的《全球幼儿教育大纲》，指出：“优秀的幼儿教育课程是针对儿童整个身心健康而设计的，必须考虑儿童的身心状况、认知水平、语言能力、创造能力、社会性与情感的发展状况等。”纵观各国 20 世纪 90 年代以来学前教育的改革与发展的状况，培养“完整的人”，重视幼儿身体、社会、情感和认知的全面发展，已经成为世界学前课程的共同发展目标。

（二）注重多元文化意识的培养

近年来，各国学前教育不仅注重幼儿的全面发展，而且注重对多元文化意识的培养。

欧洲各国重视对儿童进行多元文化意识的培养和民族艺术的熏陶。如瑞典是一个人口多样化的国家，来自世界各地和不同种族、宗教背景的人构成了今天的瑞典社会。瑞典政府采用多元化的民族政策，使瑞典成为一个世界文化的交融地，这也体现在幼儿教育方面。瑞典在 1998 年颁布的《幼儿园课程》中，强调应使幼儿了解、热爱本民族文化，并能尊重和接受其他民族文化。瑞典社会的国际化要求人们能理解不同的文化价值，并能与之和平相处，“幼儿园应该成为社会文化的熔炉，以便于幼儿将来能在一个日益国际化的社会更好地生活”，从而确保少数民族和国外移民儿童能够获得多元文化发展的归属感。丹麦的学前教育机构中，政府为移民儿童安排相同国籍、讲同种语言的教育人员和教育辅助人员，同时还专门为移民儿童培训教师，使教师了解不同国家的文化，会讲不同国家的语言。

美洲的一些国家也关注多元文化问题，如加拿大政府已经开始关注土著儿童的教育，实现教育公平，思考构建融合课程；美国的“开端计划”、高瞻课程模式等都很关注多元文化背景的儿童。

大洋洲的新西兰和澳大利亚也都重视多元文化意识的培养。新西兰政府 2002 年出台了学前教育十年战略计划，为毛利人和太平洋岛民提供了公平的受教育机会。澳大利亚政府倡导“多元文化”教育，在幼儿园课程总目标中强调让幼儿接触不同的人和认识不同的文化，积累认识和技能以贡献社会。这在 2009 年的国家课程改革中有充分体现，如幼儿园的幼儿要在英语课上“学习班上其他同学的母语，认识到讲多种语言的重要性，还要学习土著居民和托雷斯海峡岛的口头艺术和传统”。澳大利亚政府也对原住民的教育给予了关注，并颁布了新的原住民计划，要求幼儿园的开办者要在原住民的读写能力、数学能力、学习成绩、入学率等方面加强教育，并对特殊需要儿童以及来自不同文化和语言背景的儿童给予支持。

（三）注重儿童主动性的培养

20 世纪 80 年代以来，各国幼教改革都提出促进幼儿主动学习、让幼儿成为主动的学习者的理念。在各国学前教育课程目标中，都体现出注重培养儿童的主动性。

美国的课程目标重视儿童的个性主动发展。1996年全美幼儿教育协会公布的《0—8岁儿童早期教育项目中的发展适宜性实践》提出"幼儿是主动的学习者",2005年颁布的《幼儿教育方案标准和认定指标》中强调发展儿童展现自我、表达自我的能力,鼓励儿童展示自己的观点、情感、观察和直觉能力,培养儿童感受美、欣赏美和展现美的能力。美国著名的高瞻课程把促进儿童的主动学习作为最重要的理念。巴西的幼儿园课程目标也强调"促进儿童对知识和经验的应用,培养儿童对自然变化和社会变化的兴趣",重视儿童的主动学习态度。

英国政府在1996年修订的《早期学习目标》中指出,幼儿基础阶段末期要"对学习感兴趣、积极主动",注重幼儿积极学习态度的形成。2000年颁布的《基础阶段课程指南》进一步强调"培养儿童语言能力、独立性及社会技能,发展儿童聆听、观察、讨论、实验能力",体现了英国政府对儿童主动学习能力的重视。法国在1995年《幼儿学校大纲》中指出,要注重培养儿童"倾听并考虑他人意见""培养表达的兴趣和选择的能力"等。澳大利亚的学前课程目标中强调培养"儿童选择、使用并改善某些技术""认识到什么时候应该从资源中获得什么样的信息,能够定位、查找、获取信息并与他人评价、使用和共享"等,注重儿童的主动学习与主动发展。新加坡2003年《幼儿园课程框架》也强调"培养积极的自我意识和自信心""培养创造力和解决问题的能力"等,体现出对儿童主动学习能力的重视。

三、学前教育课程内容的比较与发展趋势

各国学前教育课程内容一览表

洲际	国别	文件名称	学前课程内容
美洲	美国	2005年《幼儿教育方案标准和认定指标》	八个方面:社会情感发展;语言发展;早期读写发展;早期数学能力发展;技术、科学探索和知识;理解自身、社区和世界;对艺术的创造性表达和欣赏;体能和技能发展
	墨西哥	2003年新的《幼儿园课程标准》	六个方面:人和社会发展;语言和交流;数学思想;探险和世界中的知识;艺术表达和欣赏;身体发展和健康
欧洲	英国	2000年9月《基础阶段课程指南》	六个领域:个人、社会和情感的发展;交流、语言和读写;数学发展;认识和理解周围的世界;身体发展;创造性发展
	法国	1995年《幼儿学校大纲》	五个领域:共同生活;语言学习;行动世界;发现世界;想象、感知和创造
	意大利	1991年《国家幼儿园教育活动指南》	六个领域:身体和运动;语言和词汇;空间、顺序和测量;物体、时间和自然;信息、表达和创造力;自我和他人
	俄罗斯	2006年《幼儿园教育与教学大纲》	六个方面:体育;智育;德育;劳动教育;文学;艺术—审美教育

续表

洲际	国别	文件名称	学前课程内容
大洋洲	新西兰	1996年《新西兰幼儿教育课程》	健康、归属感、贡献、交往、探索
亚洲	日本	1998年《幼儿园教育要领》	五个领域：健康、人际关系、环境、语言、表现
	韩国	1999年《全国幼儿园课程》	五个综合领域：健康、社会交往、表现、语言、探究
非洲	南非	2005 年《2005年课程》	三个方面：语言；数学；生活相关课程（包括健康促进、社会发展、个人发展、身体发展与运动、职业倾向性）

比较各国学前教育课程的内容，学前教育课程内容呈现出共同的改革与发展趋势：注重课程内容的全面性，注重课程内容的本土性，注重课程内容的现代性。

（一）注重课程内容的全面性

学前教育课程内容是教师根据课程目标的要求为儿童选择和设计的学习内容，是实现幼儿园课程目标的重要手段，全面发展的学前教育课程目标决定了学前教育内容的性质和构成。从性质上看，全面发展的学前教育课程应强调幼儿的整体发展，使幼儿成为完整的人，为幼儿的终身发展奠定基础；从构成上看，学前教育课程应该包括身体、社会、情感和认知等方面的内容，以促进幼儿的全面发展。

很多国家在围绕全面发展的学前教育课程目标的基础上，凸显了学前教育课程内容的全面性，纷纷把学前教育课程内容分为几大领域，并强调各领域的相互渗透和综合发展。如美国各州的幼儿学习标准一般都包括五大领域：学习取向、认知发展、语言与沟通、健康与身体发展、情绪与社会发展。法国将幼儿学校的课程整合为五个活动领域，即共同生活、语言学习、行动世界、发现世界、想象感知和创造。荷兰幼儿学校的课程内容涵盖多个方面，包括荷兰语、英语、数学、社会、生物、历史、艺术、运动等。新西兰课程的五大领域是归属感、健康、探险、交往和贡献。新加坡学前课程内容由七个领域组成：数学、音乐和律动、科学、语言、艺术和工艺、社会学习、室内外体育活动。韩国的学前教育课程分为健康、社会、表现、言语和探究五个领域，强调民族情感教育和礼仪教育。朝鲜的课程内容分为思想政治教育、智慧知识教育、文化情感教育和体育，尤为重视礼仪教育、艺术情感教育和思想政治教育。

（二）注重课程内容的本土性

很多国家在学前课程内容中注重本土性，强调对本民族传统文化的重视。英国2000年颁布的《基础阶段课程指南》，在“认识和理解周围世界”领域强调了文化与信仰，指出教育者应为幼儿提供一些与幼儿自己本社区文化与信仰相关的资源，帮助幼儿形成身份认同感，深化幼儿对文化的认识，增加其自信心。挪威儿童与家庭事务部1996年提出《幼儿园架构计划》，以保教结合和西欧日耳曼人的传统作为基础，强调幼儿园活动中必须体现当地的文化价值观和国家的文化传统。挪威政府重视保护沙米人的语言和文化，特别指出沙米人应以沙米语言和文化作为基础。韩国从1981年的第四次课程改革就在社会关系领域强调“重视民族的符号象征和观察民族的各种仪式”“尊重韩国的传统风俗”“了解和重视我们的文化传统”“愿意继承和保护我们的传统风俗”,并将传统礼仪、传统音乐、东方的水墨画等都纳入国家课程范畴之中,2000 年的新课程大纲更突出了这一点,强调教育培养的“应是一个在理解韩国传统文化基础上创造新价值的人”。

此外,一些国家的课程还赋予了艺术领域以文化价值,如加拿大安大略省的幼儿园课程大纲就强调艺术是儿童理解不同文化形式、表达自己所属文化的一种方式;南非的课程纲要则以“艺术与文化”来指称这一领域,要求教师鼓励幼儿“能够识别艺术作品和文化”之间的联系;韩国的课程纲要中也指出,要通过艺术鉴赏活动,使儿童了解韩国的文化传统等。

（三）注重课程内容的现代性

很多国家学前教育课程内容体现现代性的特点,这主要表现在课程内容中增强了科学教育在幼儿园课程体系中的地位和增加文化认同等课程。如 21 世纪以来,美国在幼儿园课程设置时,体现出“加强科学、外语和信息教育”这一趋势。全美幼儿教育协会在 2005 年公布的《幼儿教育方案标准和认定指标》中,将“技术、科学探索和知识”作为重要课程内容之一。美国“开端计划”项目署和全美幼儿教育协会以及各州也都陆续制定了 3—5 岁年龄段幼儿科学领域的学习标准,进一步完善了幼儿园的科学教育。此外,以外语为媒介的文化认同等课程也被纳入了美国幼儿园课程体系中。英国在 2000 年颁布的《基础阶段课程指南》中,在“认识和理解周围世界领域”中强调科学探索兴趣和能力的培养,以及掌握信息与交流技术的重要性。澳大利亚的学前教育课程也将科学、技术、外语作为重要的内容,强调逐渐培养幼儿的科学探究意识,同时要求幼儿除了学习英语外,还要学习至少一门外国语,以此增加民族间的文化认同。有的私立幼儿园甚至开设 4 ~ 5 门外语供幼儿选择,如中文、法语、日语、德语、意大利语等。通过外语的学习,比较语言和文化,提高理解力和表达能力,发展世界公民所应具备的技能。新加坡学前教育课程也将科学作为重要的学习领域,强调儿童掌握科学概念,获得科学技能,并在 2003 年颁布的《幼儿园课程框架》中,强调环境意识的培养,要求儿童亲近自然和社会,并善于观察周围的自然环境和社会环境。新加坡学前教育课程方案多种多样,从语种上看,以英语和汉语教育课程方案为主,以马来语、泰米尔语、日语、朝鲜语的课程方案为辅,注重对儿童进行不同语言、不同文化的教育,使儿童通过课程感受多元文化的熏陶。

四、学前教育课程实施的比较与发展趋势

学前教育课程实施是对学前教育过程的组织,它包括学前教育课程方法、途径和组织形式。从当前世界各国学前课程实施的现状来看,教师的教育方法可分为直接指导和间接指导,学前课程的实施途径可分为教学、游戏和生活三个方面,学前课程的组织方式可分为集体教育活动、分组教育活动和个别教育活动三种形式。20 世纪 80 年代以来,世界各国在学前课程实施中既体现出共同的特点,又保有各自特色。下表简要列出了各国学前教育课程实施的方法与途径。

各国学前教育课程实施的方法与途径一览表

洲际	国别	课程实施的方法与途径
美洲	美国	一日活动、区角活动、游戏活动、社会实践活动
欧洲	英国	一日活动、区域活动、游览活动、大型专题活动
	德国	游戏、唱歌、听故事、户外活动
	意大利	环境、日常生活、活动
	俄罗斯	游戏活动、教学活动、特殊活动、交往活动、自由活动
大洋洲	澳大利亚	活动、游戏、环境
亚洲	日本	行事活动、日常教学、室内活动、户外活动
	新加坡	主题活动、区角活动、自发活动、参观活动
非洲	南非	户外活动、游戏

比较世界各国学前教育课程的实施，学前教育课程实施呈现出共同的改革与发展趋势：注重课程实施方法与途径的综合运用、注重课程实施中教师角色的积极转变、注重发挥游戏作为课程实施基本途径的价值功能。

（一）注重课程实施方法与途径的综合运用

20 世纪 80 年代以来，为了更好地发挥学前课程的综合作用，体现学前课程内容的综合性，促进幼儿身心的全面发展，世界各国和一些国际组织都从不同侧面提出了整合各种方法和途径的主张。

在课程实施途径方面，各国都将一日活动作为学前教育的基本活动，都强调让儿童在活动和游戏中学习。如德国的幼儿园一般没有正规的课程，而是以游戏等自由活动为主；法国的课程大纲中规定游戏是幼儿基本的活动，教师的任务是广泛使用各种游戏来进行活动；俄罗斯幼儿教育机构对儿童进行教育的基本途径是一日活动，主要由游戏活动、数学活动、特殊活动、交往活动和自由活动五个方面构成；挪威在 1996 年的《幼儿园架构计划》中规定，游戏是学前教育课程的中心；美国的学前教育机构也以活动和游戏为主；加拿大的学前教育机构注意创设环境，为儿童提供活动和游戏的机会；大洋洲的澳大利亚和新西兰都把一日活动作为学前教育课程的主要途径，把游戏作为儿童的基本活动；亚洲的主要国家也强调游戏和活动，印度的学前教育课程强调幼儿最好的学习途径是“从玩中学”，强调通过积极的探索增强儿童学习；韩国的幼儿园既安排有室内活动区，也安排有多种多样的室外游戏；非洲各国重视幼儿园的一日活动，并创设环境，注意寓教于游戏中，南非十分重视以幼儿的兴趣为中心安排环境，给幼儿提供自由发展的空间，但非洲各国一日活动的内容较为贫乏，游戏种类较为单调。

此外，一些国际性组织也主张多种教学方法和途径的整合。如 1999 年世界学前教育组织和国际儿童教育协会制定了《全球幼儿教育大纲》，强调了环境、教学方法、家庭和社区在幼儿教育中的作用，并提出了相关的要求，在“课程内容和教学方法”部分指出：“幼儿教育工作者要掌握更多的教学方法，这样才能理解幼儿的学习策略，并帮助每个幼儿学习。”

（二）注重课程实施中教师角色的积极转变

在学前教育课程实施中，各国课程都注重将幼儿作为学习主体，明确教师的角色。如加拿大安大略省的《幼儿园课程纲要》指出，教师应是幼儿园课程的设计者，所设计的课程应该是发展适宜性的，可以适合每个儿童思维和学习的独特性以及特殊的文化和语言背景；芬兰的《早期教育课程纲要》指出，教师应该敏锐地感知儿童的情感情绪和需要，并做出及时适当的反应，能和幼儿营造一个有着良好氛围的师幼共同体；澳大利亚昆士兰州的《学前课程纲要》则分别从教师是教育关系的建构者、儿童学习的支持者、课程计划的设计者、自我发展的学习者四个方面，明确指出了每个方面教师应承担的具体角色及其相应的行为策略；日本的《幼儿园国家课程标准》指出，教师是幼儿学习的“援助者”，教师必须努力建构与幼儿的信任关系，创设更具教育性的物理环境和心理环境；韩国的《幼儿园国家课程》指出，教师应特别关注每个幼儿的独特性，提供多样化的教学材料和丰富的活动经验背景，并能激发幼儿的好奇心、学习的动机和创新性的思考。我国的《幼儿园教育指导纲要》中，提出幼儿教师应成为幼儿学习活动的支持者、合作者、引导者，以关怀、接纳、尊重的态度与幼儿交往，努力理解幼儿的想法与感受，支持、鼓励幼儿大胆探索与表达，能够把握时机，积极引导，形成合作探究式的师生互动。

从各国学前教育课程的实施看，教师作为课程实施的忠实执行者、知识传授者、班级教学管理者的角色和作用弱化了，但教师作为环境的创设者、儿童学习的支持者、课程的设计者和自我发展的学习者的角色和作用加强了。在学前教育课程实施的过程中，教师的角色及其专业化要求不是降低了，而是提高了，并且是更全面化了。

（三）注重发挥游戏作为课程实施基本途径的功能

在各国学前教育课程实施中，游戏作为一种基本课程实施的途径，在儿童发展中的价值与功能得到肯定。如苏格兰《3—5岁儿童课程纲要》中就指出游戏是一种非常有效的课程实施方式，它可以为儿童提供理解真实生活情境、探究和实验、学会和别人合作、发展想象力等各种学习的机会。冰岛的《国家学前教育课程指南》中也指出，自由、自发的游戏是儿童的一种表达方式和快乐源泉，强调真正自发的游戏，儿童必须是独立自主的，能够自己做决定，自己掌控游戏进程，处于专注忘我之中，不受外在规则的约束。英国2000年颁布的面向3—5岁幼儿的《基础阶段课程指南》肯定了游戏对于幼儿学习与发展的重要性，提出了“精心设计的游戏”“精心设计的游戏活动是儿童在基础阶段学习的主要方式，这种游戏中的学习带有愉悦性和挑战性”。芬兰则从游戏中儿童的主观体验出发来界定，在《早期教育国家课程纲要》中指出，游戏是儿童的一种意义体验，教育者需要仔细地观察和分析游戏的情境，对儿童的游戏给予支持。日本的《幼儿园国家课程标准》中也指出课程的实施主要围绕游戏活动展开，认为游戏是儿童的一种自愿活动，而非教师强加的作业，是儿童自主展开的、充满兴趣的活动，有助于身心平衡。

此外，许多学前教育课程模式也强调了游戏作为课程实施基本途径的重要价值功能。如20世纪创办的银行街课程模式，把游戏作为教育的基本途径，注重为幼儿创设安全、有教育意义、多变的游戏环境，支持和鼓励幼儿的游戏，引导幼儿在游戏中探索与认识周围世界。高瞻课程注重游戏在幼儿教育中的作用，要求将幼儿园活动室布置成能满足幼儿进行各种不同类型游戏的、以自选的活动区为结构特色的游戏环境，教师是幼儿游戏环境的创设者，通过引导、组织和参与幼儿的游戏，促进幼儿的发展。

第二节 当代西方著名的学前教育课程模式

课程模式是教育计划中的基本哲学、行政与教育成分的概念性表征,它包含了内部一致性的理论前提、行政政策和教学秩序,以达到所预期的教育成果。每种课程模式都有其理论上的基础以及课程本身所包含的要素,即课程目标、课程内容、教学方法和评价等。在学前教育课程理论和实践的发展过程中,当代西方出现很多有影响的学前教育课程模式,其中影响比较大的有蒙台梭利课程模式、高瞻课程模式、方案教学、瑞吉欧教育方案。

一、蒙台梭利课程模式

蒙台梭利课程模式是闻名世界的幼儿教育课程模式之一,由意大利著名的幼儿教育家蒙台梭利创立,以生物学、近代西方哲学和心理学、特殊儿童教育训练方法、自然主义教育思想为理论基础,以日常生活训练、感官教育、数学教育、语言教育和文化教育为基本内容,为儿童创设有规律与秩序、气氛自由、真实自然、符合儿童身心发展需要和兼具美感与安全性的"有准备的环境",借助遵循着孤立性原则、自我教育原则、操作的顺序性原则和内在驱动原则的教具,在"导师"的积极引导下,实现儿童的自我发展的教育模式,其精髓在于充分发挥儿童的自主学习和探索精神。蒙台梭利课程模式最初是针对有智力障碍的儿童展开的,后来经过蒙台梭利的不断观察、研究和完善,该课程模式的研究对象也扩展至正常的学前儿童。当前蒙台梭利课程模式已成为许多国家重要的幼儿教育课程模式或被渗入到其他各种各样的课程模式之中,对世界的儿童教育改革和发展产生了深刻的影响。

(一)产生背景

蒙台梭利是继福禄培尔之后的又一位著名的儿童教育家,是欧洲新教育运动的代表人物。她于1896年毕业于罗马大学医学院,成为意大利第一位女医学博士。毕业后,蒙台梭利在罗马大学附属医院任精神病临床助理医生,诊断和治疗身心缺陷儿童,在此过程中开始对智力缺陷儿童的研究发生兴趣。伊塔和塞贡的教育思想和方法深深地影响了蒙台梭利。1898年,在都灵召开的教育会议上,蒙台梭利提出,智力缺陷儿童应当与正常儿童一样享有同等受教育的权利,此主张引起了与会者的强烈反应。1901年蒙台梭利离开罗马大学附属医院,再次回到罗马大学进修哲学、普通教育学、实验心理学和教育人类学,以扩大和加深自己的理论基础,进一步探究教育正常儿童的方法,为以后从事正常儿童的教育打下坚实的基础。1907年蒙台梭利在罗马贫民区创办了举世闻名的"儿童之家",招收3—6岁的儿童加以教育。在这个新型的幼儿教育机构中,她运用自己独创的方法进行教学,通过为儿童提供适合其身心自由发展的环境、培养幼儿良好的生活习惯和对幼儿进行感官训练等方法,对正常儿童进行观察和教育实验研究,取得了巨大的成功,引起了世人的关注。

1909年,蒙台梭利写成了《运用于儿童之家的科学教育方法》一书,1912年这部著作在美国出版,同时很快被译成20多种文字在世界各地流传,许多国家引进了蒙台梭利教育方法,欧洲、美国还出现了蒙台梭利运动。1913—1915年,蒙台梭利学校已遍布世界各地。蒙台梭利在世界范围内引起了一场幼儿教育的革命。

蒙台梭利毕生致力于探索"科学的教育学",她除《蒙台梭利方法》外,还著有《教育人类学》《蒙台梭利手册》《高级蒙台梭利方法》《童年的秘密》《新世界的教育》《儿童的发现》

《有吸收力的心理》等教育理论论著，并开办国际训练课程，培训了无数优秀的蒙台梭利教师，对世界儿童教育均产生了深刻的影响，促进了世界现代儿童教育的改革与发展。今天，蒙台梭利教育法仍被世界范围内许多学前教育机构运用和发展，并在新的时代条件下焕发新的活力。

（二）理论基础

蒙台梭利对生物学、医学、哲学、人类学、心理学和教育学等诸领域都进行过认真的研究，特别是生物学、近代西方哲学与心理学、伊塔和赛贡关于特殊儿童教育的方法、西方自然主义教育思想等，都对蒙台梭利教育模式的形成产生深刻的影响。蒙台梭利教育模式的形成有着深厚的理论基础。

1. 生物学

蒙台梭利教育模式的形成受到当时的生物学研究，特别是达尔文、法布尔、德弗里等人研究的重要影响。达尔文探索生物的逐渐完善和适者生存以及物种之间竞争的原因，蒙台梭利受达尔文的进化论的启发，把儿童心理发展看作是天赋能力的自然表现和儿童生命潜力的自然展现。法布尔主张从自由环境中观察所研究对象的行为，蒙台梭利将法布尔对昆虫进行观察研究的方法运用到她的教育实验和教育活动中，主张实验者应该通过儿童自由选择的活动，得到关于儿童发展的自然表现。同时，蒙台梭利还受到德弗里的重要影响。德弗里提出有机体进化的“突变理论”及昆虫生长的“敏感期”理论，蒙台梭利认为儿童心理的发展与这一生物现象类似，也有各种敏感期，在发展过程中也经过不同的阶段，每个阶段都有某种心理的倾向性和可能性显示出来，过了特定的时期，其敏感性则会消失。这些生物学的研究都对蒙台梭利教育模式的形成提供了重要的依据。

2. 近代西方哲学与心理学

蒙台梭利课程模式的形成受到近代西方哲学与心理学的深刻影响，特别是柏格森的“生命哲学”、费希纳和冯特的实验心理学、麦独孤的目的心理学。

法国哲学家柏格森主张“生命哲学”，提出“生命的冲动”是唯一的实在，其向上的运动创造精神，也创造生命的形式。受此影响，蒙台梭利坚信遗传是第一位的，对儿童而言，生命力的表现就是自发冲动，并将对儿童自发冲动进行压抑还是引导，看成是区分教育优劣的分水岭。实验心理学的代表人物德国心理学家费希纳和冯特，主张教育学必须以心理学特别是实验心理学为基础，蒙台梭利在实验心理学的影响下，形成了自己的教育实验观，并进行了卓有成效的教育实验。她在教育实验中通过对儿童的观察和研究，确定了用以促进儿童发展的一整套训练教材和教具。英国心理学家麦独孤的目的心理学，主张控制人类行为的是本能的冲动，蒙台梭利受此影响，强调儿童来自先天的自发的能动性的重要作用。官能心理学认为人生来具有不同的心理官能，且可以分开进行训练，蒙台梭利吸收这一思想，开发感官教具，采用感觉隔离的方法，分别对儿童的视觉、听觉、触觉、嗅觉、味觉进行训练。在这些生物学家和心理学家的影响下，蒙台梭利非常重视并亲自实践了在自然条件下对人的观察与实验，蒙台梭利课程模式的形成就是她教育实验的总结。

3. 伊塔和赛贡关于特殊儿童教育的方法

伊塔和塞贡主要研究心理缺陷儿童问题，伊塔和塞贡的研究在蒙台梭利教育模式的形成过程中起了非常重要的作用。1800 年伊塔对一个早年被丢弃后在林中长大的“野孩”进行治疗，并发表了实验报告。塞贡在伊塔研究的基础上，进一步提出了“生理教育法”，主张对身体有残缺和智力落后的儿童进行感官训练，充分发挥他们的生理功能，以促进其个性和智力的发展。蒙台梭利吸收了伊塔和塞贡关于特殊儿童教育训练的观点和方法，运用到她的特殊儿童教育的实际工作中，并在此基础上，逐渐形成了适用于正常儿童的蒙台梭利教育模式。

4. 自然主义教育思想

卢梭、裴斯泰洛齐、福禄培尔等人的儿童本位及内发论思想对蒙台梭利教育模式的形成产生重要影响。卢梭主张教育应回到自然、适应自然，指出儿童在生长发展过程中，有其规律性、阶段性，教育的自然适应性即要求教育应遵循儿童发展的自然进程，考虑其年龄特征，适应其本性施教，并提出了"自然后果"原则作为儿童道德自我教育的途径。蒙台梭利则发展并延伸了卢梭的道德自我教育理论，主张在儿童自由的自我探索活动中，利用教具"控制错误"的特点，使儿童达到智慧的自我教育，从而为以后的个别化教学提供有价值的启发。裴斯泰洛齐主张让幼儿通过绘画从对形的掌握过渡到文字的书写，蒙台梭利借鉴了这一思想，提出让幼儿从勾勒几何图形入手，熟练掌握握笔姿势，进而学会书写，并取得了良好的效果。可以说，蒙台梭利关于自由教育的观点是在新的历史条件下，结合新的生理学和心理学研究成果，对自卢梭以来自然主义教育思想的进一步丰富和完善。

（三）蒙台梭利的儿童观和教育观

在达尔文生物学观点、柏格森的"生命哲学"、麦独孤的目的心理学以及卢梭的儿童内发论等教育思想的影响下，蒙台梭利逐渐形成自己独特的儿童观和教育观。

1. 蒙台梭利的儿童观

蒙台梭利认为，儿童的发展存在着具有内在联系的几个显著特点，即儿童具有内在的潜能，具有独特的"心理胚胎期"，具有吸收力的心理，儿童心理发展具有敏感期和阶段性。

（1）儿童具有内在的潜能

内在的潜能是指儿童自我成长、发展并形成独特心理的内在源泉的基本动力。蒙台梭利认为，儿童的生长源于内在的生命潜力发展，这种生命潜力是遗传决定的，按照生物学的规律发展起来的。儿童在先天的、内在自发的、能动性的作用下，具有一种天赋的内在潜力和生长发展的无限动力。因此，儿童是具有生命力的、主观能动的、发展变化的人，而不是成人和教师按照自己的意愿随意捏弄的蜡和泥。

（2）儿童具有独特的"心理胚胎期"

心理胚胎期是指儿童出生以后3年间，在吸取外界的信息刺激、积累材料、形成感受点的基础上产生心理活动，形成最初心理萌芽的时期。蒙台梭利认为，人类有两个"胚胎期"：一个是在母体内生长发育的过程，可称之为"生理胚胎期"；另一个则是人类特有的"心理胚胎期"，具体表现在从出生到3岁的婴幼儿阶段，这个时期是儿童心理的形成时期。心理胚胎期既区别于儿童在母腹中的生理胚胎期，又不同于成人的心理活动，是儿童通过无意识地吸收外界刺激而形成各种心理活动能力的时期。蒙台梭利认为心理胚胎期的发展经历着和生理胚胎期的发展同样的路线，开始也是一无所有，经过吸收各种各样的外界刺激，形成许多感受点和心理所需要的器官，然后才产生了心理。

（3）儿童具有吸收力的心理

吸收力的心理是指一种受潜在潜能驱动而产生的儿童所特有的无意识的记忆力、吸收环境并适应环境的能力，即通过与周围环境（人和事物）的密切接触和情感的联系，获得各种印象和文化，“利用他周围的一切塑造了自己”，从而形成心理、个性和一定的行为模式。蒙台梭利认为幼儿这种自然吸取和创造性的功能是成人所没有的，因此，她特别强调儿童的主动性，认为儿童的发展不是成人所强加的，也不是由遗传而来的，而是由儿童利用周围的环境所塑造的。

（4）儿童具有敏感期

敏感期是指儿童在成长过程中，在特定的时期因受到环境中的特定因素影响而对环境、秩序、感官、动作、社会规范等产生不可抑制的冲动的时期。蒙台梭利认为儿童在发展过程中对特殊的环境刺激有一定的敏感时期，这与儿童的发展密切相关，并和一定的年龄相适应，她强调“正是这种敏感性，使儿童以一种特有的强烈程度接触外部世界。在这时期，他们容易学会每样事情，对一切都充满了活力和激情”。

根据对儿童的观察与研究，蒙台梭利归纳出以下几种儿童心理现象的敏感期：一是语言敏感期（0—6 岁），3—6 岁的儿童能注意到新的语法形式，并且乐于学习和运用它们，5—6 岁的儿童已经掌握了简单的谈话要领，并做好了入学的准备；二是秩序敏感期（1.5—4 岁），秩序敏感期从 1 岁或 1.5 岁开始，持续到 4 岁，在 3 岁时表现得最为明显，儿童对事物的秩序有强烈的要求，喜欢把物体放在原来的位置；三是感官敏感期（0—6 岁），儿童从出生起，就会借着听觉、视觉、味觉、触觉等感官来熟悉环境、了解事物，3 岁前，儿童透过潜意识的“吸收力的心理”吸收周围事物，3—6 岁则更能具体地透过感官判断环境里的事物；四是对细微事物感兴趣的敏感期（1.5—4 岁），成人常会忽略周边环境中的细小事物，但是儿童却常能观察入微，儿童经常会对泥土里的小昆虫或成人衣服上的细小图案产生兴趣，这正是成人培养儿童仔细观察的好时机；五是动作敏感期（0—6 岁），动作的敏感期从初生到 6 岁，1.5—3 岁是儿童使用双手的敏感期，4 岁的儿童喜欢闭着眼睛靠手的触摸来辨认物体，并且试图做各种更加复杂的工作；六是社会规范敏感期（2.5—6 岁），2 岁半的儿童逐渐脱离以自我为中心，而对结交朋友、群体活动有了明确倾向，这一时期，成人应与儿童建立明确的生活规范和日常礼节，使其日后能遵守社会规范，拥有自律的生活；七是书写阅读敏感期（3.5—5.5 岁），儿童在语言、感官肢体等动作敏感期内得到了充足的发展与学习，其书写、阅读能力便会自然产生，此时，成人可多选择适合儿童年龄特点的读物，并布置一个充满书香的居家环境，给予儿童以环境上的熏陶，使儿童养成爱书写的好习惯；八是文化敏感期（6—9 岁），儿童对文化学习的兴趣萌芽于 3 岁，6-9 岁则出现探索事物的强烈要求，此时，成人可提供丰富的文化资讯，以本土文化为基础，将外来文化很好地和本土文化糅合起来，为儿童日后的发展奠定良好的文化基础。

蒙台梭利认为敏感期是自然赋予儿童的生命助力，它提供的是心理发展的必要条件。如果敏感期因儿童的内在需求受到妨碍而无法发展时，儿童就会丧失学习的最佳时期，日后若想再学习此项事物或能力，即便花费更多的努力和时间，成果也并不显著。因此，成人应该认真研究儿童，了解儿童的自然发展进程及规律，抓住教育的最佳时期，及时给儿童以引导、帮助和鼓励。

（5）儿童发展具有阶段性

与敏感期理论紧密联系，蒙台梭利认为儿童发展是有阶段性的，在发展中的每个阶段，儿童均有其特定的身心特点，而前一阶段的发展又为下一阶段奠定基础。蒙台梭利将儿童心理的发展分为三个阶段：第一阶段（0—6 岁），这是儿童个性形成最重要的时期，其中 3 岁之前形成各种功能，为胚胎期，儿童开始无意识地逐渐形成不同的心理与能力，3 岁之后发展各种功能，为个性形成期，儿童通过作用于环境的活动发展意识，以各种活动充实和完善已经形成的能力。第二阶段(6—12 岁)，这是儿童增长学识和艺术才能的阶段，这时期儿童已经能够有意识地学习。第三阶段(12—18 岁)，是青春期阶段，这是社交关系的敏感时期，这时期儿童能根据兴趣探索事物，有理想和爱国心，并产生了荣誉感。

2. 蒙台梭利的教育观

蒙台梭利关于教育目的、教育内容和教育方法的独到见解是她教育体系的重要组成部分，构成了蒙台梭利独特的教育观。

(1) 教育目的

蒙台梭利明确提出了教育具有双重目的:生物学目的和社会学目的。从生物学维度来看，她希望教育能帮助个体自然地发展;从社会学维度来看，教育的目的在于培养个体适应人类社会的环境，这种适应不仅是指个体被动地接受来自环境的刺激，更是指个体的能动性，强调身心和谐发展的个体对环境的主动创造性。

因此，蒙台梭利认为教育目的有两个方面:其一，培养儿童的健全人格。蒙台梭利认为儿童具有形成健全人格的内在潜力，但这只是发展的可能性，儿童发展的状况如何要依据他们所吸收环境的情况而定，所以教育者必须要树立培养健全人格的目标，为儿童创设“有准备的环境”，促进其人格的健全发展。也就是说，教育者头脑中应该把具有关于儿童发展的理想形象——具有健全人格的儿童作为教育所追求的目的。其二，建设理想的和平社会。蒙台梭利不仅仅是一位教育家，同时也是一位和平的追求者，由于她饱受战争的苦难，特别渴望社会和平，所以，希望培养儿童形成和平的思想，成为世界和平的建设者和维护者。从这个意义上说，通过培养具有健全人格的儿童创建理想和平的新社会是蒙台梭利所追求的教育最终目的。

蒙台梭利强调这两个目的既相互独立又相互依存，她把前者称为新人类的创造，是直接目的;把后者称为新社会的创建，是最终目的，教育的目的就是这两者的完美结合。蒙台梭利希望新教育能够培养出品质优异的新人类，通过教育建设理想的和平社会，进而创造一个美好的、没有战争的新世界。

(2) 教育内容

蒙台梭利课程的教育内容主要包括主题教育活动和区域教育活动。主题教育活动主要是指教师和幼儿一起在用红黄等色的标志线围成的圆圈中进行的团体教育活动。主题教育活动的内容丰富多彩，活动的方式和手段多种多样。区域教育活动可以理解为分组教育活动——不同的区域自然地将幼儿的活动分成不同的活动小组;也可以理解为个别教育活动——每个幼儿都可以自由地选择活动区域及区域中的活动材料。蒙台梭利强调区域教育活动遵循一个重要的原则，即将所有区域教育活动的内容都“物化”为符合幼儿特点的活动对象，让幼儿在“有准备的环境”中通过与环境相互作用获得心理的发展。

蒙台梭利的区域教育活动内容包括日常生活训练、感官教育、数学教育、语言教育、文化科学教育等方面。这只是蒙台梭利室内教育活动的主要方面，室外教育如大肌肉活动、幼儿园外的各种交往，以及在交往中学习和发展的活动等也都是蒙台梭利教育内容的重要组成部分。从某种意义上讲，任何可以促进儿童发展的内容都可以是蒙台梭利教育的内容，但前提是要被设计成儿童可操作的“工作材料”。

(3) 教育方法

蒙台梭利教育方法是以“有准备的环境”为核心，由有准备的环境、导师、教具三个要素组成。

① “有准备的环境”。蒙台梭利指出，现代人的生活环境是极其复杂的，儿童出生后要适应复杂的世界，需要成人的帮助。为此，必须在成人和儿童的世界之间建立一座“桥梁”，这座“桥梁”就是“有准备的环境”。有准备的环境不仅允许儿童独立地活动、自然地表现，使他们可以按自己的意愿生活，避免遭受挫折，而且还能丰富他们对生活的印象，增进儿童的智力、道德和社会性行为。有准备的环境具有以下特点：第一，生活环境有规律、有秩序；第二，气氛自由；第三，各种用具应该具有丰富的吸引力，是真实的、自然的；第四，符合儿童身心发展需要，蕴含丰富的教育内容；第五，兼具美感和安全性。

② 作为“导师”的教师。蒙台梭利认为教育不是教师自上而下地教授，而是教师协助儿童自下而上地自我发展。教师的作用在于通过积极的引导，促进儿童的自我发展。正是从这种教师观出发，蒙台梭利把“儿童之家”的教师称为“导师”，而不是“教师”。蒙台梭利强调儿童是活动的主体，教师的任务就是为儿童设计环境、示范教具，做好学习的准备。她对教师提出了更高的要求：第一，掌握教的艺术。教师是精明能干、反应敏锐、沉着冷静、有教育艺术才能的自觉指导者，她不但需要把握介入的时机，而且要保证指导的限度是有益于儿童依靠自己的力量成长的。第二，具有科学家的精神。教师应运用科学的方法，以严谨的态度对儿童的自由活动进行观察，并且以简洁、明了、客观的方法为儿童进行示范。

③ 作为教具的“工作材料”。蒙台梭利称教具为“工作材料”，这些工作材料不是教师教学的辅助材料，而是一种辅助儿童生长发展的媒介，是儿童自发工作的操作材料，具有充分的教育意义。蒙台梭利设计了一整套日常生活、感官、数学、语言、科学文化教具材料，儿童可以自由地在一堆吸引人的活动中做出选择并参与其中。这些教具的设计一般遵循着以下原则：一是孤立性原则，即一种工作材料只发展儿童某一方面的一种具体能力，把儿童学习的重点或难点孤立起来，以确保儿童某一方面的一种具体能力得到真正有效的发展；二是针对自我教育的自动控制错误原则，即儿童可以通过材料本身的提示来判断自己操作得正确与否，蒙台梭利相信儿童能凭借自我教育达到自然发展的目的；三是操作的顺序性原则，即每一种操作材料都有另一种操作材料作为其准备，且操作中遵循由简单到复杂，由具体到抽象的原则；四是内在驱动原则，即教具通过满足儿童的内在发展要求，使得儿童能在较长时间内将注意力投入到操作工作材料的活动中。

蒙台梭利认为“自由”是每个人与生俱来的基本人权，儿童学习的自由同样应得到尊重。“尊重”和“自由”是贯穿蒙台梭利课程实施全过程的重要理念。蒙台梭利教育实施过程中充分强调让儿童自己做，反对以教师为中心的填鸭式教学；把握儿童的敏感期，为儿童精心创设有准备的环境；教师扮演导师的角色，在整个活动过程中，教师不仅仅是示范者和观察者，更应该是儿童发展的积极支持者和指导者；实施混龄教育，打破班级和年龄的界限，让不同年龄的幼儿在教师的指导下共同游戏、共同学习、共同开展活动；提供丰富的教材与教具，引导儿童借助这些工作材料，从自我重复操作练习中建构完善的人格。

(四) 蒙台梭利课程的主要内容

为了激发儿童的内在生命潜力，把他们培养成具有健全人格的人，蒙台梭利精心设计了丰富的课程，这些课程主要包括日常生活训练、感官教育、语言教育、数学教育和科学文化教育。

1. 日常生活训练

实际生活教育是蒙台梭利课程中的一个重要组成部分,日常生活训练包括清洁、秩序、安静和会话活动。日常生活训练的目的是培养幼儿的日常生活自理能力,包括照顾自己、照顾环境、照顾动植物、基本生活礼仪等,以获得基本生活能力,培养儿童独立自主的个性,以及爱人、爱物、爱生命的态度。日常生活训练通过增强手指协调性的练习,为儿童的实际生活,如穿、脱衣服等做好准备。这类活动的教具包括一些木质框架,每个框架上绷上两块布或皮革,缝上一排排纽扣和扣眼,或者是带子,又或者是拉链等(见下图)。这些材料的使用有着精心设计的顺序,以促进儿童的动作有序发展。儿童在体验这些熟悉的生活练习后,可以使他们集中注意力,学会组织和安排任务,懂得协调自己以实现具体的目标,从而掌握实际生活所需要的基本知识和技能,为以后独立生活做准备。

用于系带、扣扣子、系皮带和拉链练习的衣饰架

2. 感官教育

蒙台梭利教育方法的感官教育主要包括视觉、听觉、嗅觉、味觉及触觉的训练,通过训练幼儿各种感官的敏锐度,刺激各种感官的发展,进而培养幼儿的观察、比较、判断能力与习惯。蒙台梭利认为感官教育是智力发展的基础,感官教育对儿童智力、知识和技能的发展具有重大促进作用,为了更好地训练儿童的感官,蒙台梭利精心设计了一系列感觉训练的教具材料(见下表)。蒙台梭利感官训练的教具,都是从简单到复杂来编排的,具有检验系统,可以帮助儿童进行自我教育,儿童通过操作具体的教具来获得感觉的发展。在教具的使用方面,教师要先示范,然后让儿童进行不同的尝试,并在儿童需要帮助时给予指导。

感官教育涉及的教具材料表

视觉教具

种类	名称	构成
大小	插座圆柱体组	共4组(A、B、C、D),每组由10个插座圆柱体组成,各组圆柱体的高度和直径都符合相应的等差变化
	粉红塔	由10个粉红色立方体构成,体积依次递减
	棕色梯	由长度相同、粗细依次递减的10个棕色长方体构成
	长棒	由粗细相同、长度依次递减的10根长棒构成
	彩色圆柱	共4组,颜色分别为蓝、红、黄、绿,置于同色的箱子中,结构和插座圆柱体相同
颜色	色板	共3盒(Ⅰ、Ⅱ、Ⅲ),包含红、黄、蓝、橙、绿、紫、粉红、棕、灰、黑、白以及明暗程度不同的色板
形状	几何图形嵌板橱	包括1个操作屉、6个同样大小的抽屉以及3种几何图形卡,内含多种平面几何图形(圆、三角形、四边形、多边形等)
	几何立体组	基本的几何学立体(球体、立方体、长方体、三角柱、圆锥、四角锥等)
	构成三角形	共5盒,由三角形的种类及三角形的组合所构成
	二项式	一个木盒内装有由8个几何学立体所组合成的立方体
	三项式	一个木盒内装有由27个几何立体所组合成的立方体

听觉教具

种类	名称	构成
听觉	音筒	两个木箱中分别装有6个红色和6个绿色盖的圆筒,圆筒内分别装有不同的内容物
	音感钟	金属质地的钟两组,其音域包括一个八度音的全音及半音

嗅觉和味觉教具

种类	名称	构成
嗅觉	嗅觉筒	共两组,每组6瓶,内容物可事先准备
味觉	味觉瓶	共两组,每组分别盛有甜、咸、酸、苦4种味道的4瓶溶液,每瓶附一支滴管

触觉教具

种类	名称	构成
肤觉	触觉板	两组粗糙、光滑程度不同的砂纸木板
	布盒	长方形盒两个：第一盒盛有颜色、花纹不限的 5 种不同质地的布料各两块；第二盒盛有 5 种与第一盒里一样质地的布料，但颜色全是白色
压觉	重量板	将木箱分成 3 等份，分别放入质料不同、尺寸相同的木块各 10 块，共 30 块
温觉	温觉板	大理石、钢板、木板、毛毡各一对置于一个木盒里
	温觉瓶	一个有 10 个格子的木盒，装有 10 个有编号、布套的金属瓶，每 2 个瓶内盛有相同温度的水，共 5 种温度

3．语言教育

蒙台梭利重视儿童的语言教育，并将语言教育分为简单的书写活动和口头语言训练。

蒙台梭利专门为儿童学习书写设计了一套教具（见下图），让儿童用彩色铅笔勾勒几何图形的外部和内部，使儿童逐渐掌握运笔动作；用手指配合着书写所需要的动作描砂质字母板，当儿童描不同的字母时，导师应给予正确的发音；同时，利用可移动的字母进行拼字练习。蒙台梭利教育方案把书写的练习视为是感官教育的延伸，通过以上练习，使儿童为他以后正式书写打好基础。

儿童学习书写的教具（上图为铁质几何图形嵌板，下左图为砂质字母板，下右图为活动字母箱）

蒙台梭利认为儿童“迅猛进入书写阶段”，书写应先于口语训练。口头语言训练包括阅读和交谈两种形式。阅读用到的教具包括书写清晰的单词卡片和儿童熟悉的短语纸片，儿童通过把书写的单词和单词指代的实物进行配对，理解单词的真实意义，并说出这个单词。为了让儿童能认识更多的词汇，蒙台梭利还提出了一种三段式教学法，包括命名、辨别、发音三个阶段的学习。如在学习当物体仅是截面上有变化而长度没有变化，那么它们就有厚薄之分时：

第一阶段：命名。告诉儿童“这是厚的”“这是薄的”。

第二阶段：识别。对儿童说“给我那个厚的”“给我那个薄的”。

第三阶段：发音。问儿童“这个是什么样的？”

这就是三段式语言教学的过程。这种教学法能够激发儿童的兴趣，加深记忆，提高学习的效果。

4. 数学教育

蒙台梭利把阅读、书写和算术看成是儿童学习初步知识的一个整体，因此，儿童在读、写的基础上必须进行数学教育，儿童的数学教育包括计数和计算两方面，主要是帮助儿童获得数的概念以及培养儿童的逻辑推理运算能力。为此，蒙台梭利为数学教育设计了相应的教具，在教师的正确示范下，通过儿童自己操作这些教具，实现儿童数学能力的发展。例如，为了使儿童理解1—10的数字与数量，可运用的教具包括数棒（以依次递增的长度来教导1—10的量）、砂质数字板（用手指来描绘，通过触觉、视觉学习数字的名称及笔顺）、纺锤棒和纺锤棒箱（对应数棒的连续量，通过取棒的数量来了解数量）等（见下图）。

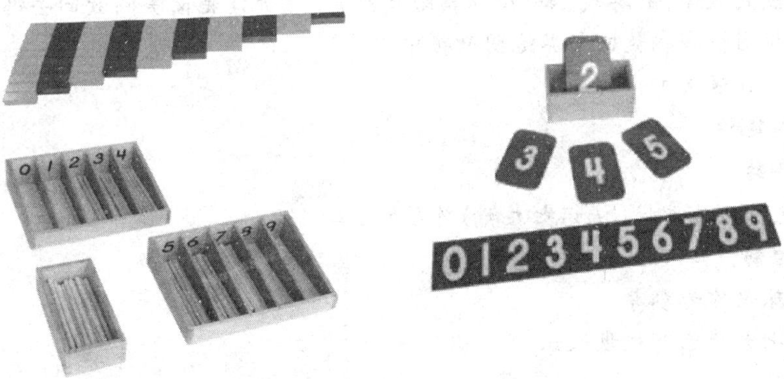

数学教具（左上图为数棒，左下图为纺锤棒箱，右图为砂质数字板）

蒙台梭利还充分利用日常生活中的事件来发展儿童的计算能力。例如，用数钱的方式来发展儿童的计数能力，数钱活动与日常生活紧密相连，它能够充分吸引儿童的兴趣，从而能够有效地促进儿童计数能力的发展。

5. 科学文化教育

科学文化教育包括简单的地理、历史、动物、植物、艺术等多个方面，内容广泛。蒙台梭利认为3岁到6岁是儿童能够轻易获取文化并自然成熟的时期，为了充分利用这一时期，蒙台梭利设计了多种教育内容，包括活动时钟、生命线、考古游戏、挖宝藏、动植物嵌板、世界地图嵌板等。学习文化科学知识能引导儿童了解本民族的文化，了解生活中与自己息息相关的因素，丰富精神和发展智慧。

知识链接

活动名称:世界地图嵌板(第一课)

教具构成

1. 陆地地球仪,世界地图嵌板。
2. 工作毯。

教育目的

1. 各大洲名称的练习。
2. 各大洲位置的练习。

操作方法

1. 取来工作放在工作毯上。
2. 将地球仪放在世界地图嵌板的上方。
3. 用右手指指出地球仪上的大洲版块。
4. 在嵌板中寻找与之对应的部分。
5. 左手取出拼图板,右手双指(食指和中指)触摸,将拼图板放在工作毯上。
6. 同样方法操作其他六大洲的拼图板。
7. 三段式教学,做游戏,如"请你指给我亚洲。""你能把南美洲放回去吗?"
8. 将拼图板一一放回世界地图嵌板中。
9. 将工作送回工作架。

变化与延伸

适用年龄

有彩色陆地地球仪(认识七大洲)练习的经验。

错误控制

1. 地球仪作为参考。
2. 对七大洲已有初步认识。

兴趣点

1. 精美的用具。
2. 工作本身。

(五)评价与启示

100多年来,蒙台梭利教育模式已经在世界各地不同的文化背景中加以运用。蒙台梭利教育模式的优势主要体现在,强调个别化的教育,并借助于新颖的教学方法和丰富的教具使个别化教育的实施成为行之有效的手段;强调儿童主动学习和自我纠正,促使儿童身心的内在潜能得到充分发展;强调创设一个丰富的环境,让儿童通过操作环境中的材料而吸收其中的概念和原理。

蒙台梭利教育模式作为一种产生于19世纪末20世纪初的教育模式,必然有它历史和文化的局限性,对蒙台梭利教育模式的赞扬声和批评声一直同时存在。对于蒙台梭利教育模式的批评主要表现在,孤立的感官训练;儿童在认识事物时往往是把事物作为一个整体来反映,孤立的感官训练脱离了儿童的生活实际;训练方法的机械化和形式化,要求儿童按照固定的程序和方式反复练习，不利于儿童想象力和创造力的发展；忽视儿童的情感陶冶和社会化等。

当前，各国的幼教工作者都对蒙台梭利教育做了本土化的研究与实践工作，使其具有更强的生命力和更广的适应性。蒙台梭利的教育模式给我们提供了很多启示和借鉴。蒙台梭利强调成人和儿童不是命令的下达者和执行者的关系，成人应以尊重和爱作为与儿童进行沟通的前提，使儿童在自发性的活动中学会自我控制和辨别是非，学会照顾他人和照顾环境。蒙台梭利教育对儿童充分的尊重和热爱，体现在其教育工程中对自由—工作—纪律关系的独特理解与处理，这也促使我们思考儿童与自由、工作、纪律的关系。蒙台梭利重视“有准备的环境”对儿童发展具有重要的作用，“有准备的环境”包括物质环境和人文环境，教师需要了解儿童当前的发展水平，并根据他们的兴趣和需要，创设“有准备的环境”。幼儿园环境是促进儿童发展的潜在课程，蒙台梭利教育对环境的重视与运用，对我国幼儿园环境创设具有重要的启示作用。在蒙台梭利教育中，将教师定义为幼儿成长的指导者、幼儿权利实现的保障者、活动的观察者、规律的研究者以及环境的创设者，蒙台梭利教育方案中关于教师角色的论述为我们提供了新的视角。在教育实施中倡导混龄教育，认为混龄教育对于促进儿童个性和社会性的协调发展具有独特的价值。针对我国独生子女教育中儿童普遍缺乏兄弟姐妹的情况，如何培养儿童适应集体生活，学习尊重和理解他人，蒙台梭利教育也给了我们很多启发。

二、高瞻课程模式

高瞻课程又称海伊斯科普课程，是20世纪60年代美国密歇根州伊帕什蒂公立学校特殊教育主任戴维·韦卡特和他的同事们根据儿童自然发展的教育规律以及在海伊斯科普佩里幼儿学校方案的基础上提出的一种开放式的学前教育课程方案。高瞻课程模式根据皮亚杰的儿童发展理论，将儿童看作是主动的学习者，并且“追求提供广泛的、真实的教育经验给儿童。其中的课程适合于儿童当前的发展阶段，以此来促进学习的自发发生与认知结构发展，并且拓展儿童不断出现的智力和社会技能”。高瞻课程是美国密歇根州海伊斯科普佩里学校学前教育科研项目的一部分，是美国“开端计划”中第一批通过帮助处境不利的学龄儿童摆脱贫困的学前教育方案，也是与拉瓦特里的早期儿童课程模式、德弗里斯—凯米的皮亚杰式早期教育方案课程模式齐名的三种认知中心课程模式之一。70年代以后，高瞻课程也被广泛运用于所有经济背景和所有能力水平的儿童，取得了巨大的成功。90年代以后，高瞻课程已经运用到世界许多国家，成为当代主要的学前课程模式之一。

（一）产生背景

20世纪50年代末期，当时任伊帕什蒂公立学校特殊教育主任的戴维·韦卡特注意到来自低收入家庭的学生在学校经常出现学业不及格、留级的现象，他们被安排接受特殊教育，甚至退学。他开始探究导致这一现象的根本原因，最终发现这些学生之所以出现学业失败，是因为他们在小学的时候没有为未来的学习奠定好基础，没有做好入学准备。鉴于此，戴维·韦卡特成立了一个特别委员会，试图在学前阶段寻找较好的教育方法，以此来帮助低收入家庭的学生在正式进入学校后能取得好的成就。经过心理学家、教师以及教育行政官员的努力，1962年，戴维·韦卡特在美国密歇根州政府的经费支持下，成立了密歇根州政府第一个政府赞助的学前教育方案。1963年，课程开发人员开始接触皮亚杰的理论，并根据皮亚杰的认知发展理论来设计课程，即后来的高瞻认知发展课程。70 年代初，高瞻认知发展课程在根据一整套关键经验来组织学校课程方面取得了重要突破，这套关键经验主要来源于皮亚杰的发展理论和参与课程开发的学者们的儿童教育经验。

高瞻课程教育研究基金会的研究者在 1971 年出版第一本详细介绍高瞻课程的著作《认知中心课程》，这标志着高瞻课程模式的初步形成。1979 年高瞻课程教育研究基金会出版《活动中的儿童》一书，该书奠定了高瞻课程模式的基本框架，高瞻课程有了很大的发展，这主要体现在目标与服务对象的变化上。一方面，从目标来看，从强调儿童的认知与智力转变为强调儿童的主动学习和知识建构，并注重儿童的社会性和情感发展；另一方面，从服务对象来看，从只为处境不利的特殊儿童服务转变为面向所有儿童。高瞻课程越来越重视儿童的主动性与主体性。1979 年以后，高瞻课程教育研究基金会出版了一系列有关该课程的著作，其中以《教育儿童》最为著名，进一步地将主动学习提升为整个课程发展的核心。

随着高瞻课程的发展，高瞻课程教育研究基金会也将艺术、音乐运动、计算机以及帮助儿童适应新的周围环境和人际关系等均纳入课程。20 世纪 70 年代后期，美国联邦政府允许高瞻课程教育研究基金会发展其课程以适应来自西班牙家庭的儿童，高瞻课程也在世界其他国家申请课程教授权。至 1998 年，高瞻课程中心在英国、墨西哥、新加坡等国家被特许开办，训练中心在加拿大、芬兰、南非以及我国台湾地区也得到了发展。多年来高瞻课程凭借其系统、有组织地服务儿童，从众多的儿童教育方案中脱颖而出，并在全世界范围内得以推广和运用。

（二）理论基础

高瞻课程主要以皮亚杰的认知发展理论为基础，皮亚杰的理论为这个专门用来改善处境不利儿童学业困难的课程提供了一个连贯的、认知取向的框架。

皮亚杰的“相互作用论”和“建构论”对高瞻课程产生了重要的影响。皮亚杰的相互作用论认为，知识不是外界客体的简单摹本，也不是主体内部预先形成的结构的展开，而是由主体与外部世界不断相互作用的结果。建构论认为，认识是一种不断的、主动积极的建构活动，发展不是由内部成熟或者外部教学支配的，而是一个积极建构的过程。儿童是学习的主体，儿童的知识的获得是儿童与环境中的事物相互作用的结果，是儿童积极参与活动、不断建构认知结构的过程。因此，高瞻课程强调儿童的主体性和主动性。

皮亚杰对儿童思维和行为逻辑方面的研究也是高瞻课程组织实施的主要理论依据。皮亚杰认为儿童在没有正式受教育的情况下也能理解逻辑原理，但这种理解不是与生俱来的，它是儿童在许多具体行动和经验中建构起来的。儿童的逻辑能力是根据预定的顺序发展的，成人的干预并不能有效地促进这种发展的过程。儿童通过主动的、自发的活动来学习概念，“主动学习”作为其最主要的学习原则。因此，高瞻课程将“主动学习”作为整个课程发展的核心。只有把学习看成是一种儿童自发的身体活动和思维活动，强调儿童对周围的人、事物、思想的主动体验过程，儿童才能够运用有意义的经验建构自己的知识，取得最佳的学习效果。

（三）主要内容

高瞻课程模式是以帮助儿童主动学习为基本价值取向，以系列关键经验为主要学习内容，以计划、行动和反思为基本教学组织形式的颇具特色的幼儿园课程模式。高瞻课程模式强调儿童主动学习的能力,以培养儿童对自然和社会具有高度热情和广泛兴趣为目的。高瞻课程模式体现着促进儿童主动学习,让儿童成为一个主动的学习者这一理念。

1. 教育目标

高瞻课程的发展主要经历了三个阶段,不同的发展阶段,高瞻课程的教育目标也有所不同。高瞻课程的第一阶段(1963—1971 年),高瞻课程的教育目标是让儿童为入学做好知识和技能方面的准备,课程开展主要是以传统的教学内容和方法为主。高瞻课程发展的第二个阶段(1972—1979 年),这时候开始使用皮亚杰理论组织课程内容,将以前强调儿童学业技能的训练,转变为根据每个儿童的发展水平来促进其发展,高瞻课程的教育目标强调儿童的主体性和主动性。高瞻课程发展的第三阶段(1980 年至今),高瞻课程更强调学习过程中儿童的主体性和主动性,将"主动学习"从第二阶段的主要学习经验之一提升为整个课程发展的核心,高瞻课程的教育目标强调以儿童的主动学习为中心,促进儿童的认知、情感、社会性的协调发展,培养主动的学习者。主动学习不仅是一个教学策略,而且是目标本身,这真正体现了皮亚杰提出的儿童作为知识建构者的观点。

2. 教育内容

高瞻课程的教育内容主要围绕儿童认知发展应该获得的 58 条关键发展性指标(之前也称作关键经验)展开,教师在幼儿园一日的各种活动中为儿童创设环境、提供条件,使儿童逐步获得这些关键经验,来帮助儿童达到入学准备所需的知识能力储备和心理品质。这 58 条关键发展性指标,包含了学前儿童在不同领域所应具备的知识和能力。具体而言,其主要内容包括 10 类:创造性的表征、语言和文字、主动性和社会性、运动、音乐、分类、序列、数、空间、时间。

关键发展性指标既是儿童学习活动的主要内容,同时也是教师及保育人员用以了解儿童发展水平、衡量儿童是否做好入学准备及与家长讨论儿童进展的参考标准。关键发展性指标中的"关键"是指这些经验是儿童这一年龄段应该学习和掌握的,是对儿童现实生活及未来发展而言有意义的。关键发展性指标中的"发展"传达了儿童发展的顺序性和渐进性。关键发展性指标中的"指标"是成人衡量儿童是否为接受小学教育做好知识、技能、情感准备的参考标准,也是衡量一个早教机构实施高瞻课程有效性的评估依据。教师以这 58 个关键发展性指标作为指导,制定教育方案,为儿童创造活动的机会和条件。教师有意识地将关键发展性指标物化为各个活动区的活动材料,并设计相关的活动情境,让儿童在各个活动区充分地与材料、环境、他人进行互动,以获得学习和发展。

知识链接

高瞻课程 58 条关键发展性指标

A. 主动学习

1. 模仿性:当儿童探索他们的世界时就会显示出创造性。
2. 计划:儿童做计划并且跟随他们自己的意愿。
3. 渴望:儿童关注他们感兴趣的活动。
4. 问题解决:儿童在游戏中解决突然遇到的问题。
5. 资源利用:儿童收集信息并构建关于他们世界的想法。

6. 回应：儿童对自己的体验做出反应。

B. 社会性和情感性的发展

7. 自我评价：儿童有一个积极的自我评价。

8. 能力意识：儿童感觉到自己是有能力的。

9. 情感：儿童认识、标记和控制自己的感受。

10. 同情心：儿童显示出对他人的同情心。

11. 团体：儿童参与到班级团体中。

12. 建立关系：儿童和其他儿童及成人建立关系。

13. 合作游戏：儿童渴望合作游戏。

14. 道德发展：儿童形成内部的对错感。

15. 解决冲突：儿童解决社会性战争。

C. 身体发展和健康

16. 大肌肉动作：儿童使用大肌肉时会显示出力量、灵活性、平衡感和节奏感。

17. 精细动作技能：儿童使用小肌肉时显示出灵活性和手眼协调。

18. 身体意识：儿童了解他们的身体和怎样使他们在空间飞跃。

19. 个人照顾：儿童进行自己常规的个人照顾。

20. 健康行为：儿童参加健康实践。

D. 语言、读写和交流

21. 理解：儿童理解语言。

22. 读：儿童用自己的语言表达自己。

23. 词汇：儿童理解和运用各种各样的词汇和短语。

24. 语言意识：儿童在口语中辨别清晰的语言。

25. 字母的知识：儿童分辨字母和它们的读音。

26. 读：儿童为了乐趣和信息阅读。

27. 印刷的概念：儿童呈现关于印刷环境的知识。

28. 书籍知识：儿童呈现关于书籍的知识。

29. 写：儿童为了不同目的进行的书写。

30. 单语和双语的获得：（如果想获得）儿童使用英语和母语（包括手势语言）。

E. 数学

31. 数字和标志：儿童认识和使用数字和标志。

32. 数数：儿童数东西。

33. 部分和整体的关系：儿童结合和分开大量物体。

34. 形状：儿童分辨、命名和描述形状。

35. 空间意识：在人和物体之间儿童能认出空间关系。

36. 测量：儿童通过测量来描述、比较和排序物体。

37. 单位：儿童理解和使用单位的概念。

38. 模式：儿童分辨、描述、模仿、完成和创造模型。

39. 数据分析：儿童运用数量信息来得出结论、做出决定和解决问题。

F. 创造性艺术

40. 艺术：儿童通过二维和三维艺术来表达和展示他们的观察、思考、想象和感觉。

41. 音乐：儿童通过音乐来表达和展示他们的观察、思考、想象和感觉。

42. 运动：儿童通过运动来表达和展示他们的观察、思考、想象和感觉。

43. 角色扮演：儿童通过角色扮演来表达和展示他们的观察、思考、想象和感觉。

44. 欣赏艺术：儿童欣赏创造性的艺术。

G. 科学技术

45. 观察：儿童在他们的环境里观察材料和过程。

46. 分类：儿童将材料、动作、人物和事件分类。

47. 实验：儿童通过实验来验证他们的想法。

48. 预想：儿童预想将要发生的事情。

49. 得出结论：儿童基于他们的体验和观察来得出结论。

50. 交流想法：儿童交流事物的特点和怎样工作的想法。

51. 自然和物质的世界：儿童收集关于自然和物质世界的知识。

52. 工具和技巧：儿童探索和使用工具和技巧。

H. 社会学习

53 多样性：儿童理解人们有多样的性格、兴趣和能力。

54. 团体角色：儿童意识到人们在团体中有不同的角色和作用。

55. 做出决定：儿童参与班级决定。

56. 地理：儿童能识别出自己在环境中的位置。

57. 历史：儿童理解过去、现在和未来。

58. 生态：儿童了解保护环境的重要性。

3. 教学方法

高瞻课程的教学方法主要体现在学习环境、一日活动和成人支持三个方面。

（1）学习环境

高瞻课程通过提供能够支持儿童主动学习的环境，以促使儿童积极主动地开展学习活动和建构知识。学习环境主要考虑空间组织、学习中心区和活动区、材料的提供三个方面。第一，空间的组织。空间的设计要具有吸引力，色彩、光线、舒适感等因素都要考虑。第二，学习中心区和活动区。教师划分学习中心区和活动区要考虑儿童的兴趣，注意增加儿童积极参加排列顺序、数字、时间关系、分类、空间关系与语言发展的机会，以及对必要的技能与概念学习和运用的机会。第三，材料的提供。材料的提供要能让儿童便于取放和自由操作，材料的数量要充足，种类要多样，材料要能够和儿童的实际生活相结合。儿童在自由操作、探索材料的过程中，借助动作不断通过同化、顺应等形式进行着主体的建构。

（2）一日活动

高瞻课程通过一日活动引导儿童主动学习，并通过儿童的一日活动向教师提供了解儿童学习水平的机会。高瞻课程有相对固定的一日常规，通常包括晨间问候时间、“计划—工作—回顾”时间、集体活动时间、小组活动时间及户外活动时间，还有一些活动转换时间。高瞻课程的一日活动分为四个时段：

第一,"计划—工作—回顾"时间。"计划—工作—回顾"时间是高瞻课程活动组织形式的基础,在一日常规时间中占的比重最大。在计划阶段,儿童思考每天想做的事情,并与教师讨论,教师给予反馈,其目的是鼓励儿童明确自己的兴趣所在,并按自己的兴趣进行活动,同时也培养儿童组织自己的想法和行为的能力。在工作阶段,儿童根据计划开始独立工作或与他人合作,直到他完成既定目标或放弃计划为止,其目的是给儿童机会去执行自己的计划和想法,并学习在挑战和困难中坚持。工作时间一般为45~55分钟,之后儿童打扫工作场所,并将未完成的工作收到橱柜内,工具材料放回原处,进行下一阶段的活动。在回顾阶段,儿童聚集在一起回忆他们当天的工作,其目的是使儿童学会反思自己的经验,能用语言解释自己的行为,并学会思考自己的行为与结果或后果的关系。

第二,小组活动时间。小组活动时间是高瞻课程一日活动中另一个主要的时间段,小组活动是由成人计划和开展的活动。在这个时段,成人带领5~10名儿童一起完成教师预先计划好的活动。成人观察儿童的行为,了解儿童的兴趣点及儿童的发展水平,为儿童提供活动材料,丰富儿童活动的内容,以帮助儿童获得对其发展有益的关键经验。

第三,集体活动时间。这个时间段是成人和全班儿童一起活动的时间段,一般是一起唱歌、跳舞、讲故事、玩游戏、讲述生活经验等,其目的是让成人与儿童拥有共同活动、分享和体验的机会,为儿童提供参与群体生活的关键经验,培养他们的集体归属感。

第四,户外活动时间。每天安排1~2次户外活动,每次30~40分钟,其目的是让儿童有机会做大肌肉活动,有机会与同伴玩耍。

此外,还有两个过渡时段:即活动与活动之间的转换时间和点心、午餐与休息时间。

高瞻课程半日活动安排如下:

8:30—8:45　入园、问候时间
8:45—8:55　计划时间
8:55—9:55　工作时间
9:55—10:10　整理时间
10:10—10:20　回顾时间
10:20—10:35　间食时间
10:35—10:45　集体活动时间
10:45—11:00　小组活动时间
11:00—11:30　户外活动时间

知识链接

"我准备画一座房子"

1. 计划时间(10~15分钟)。当儿童进行计划"我准备画一座房子"这一想法时,基于他们的年龄和交流能力,他们通常使用行动(拿起画笔)、手势(指向绘画区)或是语言来表达他们的计划。为了进行计划,儿童必须能够在脑海中勾勒一幅不存在的或者还未发生的事情的图像。计划比选择更具目的性和意向性,因为计划包含儿童关于想做什么以及他们将怎样做的具体思考。虽然高瞻课程强调儿童活动的计划性,但是具体活动的开展并不拘泥于原先的计划。教师不会因为儿童计划的改变而批评他,相反教师会尊重儿童的选择，并帮助他们开展新的计划。最初的时候，儿童计划比较简单，但是随着儿童经验的丰富以及能力的提高，儿童的活动计划会变得愈加详细复杂。在计划的活动中，儿童意识到自己要对自己的行动负责，逐渐培养了独立性、责任感。

2. 工作时间(45～60 分钟)。计划完成后，儿童就可以执行他们的计划，在不同的兴趣区内从事自己计划的活动，然后一步一步去完成自己的房子的绘画。在工作的时间，儿童将自己看作“行动者”，将想法付诸实践以期达到预期目标。工作时间为儿童提供了较多的学习机会，而教师也要给予儿童一定的支持。为了确保工作时间能够令儿童满意并且具有良好的教育效果，教师可以采取以下支持策略：根据儿童的兴趣提供工作场所和所需材料；提供儿童需要的安慰和接触，认可儿童的行动和成绩；参与到儿童的游戏中；与儿童交谈；鼓励儿童解决问题；观察并记录儿童在做什么；在工作时间后要安排清理时间等。

3. 回顾时间(10～15 分钟)。短暂的清理时间使教室的不同活动区得以整理。在清理时间，儿童需要将用来绘画的材料放入指定的地点，并收拾干净操作区。进而进入回顾时间，在回顾时间内，就像儿童在一起做计划一样，教师要创设一个平静、舒适的环境。儿童与同组的成员在同一场所回顾今天所从事的绘画活动及自己所做的事情，教师鼓励儿童反思自己在活动中遇到什么问题、学到哪些知识等。

在回顾的时间，教师可以为儿童提供材料和体验以维持儿童的兴趣。例如，教师巡视儿童工作的区域，让他们每个人把自己的绘画作品带到回顾的桌旁，或者教师在儿童工作时抓拍几张照片激发儿童的讨论。儿童在回顾自己的工作时，与同伴分享自己的体验，这一过程促进了语言和思维的发展。如果儿童采取绘画或者书写的方式进行回顾，也是允许和鼓励的。

(3) 成人支持

在高瞻课程中，教师的作用是支持儿童的主动学习。具体而言，教师的作用主要是为儿童主动学习提供适宜的材料和情境，制订计划，与儿童一起对活动进行回顾，与每一个儿童进行交流，并认真仔细地观察每一个儿童，引导小组与集体开展积极的学习活动，以此来支持儿童的主动学习。由于高瞻课程强调家庭的参与、家庭和幼教机构的合作，因此，在教学时教室里除了教师外，也常有家长或志愿者参加，这些成人也是儿童主动学习的支持者。

4. 评价系统

高瞻课程重视对儿童发展的评估，认为它是课程的起点。高瞻课程具有较完善的评价系统，主要包括儿童发展评估和项目评估两方面。高瞻课程采用的评价具体方法是对儿童持续系统地观察，坚持为儿童做轶事记录，然后根据轶事记录为儿童打分，对评估很重要的一点是要能开发出一个可以精确地收集每位儿童轶事记录的系统以为评估提供依据。高瞻课程在多年研究的基础上编制了评估儿童的工具，如《儿童观察记录量表》，评估儿童在各个内容领域的学习。评估者也可以利用其他记录儿童学习发展的形式来完成评估量表的填写，例如图片、音频、视频等形式。这样，教师可以更清楚地了解儿童的发展水平，更好地与家长沟通，更有针对性地进行个别教育，从而更好地促进儿童的发展。

高瞻课程还编制了《项目质量评估量表》，用以评估教师和机构是否正在开展最有效的课程实践，评估内容包括课堂教学和课程实施的每个领域，以确定好的地方以及应改进的地方。高瞻课程要求每一个教学团队都需要设计出一个适合自己使用的计划和评估的运作系统。

此外，针对具体学习领域的评估工具也正在研发当中。高瞻课程主要通过情境性评估来评价儿童发展，以了解、分析儿童的发展水平，并以此为依据指导下一步的工作。

（四）评价与启示

高瞻课程是目前具有广泛影响的学前教育模式之一。长期以来，高瞻课程一直以高质量著称，该课程花费低廉，不要求使用特殊的材料，适合所有经济背景的儿童，有利于课程的推广，使更多的儿童受益。同时高瞻课程有着系统的组织形式，具有可操作性，有利于教师活动的开展。课程以儿童的兴趣和社会特征为基础，在充分尊重儿童自主性的理念指引下，促进儿童情感、认知、社会性的发展，是学前教育方案中比较成熟的一个模式。

高瞻课程作为世界著名的学前教育课程模式之一，为我国幼儿园课程的设置、组织与实施提供了有益的经验。高瞻课程以结构化了的"关键经验"作为建构课程的框架，使得教师真正把注意力指向儿童，指向儿童的活动课程；通过环境进行教育，重视环境的创设布置和材料的提供；强调儿童主动学习的同时，突出教师的指导作用，这既保证了儿童的主动学习，又平衡了他们的学习经验，有利于促进儿童全面、均衡的发展；重视语言在儿童思维活动中的作用，在一日活动中，充分发挥了语言对思维和行动的调节、控制、反思作用，促进了幼儿行动的目的性、计划性和元认知的发展；有较强的操作性，课程的每个部分既有指导性，又有具体应对的策略，并列举了大量的实例。高瞻课程以主动学习作为指导理念，看到了儿童主动学习的巨大的潜力，充分尊重儿童的权利，教师与儿童的关系是平等的，这种理念不仅仅体现在教学目标的制定、课程内容的安排、教学活动的实施、教学方法的选择以及儿童发展的评价上，还会渗透到日常的生活之中。

三、方案教学

"方案教学"也称"项目课程"，"方案教学"是一个译名，方案一词还可以译为"设计""项目""计划"等。方案教学是以某一主题为核心向四周扩散编制主题网络，制作主题网络程序，然后根据儿童的兴趣、需要，让儿童对主题网络中的不同小子题进行探索、研究的教学活动。

（一）产生背景

在杜威的进步主义教育思想的影响下，美国教育家克伯屈于1918年发表了《方案教学法》（我国多译为《设计教学法》）一文，倡导这种教学模式，使当时许多学校都争相采用这种教学法。从20世纪20年代起，伦敦大学学者艾沙克斯已主张运用方案教学法实施教学，六七十年代在英国幼儿学校中方案教学曾被广泛运用，英国著名的《普洛登报告》提及的英国幼儿学校教学的核心部分就是方案教学。70年代，美国的开放教育也是以方案教学为其主要特征的。1989年，美国著名的儿童教育家凯茨与查德合写了一本题为《探索儿童心灵世界》的书，倡导方案教学，对方案教学所具有的价值的兴趣被重新唤起。近年来，引起全世界学前教育界广泛关注的意大利瑞吉欧教育体系，方案教学也是其主要的特色。

（二）理论基础

1. 杜威的儿童中心论

方案教学理论的建构与20世纪初进步主义教育运动和科学化的儿童研究有关，蕴含了一系列颇具价值的现代教育理念，其中杜威的儿童中心论对其产生重要的影响。方案教学强调儿童要主动参与他们的研究方案，让他们通过自身的经验认识外部世界，鼓励儿童提出问题、解决问题，并积极地与环境发生交互作用。方案教学的提出，是针对学校教育中的以教师教材为中心、课程流于形式主义、偏重分科教学等现象，主张以各种研究“方案”，让儿童取得第一手资料，鼓励儿童在研究方案过程中采取“行动”去解决各种“问题”。这里方案是指儿童的方案，是儿童的问题，是儿童的研究。

2. 皮亚杰的发生认识论

皮亚杰的发生认识论也为方案教学提供了重要的理论依据。皮亚杰认为知识既非来源于主体，也非来源于客体，而是来源于主客体的相互作用，主客体相互作用的过程即活动的过程。在方案活动中，教师要鼓励儿童去与环境中的人、事、物发生有意义的互动，儿童正是在互动的过程中产生认识上的不平衡，从而不断推动方案活动的进一步发展。

（三）主要内容

1. 教育目标

方案教学主要有三个目标：其一，丰富、挑战儿童的心灵生活。这里的心灵，不仅指知识技能，还包括情感、道德等，让儿童通过自身的经验认识外部世界，鼓励儿童提出问题、解决问题并积极地与环境发生交互作用。其二，平衡课程活动。方案具有一贯性和连续性，可以补充、增强儿童从游戏和其他活动中所获得的经验。其三，使儿童从学科的界限中解放出来。“方案教学的另一个目的是让成人与孩子都视学校为生活，让孩子的学校经验是真实的日常生活体验，而不是与现实抽离的经验。”此外，方案教学还能产生教室社区化与教育机构生活化的效果，使教师视教学为挑战，从而提高教学效果。

2. 组织与实施

方案教学的组织和实施过程没有固定的模式，一切应根据时间、地点和条件而灵活地确定活动的操作步骤。一般而言，方案教学主要包括三个步骤：

（1）方案活动的起始阶段

① 方案主题的选择。方案教学的主题来源广泛，教师可以根据幼儿园计划，安排设计适合班级的主题，也可以参考课程指导手册而选择相关的主题，可以通过观察儿童的兴趣和需要而确定主题，还可以通过与儿童一起协商和讨论而产生主题。方案教学主题的选择具有一定的随机性和偶发性。凯茨和查德在《探索儿童心灵世界》一书中，认为儿童方案的主题包含儿童的日常生活、当地社区、当地大事、地理、时令、自然、抽象概念、普通常识等几大类。方案教学选择的主题应与儿童的生活相贴近，能引起儿童的兴趣并能为儿童的未来生活做准备，能有益于平衡幼儿园的课程并能充分运用幼儿园和社区的资源。

② 方案主题网络的编制。方案主题网络是由许多与主题相关的下位主题编织而成的，教师可以使用他人设计的主题网络，也可以凭借自己的教学经验编制主题网络。在《探索儿童心灵世界》一书中，凯茨和查德以“医院”主题为例详尽介绍了编制主题网络的操作方法：首先，将与医院有关的东西写在小纸条上，如医生、护士、病床、病房、绷带、针筒等；然后，将同类纸条分成一组做每组标题，各组纸条用不同颜色区别开来；最后，在纸张的中央写上主题，在主题周围画上辐射状的短线，将短线与各组标题相连接。此外，根据儿童的兴趣，可以将主题网络内的任一子题生成新的主题网络，如“医院”主题网络中，救护车可以被拉近成新的主题网络，分出喇叭、车轮、指示灯、紧急救护设备等，这种技巧被凯茨和查德称为

"拉近技术"。

(2) 方案活动的展开阶段

在方案教学主题网络编制完成后,即可开展方案活动。活动的展开阶段是以起始阶段为基础的,根据先前选择的主题和网络计划,不断验证假设,探讨问题和事实真相。方案活动开始时应引发儿童开放式的讨论,激发儿童的兴趣。此外,提供给儿童大量与主题有关的非结构化的活动,可以帮助教师了解儿童的发展水平和已有经验。

凯茨等人按活动目的将方案活动分为三类:建构活动、调查活动、戏剧扮演活动,它们融合语言、数学、科学、音乐、美术等多方面的学习。建构活动是为展览或戏剧表演制作展示物或道具,是方案活动重要的活动内容,常见的建构活动有木工、绘画、剪纸、粘贴、道具制作等。调查活动是为了让儿童利用各种方式获得信息、形成概念,调查的策略包括提问、估算、假设、实验、探险、观察、倾听、阅读等。戏剧扮演活动具有随机演出、边演边改、讨论、角色轮换等特点。

此外,在活动过程中,还可通过班级聚会、参观活动、展示成果、报告研讨等各种形式,使方案活动更具活力,对儿童产生更大的吸引力。在方案活动进行的过程中,教师和儿童双方始终处于积极互动状态之中,多种类型的活动保证了这种互动。方案活动不拘形式,各种活动也没有规定的次序,一个方案可在较短的时间内完成,也可持续几个月。

(3) 方案活动的总结阶段

在方案活动要结束的时候,回顾儿童在方案活动进行过程中运用过的技巧、策略以及儿童的探索过程,这对教师和儿童而言都是有益的。教师可运用多种方式对活动进行评估,以维持和强化儿童理解的活动,并使儿童更自信地将自己的能力运用于新的方案活动中去。

知识链接

有关购物的项目

第一阶段:计划和启动

项目可以以不同的方式开始,例如有些项目开始会由小组中一个或更多的儿童来表达他们对某个事物的关注和兴趣,有些项目则由教师介绍一个题目或由教师和儿童共同选择一个题目。

项目第一阶段的主要目标是通过收集儿童已有的相关信息、想法和经历,在参与的儿童中建立共同的基础。在这一阶段,教师帮助儿童建立起对这个项目的共同认识,并设计一系列问题以引导他们开展调查。有关购物的项目中,儿童被鼓励讲述他们对购物这一事件的了解,曾经去过的商店,以及人们通常在什么地方购买食品和其他商品。多数儿童能够向同学讲述与父母及朋友一起去购物的经历,他们能够通过画画或口述的形式,向年龄大些的儿童或教师表述他们对以往经历的回忆以及自己的假想。

在第一阶段的这些讨论中,教师要根据儿童的年龄和能力,鼓励他们参加与题目有关的戏剧表演,画出有关该题目的内容,以及用其他方式来描述他们对该题目的现有理解,教师仅提供忠告和建议。这时,可以将研究的题目告诉家长,并邀请他们以任何一种方式参加项目,也可以鼓励儿童从家里带来有关实物,收集项目的建筑活动所需的材料。

在最初的小组讨论中，教师可以帮助他们设计需对售货员提出的问题：他们是如何得到蔬菜的？哪些菜称重出售？哪些按个出售？哪些成打出售？哪些卖得最好？哪些枯死得最快？哪些活得最长？哪些菜最贵？哪些菜最便宜？以便在第二阶段的研究中，找到有关的信息和答案。

儿童和教师可以共同制订调查计划，安排参观活动，建议参观者名单，并设计准备在调查中解答的初始问题；怎样获取建筑材料的程序也可在这个时候确定；一些为以后的调查打基础的初步调查同样可以在这个时候导入。

第二阶段：项目的展开

在第二阶段，教师的重点是使儿童能够获取新的信息和知识。教师可以安排校外参观活动，或邀请相关专业人士来给儿童作报告或展示专门技能。教师还可以收集有关的实物、书籍、照片或人工制品，以便儿童在教室里进行学习研究。

在有关购物的项目中，可以详细地制订参观附近一家超市的计划，包括预先告诉超市员工此项目的目标及儿童的特点。教师和儿童一起讨论需仔细考察的内容。儿童可以分成几个小组，自愿报名考察哪些部门，他们可以调查超市的许多方面，以帮助他们理解超市的运行方式、员工做的工作、员工应预先知道和计划的事情等。

在研究商店售货员需做的工作时，年龄大些的儿童可以学到有关销售、货物上架、定价、存储新鲜货物、搬运货物、货物分类等知识，当儿童开始熟悉盘货和储备等术语，知道什么是“脱销”或“缺货”时，他们的词汇量得到了扩大。

随着项目的展开，儿童通过参观真实的商店及从商店的员工那里学习有关术语，增强了戏剧表演的内涵。反映新获得的信息的新增道具，又大大地丰富了戏剧表演。儿童们使用“存货簿、订货簿、销货单、批发商送货的发票”，并记录顾客的购买情况。在一个混合能力和混合经历的小组里，参与者可以分别担任简单或较复杂的角色，这样，理解能力或实际经验较弱的儿童可以通过与知识丰富的同学一起观察、表演及工作达到学习的目的。

教师在这一阶段的一个重要作用，就是鼓励儿童独立运用他们已有的技能，这些技能包括观察、交际和画画。这个阶段，教师还应注意增强儿童获取信息和深入研究自己感兴趣的题目的意向，教师可以提供材料，并对如何恰当地表述他们的研究结果和想法提出建议。

第三阶段：总结和反思

项目第三阶段的主要目标，是通过小组和个人的努力圆满完成整个研究，并总结从中学到的东西。在第三阶段，希望多数儿童能对研究的题目有一个全面深刻的认识，让儿童详尽阐述自己的知识并增强它的意义，使之个性化。因为，儿童只有运用他们的新知识，才能使其真正成为自己的财富。

第三阶段是儿童实践和反思获得的新认识和新知识的时候，对于年龄大些的儿童，他们不仅通过表演，而且通过墙报、音乐、戏剧和舞蹈，设计班级制书、游戏、个人文件夹等，表述他们所增加的知识。有时，甚至可以组织一次总结活动，以便儿童向同学展示自己学到的东西。可以邀请父母或其他班级的儿童，参观他们的作业，听他们介绍自己的工作，并解释自己学到了什么，是如何学到的，以及他们进行调查时使用的程序。

对于3—4岁的儿童,第三阶段通常是他们在项目建筑物中进行角色表演的最佳时机,如果他们建了一家商店,他们就会在这个阶段扮演与那些环境有关的不同角色。在有关购物的项目中,儿童在教室里建构超市,一些儿童会扮演超市员工的角色,另一些会用大货车运送货物,还有一些会很乐意当购物者。在戏剧表演中,如果有汽车或自行车坏了,就必须增加一个加油站和机修工。随着购物项目的进展,儿童可能会改变商店的类型或给它增加一个部分。可以增加更加专业的道具,以刺激更复杂的表演。当班级超市的两个售货员的钱用完时,他们一起非常热烈地讨论起这个问题,最后一致认为必须建一家银行,可是却缺少建筑材料,他们当即自发地用想象出来的钉子和锤子建了一个想象的银行。在向银行的顾客取出想象的钱时,他们非常清楚地说出银行的入口、柜台以及出纳员的确切位置。社交和戏剧表演,有助于他们整合对真实世界的正确认识。

儿童还可以收集自己的画作,在教师的协助下,他们可以制作一本取名为《去市场》或《参观自行车修理店》的书等。在项目的最后阶段偏离主题,可以达到让教师和儿童转向下一个项目的目的,如可以研究不同的货物运输模式等。

下面是一位教师在进行有关购物的方案活动时设计的网式提纲示意图。

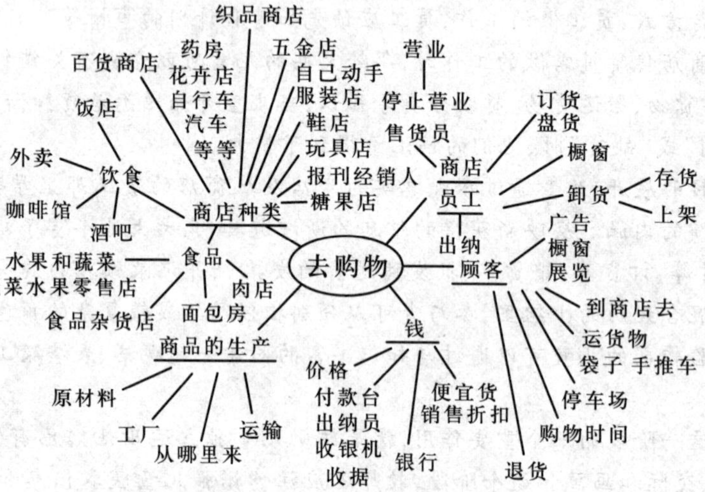

一位教师设计的"购物"网式提纲

(资料来源:丽莲·凯兹,西尔维亚·查德.开启孩子的心灵世界:项目教学法.南京师范大学出版社,2007.)

(四)评价与启示

凯茨和查德认为"对幼儿进行正式教学,可能会有合乎常模的终结效果,但却牺牲教育上长期的、动态的目标",方案教学较好地解决了学前教育既要顺应儿童的自然发展,又要有效地将儿童的发展纳入符合社会需要的轨道这一两难问题,使教育应有的两种功能,即为社会服务的工具性功能和为人的发展创造条件的功能得以较为完美地结合。但是,方案教学的实施过程具有较大的弹性,没有统一的操作模式,需要教师在与儿童互动的过程中运用智慧去把握教育、教学过程。因此,方案教学对教师的专业素质要求较高,没有经过专业训练的教师,很难在真正意义上加以运用。

方案教学尊重儿童的兴趣和需要,注重活动的过程,以发展的眼光看待儿童,使儿童保持持续的探索欲望，使教师时刻关注儿童的活动，促使儿童和教师始终处于积极的互动状态。在方案教学中，教师的角色是多元的。首先教师是研究者。观察儿童是研究的基点，关注儿童已有经验，尊重儿童自己的选择，以此作为组织和实施教育活动的出发点，在与儿童互动的过程中不失时机地介入儿童的活动，使儿童在活动中处于积极状态，这对教师具有挑战性，教师必须成为一名研究者，不断反思、探究、努力发现并解决活动中出现的各种问题。其次，教师是参与者与引导者。在方案教学中，教师起着决策与引导作用，抓住时机对儿童的想法给以肯定、支持和引导，并为儿童提出具有挑战性的问题，以使儿童获得新的思路，产生新的探索欲望。教师积极参与活动，并适时引导，是方案教学的特征之一，民主平等的师生关系保证了方案的进一步探究。最后，教师是评价者。方案教学强调"学习环境越不正式，教师越有机会看到学习者的表现，教师就会有充裕的时间与机会参与评量过程，并适时地回应"，教师对儿童在方案教学中的探索过程、运用策略等做出适时、积极的评价是十分必要的。教师可运用多种方式在活动过程中对儿童的行为、表现进行评估，并及时给予反馈和帮助，目的是维持和强化儿童的探索活动，使儿童更自信地将自己的能力运用于新的方案活动中。方案教学对儿童兴趣的关注，对活动过程的重视，对教师多元角色的要求，都为我国当前学前教育课程改革提供了重要的启示。

四、瑞吉欧教育方案

瑞吉欧·艾米利亚是意大利北部的一个小镇，具有良好的城市公共生活的传统与艺术、人文的精神氛围。20 世纪 60 年代以来，该市在洛瑞斯·马拉古兹的倡导和领导下，建立了一个公共的儿童保教系统，形成了一个颇具特色的、富有开创性的学前教育体系——瑞吉欧·艾米利亚教育体系，即"瑞吉欧教育体系"。瑞吉欧的精神理念与教育经验得到各国"教育界、学术界和政治界人士的赞赏"，瑞吉欧课程模式被视为欧洲教育改革的典范，并对当今世界各国的学前教育产生了重要影响。

（一）产生背景

瑞吉欧是意大利北部一个富裕的小镇，它的市民拥有高度的责任感，市民之间能够相互理解、团结与合作，民主意识深深扎根于他们的头脑中。这使瑞吉欧市民都以主人的身份来关注教育，教育工作者注重民众的意见，同政府、社区民众相互合作，共同组织和发展他们的幼儿教育系统。

第二次世界大战后，1945 年马拉古兹带领民众卖掉德军废弃的物品，建立起一所新的民间学校，创建了瑞吉欧学校体系。到了 20 世纪 80 年代，通过数十年的艰苦创业，使意大利继蒙台梭利教育模式之后，推出了颇具特色的、堪称影响世界的又一个幼儿教育体系。

瑞吉欧幼儿教育在意大利取得巨大成功的同时，也得到了世界各国的关注，并自 1981 年开始以"当眼睛越过围墙时"为题在瑞典和世界各地举办展出。1987 年在美国的展出，更名为"儿童的一百种语言"，通过展览，瑞吉欧将自己的先进幼儿教育理念传播到了世界各地，此后瑞吉欧成为欧洲幼教的变革中心。1992 年瑞吉欧教育体系的创始人和推行者马拉古兹获得 LEGO 奖（教育工作贡献奖），甚至还被加德纳称为与福禄培尔、蒙台梭利、杜威和皮亚杰齐名的伟大的教育家。全美幼儿教育学会曾多次举办瑞吉欧教育学术交流会，瑞吉欧的教育理念正逐渐被广大的幼教工作者所接受，并在幼儿教育实践中得到广泛的应用。

（二）理论基础

瑞吉欧人结合自己的文化传统，在吸收借鉴国外先进教育理论的基础上，通过不断的实践和发展，创造出瑞吉欧独特的幼儿教育理念。杜威的进步主义教育思想（包括在其影响下产生的进步主义教育运动和新教育运动思想），以及皮亚杰、维果茨基等的建构主义理念都对瑞吉欧幼儿教育理念的形成产生了重大影响。

1. 进步主义教育

瑞吉欧教育体系的建立受到欧洲新教育运动和美国进步主义运动的影响，其中包括杜威、埃里克森、布朗芬·布伦纳、布鲁纳、戴维·霍金斯和约翰·加德纳等人的教育思想。同时瑞吉欧教育体系的创始人马拉古兹继承和发展了福禄培尔、蒙台梭利等教育先驱们的思想，根据当时社会发展的状况，和对儿童的认识，在教育的理念和实践上进行了创造和升华。

杜威作为进步主义的主要代表人物，他的观点也是瑞吉欧教育实践的核心，其教育理念对瑞吉欧教育方案的影响主要体现在三个方面：一是以儿童为中心的教育理念。杜威主张教育要尊重儿童、了解儿童，在此基础上促进儿童的自我发展。教育是个体过程，也是社会的过程，理解来源于对儿童来说有意义的直接体验。马拉古兹认为："在我们的教育体制中，最基本的就是以幼儿为中心。"教育应尊重儿童身心发展的特点，儿童必须有自己的空间，成人是儿童生活的引导者和支持者，不能对儿童施加权威。二是教育应该鼓励民主与合作。瑞吉欧认为幼儿教育顺利的开展需要让幼儿与他人建立完善的关系，其中包括幼儿与教师平等对话的关系，学校与家长沟通合作、共同管理学校的关系，教师与家长集体协作的关系等。瑞吉欧充分肯定合作的意义，这在瑞吉欧的儿童观、教育观以及社区式学校管理中得到了充分体现。教师根据儿童的兴趣、需要与儿童一起开展教育与学习，教师、家长、社区代表共同参与学校的决策和管理。三是"做中学"的教育思想。马拉古兹说："工作坊是激发幼儿的地方。"在瑞吉欧幼儿教育中，"工作坊"的设置充分给予幼儿自己动手的机会。幼儿可以在其中进行由自己或者成人建议的不同主题的探索活动，幼儿通过自己的探索来认识事物。

2. 建构主义理论

皮亚杰的建构主义理论对瑞吉欧教育方案产生了重要的影响。皮亚杰的发生认识论是一种知识的建构理论，强调个体内在的机制——同化和顺应在认知发展中的作用。在皮亚杰心理学理论的影响下，瑞吉欧幼儿教育强调儿童对知识的自主建构，鼓励儿童主动的探究，注重激发儿童产生认知冲突，帮助儿童同化或顺应周围的环境。但是，马拉古兹等瑞吉欧的幼教工作者也发现皮亚杰理论同时存在着一些问题，诸如低估成人提升幼儿认知发展的作用，认知、情感和道德发展被认为是分开、平行的发展，过于强调结构式阶段。同时他们批判了皮亚杰过度重视逻辑数学能力的观点及过度使用生物科学和物理学成就的研究模式。

瑞吉欧教育方案也吸收了苏联杰出的心理学家维果茨基的理论，他的"最近发展区"理论、心理发展的文化历史理论，都是瑞吉欧教育的重要理论来源。维果茨基认为，人与人之间的交往是人高级心理发展的源泉和动力。因此，他强调社会交往在儿童心理发展中的重大作用。瑞吉欧教育吸取了维果茨基社会建构主义的思想，非常重视每一位幼儿与其他幼儿、教师、家长及周围社会文化环境之间的关系和互动。维果茨基的"最近发展区"理论对瑞吉欧的多元文化理念、科学的目标定位、优化的教育环境及合理的评价方式都产生了深刻的影响。

瑞吉欧教育方案除了吸收杜威、皮亚杰、维果茨基等教育家的思想外，也广泛地吸收各种理论的精华，如布朗芬·布伦纳的发展生态学观点、加德纳的多元智能理论等，将这些理论经过提炼升华，提出了适应当时社会发展的一种独具特色的早期教育思想。

（三）主要内容

1. 教育目标

瑞吉欧教育方案继承和发扬了很多杜威的实用主义思想，包括“教育无目的论”。杜威主张，教育即生长、教育即生活、教育即经验的改造，认为教育只是一种过程，除这一过程的自身发展之外，教育无目的。这里强调的是目的和过程的统一性，教育的目的体现在过程中，教育目的是教育者在不同阶段根据不同的教育内容而制定的，教育的目的是发展变化的。

瑞吉欧教育方案体现了杜威的教育目的观。马拉古兹说：“目标很重要，不应消失在视野中。”课程必须要有大的规划，教师预先设定总的教育目标，但不为每个子项目或活动设定特定的目标。事实上，瑞吉欧课程提前制定一般性的教育目标，只是提供一个弹性而又复杂的基本框架，教师要及时地观察和了解儿童的兴趣、经验，考虑儿童可能的想法、假设和发现形成弹性目标，是对种种可能性的预测。

瑞吉欧课程的目标是弹性的、开放的，是教师根据活动中儿童的反应以及活动的进程来确定活动的发展方向。一个目标达到之后，又会有新的目标产生，方案活动成了联系一个又一个目标的纽带。因此，瑞吉欧的教师在制定目标时往往会花费很多时间，又常常要做出调整。这种教育目的观让教师认识到活动的发展存在很多可能性，而这种理念上的开放性使得儿童拥有了在一个自由、开放的氛围中创造自己的活动目标的自由。

2. 教育内容

瑞吉欧幼儿教育方案没有设置明确的课程内容，也没有划分具体的课程领域，而是从儿童的经验和兴趣出发，根据具体的情况，生成相应的课程内容，其课程内容主要来源于以下几个方面。

（1）儿童和教师的共同建构

瑞吉欧课程内容的选择，既尊重了儿童的兴趣和需要，也考虑了教师的选择和计划，它不是单纯地以儿童为中心，而是在这个基础上，强调儿童与教师的共同建构。瑞吉欧课程充分尊重了儿童的兴趣与需要，鼓励儿童对周围环境进行自由探索和发现，并且重视教师对儿童的引导和支持。教师在活动前并不预先设计课程，而是根据实际情况以及儿童在活动中的兴趣和需要逐步生成的。儿童和教师在相互尊重的基础上，相互合作，共同推动瑞吉欧课程的生成和发展。

（2）儿童的探索与合作学习

瑞吉欧的教师鼓励儿童进行各种主动探索活动，帮助儿童在快乐的氛围中感受各种体验。教师在这一过程中的作用，不是为儿童设计具体的程序步骤，而是积极参与儿童的探索活动，通过仔细的观察，选择儿童感兴趣的内容，引导儿童进行更深入的探索。儿童的主动探索活动是瑞吉欧课程内容的重要来源。

瑞吉欧课程在充分尊重儿童自主学习的基础上，非常重视儿童与他人之间的合作学习。合作学习可以增进儿童之间的交流，儿童可以在合作中表达各自的观点，这些不同的观点会激发儿童的认知冲突，儿童通过合作探索，解决认知冲突，从而实现认知结构的重建。合作学习是瑞吉欧课程内容的又一重要来源。儿童的主动探索活动和合作学习活动，丰富了瑞吉欧幼儿教育的课程来源，推动了瑞吉欧课程的发展。

（3）“儿童的一百种语言”

瑞吉欧幼儿教育提出了“儿童的一百种语言”的理念。“儿童的一百种语言”是指儿童有权利而且也有能力运用除口头、文字语言外的多种方式，用各种材料去认识世界，表达自己的思想、情感。这里的“语言”泛指文字、口语、图形、绘画、雕刻、戏剧、音乐等活动，以及其他的媒介材料。瑞吉欧的教师鼓励儿童使用多种方式进行交流和表达，尤其是鼓励儿童通过多种感官去感知周围世界，儿童的兴趣往往就是课程的来源。瑞吉欧幼儿教育为儿童提供了丰富的活动方式，努力帮助儿童获得各种主客观经验，促进其身心的全面发展。“儿童的一百种语言”即“儿童的一百种活动方式”，都是瑞吉欧幼儿教育的课程内容。“儿童的一百种语言”既是瑞吉欧教育所提倡的一种理念，同时也是瑞吉欧课程的重要来源。

知识链接

孩子的一百种语言

洛瑞斯·马拉古兹

孩子，是由一百组成的，
孩子有
一百种语言，
一百只手，
一百个念头，
一百种思考方式
游戏方式及说话方式；
还有一百种聆听的方式，
惊讶和爱慕的方式，
一百种欢乐，
去歌唱和理解。
一百个世界，
去探索和发现。
一百个世界，
去发明。
一百个世界，
去梦想。
孩子有
一百种语言
（一百一百再一百）
但被偷去九十九种。

学校与文明，
使他的身心分离。
他们告诉孩子：
不需用手思考，
不需用头脑行事，
只需听不许说，
不必带着快乐来理解。
爱和惊喜，
只属于复活节和圣诞节。
他们催促孩子
去发现已存在的世界，
在孩子一百个世界中，
他们偷去了九十九个，
他们告诉孩子：
游戏与工作，
真实与幻想，
科学与想象，
天空与大地，
理智与梦想，
这些事，
都是水火不容的。
总之，他们告诉孩子：
没有一百存在，
然而，孩子则说：
不，其实真的有一百！

3．教育方法

瑞吉欧课程的教育方法主要体现在空间设计、方案活动、教师角色三个方面。

（1）空间设计

瑞吉欧的幼教工作者主张“空间是教育取向的重要成分”，非常重视幼教机构的空间设计。瑞吉欧的幼教工作者将社会及建构理论巧妙地融入空间设计中，他们认为空间是一个可以支持社会互动、探索与学习的“容器”，并精心设计了幼教机构的整体结构，挑选各种材料以及吸引儿童探索的事物，以确保每一个儿童拥有幸福感和归属感，以激发人与人之间的交流以及人与物之间的互动。

瑞吉欧幼教工作者将幼教机构设在社区的中心地段，以便社区民众可以清楚地看见儿童与教师们的生活，使社区成为幼教机构空间的延伸。瑞吉欧幼教机构一般都设有“广场”和“艺术工作室”。“广场”取名于城市中的一个中心广场，是幼教机构中央的一个过道，连接机构内部各个不同的建筑。艺术工作室是允许儿童探索各种语言、各种表达方式的场所，也是教师研究儿童及其活动的场所，在这里给儿童提供了充分的复杂材料和工具，给儿童运用各种表征、在各种表征之间转换提供机会，让儿童发现自己擅长用哪种语言进行沟通。

此外，瑞吉欧幼教机构的空间设计还在很多方面反映了意大利城市文化和幼教机构的校园文化，主要表现在幼教机构重视空间的美感与协调设计，每个幼教机构都显示出各自的文化特色。瑞吉欧幼教机构的空间设计还符合不同年龄儿童的发展水平需要，设有婴幼儿中心和学前班，为不同年龄儿童提供不同的材料，以满足儿童的操作和探索。瑞吉欧幼教机构的空间还具有教学与记录的功能，马拉古兹说，“我们学前学校的墙壁会说话，能够利用墙面空间暂时或永久性地展示出儿童及成人的生活”，瑞吉欧幼教机构中儿童作品的展示除了设计良好及使空间更为吸引人之外，也提供特殊活动、教育性项目及相关内容的记录。

（2）方案活动

瑞吉欧课程主要是以方案活动的方式展开，瑞吉欧的方案活动主要有如下三个特点：

第一，创造性表现和表达是知识建构的基本要素。瑞吉欧学校为儿童提供大量的材料，如黏土、画纸、画笔等，让儿童以此为媒介自由表现和表达。每个学校都有一个美术活动室，并配有专职的美术教师，儿童以小组的形式，在美术活动室内进行方案活动。瑞吉欧方案活动强调儿童在主题探索活动中多种多样的对世界的表达方式，尤其是视觉语言的表达方式。

第二，共同建构在方案活动中有重要的地位。在方案活动中，教师重视儿童本身的发展水平和兴趣，以及儿童与他人的合作、分享、交流和协商，强调儿童在主题探索活动中与教师、同伴的互动，强调学校与家庭、社区间的互动，并将相互尊重、与人分享的价值融入课程纲要和具体实施方案之中。

第三，记录既是学习过程，又是学习结果。瑞吉欧幼教机构教室的墙上贴满了记录儿童活动过程的各种材料，特别是他们参与长期方案活动的材料。记录本身以及它和儿童之间的互动对于儿童兴趣的维持以及方案的发展有重要的作用，而教师也是依据所记录的丰富而翔实的资料来进行评估并提出适宜的课程，以支持每个儿童的学习和发展。教师运用文字、录像和照片等视觉记录材料，与儿童、家长一起重温活动过程，为教师和家长了解儿童创造机会，也为儿童共同建构知识提供条件。这种记录贯穿于儿童活动始终，它传递给儿童一种“价值感”，使儿童对自己的工作更加认真负责，也使儿童得以回味或学习别人的工作，从而提高其学习的广度和深度，并发展自评和互评的能力。

知识链接

“恐龙”教学活动实例

1. 方案教学主题的产生

一个秋天刚开学的时候，教师注意到有些5、6岁的孩子带了很多恐龙的玩具来学校。在意大利恐龙的形象也是随处可见的，幼儿通过各种渠道能够了解到有关恐龙的信息，而且这些体型庞大，又带有攻击性的动物时常给幼儿带来无限的求知欲望。教师发现幼儿对恐龙越来越感兴趣，于是决定开始与幼儿共同进行探索。

2. 讨论方案教学进行的方向

在活动进行之前，教师们要讨论方案进行的可能性和方向。如，在幼儿第一次讨论中要提出什么样启发性的问题；了解与评估幼儿对恐龙的生理习性、生活习惯、行为等的认识程度;如何引导幼儿产生求知的欲望,同时让幼儿预设方案的初步方向。

3. 方案教学的进行

(1) 建立认同感,强调团体学习。瑞吉欧教师认为一切事情是无法依靠个人的力量完成的,团队之间的交流是非常重要的。所以方案的主题是什么不是最重要的,孩子们在集体的交流、探讨、感觉、工作中进行互动与合作才是最关键的。

(2) 鼓励幼儿表达对恐龙的认识。教师让幼儿聚集在工作坊,围着一张大圆桌,鼓励他们画出他们所喜爱的各种恐龙。孩子们看着彼此画的恐龙,讨论着……

(3) 谈话与讨论。教师根据幼儿的绘画作品进行谈话,并进行小组讨论。教师提出问题引发幼儿思考。如,恐龙吃什么?恐龙住在什么地方?恐龙生小宝宝吗?谁来照顾宝宝?恐龙的种类有多少?等等。教师会针对幼儿的回答开展今后的活动或游戏。

(4) 记录与分析。教师会记录与幼儿的谈话和讨论过程,通过对此内容进行分析来了解幼儿的认知水平和对恐龙这一主题的兴趣。通过分析,教师们发现有几位幼儿对恐龙的知识了解得很多。同时,教师也发现男孩和女孩对恐龙在认识上是有差别的。如,男孩认为肚子里有小恐龙的是母恐龙,女孩则会认为长头发和饰物是母恐龙的象征。教师还发现第二天对恐龙的讨论没有第一天那么热烈。那么,能否继续恐龙这个主题还需要教师进一步的分析。结果显示,兴趣降低是由分散的谈话内容所导致的。于是,教师缩小了谈话主题,并鼓励幼儿用黏土制作恐龙。这时,幼儿的兴趣再一次高涨,于是教师们决定开展进一步的探索活动。

(5) 查阅资料。活动开展一段时间后,教师发现幼儿对恐龙的认识还存在很多空白区域。于是决定让幼儿搜集更多的资料。教师们通过讨论启发幼儿思考:在什么地方可以找到有关恐龙的信息?孩子们各抒己见,他们发现在杂志、电视、报纸、商店、家里的书籍中都可以了解到恐龙的信息。于是,教师就让幼儿到附近的图书馆查阅信息,并将有关书籍借回来摆在工作坊里。孩子们经常把自己画的画与书中的恐龙进行比较,或在书中寻找答案。在这个过程中,孩子们学会了探究,学会了学习。

(6) 与亲朋好友分享。在"恐龙"活动开展一段时间后,教师与幼儿共同制作了海报与邀请函,邀请自己的亲朋好友及在当地工作的自然科学专家来校一起分享他们的学习成果,然后进行交流与讨论。

(7) 绘制恐龙。孩子们在与客人们分享的同时,他们也用黏土、水彩与蜡笔绘制恐龙。他们还将恐龙投射到墙上,进行影子游戏。在此过程中,恐龙的尺寸、生理特征等引起了幼儿的极大兴趣。于是,教师沿着这一小子题,询问孩子要不要做一只真正的大恐龙。

(8) 测量与制作实体恐龙。教师与孩子们根据这个主题进行了激烈的讨论,决定迎接挑战,做一只实体大小的恐龙。虽然,这个任务十分艰巨,用时也很长,但孩子们克服了很多困难,最终完成了实体恐龙的制作。

(资料来源:Edwards,C.,Gandini,L. & Forman,G.(1998). The Hundred Languages of Children. Ablex Publishing Corporation. pp. 215—237.)

(3) 教师角色

在瑞吉欧课程中,教师是儿童的伙伴、儿童的合作者、儿童的指导者,起着重要的作用。

教师是儿童的伙伴，这主要体现在教师对儿童的聆听，聆听指的是教师要参与到儿童的活动中，仔细聆听儿童的语言和表达，观察儿童的行为，并努力去领悟儿童的语言和行为所传达的信息。聆听行为是教师角色的中心，通过聆听，教师了解儿童的发展情况，在此基础上为儿童提供必要的帮助和支持，从而促进儿童的主动学习。教师是儿童的合作者与指导者，儿童与教师共同探索，共同学习。教师鼓励儿童开展各种活动，并积极地参与其中，在活动中，教师观察儿童、了解儿童，并为儿童提供及时的指导和帮助，促进其实现自我建构。教师是家庭和社区的联系者，通过密切联系家庭和社区，实现多方的相互合作，共同促进儿童的发展。家长与教师一起制作玩具、教具，布置环境，社区为课程的实施提供便利的设施、资源，协助教师把课程实施好。

4. 评价系统

瑞吉欧课程的评估不是根据既定的目标来进行，而是因方案而异，在方案发展的不同阶段来进行。在第一阶段——方案的构想和设计阶段，可以评价“它对于儿童的学习提供了哪些可能性”“这些计划对儿童的能力适合程度如何”等。在第二阶段——方案的发展阶段，可以评价“儿童是怎么表现的”“工作如何进展”等。在第三阶段——方案的结束阶段，可以评价“最后的成果如何反映出最初的计划”“最后的成果如何反映儿童的发展”等。

总之，瑞吉欧课程的评价是一种形成性的、动态的评价，着眼于儿童能够独立完成的事情以及在外界的帮助下、在不同情境下能够达到的水平。教师依据所记录的丰富而翔实的资料进行评估，并提出适宜的课程，以支持每个儿童的学习和发展。瑞吉欧课程的评估是“为发展而评估”，即注重发现儿童正在发展的能力，并根据评估的结果而重新设计和安排课程。

（四）评价与启示

瑞吉欧教育方案以社区为本的管理方法、开放而充满教育机会的环境、合作性的学习和研究方式、师幼同为课程和学习的主体、对记录的重视以及对幼儿的多种学习和表达方式尤其是艺术形式的强调等，不仅因此赢得了很高的社会声誉，而且对世界各国学前教育都有启示意义。

瑞吉欧幼儿教育带给我们许多新理念、新思想。瑞吉欧提倡幼儿教育是全社会的教育，需要社会支持和家长的参与，家庭作为儿童成长的第一个并且也是很重要的环境，对儿童的发展有着重要而独特的功能。家长积极参与到学校中来，能够让儿童获得一种安全感，成为他个人成长的动力，更为重要的是，家庭和社会的参与意味着教育环境的扩大和教育资源的丰富；它要求学校的管理风格是民主与合作式的，要设置弹性的课程和研究式的教学方法。瑞吉欧认为儿童会通过“一百种语言”来进行学习，将开放的环境作为学校的第三位教师。瑞吉欧让教师成为儿童的合作研究者，教师与儿童共同参与到活动中，教师及时给儿童以反馈、建议和支持，引导儿童拓展自己的想法，教师在合作与反思的实践中教学相长。瑞吉欧重视在儿童的活动中自然而然地生成课程，在这种生成的课程中，儿童兴致盎然，内在的动机使他能够有足够的兴趣、坚持力和成就意识，在众多的可能性中做出选择，并坚持到自己的成功。在瑞吉欧教育体系中，儿童、教师和家长这三种“主角”，在共同活动中积极参与、友好合作，营造着自由表达、通融理解、开放民主的氛围，促进着儿童的主动发展。

综上所述，蒙台梭利课程模式、高瞻课程模式、方案教学、瑞吉欧教育方案是当今世界学前教育界极具影响力的学前课程模式。这四种学前课程模式既为学前教育思想和观念转化为实践提供样板，又能为学前教育实践上升到学前教育理论提供一定的参考和借鉴。人们对各种学前课程模式的关注，能够帮助学前教育工作者从已有的各种课程模式中得到启发，从而促进学前课程模式的理论研究和实践运用。

需要注意的是，因为各国政治、经济、文化背景的不同，在引进、运用任何一种学前课程模式时，“首先必须考察该课程模式是否与社会价值观相符合，而不是该课程模式本身是否合理”，“还必须根据教育实践中的各方面因素和条件，对该课程模式进行调整甚至修正”。因此，我们可以说某种课程模式在某些方面优于其他的课程模式，但不能说这种课程模式适合所有的国家、所有的学前教育机构，更不能保证运用这种课程模式就能取得良好的效果。

本章小结

进入21世纪以来，世界各国政府和学前教育专业组织纷纷就学前教育课程进行改革。各国学前教育的课程在课程管理、课程目标、课程内容和课程实施方面既保留各自的特色，又体现出共同的发展趋势。

蒙台梭利课程模式由意大利著名的幼儿教育家蒙台梭利创立，该课程模式以生物学、近代西方哲学和心理学、特殊儿童教育训练方法、自然主义教育思想为理论基础，以日常生活训练、感官教育、数学教育、语言教育和文化教育为基本内容，为儿童创设有规律与秩序、气氛自由、真实自然、符合儿童身心发展需要和兼具美感与安全性的“有准备的环境”，借助遵循着孤立性原则、自我教育原则、操作的顺序性原则和内在驱动原则的教具，在“导师”的积极引导下，实现儿童的自我发展。

高瞻课程模式创立于20世纪60年代的美国，以皮亚杰的理论为基础，以主动学习为核心，围绕发展所需10类关键经验创设学习环境，通过“计划—工作—回顾”时间、集体活动时间、小组活动时间和户外活动时间的一日活动，引导儿童与环境相互作用，从而促进儿童的发展。

方案教学以杜威的儿童中心论和皮亚杰的发生认识论为主要理论基础，以丰富、挑战儿童的心灵生活、平衡课程活动和使儿童从学科的界限中解放出来为目标，通过方案活动，即方案主题的选择、方案主题网络的编制、方案主题活动的展开以及方案主题活动结束时的总结活动，充分尊重儿童的兴趣与需要，重视活动过程，促进儿童主动发展。

瑞吉欧教育方案在意大利的瑞吉欧·艾米利亚诞生，创始人是马拉古兹。瑞吉欧教育方案以欧美进步主义教育思想、皮亚杰和维果茨基的心理学理论为基础，以儿童和教师的共同建构、儿童的主动探索与合作学习以及“儿童的一百种语言”为基础的来源广泛的教育内容，围绕空间设计、方案活动和教师角色三要素构成的教学方法，凸显了瑞吉欧教育方案的特色，即开放而充满教育机会的环境、有无限潜力的生成课程和以社区为本的管理方法。

思考题

一、名词解释

1. 敏感期
2. 心理胚胎期

3. 吸收力心理

4. 高瞻课程

5. 关键发展性指标

6. 方案教学

7. 儿童的一百种语言

8. 瑞吉欧教育体系

二、简答题

1. 简述各国学前教育课程管理的发展趋势。

2. 简述各国学前教育课程目标的发展趋势。

3. 简述各国学前教育课程内容的发展趋势。

4. 简述各国学前教育课程组织与实施的发展趋势。

5. 简述蒙台梭利的儿童观。

6. 简述蒙台梭利课程的主要内容。

7. 简述高瞻课程学习环境创设需要考虑的要素。

8. 简述方案教学的主要教育目标。

9. 简述瑞吉欧课程教育内容的主要来源。

10. 简述瑞吉欧方案活动的特点。

三、论述题

1. 论述蒙台梭利的教育方法。

2. 阐述高瞻课程的一日活动的四个时段及其活动内容。

3. 阐述方案教学组织与实施的主要步骤。

4. 论述瑞吉欧教育方案的教育方法。

5. 结合我国学前教育课程发展现状,剖析蒙台梭利课程模式对我国学前教育课程改革的借鉴价值。

6. 结合我国当前幼儿园课程改革的实际,论述高瞻课程对我国学前教育课程改革的启示。

7. 结合方案教学的组织与实施过程,论述方案教学对我国幼儿园课程实施的启示。

8. 利用所学知识,结合瑞吉欧教育方案的教育方法,阐述瑞吉欧教育方案对我国学前教育课程发展的借鉴意义。

第九章 学前教师教育比较

学习目标

1. 了解世界各国学前教师职前培养制度的特点及现状，理解世界学前教师职前培养制度的发展趋势。

2. 了解世界各国学前教师任用制度的特点及现状，理解世界学前教师任用制度的发展趋势。

3. 了解世界各国学前教师职后培训制度的特点及现状，理解世界学前教师职后培训制度的发展趋势。

学前教师教育是指培养和提高学前教育师资的专业教育，包括学前教师职前培养、任用和职后培训三个阶段。“职前培养”作为教师专业发展的起始阶段和重要环节，在很大程度上决定了初任教师的专业化水平，更是奠定教师发展的根基。“教师任用”，作为衔接“职前培养”和“职后培训”的中间环节，以制度形式决定了教师职业对优秀人才的吸引力和师资队伍的整体素质、结构、容量及稳定性。“职后培训”是教师入职后的继续学习历程，是教师专业发展中最为重要的组成部分。学前教育作为终身教育的基础，其战略地位受到了世界各国的普遍关注。各国都把学前教师教育作为学前教育改革的突破口，以提高学前教育的质量。

第一节 学前教师职前培养制度比较

学前教师职前培养是随着近代公共学前教育的产生而发展起来的。早期的学前教师培养主要是沿着学徒制、在实践中学习以及教师培训班等形式发展起来的。各国学前教师的职前培养经历了一个从无到有的逐步发展、日益完善的过程。在发达国家，已经逐步形成了多层次、多形式、多规格的学前教师职前培养体系。随着各国学前教师职前培养在学前教师教育中的地位越来越重要，学前教师职前培养体系日益完善，向专业化培养的方向快速发展。

一、学前教师的职前培养制度

学前教师职前培养是指不同学历层次以及各种类型的养成机构对上岗前的学前教师进行的培训。学前教师职前培养制度主要包括培养机构、培养层次和年限、培养课程体系以及培养方向等方面的内容。

（一）学前教师职前培养机构比较

当今的学前教育机构承担了越来越多的社会责任，如何培养适应学前教育需要的师资成为学前教育领域最关注的问题之一。同时，社会转型中的学前教育呈现出办园体制多元化、托幼一体化、教育服务多样化、学前教育从数量扩张转变为质量提升等新趋势，这对学前教师培养也提出了新的、更高的要求。在这种背景下，为更好地满足不同层次学前教育机构的需要，提高学前教师队伍的整体素质，各国不断改革学前教师职前培养办法，多数国家的学前教育职前培养机构已形成多层次、多元化的格局（见下表）。同时，各国还通过提高培养层次、延长学制等方式，满足不同层次学前机构对学前教师的需求，保证学前教师整体水平的不断提升。

学前教师职前培养机构以及学制列表

国家	学前教师职前培养机构类型	学制及培养方向
美国	综合大学的教育学院或文理学院的教育系、社区大学、技术大学、专科学院、教师资格准核部门的培训机构、专门学校系统的培训部门（如蒙台梭利协会）	一般要求学前教师具有大学学历。两年制大学毕业后获得副学士学位，可担任日托中心、托儿所或幼儿园的助理教师职位；四年制大学提供本科教育和研究生教育
日本	综合性大学、教育大学、短期大学以及文部大臣指定的教师培训机构	研究生院（硕士学位）、四年制大学（学士学位）、二年制短期大学、幼儿园教师培养所（学制 2 年）等主要培养幼儿园教师；短期大学和保育专修学校培养保育士
俄罗斯	中等师范学校、师范专科学校、师范学院和师范大学	中等师范学校培养小学教师、幼儿教师、寄宿制和全日制学校的教养员及音、体、美教师，根据招生对象的不同，学制分 4 年和 2 年；师范专科学校培养学前教育师资；师范学院培养学前教育机构的领导者、高年级教师和中等师范学校教师
英国	大学教育系和高等教育学院	儿童、青少年及教育研究文学学士学位课程学时为 4 年，从事幼儿园教育工作；幼儿园教师教育学士学位课程，学时为 4 年
韩国	一年制儿童保育培训机构、二至三年制的学院、四年制的大学	两年制学院文凭，成为二级教师；四年制大学文凭，成为一级教师
法国	教师培训学院	招生对象为读完大学三年级，并获得学士学位者，学制 2 年
德国	技术学校、大学和培训学校	4 年大学毕业，可在日间学前教育机构中担任领导工作；3 年技术学院毕业，可成为学前教育教师；1 ~ 3 年培训学院毕业，可成为学前教育机构的助理员
澳大利亚	大学及经认可的非政府所属的师范学院培养	一般需要在幼儿师范学院接受 3 年培训；另外的一些大学提供四年制课程，还有几所学校提供研究生课程。在技术和继续教育学院或高级学院获得资格证书和助教文凭的可担任儿童教养员，到家庭日托中心或课后班担任助教，或到幼儿园和幼儿学校担任助教

（二）学前教师职前培养课程比较

学前教师职前培养的课程设置是为了实现教育培养目标而开设的教学科目和各科目的教学时数。学前教育专业课程设置决定培养人才的方向和目标。课程体系设置是否合理，关系到所培养师资的质量，而各国不同的学前教育师资培养课程体系，则直接体现出对学前教师的不同要求，是学前教育师资培养计划的核心所在。各国、各类型培养机构的培养目标尽管不同，但基本上由普通课程、学科专业课程和教育实践课程三个部分组成（见下表）。

世界主要国家学前教师职前培养的课程体系列表

国家	普通课程（公共基础、通识课程）	学科专业课程（教育专业课程和学前教育专业课程）	教育实践课程
美国	艺术、人文、社会、生物、自然、科学等	早期儿童发展、早期儿童教育、学前儿童课程计划、早期儿童背景领域的管理、法律和儿童、学前儿童健康、安全和营养、早期儿童阅读技巧、为儿童设计环境、观察记录和评价、特殊儿童的教育、家庭教育等	有计划的观察、参与活动、实际教学以及座谈讨论等，教育实践约占总课时数的30%。实习时间长，实践涉及面广
法国	法语、数学、科技、地理、体育、绘画、音乐等	教育学、教育史、心理学、社会学、学前教育学、学习理论、幼儿学校活动要求、调教移民儿童、研究方法、哲学；选修课程等	第一年6周，第二年12周
德国	体育、艺术教育、技巧和设计、音乐、运动、德语等	教育学、心理学、社会学、社会研究、生物/健康教育、矫正教育、儿童文学与媒体教育、法律、神学/忏悔教育/伦理学、群体管理/方法等	专业实习为一年，理论培训期间也进行实习
俄罗斯	语言学、文学理论、文学史、国语、外语等	儿童解剖生理学、普通心理学、儿童心理学、教育学、幼儿教育学、教育史、体育理论与方法、自然科学基础与科学教育方法、幼儿艺术教育方法、音乐教育理论与方法、幼儿数学教育方法、语言教育方法、文学、教育技巧、韵律和舞蹈等	连续性、阶段性实习
日本	人文、社会和自然科学等	关于教育基础性、理论性素养的，包括教育思想、教育史、教育制度及政策、教育与社会和文化的关系等，以及关于教育实践性的技术和方法的，指在学科学习及学科外的教育活动中，把从一般教育及专业教育中学到的知识编成教材，系统地传授给学生的方法和技术等	必修科目。新修定的《教员许可法》增加了教育实习的时间和学分。教育实习一般分为观摩教学、自我体验和上课实习三个阶段，还包括研究讲义、参加研究会和研究教材等

二、学前教师职前培养制度的发展趋势

学前教师职前培养是学前教师教育改革与发展的起点，对于提升学前教师的整体素质具有至关重要的作用。因此，很多国家都致力于优先发展学前教师职前教育，把改善与提高学前教师职前培养机构、层次以及课程设置等作为改革与发展学前教师职前培养的重要内容。

（一）培养机构层次多样

由于受生产力发展水平、社会文化传统、社会需求等因素的影响和制约，各国学前教育机构呈现多样化的特点，以满足社会不同层次人群对学前教育的需求。各国为满足各类型学前教育机构对学前教师的需求，建立了层次多样的学前教师职前培养机构。

各国不同类型的学前教师培养机构能够为不同的学前机构提供相应类型的学前教师。如，在美国，两年制大学毕业后，可担任日托中心、托儿所或幼儿园助理教师职位；四年制大学毕业后，可担任幼儿园教师，90%的幼儿园教师均由其培养。在俄罗斯，中等师范学校培养小学教师、幼儿教育工作者、寄宿制和全日制学校教养员及音、体、美教师；师范专科学校培养学前教育师资；而师范学院则培养学前教育机构的领导者、高年级教师和中等师范学校教师等。在日本，幼儿园教师必须在文部大臣认定的大学、短期大学及其他培养机构等学完规定的学分数，才能获得从教的资格证书；保育员则是经过保育员培训所、（少数）大学、（多为）短期大学或高中所设的保育课程培训并经测试合格取得资格。在法国，母育学校还配备有特教师资，是为满足学前教育机构中特殊儿童的需要而设置的，如为了满足有运动、感官或其他残疾的儿童接受学前教育的需要。该部分学前教师除了要接受一般教师的培训，还要再经过全国性或学区性的专门机构培训，通过特教教师证书考试，实习一年，才能成为真正的特殊教育教师。

（二）培养层次不断提升

随着社会的进步与发展，世界各国对于学前教师专业素养的要求越来越高，因此，学前教师的学历层次逐渐提升，高等教育学历逐步成为学前教师职业发展的主要倾向。

世界各国为满足各类型学前教育机构对教师的需求，建立了层次多样的学前教师职前培养机构。自20世纪80年代以来，社会发展对学前教师的职前培养也提出了更高要求。各国学前教师职前培养由中师、大专或大学培养向完全由大专或大学乃至研究生院培养方向发展。

层次多样的学前教师培养机构主要分成两类：第一类是相对独立的师资培养机构，这类培养机构主要包括中等师范学校、高等师范专科学校、高等师范大学等机构。这些学校都以师范教育的名称命名，整个体系的培养目标都非常明确，以培养未来的学前教师为己任。如意大利、爱尔兰、俄罗斯等国家，都是以这类师范院校为幼儿教师职前培养的主要机构。这些机构按照师范教育的培养方式对学生进行培养，突出了其师范教育的独立性。第二类是开放型的师资培养机构，它包括综合大学或文理大学等高等院校，培养的是非定向的师资，即多学科、视野广的高素质、复合型幼儿教师，如美国、法国、日本等的学前教师培养机构，其中，美国没有独立的幼儿师范学院或大学，主要采用非师范型的培养方式。

各国学前教师职前培养经历了由中等师范学校到高等师范大学（学院），再到综合性大学的教育学院（系）培养的过程，学前教师的学历层次逐渐由专科提升到本科、研究生学

历等。

（三）课程设置重视实践能力

对比学前教师职前培养课程的内容，各国日益重视教育实习课程，增加实习课程比重。通过实践能力的培养，提升学前教师的实践智慧，使其成为反思型的实践者，促进学前教师专业水平的提升。

各国学前教师职前培养课程基本上可分为两个阶段。第一阶段是理论学习阶段，第二阶段是职业实践阶段。过去比较传统的课程设置一般是把教育实践课程放在理论教学课程的后面或者前面，二者缺少联系。现在比较普遍的做法是在理论教学课程与教育实践课程之间建立功能性联系，交替进行，互相促进。如在俄罗斯的伏尔加格勒大学学前教育系，在4年几乎所有的课程中，始终伴有连续性、阶段性相结合的实习类课程。

各国普遍重视教育实习的作用。在美国，要求每个学生必须经过幼儿园和小学低年级两次实习。英国则要求学生进行16～18周的教学实践，教学与实践交替进行。德国的专业实习为一年，在专业理论培训期间有时也进行实习。在实习的时间安排上，有分散和集中两种。大部分国家采取分散式实习，实习通常伴随着课程进行，而在最后一年的实习时间最长。比如在比利时，幼儿教师实习期以逐年翻倍递增的方式分散在3学年中，长达6～7个月。

为了培养学前教师的实践能力，世界各国在课程设置方面，都延长了教育实习的时间，并增加了实习课程的比重，凸显了实践性课程的重要作用。

第二节　学前教师任用制度比较

实现教师专业化离不开完善的教师质量保证体系的支撑。教师任用制度作为教师质量保证体系中的重要组成部分，对于严把教师队伍入口、选拔优秀人才从教等起着重要的作用。正因如此，世界上的发达国家都非常重视教师任用制度的建设，以确保本国教师队伍的整体素质。

一、学前教师的任用制度

从学前教师职前培养到任用，需要经历一系列的过程。为保证本国学前教师队伍的质量，世界各国都非常重视学前教师任用制度的建设，采取制定幼儿教师专业标准和建立幼儿教师资格证书制度等措施，来规范学前教师的任用过程，保证学前教育教师队伍整体素质的不断提升。

（一）幼儿教师职业准入标准

为提高学前教师教育的质量，保证幼儿教师的素质和水平，各国分别制定了幼儿教师职业准入标准。它有助于明晰幼儿教师应具备的知识和能力，为幼儿教师的专业学习与发展提供有价值的参考。国外发达国家的幼儿教师资格准入标准日趋完善（见下表）。

部分国家教师职业准入标准列表

国家	内容
美国	1. 促进儿童的发展和学习 2. 建立家庭和社区之间的联系 3. 观察、记录、评价及支持幼儿和家长 4. 利用有效的发展方法与儿童及其家庭进行沟通 5. 利用学科知识来建构有意义的课程 6. 成为专业人士
日本	1. 理解幼儿,具有综合的指导幼儿的能力 2. 制订和实施学前教育计划的能力 3. 在发挥自己专业特长的同时,具有和其他人合作的协调能力 4. 具有关照有特殊需要幼儿的能力 5. 具有促进幼儿园与小学、幼儿园与保育所衔接的能力 6. 建立和家长、社区联系的能力 7. 园长等管理者具有一定的领导能力 8. 对基本人权的理解力
英国	1. 专业品质:与儿童和青少年的关系;工作机制;与他人的沟通及合作;个体专业发展 2. 专业知识和理解:教与学;评价与监控;科目与课程;读写能力、计算能力和信息通信能力;成就和多样性;健康和幸福感 3. 专业技能:计划;教学;评价监控和反馈;反思教授和学习;学习环境;团队协作
新西兰	1. 学习与教学:突出了对新入职幼儿园教师在专业知识、教学策略以及计划与评价方面的基本要求 2. 学习环境:强调教师在建立良好学习环境方面的重要作用 3. 沟通交流:掌握进行有效沟通的策略与技巧 4. 支持并与同事合作:学会与同事合作并在遇到困难时能寻求同事的帮助 5. 对发展幼儿园业务的贡献:不仅要关心自身教育教学能力的提升,也要关心所在幼儿园的各项事务,为园所业务的发展和扩大贡献力量 6. 幼儿园管理:要求新教师学习与管理相关的知识和技能
澳大利亚	1. 专业知识:了解学生并了解学生是如何学习的;了解教学学科并了解如何教授 2. 专业实践:计划并实施有效的教与学;创设和维持安全而富有支持性的学习环境;评估、反馈并报告学生的学习状况 3. 专业发展:参加专业学习;为同事、家长或照料者及社区做出贡献
中国	1. 专业理念与师德:职业理解与认识;对幼儿的态度与行为;幼儿保育和教育的态度与行为;个人修养与行为 2. 专业知识:幼儿发展知识;幼儿保育和教育知识;通识性知识 3. 专业能力:环境的创设与利用;一日生活的组织与保育;游戏活动的支持与引导;教育活动的计划与实施;激励与评价;沟通与合作;反思与发展

尽管各国的幼儿教师职业准入标准不尽相同,但其目的都是为了规范学前教师的任用

过程,提高学前教师的整体素质,从而最大限度地保证学前教师教育的质量,促进学前教育的变革与发展。

(二)幼儿教师资格证书制度

幼儿教师资格证书制度是当前世界上一些国家所推行的一项针对幼儿教师行业的职业准入制度。这一制度对于规范幼儿教师的任用标准和学前教师教育的发展,加强幼儿教师职业专业化,提高学前教育质量都具有重要的意义。很多国家通过建立幼儿教师资格证书制度等措施,来保证学前教育师资的质量,提升学前教育的整体水平。

在美国,由于实行地方分权制,各州对学前教育教师并没有完全统一的规定,但一般来说,学前教师必须具备早期儿童教师证书或幼儿教师证书、小学教师证书,通常以早期教师证书为主。美国幼儿教师资格证书按级别可分为学位证书(大专、学士、硕士)、CDA 国家证书和 CDA 职业预备证书。这三种不同层次的资格证书代表了三种不同的专业化程度,适应了不同层次、不同领域学前教育工作者的要求。

日本《教员许可法》中,规定不论国立、公立、私立与否,凡幼儿园教员,均需具备幼儿园教员资格证书。幼儿园教员资格证书有普通资格证书(专修许可证、一种许可证、二种许可证)和临时资格证书(当雇佣不到普通资格证书所有者时,补充性授予,只在所授予的都道府县内有效,有效期原则上为 3 年)两种。幼儿教师资格证书分别由管理幼儿园教师资格证书的文部科学省和管理保育士资格证书的厚生劳动省发放。

韩国《教育公务员法》规定,国立、公立幼儿园或机关教员或助教为教育公务员,享受公务员待遇。私立幼儿园的教员可以通过招聘而进入国立、公立幼儿园,成为教育公务员。其《初中等教育法》规定,幼儿教师分为正教师 1、2 级和准教师。在幼儿园准教师资格考核中合格的,可获准教师资格;准教师经 2 年以上并按规定得到再教育或专科以上的各种学校的毕业生,可获正教师 2 级;正教师 2 级经 3 年以上或正教师 2 级取得幼教硕士经 1 年的,可获正教师 1 级。另外,小学教师通过必要的进修,才能取得幼儿园教师相应的资格。

目前,越来越多的国家关注到幼儿教师资格证书制度,幼儿教师资格证书制度体现出层次性和差异性。严格的幼儿教师资格证书制度对提高学前教师的素质、保障学前教育的质量具有重要的作用。

二、学前教师任用制度的发展趋势

随着世界各国对学前教师专业化水平要求的不断提高,学前教师任用制度处于日益完善、不断发展的阶段。

(一)学前教师任用制度立足于教师专业化发展

1986 年美国卡内基教育和经济论坛、霍姆斯小组相继发表了《国家的准备:面向 21 世纪的教师》《明日之教师》两个报告,明确得出了两个著名的结论:“第一,国家的成功取决于更高质量的教育;第二,成功的关键在于建立一支与担当此任务相适应的专业队伍,即一支受过良好教育的教师队伍。”可见,全面提升教师队伍质量,促进教师专业化水平的提升,提高教育的质量,已经成为世界各国达成的普遍共识。

因此,各国在制定幼儿教师职业准入标准时充分地体现了对学前教师专业化水平的共同追求,具体体现在学历、教师教育、教育实践和入职考试内容等方面。如美国要求申请者先接受 4 年的大学教育,在获得学士学位以后再接受 1 ~ 2 年的教育专业训练,包括教育学科课程学习和实习，再参加统一的教师资格考试。法国要求申请者获得学士学位后在教师培训学院接受两年的培训，再参加两次严格的考试。英国对入职申请者甚至要求具有教育专业学士学位，非教育专业学士学位申请者，需要再接受一年的教育训练，取得“研究生教育证书”。德国的要求也大致相同，突出幼儿教师的专业化。“美国幼儿教师的质量是通过教师教育专业标准、新教师资格认定标准以及优秀教师资格认定标准这样三个连续的质量控制标准体系来保证的”，这三个标准均立足于幼儿教师的专业化发展。

（二）幼儿教师职业准入标准知识能力与实践经验并重

全美幼儿教育协会的五项核心标准，“覆盖了幼儿职业候选人在专业、普通知识等方面的要求，体现出知识、能力、伦理要求并重的特点”。首先，在教育的专业知识与能力方面，要具备促进儿童学习和发展的知识与能力，具备在幼儿的家庭和社区之间建立联系的知识与能力，具备观察、研究与评价幼儿的知识与能力。其次，在普通知识与能力方面，要求具有范围广泛的普通知识领域的基本概念，能够把握幼儿教育的各个内容领域的基本结构。再次，突出幼儿职业候选人的专业特征，要具备专业道德，能够对幼儿职业充满认同感和亲切感，具有专业自我发展的知识和能力。在日本，想真正成为一名幼儿教师要通过录用和选拔考试。通过对人文、社会、自然等方面的基础知识，以及教师职业与幼儿教育方面的专业知识的考试，来保证幼儿教师的基本素质。然后，通过面试，在言谈举止、反应能力、家庭教育的环境以及性格方面等进行了解和考察，以确定应试者是否适合幼儿教师职业。

除了知识能力方面的要求外，各国幼儿教师职业准入标准中注重教育实践和经验。例如，美国要求接受幼儿教师教育的学生接受 1 ~ 2 年的教育专业训练，包括学习一定的教育学科课程和必需的教学实习。德国要求获得大学学士学位的毕业生在担任教师前，一般要先经过 18 个月的教师职业培训，其中 2/3 的时间是实习。法国要求获得学士学位后，接受两年的教师教育培训，其中包括一年实习。日本由各都道府县的教育委员会举行的检定考试中，具备二种许可证和临时许可证的教师想要取得一种许可证，根据工作年数也有不同的要求和标准。

（三）幼儿教师资格证书制度具有法律效力

要想成为一名合格的教师必须经过专门的训练，不仅要具备教学知识、教学能力，还要有一定的教学艺术。尽管对这三者进行有效的评价和测量相当困难，但通过教师资格认证使教师满足最基本的任教条件已成为人们的共识。各国教师资格认证正在朝着对教师素质进行全面把关的目标前进，在把好入口关的同时，不断地对教师进行重新评估，逐渐使不能适应新的教育情况、知识老化、经验过时的人退出教师队伍。为此，许多国家借助法律保护学前教师资格证书制度的实施，维护学前教师资格证书制度的权威。

越来越多的国家将获取学前教师资格证书纳入到法律保护的范围当中，以保障教师资格的合法地位。如美国，其教师资格证书制度经过近两个世纪的发展，现在已经成为世界上最完善的教师证书制度之一。在这段历史上，美国的师资发展经历了一个从重数量到重质量，从低标准、宽要求到高标准、严要求，从各县、各州分散独立到全国逐步统一标准的完善过程，目前，教师资格证书已成为从事教育工作者不可或缺的证件。任何一所学前教育机构，只能聘任持有效证件的学前教师，否则就要负法律责任。同样，任何一位应聘的学前教师必须持有效证书才能任教，否则也要负法律责任。日本对幼儿园教师的资格要求非常严格，无论是国立、公立还是私立幼儿园的教师都必须有相应的资格证。《教员许可法及实施令》中确立了日本所有教师的资格证书制度，并统一了规格，幼儿园教师资格证书制度受到了法律的保护。

（四）幼儿教师资格证书日趋打破终身制

在终身教育的背景下，学前教师资格的定期认证逐渐取代一次性永久认证。实践表明，教师资格终身制弊大于利，不符合国际教师教育的发展趋势，也不符合教师专业化发展的要求。世界上许多国家只设少量的终身制教师职位，大多数教师的资格是非终身性的。例如，美国佛罗里达州已取消了永久性教师资格证书，规定每年重新接受教师能力测试，以凸显教师资格证书时效性的优势。目前，美国至少有32个州要求教师通过在职学习大学课程或参加在职培训来限定教师资格的终身性，以此提升教师的质量。同时，部分国家还把教师资格证书的重新认定与教师职后培训挂钩。如在美国，以学分制的形式要求促进教师资格证书更新。半数州要求每5年修满6个学分，北卡罗来纳州要求每5年修满15学分，罗德岛州要求每5年修满9个学分，然后才能更新教师资格证书。如果一定期限后教师资格证书不更新，便会自动失效。取消教师资格证书终身制有利于提升学前教师的竞争力，提高学前教育教学的质量，保证学前教师的可持续发展，提升学前教师的专业化水平。

学前教师任用制度是关系到学前教育水平、学前教师质量以及学前教师职业地位的重要问题。世界各国均基于本国学前教师教育的实际情况，不断完善着学前教师的任用制度，努力探索并实践着逐步推进学前教师任用制度科学化的有效路径。

第三节　学前教师职后培训制度比较

1965年，前联合国教科文组织成人教育局局长保罗·朗格朗在国际成人教育会议上提出终身教育思想。他认为：教育应该贯穿于人的一生。仅仅在学校中学到的知识已经不能够终身受用，终身学习将成为一股不可逆转的潮流。要保证儿童早期教育质量，必须为教师提供充分的培训和公平的工作条件。接受过正规教育和专业早期儿童教育培训的教师，可以与儿童进行更为亲密、快乐的支持性互动。基于此，各国都开始重视学前教师的职后培训，通过各种措施鼓励在职教师参加专业培训，提高学前教师的整体素质。

一、学前教师的职后培训制度

职后培训主要包括：新教师入职培训与在职教师的专业发展培训。

1996年，国际教育大会第45届会议在《加强教师在多变世界中的作用之教育》中指出，“应该对刚开始从事教师职业的教师给以特别的关注，因为他们的最初职位及他们将要进行的工作，对其以后的培训和职业具有决定性的影响。应该在教师最初阶段引用导师制和督导制。”在新教师入职培训方面，各国政府通过各种措施帮助新教师适应幼儿教师角色和教育教学工作所需要的职业基础知识和基本技能，帮助新教师尽快进入幼儿教师角色，减少刚入职时的挫败感，增强对幼儿教师的职业认同感和归属感，为新教师日后专业工作与专业成长打下坚实基础。在美国，20世纪80年代，新入职教师培训开始受到重视。90年代，这已成为最受欢迎的教师教育改革措施之一。1992年，34个州以立法的形式对培训予以确认。美国主要通过教学导师制、目标介入式、督导评价、加入专业团体机构、与专业成员互动等方式使新教师得到帮助。英国师资培训署于1998年颁布了一套新的教师入职培训制度——新教师"入职档案"制度;2000 年,英国教育与就业部发布《新任教师的入职培训》,对新教师入职培训做了详细规定。2003 年,"入职与发展档案"制度产生。根据《新任教师的入职培训》文件,入职培训的时间为 3 个学期,由幼儿教师职前教育机构和幼儿教师入职培训所在学校共同负责,新任教师在工作 5 年后完成培训。

在职教师专业发展培训方面,从一名新入职学前教师成长为一名合格的学前教师,再发展成为一名专业化的学前教师,要经历一个不断学习和成长的过程。专业的、完善的职后培训是实现教师专业发展的重要保障。世界各国重视幼儿教师的在职培训(见下表)。联合国教科文组织也提出:"所有教师都有权享受在职培训,并建立工资照发的教学休假制度的建议。"

学前教师在职培训比较

国家	背景	培训机构	培训形式
美国	终身教育观念,改革师范教育、提高教师素质呼声的高涨	幼教机构和社会各教育机构合作	教育资源与咨询部门设立的教师专业发展小组提供的培训;学区根据不同主题设立不同小组开展培训;社区大学或四年制大学提供培训课程;观察与评价模式;探究培训模式
日本	《教育公务员特例法》中规定:对工作满 10 年的教师,根据其能力及经验状况提供适时的研修	文部大臣委托的大学	夏休研修(0 ~ 20 天);冬休研修(0 ~ 4 天);平时教学期间的研修(13 ~ 20 天)。在职教师可长期进修,也可短期进修;可以脱产或不脱产;函授教育或学分认定测验等
俄罗斯	进修体系向多样化和灵活化方向发展,不断满足幼儿园所需标准和社会新的经济条件下对教师的要求	从中央到地方的各层次的教师进修学院,师范大学(学院),区市的教研室	面授和函授进修班;群众性的教师进修活动;自学和自我发展
英国	在职保教人员必须定期参加专业培训的决定	以大学教育学院为主向以所在幼儿园为主转变	每学期 5 天固定时间的在职进修,如参加专题讨论会、课程培训和座谈等;教师会由本园、大学或教育中心的教师,地方教育部门人员共同参与,共同讨论教师在教学活动中遇到的问题;园际交流
德国	政府重视幼儿教师的继续教育,以确保良好的启蒙教育	大学、园与园之间	轮训、脱产进修、现代化教学,即通过互联网、函授等方式交流、讨论
法国	教育部规定:每个初等教育教师工作第 5 年起至退休前 5 年止,可以在其整个任教生涯中享受 36 周在职教育	本省师范学校和有关大学共同承担	培训以专题讲座、共同商讨、相互交流、强化训练为主

二、学前教师职后培训制度的发展趋势

作为教师专业发展的主要途径之一，学前教师职后培训已成为各国学前教育关注的重心。正如经济合作与发展组织所说，如果要想教师能够提供高质量的教育服务，教育系统就要给教师提供密集的培训和良好的工作待遇。

（一）逐步完善职后培训的法律政策

制定完善的法律法规及政策不仅是学前教育合理发展的需要，更是幼儿教师职后培训得以顺利实施的保障。

英国政府于2003年9月颁布了新的入职指导标准，规定教师入职培训是义务性质的，初任教师必须参加，这一政策沿用至今。加拿大、荷兰、德国以及中国的香港和台湾地区也都在20世纪80年代中后期以法令的形式开始实施初任教师入职培训。日本、英国等国家和地区以立法的形式规定职后进修是教师应尽义务。法国、日本等国家和地区还制定配套政策来具体规范和保证教师的在职进修。另一方面，各国还通过各种辅助法律手段确保教师参与培训，以激励的方式鼓励教师参与职后培训。以美国、日本、英国等国家为代表实行教师进修和晋级加薪相联系的制度，以美国、澳大利亚、英国、瑞士等国家为代表实行带薪休假进修制度。各国通过建立制度性的政策法规以及人文化的激励政策，使得学前教师在职培训政策法规日趋完备，促进学前教师自觉参与到职后培训之中。

（二）逐渐加大职后培训的财政支出

2010年9月27日至30日，在莫斯科召开的首届联合国教科文组织世界学前教育大会指出，投资早期教育就是投资于国家的未来，“投资学前教育比投资任何其他阶段的教育都拥有更大的回报”，高质量的学前教育离不开高质量的幼儿师资队伍，因此，世界各国都非常重视幼儿教育师资的专业素养培训，纷纷加大对幼儿教师培训的财政投入。

根据经济合作与发展组织1995年的财政报告显示，挪威政府将年度教育预算的2%以上用于教师培训，当年居世界首位。美国总统奥巴马提出：“教育质量的关键在于教室前面的那个人”“教师决定了美国教育的未来”“对教师投资，孩子就有可能成功”，因此，美国专门投入大量的资金以保障学前教师的在职培训。新加坡政府也加大投入支持教师在职培训，如果有幼儿教师积极主动地参加大专课程培训学习，政府资助其5 000新元，幼儿园负担剩余的费用。同时，为了提高学前教师参与在职培训的热情和积极性，许多国家还出台了具体的激励措施，鼓励学前教师参加在职研修。澳大利亚政府规定，幼儿教师每6～7年就有一个带薪休假期，为期一个学期，每年至少要享有5天的脱产进修假。由此，在大量的资金及奖励制度作为强大的物质后盾的基础上，各国不仅学前教师培训卓有成效，而且教师参与进修的积极性高涨。逐渐加大财力的支持必将成为世界各国推动自身学前教师在职培训发展的重要趋势之一。

（三）逐步构建职后培训的专业化体系

随着终身教育理念和教师专业化思潮的不断发展，学前教师在职培训和教育越来越受到社会各界和教师本人的重视，学前教师在职培训目的也从最初的学历达标、更新知识逐渐发展为帮助教师获得职业和个性的全面发展。目前，各国学前教师的在职培训，目标呈现多样化，内容更有针对性，培训形式也不断创新，培训体系日趋专业化。

英国政府于2006年推出了一种新的学前教育专业标准，要求幼儿教师应该具有的知识

技能包括:实践能力、全面关注和服务意识、有创造力、善于自我反思等。英国学前教师的培训课程针对教师的不同层次和需要,分为短期课程、教育学学士荣誉课程、高级学位课程,包括基础的教育学知识和最前沿的教育研究热点,提高教师的科研能力和专业化发展水平。德国幼儿教师培训追求实用价值,经常会把幼儿教育的热点问题设置成培训主题,由专家和幼儿教师进行交流沟通,共同促进保教质量的提高。有美国学者提出教师发展的"素质洋葱模型",认为一个优秀的幼儿教师所具备的素质由内至外分别是动机、个性、自我形象与价值观、社会角色、态度、知识、技能等,其中动机和个性是最核心的素质,在美国的教师培训中特别重视培养教师的核心品质,培训课程多涉及教师信念、身份认同和使命感。澳大利亚、英国、美国、日本、法国等国家建立的以高校为主慢慢转向园本模式为主,强调大学和幼儿园联合,成立一体化的培训机构等,都体现出了为提高学前教师在职培训效率而进行的专业化培训的探索与创新。

本章小结

"职前培养""教师任用""职后培训"是教师专业发展必要的基石,同时也是教师教育制度不可或缺的三个环节,三者相互连贯、不可分割。"职前培养"作为教师专业发展的起始阶段和重要环节,在很大程度上决定了初任教师的专业化水平,更是奠定教师职业发展的根基,是教师任用和进修的基础;"教师任用"衔接着教师的培养和进修,以制度形式决定了教师职业对优秀人才的吸引力和师资队伍的整体素质、结构、容量以及稳定性;"职后培训"则是培养和任用的升华,是教师入职后的继续学习历程,是教师专业发展中最为重要的组成部分。学前教师教育应贯穿于学前教师职业生涯的每个阶段,不仅能够确保学前教师在专业性方面的发展,而且可以促进学前教师在更为广阔的教育领域和教师生涯内实现可持续发展,以满足终身学习的社会需求和自身发展需求。本章分别对"职前培养""教师任用"和"职后培训"三个环节的学前教师教育制度进行了比较,并归纳出了世界学前教师职前培养制度、任用制度以及职后培训制度的各自发展趋势。

思考题

一、简答题

1. 简述学前教师职前培养制度的发展趋势。

2. 简述学前教师任用制度的发展趋势。

3. 简述学前教师职后培训的发展趋势。

二、论述题

1. 结合世界学前教师职前培养制度的发展趋势,论述我国学前教师职前培养制度的主要问题、原因及改革方向。

2. 结合世界学前教师任用制度的发展趋势,论述我国学前教师任用制度的现状及发展方向。

3. 结合世界学前教师职后培训制度的发展趋势,论述我国学前教师职后培训的现状及改革方向。

第十章 世界学前教育发展的基本经验及趋势

学习目标

1. 理解世界学前教育发展的基本经验。
2. 掌握世界学前教育面临的主要问题。
3. 掌握世界学前教育的发展趋势。

第一节 世界学前教育发展的基本经验

世界学前教育随着世界政治、经济、文化的发展而不断发展变化。从宏观的角度，对当代世界学前教育的发展历史进行考察，分析其基本经验、存在的问题和发展趋势，可以获得一幅相对完整的世界学前教育变革和发展的画面。

一、政府承担更多责任是学前教育发展的有力保障

随着学前教育的重要性愈加凸显，各国政府从长远的、战略性的高度来重新审视政府职能在学前教育中的作用，采取了一系列的手段和措施。政府承担更多的发展学前教育的责任是学前教育发展的有力保障，主要体现在加大对学前教育的财政投入和重视教育立法两个方面。

大量关于学前教育投资与回报的研究证实，学前教育能够产生巨大的社会经济效益，是投资获益最多的教育阶段，而且其回报还将随着个体成长和时间推移持续、大幅增长。美国芝加哥亲子中心通过追踪研究发现，在考虑通胀因素的情况下，对学前教育每投入 1 美元，15 ~ 18 年后所获得的收益是 7.14 美元，其中社会获得的收益是 3.85 美元，幼儿及其家庭获得的收益是 3.29 美元。社会收益主要来源于犯罪率降低等带来的行政、司法开支的减少。学前教育对社会发展的重要性让世界很多国家不断加大对学前教育的政府投入。

欧盟委员会保育协作组织在 1996 年建议，欧洲各国应该至少把国民生产总值(GDP)的 1% 投入早期教育和保育事业。目前已经有一些欧洲国家超越、达到或接近了这样的公共经费投入水平。根据 2004 年各国为经济合作与发展组织提供的数据，丹麦在 0—6 岁早期教育机构上的投入占本国国民生产总值的 2%，瑞典的投入占本国国民生产总值的 1.7%；有的国家如芬兰，还给 6—7 岁儿童的学前班另外增加占国民生产总值 0.3% 的拨款，用于提

升学前教育的水平。投入学前教育机构系统的这些经费中，还包括具有社会福利性质的对家庭服务和产假、教育假等产生的现金补贴。

不少发达国家乃至发展中国家对学前教育实行免费政策。提供学前一年免费教育的国家有：奥地利、澳大利亚、韩国、加拿大和美国；提供两年免费学前教育的国家是荷兰和爱尔兰；提供三年及以上免费学前教育的国家是比利时、卢森堡、葡萄牙、墨西哥。有的国家有针对性地实行免费政策，如2004年韩国的《幼儿教育法》规定，应按照总统令所规定的顺序逐渐实施学前一年免费教育，受《国家最低生活保障法》保护的幼儿或生活在离岛、边远地区的幼儿优先享有一年免费学前教育的权利。澳大利亚首都领地和北领地的学前一年教育对本辖区所有的儿童免费，其他一些辖区对原住民和弱势儿童全免费。学前教育阶段免费，说明一个国家和社会对学前教育的期待和重视程度。免费学前教育具有一定的社会福利因素，体现了国家和社会让全体儿童和家长享受社会经济发展的思想，同时也反映出对于本国儿童早期发展和入学准备方面的要求。

颁布教育法案是政府承担发展学前教育责任的重要途径。第二次世界大战后，各国政府加大对学前教育的投入和管理力度，试图通过学前教育立法，建立一个公开、透明的学前法律法规体系，保障学前教育的基础地位和学前教育价值的实现。教育法案的内容涉及学前教育的各个方面，如教育的目标、内容、形式、管理、师资、督导及评价等。

美国非常重视学前教育的立法，早在1958年就通过了《国防教育法》，强调教育应该从孩子抓起，应该重视天才儿童的选拔和教育，这个法案对美国学前教育的发展起到了积极的推动作用。1979年和1990年美国分别通过了《儿童保育法案》和《儿童早期教育法案》，对儿童的保育和早期教育做出了比较全面的规定。1994年又颁布了《2000年目标：美国教育法》，将发展学前教育列在国家教育目标的首位，明确规定“所有美国儿童都要有良好的学前准备”。2002年布什政府颁布了《不让一个孩子掉队法案》，加强了联邦政府在教育事务中的作用，提出确保所有人，尤其是弱势儿童能顺利完成学业，获得成功。2009年奥巴马上台伊始，提出了“0—5岁教育计划”。根据该计划，每年由联邦政府拨款100亿美元，资助各州普及学前教育，借助该计划使每个儿童，不分贫贱，在幼年时期都能获得平等的教育，在入学前都能得到充分的准备。不断出台的教育法案，使美国学前教育不断适应社会不同阶层的需要。

英国在1989年的《儿童法》和2004年的《儿童法》中，均规定了地方政府的主要职能，包括对地方儿童服务当局履行的具体职责以及早期教育机构的运转、管理和儿童权益保障等制定规章、进行指导和监督检查等。2006年《儿童保育法》中，明确规定了地方当局及相关部门在履行其各项职责时必须接受来自国务大臣的监督和指导，在中央层面有专人负责对学前教育事业的发展进行宏观调控，制定政策法规、发展规划及监督指导等。此外，《儿童保育十年战略》和《每个儿童都重要》绿皮书，以及多部与学前儿童及教育相关法律的制定，无不彰显着英国中央政府在加强自身对学前教育事业发展宏观指导、规划、组织领导与协调方面的职责。这些法案的颁布有利于加强和改善英国儿童的教育与保育质量，确保每个儿童潜能的发挥及其健康发展。

从世界各国的经验可知，政府对学前教育的财政投入和法律颁布是学前教育数量和质量提高的重要保证。政府职责的切实履行与不断强化的重要前提是政府首先要深刻认识学前教育的重要性，有效保障学前教育的基础地位与其价值的实现，途径就是通过立法保证学前教育的持续发展。

二、学前教育课程改革是实现学前教育目标的重要保证

学前教育课程是学前教育的核心部分，是实现学前教育目标的重要保证，直接关系到学前教育的质量，关系到每一个学前儿童身心的和谐发展。随着社会的进步、科技不断创新以及学科理论的发展，学前教育课程面临诸多挑战。一方面，社会各方面的变化，特别是社会关系的复杂化、家庭结构的多样化、移民等带来的文化和语言的多样性等因素，对学前儿童的适应性提出了新的要求；另一方面，其他相关学科的研究和发展也不断推动学前教育课程的变革。世界各国纷纷对学前教育的课程进行了改革，以适应不断变化的社会发展与儿童发展的需要。

从1969年到2007年近40年间，韩国先后进行了6次幼儿园课程改革，并制定出较为完善的"国家幼儿园课程体系"。2007年韩国政府对幼儿园课程进行了第7次改革，并于同年12月颁布了《幼儿园修订课程总论》(第2007-153号)，这一课程改革方案于2009年3月1日在全国推行。这次改革是韩国幼儿园课程改革的进一步深化，倡导以儿童为中心，促进儿童全面发展，反映了韩国经济社会发展对幼儿教育提出的新要求。

2000年英国政府颁布了《基础阶段教育(3—5岁)课程指南》，首次在基础阶段设立了统一的国家课程。2011年7月，英国政府着力对儿童早期教育中心进行改革，削减0—5岁早期教育课程，将69条具体课程目标减少到17条，重点关注儿童入学准备和学习能力。1998年，瑞典国会颁布了第一部全国性的幼儿园课程标准——《幼儿园课程》。该课程标准内容丰富，涵盖了幼儿园课程的基本价值观和基本的目标与准则、幼儿学习和发展的水平要求、幼儿园与家庭及学校的合作等内容。2010年3月23日，政府向议会提交了新的教育法案《新教育法案——提高知识、择校权和安全》，新教育法案于2011年1月1日正式实施。新教育法案规定把幼儿园作为一种独立的学校类型，再次明确提出将学前教育作为儿童终身教育的第一步。新法案明确提出重视幼儿园的教学任务，并阐释了语言、数学、科学和技术等领域的目标和要求。

20世纪二三十年代我国幼儿园进行了第一次幼稚园课程改革，陈鹤琴、张宗麟、陶行知等教育家洞察了我国幼稚园教育的种种弊端，提出要使幼稚园教育中国化、科学化，首先要从课程改革入手。1932年民国政府颁布了《幼稚园课程标准》，1936年进行了修订。幼稚园课程中国化与科学化是这次课程改革的主题，指导思想深受杜威实用主义的影响，幼稚园课程内容的范围也比较广泛，而且具体实用。新中国成立后，20世纪50年代进行了第二次课程改革，1951年10月，政务院公布了《关于改革学制的决定》，产生了新中国的第一个学制。这个学制将幼儿教育列为第一部分，并规定实施幼儿教育的机构为幼儿园，"幼稚园课程"也改为"幼儿园课程"。1952年教育部正式颁布了《幼儿园暂行规程》，通知在全国幼儿园试行。1952年7月，教育部颁布了《幼儿园暂行纲要》，其中有：《幼儿园体育教学纲要》《幼儿园语言教学纲要》《幼儿园认识环境教学纲要》《幼儿园图画手工教学纲要》《幼儿园音乐教学纲要》《幼儿园计算教学纲要》。各科纲要都包括目标、教学大纲、教学要点和设备要点四个方面。《幼儿园暂行规程》和《幼儿园暂行纲要》两个文件初步奠定了我国幼儿园新教育，即分科教育的模式。分科教育模式的引进和建立，在我国幼儿园课程发展史上是重要的。20世纪80年代我国开始进行了第三次课程改革，1979年10月教育部颁布了《幼儿

园教育纲要(试行草案)》,将 1952 年的“幼儿园教学”改为“幼儿园教育”,把幼儿园教育内容拓展为生活卫生习惯、体育活动、思想品德、语言、常识、计算、音乐、美术八个方面,并强调通过游戏、上课、观察、劳动、娱乐和日常生活等各种活动完成教育任务,幼儿园教育教学继续采用分科教育模式。近几十年来,我国正在形成多种课程模式的格局,并呈现了从单科课程的实验扩展到整体课程的实验;从城市扩展到农村;从重视幼儿园正规课程研究到尝试幼教机构非正规课程的研究。

三、提高学前教育师资的素质是提高学前教育质量的重要举措

当前,许多国家都把培养优质师资看作是学前教育发展与提高的基石,为了培养高质量的学前教育师资,提高教师的素质,采取了一系列行之有效的措施,主要包括注重学前师资职前培养和加强在职培训。

注重学前师资职前培养是提高师资质量的前提。全美幼儿教育协会从 1980 年开始就为高等院校培养幼教从业人员的相关专业制定指南,1982 年颁布了学士和硕士层的幼教从业人员培养计划指南,1988 年颁布了高级硕士、博士学位和副学士学位幼教从业人员培养计划指南。1994 年和 1999 年,全美幼儿教育协会两次对上述指南进行了修订,不断完善教师培养计划。

英国在 2007 年出台的《儿童工作者战略》中,对学前教师的资格水平提出了目标。该文件指出要加大学前教师的培训力度,努力提高学前教师的资格等级,力争于 2008 年实现多数学前教师的资格均能达到三级水平。2008 年制定的《儿童早期基础阶段》中,对不同年龄阶段的师生比例做出了明确规定,并要求从事早期基础阶段的主班教师应具有三级或以上的资格水平。2009 年,英国政府颁布的《早期儿童学习和保育的下一步》中,对学前教师资格做出了新的规划,指出政府将努力确保所有学前教师均能达到三级资格水平,并计划于 2015 年对所有学前教师实行三级资格要求。

在澳大利亚全国范围内没有统一的职员标准,各辖区的监管要求均规定了本辖区学前机构的最低职员资格标准。不同辖区的最低职员资格标准不同,不同类型的学前机构对其雇佣职员的资格要求也有所差异。例如:

(1) 质量促进和认证系统的全国标准规定全日托的所有职员都应该具有学位资格或两年培训经历。但是,除新南威尔士州规定了拥有 29 名儿童以上的全日托机构必须至少雇佣一位持有大学学位资格的学前教师外,其他辖区通常都要求全日托机构的职员持有职业技术和继续教育学院或注册的培训机构颁发的职业文凭或培训经历。如,维多利亚州规定,每 25 名儿童要配备一名经过两年培训的职员;西澳大利亚州要求每个年龄组都要配备一名经过 2 ~ 4 年培训的职员;首都领地要求全职职员都要经过两年培训。

(2) 根据全国家庭日托标准,家庭日托系统协调单位的职员需具备特定的资格。家庭日托的保姆除了需要持有急救证书外,不需要其他的资格。

(3) 大部分辖区都要求学前班、幼儿园的学前教师必须持有大学颁发的学前教育教学学位。

随着时代的发展,特别是科学技术的迅速发展,信息技术的变更,新知识、新技术不断涌现,仅重视教师职前培养已经远不能适应时代发展的需求,加强学前教师在职培训成为提高师资质量的必要条件。1965 年,法国教育家保罗·朗格朗提出了“终身教育”思想,并迅速

得到世界各国的认同。发达国家都普遍拓宽教师教育的范围,将终身教育理论运用于教师教育的实践。20 世纪 80 年代以后,在幼儿教师专业化运动的推动下,幼儿教师的在职进修成为世界各国提升幼儿教师专业水平的一条有效途径。

日本从法律层面上充分尊重和提倡教师在职进修。日本的《教育公务员特例法》及《地方公务员法》规定,在职进修是每个教员的权利也是义务,主管单位必须为之提供各种条件。目前,日本幼儿教师的研修主要包括:新任教师研修和 10 年经验者研修。除此之外,国家级的研修还包括:中央教职员等研修讲座(主要内容是幼儿园经营方面的法律知识)、理解和促进幼儿园教育课程的研修(中央协议会)、幼儿园指导主事和专业负责人员研修会议。另外,还有地方公共团体主办的研修,如全国国立公立幼儿园园长会、全日本私立幼儿园联合会、全国幼儿园教育研究会等主办的研修。朝鲜学前教师的在职教育由国家和地方共同负责,各地都设立了"教师课程讲习所",教师每 3 年就有 3 ~ 6 个月脱产轮训的机会,学习国家教育科学院和中央教育所制定的教材和科研成果。

芬兰的学前教育教师拥有很高的社会地位,其工作得到社会各界的普遍认同和广泛尊重,他们的工资待遇与国家公务员相当。芬兰各城乡政府和学前教育机构都鼓励教师继续学习,免费为其提供在职或者脱产的培训及学位攻读,培养和培训都由大学负责,保证了培养的教师具有较宽的知识面,能够运用先进教育理论和先进教学手段改进教育教学。芬兰国内的 10 所综合大学都设有教育学院,这些教育学院为学前教育教师提供终身的培训。

第二节　世界学前教育面临的主要问题

尽管世界学前教育取得了许多成就,积累了很多经验,但仍然存在一些问题。总体来说,存在的问题主要有:学前教育机构无法满足社会需求;学前教育经费投入不足;学前师资不足,教育质量存在问题。

一、学前教育机构无法满足不断增长的社会需求

随着人们对学前教育重要性认识的不断提高,有入园需求的儿童人数随之不断增多,学前教育机构无法满足不断增长的社会需求。

德国低龄儿童教育机构不足。德国青少年研究所的研究显示:父母都有工作的 3 岁以下幼儿中,每 5 人就有 1 人在接受托育机构形式以外的托育;80% 的父母依赖其他的托育形式,如由保姆或祖父母照顾幼儿。此外,在 3 岁以下幼儿未工作的母亲当中,84% 的人表示有进入职场的意愿,其中有 55% 认为由于缺乏合适的托育机构,她们不得不放弃工作而留在家中照顾孩子。

20 世纪 80 年代以来,英国越来越多的妇女开始外出工作,家庭对幼儿保育和教育的需求与日俱增,而托幼机构的数量和需求之间却有着很大的差距。资料表明,1997 年,在英国,每 3 个幼儿才有 1 个托育机会,而且托幼机构提供的照看和照料时间不能配合家长工作的时间。近几年,俄罗斯人口出生率不断提高,需要接受学前教育的儿童数量也不断增长。2000 年俄罗斯接受学前教育的儿童共计 426 万人,2005 年为 453 万,截至 2007 年年底,接受学前教育的儿童数量增长到 490 万。学前教育机构不能完全满足需求,学前教育资源处于紧张状态。

二、学前教育经费投入不足

学前教育机构的发展有赖于经费的支持，维持适宜的师幼比、较小的班级规模、稳定及专业化的教师队伍等都需要资金的投入。虽然世界各国在学前教育加大了投入，但是还不能满足学前教育事业的发展。一些国家的儿童保育和教育缺乏政府的资金支持，尤其是中央政府的投入。

匈牙利中央政府在学前教育的投入中，仅负担了25%～30%的费用，其他由地方政府和家庭负担。韩国存在政府对学前教育投入严重不足的问题。2002年，韩国对幼儿园的投入仅占国民生产总值的0.13%，占教育预算的1%，无法满足学前教育发展的需要。

学前教育投入不足直接制约着学前教育的发展和学前教育质量的提高。由于政府对学前教育的投入较少，家长需要缴纳一定的费用送幼儿去学前教育机构，学前教育机构又不断需要降低成本来维持运营，因此不能为高素质的幼儿教师提供合理的工资，非常容易导致幼儿教师待遇差，缺少专业发展的环境和条件，影响幼儿教师这个职业的社会认可度等后果。

三、合格的学前教育师资不足

澳大利亚的菲利普博士研究发现，“有40%～50%的年轻教师选择在其入职后的5年内离职。这样的现象不仅发生在澳大利亚，在美国和欧洲也是普遍存在的。这一现象之所以在今天引起社会各界的广泛重视，其原因主要在于教师离职的比率增长得越来越快，教师队伍人员短缺的趋势日益严重”。德国总人口中有20%具有移民背景，幼儿园中有14.7%的幼儿在家中并非说德语，德国目前具有移民背景或多种外语能力的保教师资缺口很大。据统计，德国3—6岁的移民幼儿当中有25%未读幼儿园，主要原因就是父母担心孩子在与自身语言和文化不同的环境中会产生学习障碍与适应不良等问题，而且现有机构也没有合适的保教人员可为越来越多具有移民背景的幼儿提供帮助。

师资不足导致学前教育机构师幼比例较低，班级规模较大。例如，在美国，虽然联邦政府规定2岁幼儿的师生比例应为1∶4至1∶6，但各州的规定各不相同，从1∶3至1∶12不等，有的州师幼比例很低。在非洲，师幼比例普遍较低，学前教育机构数量短缺，合格的学前教育师资供不应求。加纳的师幼比例为1∶21，埃及为1∶25，埃塞俄比亚为1∶38，肯尼亚为1∶39。

师幼比例和班级规模是影响托幼机构教育质量的静态因素或结构变量。班级越小，儿童感染疾病的可能性越小，特别是对3岁以下的儿童。有研究表明，在少于20个儿童的班级里，肝炎的传染率是3%，但在超过51个儿童的班级里，肝炎的传染率是53%。

总之，各国学前教育在不断的发展中显现出一些共性的问题，而解决这些问题也是各国学前教育发展正在努力的方向。

第三节　世界学前教育发展趋势

自20世纪80年代以来，加强学前教育成为世界各国教育发展的主要目标之一。许多国家把学前教育作为整个教育的基础，并依据教育学、心理学、生理学和保健学等方面取得的科研成果，尝试新的改革，以促进本国学前教育的发展，学前教育逐渐被纳入义务教育和终身教育体系，在学前教育的目标、制度、内容、方式和方法等方面都出现了一些新的趋势。

一、大力推进学前教育普及

学前教育普及是衡量学前教育事业发展状况的一项重要指标。大力推进学前教育普及已经成为国际学前教育事业改革和发展的共同趋势与核心目标。为有效促进学前教育普及，世界许多国家推出国家学前教育普及行动计划。

各国重视用立法等多种措施推动学前教育的普及。日本政府为了提高 3 岁儿童入园率，1991 年 3 月公布了幼儿园教育振兴计划，重点是把 3 岁儿童入园率从 20% 提高到 50%。2006 年颁布的幼儿园教育振兴计划提出，把免费学前教育作为努力方向，加强财政、制度方面的改革，充实在学前教育方面减轻家庭负担的各项政策措施，振兴学前教育。为了减轻家庭负担，提高入园率，日本政府实施儿童入园奖励政策，于 2009 年拨款 247.63 亿日元，提高幼儿园入园费用减免比例。巴西《1988 年宪法》即规定政府有义务向 6 岁及以下年龄儿童提供保育和教育。2001 年《国家教育计划》的目标是到 2010 年，将该教育计划普及到 50% 的 4 岁以下儿童和 80% 的 4—5 岁儿童。

在普及学前教育的政策方面，各国普遍采纳分步走的策略。例如，墨西哥在法律中明确了普及学前教育的三步走目标：在率先实现 5 岁普及学前教育目标的基础上，分步完成普及 4 岁和 3 岁的目标。从 1983 年开始将学前一年教育纳入义务教育范畴；2002 年核准的一项宪法修订案规定了学前三年义务教育目标。2009 年，这一目标已经实现。

在各国的努力下，学前教育普及率呈现出上升的趋势。据联合国教科文组织 2006 年的数据表明，接受学前教育的儿童人数比 30 年前增加了两倍。1999 年至 2005 年期间，全球学前教育阶段毛入学率从 33% 提高到 40%，全球接受学前教育的儿童人数增加了 2 000 万，总数接近 1.32 亿。发达国家大多都已普及学前教育。欧洲是世界学前教育普及率最高的地区，当前全欧洲的毛在园率为 90.8%。1999 年以来，欧洲适龄幼儿毛在园率持续上升，从 1999 年的 76.3% 上升到了 2006 年的 91.7%。其中西欧适龄幼儿的毛在园率从 1999 年的 92.8% 上升到了 2006 年的 101.6%，提高了 8.8%；东欧适龄幼儿的毛在园率则从 1999 年的 61.4% 上升到了 2006 年的 81.3%，提高了 19.9%。

发达国家大多都已普及学前教育，发展中国家学前教育的普及水平也在不断提高。1999 年至 2005 年间，南亚和西亚能够享受学前教育的儿童人数增加了 76%，撒哈拉以南非洲增加了 61%。根据联合国教科文组织首届世界幼儿保育和教育大会的资料显示，入园率增幅最快的是两个地区，太平洋和加勒比海地区的国家、中欧和东欧的转型国家，这种趋势也体现了经济快速发展的社会对于学前教育的旺盛需求以及国家相关政策的有效性。

二、积极发挥学前教育促进社会公平的功能

学前教育作为现代国民教育体系的不可或缺的组成部分，对家庭生活、国民经济发展和社会秩序的稳定等具有越来越不可忽视的作用。各国逐渐认识到为弱势群体提供早期教育干预和补偿，不仅能够使这部分幼儿拥有平等的受教育机会，促进其各方面更好地成长，而且能够加速学前教育公平的实现，让这些家庭乃至整个社会获益。世界各国大力推进面向处境不利幼儿、促进教育起点公平的国家早期教育行动，积极发挥学前教育促进社会公平的功能，为弱势群体提供补偿性教育。

许多国家纷纷针对处境不利儿童建立了相应的法律机制和提供了较大的财政支持。美国联邦政府制定了一系列针对处境不利儿童的学前教育政策法规，开展了各种相关项目，为处境不利儿童提供优质的学前教育。例如，“开端计划”主要面向3—5岁的低收入家庭儿童，向其提供免费的健康、教育等服务，以提高其入学准备的水平。该法中还有关于“无歧视原则”的专门规定，即任何相关项目、计划或活动如果对于种族、信仰、肤色、性别、生理缺陷等方面有歧视性的规定，健康与人类服务部将拒绝给予财政援助。1994年又提出“早期开端计划”，将资助对象延至低收入家庭3岁以下的儿童。2002年又专门推行“良好开端，聪明成长”行动计划，力求在学前教育领域进一步强化“开端计划”。至此，美国政府为0—5岁处境不利的儿童提供了全方位的“开端计划”，以帮助所有儿童在进入义务教育阶段时能够有一个公平的起点。奥巴马政府指出，处境不利儿童是美国21世纪的劳动力主力军，他们所接受的学前教育的质量直接影响美国未来的国际竞争力，因此必须为这些儿童提供高质量的学前教育。

俄罗斯政府对于特殊家庭的孩子入读幼儿园实行相应的优惠政策。以莫斯科市为例，根据莫斯科市教育局的有关规定，上市立幼儿园的弱势群体家庭儿童缴纳入园费时，可获得不同额度的优惠，减免相关入园费用。例如，同时有两个孩子在学前教育机构学习的家庭可获得25%的优惠；拥有3个未成年孩子的家庭及单亲家庭等可获得50%的优惠；对于父母或者其中一方有一级或二级伤残的儿童和聋哑儿童等可以免费入园。

澳大利亚提出，将在2014年之前建设至少35所儿童和家长中心，其中20所建在边远地区，15所建在城市地区，尤其集中在0—4岁儿童和残障人士人口比例高的地区。英国工党政府把建立繁荣和“全纳”的社会作为其努力的两大目标。2004年，新成立的教育与技能部进一步为学前教育发展拟定了具体实施方案：向所有3岁幼儿提供免费的学前教育；在条件不利地区，确保把500个“确保开端”计划推及1/3来自贫困家庭的幼儿；向处于不利地位的学生、少数民族学生、低成就学生提供特殊帮助。

约旦近年来日益注重早期幼儿教育，其推行的知识经济教育改革计划的一个要点就是借由创立公共幼儿园来增加穷人子女的入学机会，希望通过提供这样的教育倾斜策略有效地促进社会公平。按照计划，2013年约旦全国4岁儿童的入园率将达到50%，5岁儿童的入园率将达到70%。此外，约旦还积极完善教育管理制度与策略（包括认证、课程、训练和职业标准等），保证面向贫困儿童的公共教育能够更加优质化。

联合国等国际组织也积极推动学前教育公平的实现。2010年9月27日至29日，联合国教科文组织和俄罗斯联合举办了主题为“筑建国家财富”的世界幼儿早期保育与教育大会。会上达成关于学前教育的十点共识：学前教育是一项权利，为《儿童权利公约》所认可；学前教育是全民教育的基石；学前教育可以改善儿童特别是发展中国家儿童的生活质量；学前教育有助于联合国千年发展会议关于消除贫困、教育、医疗等国际目标与共识的实现；学前教育有利于改善小学及以后阶段的入学和表现情况，有助于更多的儿童特别是女童入学；学前教育符合成本效益，通过早期干预来塑造儿童的优良品质；学前教育给在职父母特别是母亲提供了必要的帮助；学前教育投资经济回报率高；学前教育对女性劳动力和年长女性的教育有积极影响；学前教育通过消除贫富之间的不平等，力图促进公平，从而对打破代际贫穷怪圈起到关键作用。此次大会旨在通过提高成员国对幼儿早期保育和教育投资及收益的关注，促进幼儿早期保育和教育实现公平、普惠和广泛的发展。

三、促进学前教育一体化

建构一体化学前儿童服务体系正成为各国政府的关注焦点。学前教育一体化的主要表现是既“联纵”又“连横”:“纵”的方面指的是,幼儿教育被纳入基础教育的整体框架中来进行,同时向下延伸至托儿所阶段;“横”的方面指的是,幼儿园、家庭、社会教育密切结合,形成一个教育网络,共同承担早期教育的任务。

(一)托幼一体化

随着脑科学研究的新进展,人们越来越认识到0—3岁是婴幼儿大脑发展的关键期,提高国民素质、促进国家长远发展必须从重视发展0—3岁阶段的婴幼儿教育做起,早期教育受到国际社会的广泛关注。新西兰1993年启动了3岁前婴幼儿教育的国家计划——“普卢凯特”计划,又在《面向二十一世纪教育》报告中明确提出:“教育必须从出生开始。”英国1998年开始实施“确保开端”计划,将早期教育纳入社会公共服务领域,为拥有3岁以下婴幼儿的家庭提供更多、更好的服务。美国1995年将“开端计划”的服务对象延伸到3岁之前的婴儿、学步儿童及怀孕妇女,成立了“开端计划”早期项目,2001年《不让一个孩子掉队法案》提出教育要从婴幼儿抓起,2002年又提出“良好开端,聪明成长”,致力于解决三个方面的问题:培训启蒙教育师资,制定婴幼儿早期教育质量标准,为父母、教师和婴幼儿照料人员提供最新研究成果和信息。

日本学前教育机构的主要类型是幼儿园和保育所。幼儿园招收3岁至入学前的幼儿,保育所是为缺乏保育的0—6岁儿童设立的保育兼福利机构,这种状况导致日本学前教育中保教分离的局面长期存在。鉴于幼儿园和保育所并立的二元体制所产生的种种问题,日本政府也开始采取措施,改革幼儿园与保育所的二元体制。例如2006年文部科学省和厚生劳动省联合制定了《关于推进向学前儿童综合提供教育和保育等的法律》,以实现教保一体化,提供综合性的学前教育服务。在2006年启动的第五个幼儿教育振兴计划中,文部科学省重申要“进一步促进幼儿园和保育所的联合”,并致力于“消减幼儿园和保育所间的差别,共同支撑和完善学前教育体制”。

我国在2001年5月颁布的《中国儿童发展纲要(2001—2010)》提出要发展0—3岁婴幼儿的早期教育。2003年1月23日,国家劳动和社会保障部颁布了《育婴员国家职业标准》,在我国诞生了一个新的职业,职业定义为“主要从事0—3岁婴儿照料、护理和教育的人员”。2010年国家颁布《国家中长期教育改革和发展规划纲要(2010—2020年)》,进一步提出要积极发展早期教育,重视0—3岁婴幼儿教育,并明确指出早期教育对幼儿的习惯养成、智力开发和身心健康具有重要意义,应遵循幼儿身心发展规律,坚持科学的保育方法,保障幼儿快乐健康成长。学前教育一体化成为我国学前教育的发展方向。

从根本上实现托幼教育一体化,并不能简单依靠把两种教养机构的叠加,而必须进行0—3岁和3—6岁教育的统整。托幼教育一体化的问题,不是两者衔接的问题,而是整合各类教育的优势、形成教育合力,面向0—6岁的所有婴幼儿,实施0—6岁婴幼儿的全面教育。

(二)幼儿园、家庭、社区三位一体化

1981年联合国教科文组织指出,幼儿教育必须从学校这个封闭的范围中解放出来,扩展到家庭与社区,这一精神现已成为世界学前教育共同发展的方向。美国、英国、加拿大等许多国家都将家庭、幼儿园、社区合作作为教育改革的重要组成部分。

日本2005年在咨询报告《关于适合环境变化的今后的幼儿教育的应有的状态——为了幼儿的最佳利益》里提出幼儿园、家庭、社区合作的积极意义及策略：借助幼儿园等机构的力量，提高家庭、社区的教育能力。幼儿园等机构应该从“亲子共育”的视角出发，对于在园幼儿的家长，通过咨询讲座、信息发布、亲子园活动等方式给予援助指导；对于未入园幼儿的家长，则通过亲子登园、园庭开放、家教咨询等方式给予援助指导。同时还应该充分利用社区的儿童馆、公民馆等设施，并积极参加社区的各种文化娱乐活动，在借助社区的志愿者团体等力量的同时，应该向有志于从事社区教育工作的社区居民传授相关的教育知识与技能。从满足家长的需要和保持幼儿生活、发展的连续性的角度出发，应该进一步完善幼儿园的临时保育，包括其实施体制以及具体的教学内容、方法和时间安排等。

澳大利亚在学前教育发展过程中早就意识到了解儿童家庭背景的必要性，认识到与家庭合作的重要性，幼儿园强调与家长合作。幼儿园要求教师每日与家长保持联系，以确保幼儿园的正常运行。家长可与教师自由交谈，轻松了解幼教领域的专业知识。学前教育机构均提供父母教育计划，包括经常性的小组讨论、听报告、开展社区管理研讨会、图书馆服务、电话咨询服务、亲子计划服务等。一些州的健康医疗中心与幼儿园联合。由于地广人稀，澳大利亚在使用高科技与边远地区家庭联系方面是佼佼者。

为实现学前教育的目标，许多国家都制订了以社区为依托的学前教育计划。泰国政府要求各地从实际出发，因地制宜，发展社区教育。泰国现已形成从中央政府到社区发展部再到乡村儿童发展委员会共同保教的网络，社区的人力、物力、财力资源都得到了充分的运用，每个儿童都成了社区的一员。

德国已形成两种典型的家庭社区合作教育方案：家庭助手方案和家庭互助方案。前者的主要做法是社区青年服务部和慈善机构把经过培训的社会工作者组织起来，分派到一些特殊家庭里去工作，每周义务为家庭服务5~10小时，帮助父母掌握教养孩子的基本知识和技能。家庭互助方案的做法是社区与家庭联合起来，结成对子，互相帮助，共同提高教育孩子的艺术。

以色列社区极为重视对不同年龄儿童的家长进行分层指导，制定两种方案，提高指导的效率。一是指导1—3岁儿童家长的方案。社区挑选、推荐专业协调员和专职家访员，经培训后上岗。每个协调员负责管理几个家访员，每个家访员负责指导十几个家长。家访员第一年每周都要家访，第二年每两周家访一次，旨在帮助父母认识到游戏对儿童发展的重要性，学会和孩子一起游戏。家访员还要帮助家长成立互助小组，每半个月活动一次，在小组内交流育儿经验。二是指导3—6岁儿童家长的方案。教育部组织专家编写了两年使用的教材，每年9册，每册都配有亲子活动方案，每项活动持续几分钟。社区专职家访员协助家长使用教材。家访员每两周对社会处境不利的家庭进行一次访问，向父母传递教育知识，帮助父母构建家庭教育的环境，提高父母的教育水平。家访员还鼓励在家庭之间成立友好小组，每半个月活动一次，探讨教养孩子的问题。

家庭、幼儿园、社区三方的合作成为许多国家早期儿童教育界的共识。家庭、幼儿园、社区三方的合作既有利于幼儿园统一培养目标，加强教育效果，实现教育在时空上的紧密衔接，在管理中汇聚更丰富的智慧与教育资源；又有利于家长、社区了解教育、参与教育，促进家庭、社区对幼儿园各项工作的理解与支持，提高保教质量；还有利于资源的有效整合与利用，弥补了教师在知识、技能方面的不足，促进了幼儿园在有限条件下实现新跨越。我国应充分认识到家园共育的重要性，强化有关意识，改变只埋头园内工作、轻家园合作的传统做法，树立大教育观，加强与家庭的联系与合作，共同促进幼儿的健康发展。

四、注重学前教育机构的质量评价

自20世纪末以来，教育质量已成为教育研究的主题。学前教育机构教育质量评价是学前教育从理论到实践、从观念到行动转化的一座桥梁，关注学前教育机构的质量评价，已成为当代学前教育发展的新趋势。

很多研究表明，高质量的学前教育机构对儿童的发展有非常重要的影响。高质量的学前教育机构有利于儿童在认知、社会性、情感等方面的发展，尤其对处境不利的儿童帮助更大。不同的学前教育机构向儿童提供不同的学习经验，会导致儿童不同的发展结果，从而反映出该学前教育机构质量的高低。高质量的学前教育十分有助于儿童的入学准备和学业成就，可促进儿童在小学学习中的领先和进步等。许多国家将提高学前教育机构质量作为教育政策的关注中心。

为了追求高质量的学前教育机构，各个国家把学前教育机构的质量评价作为研究和实践的重点。美国学前教育专家米勒认为，学前教育机构质量评价的目的在于辨别学前教育机构的质量特征，了解教育的独特性并维持和继续提升教育质量；通过讨论质量的表现指标来收集信息，认可每个人（包括教师和家长）为教育做出的贡献；增进沟通，促进参与；质量评价提供了一种机制，使学前教育机构既看到自己的长处，甄别出教育中需改进的方面，同时更挑战自己的想法，如根据新家庭或新教师的价值和想法不断更新自己的教育理念和总体教育目标，从而更有利于全面提高教育质量。

一些国家的幼儿教育工作者试图编制出一套评价工具或标准系统，作为相对统一的尺度来评价各种不同类型的学前教育机构的教育质量。例如，美国哈姆斯和克里福德制定的“早期环境等级量表”，修订后的量表被世界各国广泛用于早期儿童教育质量评价的研究中，特别是被用来研究过程性质量，评价学前教育机构中学习的条件、教育过程和儿童的经验。在此推动下，各国都加强了对托幼机构教育质量的评价与研究工作。

在美国应用最为广泛的当推质量评级与促进系统。该系统最早于1998年在俄克拉荷马州推出。2000年以后，越来越多的州开始借鉴这一做法，目前已经有18个州建立了该系统，并已正式施行，另有27个州处于正在设立或进行小规模试行的过程中。该系统有利于促进学前教育机构提升教育质量，同时增加学前教育机构质量信息对家长的透明度，提高家长的辨别和选择能力。

在英国，从2001年9月开始，学前教育机构除了要在当地的社会服务部注册，接受当地的消防局、环境保护局的监督以外，至少每隔18～24个月还要接受国家教育标准办公室的督导和评估。教育标准办公室用14条标准来评价学前教育机构的保教质量，写出评估报告，指出不足之处和改进意见，并反馈给学前教育机构。这些标准包括：合格的保教人员，合理的师幼比率，足够的空间，满足儿童需要的资源，促进儿童情感、身体、社会性和智力发展的活动，安全的设施，合格的家具、设备和玩具，预防疾病传染的措施，儿童的平等机会，儿童的特殊需要，儿童行为的管理，和父母的关系，儿童的保护措施以及儿童的记录材料。由于国家规定只有评估达标的机构才有资格接受政府为3—4岁儿童发放的幼儿教育补助金，所以各种学前教育机构都非常重视依法办园，基本上都能照章办事，得到的评估结果皆比较理想。

认证制度是澳大利亚学前教育质量保障体系(CCQA)的主要组成部分,是保证和提高学前教育质量的主要途径。最初CCQA系统下只包含针对日间全日托儿服务设计的质量改善及认可(QIAS)制度,随后2001年家庭日间托儿服务和2003年学校时间以外托儿服务也被纳入管理,因此现在的CCQA系统是由三个针对不同认证对象制定的认证制度组成,它包括:针对家庭日间托儿服务设计的《家庭日间护理质量认证制度》、针对学校时间以外托儿服务设计的《学校时间以外托儿质量认证制度》、针对日间全日托儿服务设计的《质量改善及认可制度》。CCQA体系下的三个认证制度虽然都是独特的,专为满足多样化的需求和所提供服务的要求所设计的,但是所有的CCQA的目的和目标都是一致的。CCQA系统在连续的基础上提供一种衡量、检验、改善质量实践的方法。CCQA系统的广泛目标是确保儿童在受照顾时获得积极的经验、互动和启发,培育儿童各方面的发展。

21世纪世界各国在面对人才竞争激烈的形势下,根据本国的实际情况,在学前教育改革的潮流中纷纷采取措施,力争学前教育事业的蓬勃发展。

本章小结

本章围绕世界学前教育的基本经验、主要问题及发展趋势展开讲述。世界各国在发展学前教育的过程中积累了宝贵的经验,主要包括政府承担更多责任是学前教育发展的有力保障、学前教育课程改革是实现学前教育目标的重要保证、提高学前教育师资的素质是保证学前教育质量的重要举措。尽管世界学前教育取得了许多成就,积累了很多经验,但仍然存在一些问题,总体来说,主要包括学前教育机构无法满足不断增长的社会需求、学前教育经费投入不足、合格的学前教育师资不足。展望未来,世界各国学前教育的发展呈现出以下趋势:大力推进学前教育普及;积极发挥学前教育促进社会公平的功能;促进学前教育一体化;注重学前教育机构的质量评价。

思考题

一、简答题

1. 简述世界学前教育的基本经验。

2. 简述世界学前教育面临的主要问题。

二、论述题

1. 结合世界学前教育的主要问题,分析论述我国学前教育存在的主要问题并提出改革建议。

2. 举例论述世界学前教育发展的基本经验。

3. 举例论述世界学前教育发展趋势及对我国学前教育改革的启示。

主要参考文献

[1] 国家教育发展与政策研究中心.发达国家教育改革的动向和趋势[M].北京:人民教育出版社,1986.

[2] 简明忠.学前教育制度比较研究[M].高雄:复文图书出版社,1987.

[3] 杨汉麟,周采.外国幼儿教育史[M].南宁:广西教育出版社,1993.

[4] 瞿葆奎.英国教育改革[M].北京:人民教育出版社,1993.

[5] 杨深坑.各国实习教师制度比较[M].台北:师大书苑,1994.

[6] 联合国教科文组织.全球教育发展的历史轨迹——国际教育大会 60 年建议书[M].赵中建,等,译.北京:教育科学出版社,1999.

[7] 顾明远,梁忠义.世界教育大系:教师教育[M].长春:吉林教育出版社,2000.

[8] 史静寰,周采.学前比较教育[M].沈阳:辽宁师范大学出版社,2002.

[9] 祝怀新.封闭与开发:教师教育政策研究[M].杭州:浙江教育出版社,2007.

[10] 李进.教师教育概论[M].北京:北京大学出版社,2009.

[11] 周采.比较学前教育[M].北京:人民教育出版社,2010.

[12] 肖甦.比较教师教育[M].南京:江苏教育出版社,2010.

[13] 周兢.国家学前教育政策比较研究[M].上海:华东师范大学出版社,2012.

[14] 姜勇,严婧,徐利智.国际学前教师教育政策研究[M].上海:华东师范大学出版社,2012.

[15] 姚伟.当代国外学前教育[M].长春:东北师范大学出版社,2013.

[16] 曹能秀.学前比较教育[M].上海:华东师范大学出版社,2013.

[17] 陈永明.教师教育学[M].北京:北京大学出版社,2013.

[18] 袁振国.中国教育政策评论[M].北京:教育科学出版社,2001.

[19] 霍力岩.学前比较教育学[M].2 版.北京:北京师范大学出版社,2014.

[20] 李生兰.比较学前教育[M].2 版.上海:华东师范大学出版社,2013.

[21] 虞永平.当代世界学前教育[M].苏州:苏州大学出版社,2004.

[22] 简楚瑛.幼儿教育与保育的行政与政策:欧美澳篇[M].上海:华东师范大学出版社,2005.

[23] 朱家雄.国际视野下的学前教育[M].上海:华东师范大学出版社,2007.

[24] 霍力岩.美、英、日、印四国学前教育体制的比较研究(上,下)[M].北京:北京师范大学出版社,2013.

[25] 朱家雄.幼儿园课程[M].上海:华东师范大学出版社,2009.

[26] 唐淑,孔起英.国外幼儿园课程[M].南京:南京师范大学出版社,2009.

[27] 黄享奎.韩国学前教育[M].长春:吉林人民出版社,2005.

[28] 虞永平.幼儿教育观新论[M].北京:人民教育出版社,2006.

[29] 袁爱玲.当代学前课程发展[M].广州:广东高等教育出版社,2007.

[30] 冯增俊,陈元. 法国基础教育[M]. 广州:广东教育出版社,2007.

[31] 中国学前教育发展战略研究课题组. 中国学前教育发展战略研究[M]. 北京:教育科学出版社,2010.

[32] 杨汉麟. 外国幼儿教育史[M]. 北京:人民教育出版社,2011.

[33] 虞永平. 学前课程与幸福童年[M]. 北京:教育科学出版社,2012.

[34] 李生兰. 儿童的乐园——走进21世纪的美国学前教育[M]. 南京:南京师范大学出版社,2011.

[35] 陈时见,何茜. 幼儿园课程的国际比较——侧重幼儿园课程设置的经验案例与趋势研究[M]. 重庆:西南师范大学出版社,2011.

[36] 顾明远,薛理银. 比较教育导论——教育与国家发展[M]. 北京:人民教育出版社,1996.

[37] 冯增俊. 比较教育学[M]. 南京:江苏教育出版社,1996.

[38] 王承绪,顾明远. 比较教育[M]. 北京:人民教育出版社,2012.

[39] 联合国教科文组织. 全球教育发展的历史轨迹——国际教育大会60年建议书[M]. 赵中建,等,译. 北京:教育科学出版社,1999.

[40] [美]玛拉·克瑞克维斯基. 多元智能理论与学前儿童能力评价[M]. 李季湄,方钧君,译. 北京:北京师范大学出版社,2002.

[41] 屠美如. 向瑞吉欧学什么——《儿童的一百种语言》解读[M]. 北京:教育科学出版社,2002.

[42] [俄]伍尔夫松. 比较教育学:历史与现代问题[M]. 肖甦,姜晓燕,译. 北京:教育科学出版社,2007.

[43] [美]丽莲·凯兹,西尔维亚·查德. 开启孩子的心灵世界——项目教学法[M]. 胡美华,译. 南京:南京师范大学出版社,2007.

[44] 祝怀新. 封闭与开发:教师教育政策研究[M]. 杭州:浙江教育出版社,2007.

[45] 冯增俊,陈时见,项贤明. 当代比较教育学[M]. 北京:人民教育出版社,2008.

[46] [美]霍华德·加德纳. 多元智能新视野[M]. 沈致隆,译. 北京:中国人民大学出版社,2008.

[47] 朱旭东. 新比较教育[M]. 北京:高等教育出版社,2008.

[48] [美]安·S. 爱泼斯坦. 有准备的教师——为幼儿学习选择最佳策略[M]. 李敏谊,等,译. 北京:教育科学出版社,2012.

[49] 孟红艳. 中日学前教育师资现状比较研究[J]. 日本问题研究,2000(1).

[50] 刘朋. 美英日三国教师资格证书制度及其启示[J]. 上海教育科研,2002(5).

[51] 杨汉麟. 外国幼儿教师教育的由来及在20世纪的改革发展[J]. 黄冈师范学院学报,2006(6).

[52] 王建梁,廖英丽. 高校参与农村教师培训的范例——美国密苏里州教育更新区计划述评[J]. 外国教育研究,2007,34(1).

[53] 刘雪飞. NCATE与美国教师教育机构的评估及其启示[J]. 教育探索,2007(5).

[54] 何敏. 中外学前教育师资培养的比较与思考[J]. 幼儿教育,2007(12).

[55] 成丽媛. 美国幼儿教师资格及其认证方式简介[J]. 学前教育研究,2007(12).

[56] 童宪明.美日韩幼儿教师任职资格及职后培训[J].早期教育(教师版),2008(4).

[57] 孙爱琴,冯晓霞.我国现行幼儿园教师资格考核中的问题及对策思考[J].学前教育研究,2008(6).

[58] 易凌云.美国优秀幼儿教师专业标准及其启示[J].学前教育研究,2008(10).

[59] 张治国.美国教师专业标准说略[J].教师教育,2008(11).

[60] 何京玉.日本幼儿教师教育制度及其对中国的启示[J].外国教育研究,2008(12).

[61] 袁霞.教师资格认证的中外比较[J].教学与管理,2008.

[62] 张丹.美国教师资格证书制度的发展对我国的启示[J].江西教育学院学报(综合),2008.

[63] 钱懿琦,姜勇.国外学前教师教育改革的动向研究[J].教育探究,2009(3).

[64] 方钧君.发达国家学前教师职前教育课程特点探析[J].外国中小学教育,2011(5).

[65] 张利萍.中英学前教育师资培养体系的比较分析及启示[J].安徽广播电视大学学报,2012(2).

[66] 曾莉.国外幼儿教师职前培养的比较及其启示[J].教育导刊,2012(6).

[67] 郭铁成,双立珍,李小球.国内外幼儿教师职业准入标准及其启示[J].湖南科技大学学报(社会科学版),2014(2).

[68] 李金艳.发达国家幼儿教师在职培训的经验和启示[J].继续教育研究,2014(3).

[69] 朱桂梅.我国幼儿教师聘任制度的研究[D].华中师范大学硕士学位论文,2010.

[70] 邓志伟.二十一世纪世界幼儿教育课程发展的趋势——日、美、德、法四国幼儿教育课程改革的启示[J].比较教育研究,1998(6).

[71] 刘焱.英国学前教育的现行国家政策与改革[J].比较教育研究,2003(9).

[72] 李生兰.英国学前教育的特点及启示[J].外国教育研究,2004(11).

[73] 李生兰.新加坡学前教育课程的特点及思考[J].幼儿教育(教育科学版),2006(2).

[74] 王余幸,袁爱玲.美、日、韩三国文化视野下的学前教育课程特色[J].教育导刊(幼儿教育),2006(5).

[75] 沙莉,庞丽娟,刘小蕊.通过立法强化政府在学前教育事业发展中的职责——美国的经验及其对我国的启示[J].学前教育研究,2007(2).

[76] 冯晓霞,蔡迎旗,严冷.世界幼教事业发展趋势:国家财政支持幼儿教育[J].学前教育研究,2007(5).

[77] 张传燧,田景正,路雪.外国学前教育引进与20世纪上半期中国学前教育变革[J].河北师范大学学报(教育科学版),2007(1).

[78] 王建梁,廖英丽.高校参与农村教师培训的范例——美国密苏里州教育更新区计划述评[J].外国教育研究,2007(1).

[79] 田景正,张传燧,路雪.外国学前教育引进与20世纪下半期中国学前教育变[J].河北师范大学学报(教育科学版),2007(2).

[80] 和建花.部分发达国家幼儿照看和教育体制及其新政策概述[J].学前教育研究,

2007(7,8).

[81] 李继宏,刘俊华.瑞典学前教育的目标、内容及方式——从终身学习的视角分析[J].幼儿教育(教育科学版),2007(7,8).

[82] 张家政,杨晓萍.美国 DAP 方案的发展历程及其对我国幼儿园课程改革的启示[J].学前教育研究,2007(6).

[83]冯永刚.形式多样的俄罗斯学前教育机构之一—之六[J].教育导刊(幼儿教育),2007(5)-2007(10).

[84] 曾莉.法国学前教育的特点及启示[J].教育导刊(幼儿教育),2008(2).

[85] 成丽媛,李佳,李海霞,冯晓霞.美国幼儿教师资格及其认证方式简介[J].学前教育研究,2007(12).

[86] 曹能秀.全人发展的幼儿教育——世界幼儿教育的发展趋势之一[J].学前教育研究,2008(3).

[87] 童宪明.美日韩幼儿教师任职资格及职后培训[J].早期教育(教师版),2008(4).

[88] 王欣.完善政府职能,加强社会援助——韩国的育儿现状及育儿支援动向[J].学前教育研究,2008(5).

[89] 孙爱琴,冯晓霞.我国现行幼儿园教师资格考核中的问题及对策思考[J].学前教育研究,2008(6).

[90] 李颖.德国幼儿教育理念及其实践[J].教育导刊(下半月),2008(12).

[91] 张济洲.世界幼儿教育课程模式比较分析[J].天津师范大学学报(基础教育版),2009(1).

[92] 姚伟,吴琼,张宪冰."尊重的教育"理念下我国学前教育改革与发展的问题与对策[J].东北师大学报(哲学社会科学版),2009(3).

[93] 钱懿琦,姜勇.国外学前教师教育改革的动向研究[J].教育探究,2009(3).

[94] 胡春光.德国学前教育面临的主要问题与改革策略[J].学前教育研究,2009(8).

[95] 邬春芹,周采.对新西兰幼儿教育改革的思考[J].早期教育(教师版),2009(7-8).

[96] 余强.欧洲 39 国学前教育的发展现状和趋势[J].学前教育研究,2009(10).

[97] 周兢,陈思,郭良菁.国际学前教育公共经费投入趋势的比较研究[J].全球教育展望,2009(11).

[98] 霍力岩,齐政珂.全面整合学前儿童服务体系——走向"保教一体化"的英国学前教育[J].比较教育研究,2010(5).

[99] 吴小平,袁爱玲.澳大利亚幼儿教育改革新动向[J].教育导刊(下半月),2010(5).

[100] 左茹.法国学前教育的特点及其对我国的启示[J].学前教育研究,2010(6).

[101] 李亚娟.2006 年俄罗斯《幼儿园教育与教学大纲》修订的背景、内容与特点[J].学前教育研究,2010(6).

[102] 庞丽娟,夏婧,张霞.世界主要国家和地区学前教育免费政策:特点及启示[J].比较教育研究,2010(10).

[103] 童宪明.美国、日本、韩国幼儿教育政策法规的特点及启示[J].教育导刊(下半

月),2010(10).

[104] 冯晓霞,周兢.构筑国家财富——联合国教科文组织首届世界幼儿保育和教育大会简介[J].学前教育研究,2011(1).

[105] 方钧君.发达国家学前教师职前教育课程特点探析[J].外国中小学教育,2011(5).

[106] 卢春月.俄罗斯政府支持下的学前教育改革新政[J].基础教育参考,2011(5).

[107] 侯艳,赵旭曼.英国幼儿园教师职前培训课程的主要特点及其启示[J].幼儿教育(教育科学),2011(7-8).

[108] 高润,崔映芬.北欧五国学前教育体系及对我国的启示[J].教育与教学研究,2011(8).

[109] 曹能秀,王凌.日本当前幼儿教育课程改革述评[J].外国教育研究,2011(9).

[110] 柳倩.普及学前教育政策的国际发展趋势述评[J].外国教育研究,2011(9).

[111] 曹能秀.近10年美、英、日三国幼儿教育课程改革的差异比较[J].学前教育研究,2011(9).

[112] 张晖,李煜,范忆.新西兰、英国、日本学前教育一体化述评及启示[J].幼儿教育(教育科学),2011(10).

[113] 张德伟.日本幼保一元化改革与“认定幼儿园”制度的确立和实施[J].外国教育研究,2012(2).

[114] 何茜.国外幼儿园课程改革的基本经验与发展趋势[J].比较教育研究,2012(5).

[115] 曾莉.国外幼儿教师职前培养的比较及其启示[J].教育导刊(下半月),2012(6).

[116] 冯慧,李胜.英国学前教育方案(EYFS)述评[J].上海教育科研,2012(7).

[117] 吕雪娇,许晓辉.英国早期教育从业者QCF资格认证及其启示[J].学前教育研究,2012(7).

[118] 王春亚.澳大利亚学前教育课程改革[J].早期教育(教师版),2012(7-8).

[119] 钱雨.澳大利亚学前教育质量评估研究的发展与启示[J].外国教育研究,2012(9).

[120] 胡恒波.荷兰学前教育制度的基本特点及其启示[J].幼儿教育(教育科学版),2013(3).

[121] 常颖.韩国学前教育改革新声:“Nuri项目”的提出与推进[J].教育导刊(下半月),2013(4).

[122] 李政云,匡冬平.新西兰“政府主导”学前教育发展的举措及其启示[J].学前教育研究,2013(5).

[123] 曹能秀.近十年来日本幼儿教育改革政策:演进及特色[J].外国教育研究,2013(6).

[124] 刘云艳,岳慧兰,杨晨晨.韩国的学前教育政策:现状、问题及其启示[J].外国教育研究,2013(7).

[125] 王幡.论日本学前教育中的“五个领域”[J].外国教育研究,2014(1).

[126] 郭铁成,双立珍,李小球. 国内外幼儿教师职业准入标准及其启示[J]. 湖南科技大学学报(社会科学版),2014(2).

[127] 李金艳. 发达国家幼儿教师在职培训的经验和启示[J]. 继续教育研究,2014(3).

[128] Judith C. Christensen & Ralph Fessler, The Teacher Career Cycle. Understanding and Guiding the Professional Development of Teachers[M]. Allyn &Bacon, Boston, 1992.

[129] Carson, Linda M. Preschool physical education: expanding the role of teacher preparation[J]. The Journal of Physical Education, Recreation & Dance, 1994, Vol. 65(6).

[130] DEBRA J ACKERMAN. Getting teachers from here to there: Examining issues related to an early care and education teacher policy[J]. Early Childhood Research & Practice, 2005, 7(1).

[131] Yu Wei Lin. An action research on developing kindergarten-based teacher professional development program in a kindergarten [J]. Bulletin of Educational Research, 2008, 54(1).

[132] Carter Deborah Russell, Norman Renee K. Class-wide Positive Behavior Support in Preschool: Improving Teacher Implementation Through Consultation[J]. Early Childhood Education Journal, Dec, 2010, Vol. 38(4).

[133] Mcentire, Nancy. Reconstructing Teacher Education to Prepare Qualified Preschool Teachers: Lessons From New Jersey[J]. Childhood Education, Annual, 2011, Vol. 87(5).

[134] The impact of brief teacher training on classroom management and child behavior in at-risk preschool settings: Mediators and treatment utility[J]. Journal of Applied Developmental Psychology, Nov-Dec, 2011, Vol. 32(6).

[135] University of Bath Department of Education. BA(Hons) Childhood, Youth and Education Studies[DB/OL]. http://www.bath.ac.uk/education/undergraduate/childyouth/structure, htm.

[136] Furtwengle, C. B. Beginning teacher program: analysis of state action during the reform era [J/OL]. http://www.epaa.asu.edu/epaa.v3n3.html.

[137] Linda M. Carson. Preschool physical education: expanding the role of teacher preparation[J]. The Journal of Physical Education, Recreation & Dance, 1994, 65(6).

[138] Furtwengle, C. B. Beginning teacher program: analysis of state action during the reform era [J]. Education Policy Analysis, 1995, 3(3).

[139] Debra J Ackerman. Getting teachers from here to there: Examining issues related to an early care and education teacher policy[J]. Early Childhood Research & Practice, 2005, 7(1).

[140] Carrie Lobman, Sharon Ryan, Jill McLaughlin. Reconstructing Teacher Education to Prepare Qualified Preschool Teachers: Lessons From New Jersey[J]. Journal of Early Childhood Research and Practice, 2005, 7(2).

[141] Belfield C.. Financing early childhood care and education: an international review [R]. Background paper for EFA Global Monitoring Report, 2007.

[142] Yu Wei Lin. An action research on developing kindergarten-based teacher profes-

sional development program in a kindergarten [J]. Bulletin of Educational Research, 2008, 54 (1).

[143] Carter, Deborah Russell; Van Norman, Renee K. Class-wide Positive Behavior Support in Preschool: Improving Teacher Implementation Through Consultation[J]. Early Childhood Education Journal, 2010, 38(4).

[144] Snyder, James J.; Low, Sabina; Schultz, Tara; Barner, Stacy L.; Moreno, Desirae A.; Garst, Meladee; Leiker, Ryan; Swink, Nathan; Schrepferman, Lynn M. The impact of brief teacher training on classroom management and child behavior in at-risk preschool settings: Mediators and treatment utility[J]. Journal of Applied Developmental Psychology, 2011, 32(6).

[145] EURODICE. National Summary Sheets on Education Systems in Europe and Ongoing Reforms -Norway [EB/OL]. http://eacea, ec. europa, eu/education/eurydice/documents/eurybase/national _ summary_ sheets/047_ NO_ EN. pdf, 2009.

[146] Starting Strong II: Early Childhood Education and Care[EB/OL]. http://www. oecd. org/, 2009.

[147] Department of Education, Employment and Workplace Relations, Australia, Universal Access to Early Childhood Education[EB/OL]. http://www. deewr. gov. au/, 2009.

[148] Barack Obama and Joe Biden's Plan for Lifetime Success through Education [EB/OL]. http://www. Barack Obama. com, 2010-9-12.

[149] NCCIC. Quick Facts: State Professional Development System [EB/OL]. http://occarchive. org/poptopics/quick fact -prof-dev. html, 2011-11-12.

[150] Greenberg, Mark H.; Lombardi, Joan; Schumacher, Rachel. The Childcare and Developmental Fund: An Overview[EB/OL]. http://www. clasp. org/resources-and-publications/publication-1/0064. pdf.

[151] DCSFs. Statutory Framework for the Early Years Foundation Stage[EB/OL]. http://www2. les. ac. uk/intranet/ISEServices/nursew/pdf/statutoryframework. pdf, 2011.

[152] Australian Government Department of Education, Employment and Workplace [EB/OL]. http :// www. deewr. gov. au/Earlychildhood/Policy_Agenda/Quality/Pages/home. aspx, 2012-01-30.

[153] Standards for Early Childhood Professional Preparation Programs[EB/OL]. http://www. naeyc. org/positionstatem-ents/prepstds, 2012-2-29.

[154] What's it worth: The Economic Value of Cortege Majors[EB/OL]. http://www9. Georgetown. edu/grad/gppi/hpi/cew/pdfs/whatsitworth-complete. pdf, 2012-11-10.

[155] United States Department of Labor. May 2011 Occupational Employment and Wage Estimates[EB/OL]. http:// www. bls. gov/oes/2011/may/oes_nat. ht, 2012-11-20.

[156] University of Bath Department of Education. Childhood, Youth and Education Studies [EB/OL]. http://www. bath. ac. uk/study/ug/prospectus/subject/childhood-youth-education-studies/detail/, 2014-3-31.

[157] NCATE. Professional Standards Accreditation of School, College, and Departments of Education[EB/OL]. http://www. ncate. org.

后 记

经全国高等教育自学考试指导委员会同意，由教育类专业委员会负责高等教育自学考试学前教育专业教材的审定工作。

《比较学前教育》自学考试教材由东北师范大学姚伟教授担任主编。各章具体分工为：第一章（王小溪）、第二章（曹莉、王雪松）、第三章（吴琼）、第四章（张妮妮）、第五章（李雪、王小溪）、第六章（王海燕、时松、凌晓俊、王宁）、第七章（时松、崔迪）、第八章（孟香云）、第九章（刘艳滨）、第十章（崔迪、姚伟）。

参加本教材审稿讨论会并提出修改意见的有北京师范大学冯晓霞教授、马健生教授和云南师范大学曹能秀教授。

编审人员付出了大量工作，在此一并表示感谢。

全国高等教育自学考试指导委员会

教育类专业委员会

2015 年 1 月